不動産広告の実務と規制

13訂版

不動産公正取引協議会連合会
公正競争規約研究会

住宅新報出版

13訂版の発行に寄せて

　不動産業界には、不当な顧客の誘引を防止し、一般消費者による自主的かつ合理的な選択及び事業者間の公正な競争を確保することを目的とする「不動産の表示に関する公正競争規約」（以下「表示規約」という。）及び「不動産業における景品類の提供の制限に関する公正競争規約」（以下「景品規約」という。）が存在する。

　表示規約及び景品規約は、不動産公正取引協議会連合会が不当景品類及び不当表示防止法（昭和37年法律第134号、以下「景品表示法」という。）第31条第1項の規定に基づき、公正取引委員会及び消費者庁長官の認定を受けて表示又は景品類に関する事項について自主的に設定した業界のルールであり、同連合会を構成する各地区の不動産公正取引協議会が公正・中立で透明性のある運用機関として歩調を合わせて、加盟事業者が自主規制ルールを遵守するよう積極的な普及啓発及び適正な執行を両輪とする事業を遂行している。

　表示規約及び景品規約の根拠法である景品表示法は、平成21年9月1日に公正取引委員会から消費者庁に全面移管されることとなったが、表示規約及び景品規約並びにそれぞれの施行規則等の認定又は承認については、公正取引委員会が事業者間の公正な競争の確保及び消費者庁が一般消費者の利益保護の観点から共管となっている。

　その結果、不動産公正取引協議会連合会及び各地区の不動産公正取引協議会に対する管理・支援は消費者庁が一元的に行うとされているが、公正取引委員会の各地方事務所にあっても、消費者庁から委任を受けて、景品表示法違反被疑事件の調査を行うとともに、各地区の不動産公正取引協議会に対し支援等を行うとしている。

　表示規約は昭和38年6月に、景品規約は昭和58年10月にそれぞれ認定され、以降、各地区の不動産公正取引協議会がそれぞれ認定を受けて適切な運用に努めてきたが、不当表示規制、適正表示の指導等を全国統一的に行う必要性の高まり等を背景として、平成14年11月に設立された不動産公正取引協議会連合会が新しく表示規約及び景品規約並びにそれぞれの施行規則を設定して申請を行い、平成14年12月26日付で公正取引委員会の認定を受け一本化されている。

表示規約及び同施行規則にあっては、消費者ニーズの多様化等に伴う不動産取引市場の変化に対応するため、平成18年1月4日に全面的に見直し変更を行ったが、その後、スマートフォン等のモバイル機器の急速な普及により、これまで不動産広告の主流であったチラシや雑誌、新聞等の紙媒体からインターネット広告に移ってきた。広告手法の多様化に対応するとともに、消費者利益のより一層の確保や規定の明確化等を目指して、改めて全面的な見直し変更を行い、表示規約は令和4年2月14日に不動産公正取引委員会及び消費者庁長官の認定を受け（同施行規則は同月18日に承認を受けた。）、半年間の普及・周知期間を経て令和4年9月1日付で施行となった。

　13訂版に当たっては、この新表示規約の規定に対応するため、12訂版の数多くの箇所に修正を加え、相談事例についても相当数に修正を加えるとともに事例の新設も行った。

　本書の活用により、表示規約、景品規約の理解がより一層浸透し、加盟事業者による適正な広告表示や景品提供によって、一般消費者の自主的・合理的な選択という利益が保護されることで信頼を得るとともに、加盟事業者間の公正な競争が確保されて、需要の喚起・拡大が図られるなどの業界の発展にいささかでもお役に立てば幸いである。

　2023年7月

不動産公正取引協議会

公正競争規約研究会

不動産広告の実務と規制

―目　次―

第2編　不動産業における景品類の提供の制限 に関する公正競争規約（景品規約）

第3編　相談事例（表示規約関係）

第4編　相談事例（景品規約関係）

参考資料

凡　例

1　本書で引用する法令等の略称は、次のとおりです。

不動産の表示に関する公正競争規約	＝「表示規約」
不動産の表示に関する公正競争規約施行規則	＝「表示規則」
不動産の表示に関する公正競争規約実施細則	＝「表示細則」
不動産業における景品類の提供の制限に関する公正競争規約	＝「景品規約」
不動産業における景品類の提供の制限に関する公正競争規約施行規則	＝「景品規則」
表示規約及び景品規約	＝「規約」
不当景品類及び不当表示防止法	＝「景品表示法」
私的独占の禁止及び公正取引の確保に関する法律	＝「独占禁止法」
宅地建物取引業法	＝「宅建業法」
不動産公正取引協議会連合会	＝「不動産連合会」
全国９地区の不動産公正取引協議会	＝「各地区協議会」
都市計画法第29条の許可	＝「開発許可」
建築基準法第６条の確認	＝「建築確認」

2　規約等の引用例

表示規約９②(2) ………

表示規約	第９条	第２項	第２号

9

序編

不動産広告と
景品提供企画の
法令等による規制

1 景品表示法による表示の規制

I 不当表示とは何か

　景品表示法（昭和37年法律第134号）第５条は、次の３つの表示を不当表示として禁止しています。

1 商品の内容に関する不当表示

　「商品又は役務の品質、規格その他の内容について、一般消費者に対し、実際のものよりも著しく優良であると示し、又は事実に相違して当該事業者と同種若しくは類似の商品若しくは役務を供給している他の事業者に係るものよりも著しく優良であると示す表示であつて、不当に顧客を誘引し、一般消費者による自主的かつ合理的な選択を阻害するおそれがあると認められるもの」（第１号）

　不動産の所在、規模、形質、環境等に関する事項について、一般消費者に対し実際のもの又は事実に相違して当該事業者と同種若しくは類似の不動産を供給している他の事業者に係るものよりも著しく優良であると示す表示がこれに該当します。

　また、第７条第２項において、「内閣総理大臣は、前項の規定による命令に関し、事業者がした表示が第５条第１号に該当するか否かを判断するため必要があると認めるときは、当該表示をした事業者に対し、期間を定めて、当該表示の裏付けとなる合理的な根拠を示す資料の提出を求めることができる。」と規定しています。

　そして、定められた期間内（資料提出を求める文書を送達してから15日を経過するまでの期間（「景品表示法第４条第２項の規定による資料の提出要求の手続に関する内閣府令」（平成21年８月28日内閣府令第51号第２条））に当該事業者が当該資料を提出しないときは、第７条第１項（措置命令）の規定の適用については、当該表示は第５条第１号に該当する表示とみなすと規定としています。

2 取引条件に関する不当表示

「商品又は役務の価格その他の取引条件について、実際のもの又は当該事業者と同種若しくは類似の商品若しくは役務を供給している他の事業者に係るものよりも取引の相手方に著しく有利であると一般消費者に誤認される表示であつて、不当に顧客を誘引し、一般消費者による自主的かつ合理的な選択を阻害するおそれがあると認められるもの」（第2号）

不動産の価格、賃料の額、その支払条件等に関する事項について、実際のもの又は当該事業者と同種若しくは類似の商品若しくは役務を供給している他の事業者に係るものよりも著しく有利であると一般消費者に誤認される表示がこれに該当します。

3 前記1及び2に掲げるもののほか、商品、役務の取引に関する事項についての不当表示

「前2号に掲げるもののほか、商品又は役務の取引に関する事項について一般消費者に誤認されるおそれがある表示であつて、不当に顧客を誘引し、一般消費者による自主的かつ合理的な選択を阻害するおそれがあると認めて内閣総理大臣が指定するもの」（第3号）

不動産取引の表示においての指定には、「不動産のおとり広告に関する表示」（昭和55年4月12日公正取引委員会告示第14号、景品表示法の消費者庁移管後、同庁は、公正取引委員会の告示を自ら指定したものとみなし運用、以下「消費者庁みなし運用」といいます。）が該当します。

Ⅱ 景品表示法の規制対象となる表示とは何か

景品表示法第2条第4項は、「この法律で「表示」とは、顧客を誘引するための手段として、事業者が自己の供給する商品又は役務の内容又は取引条件その他これらの取引に関する事項について行う広告その他の表示であつて、内閣総理大臣が指定するものをいう。」と規定し、消費者庁はこれに該当するものとして、次の5つを指定（景品類等の指定の告示・昭和37年6月30日公正取引委員会告示第3号、消費者庁みなし運用）しています。

1	商品、容器又は包装による広告その他の表示及びこれらに添付した物による広告その他の表示
2	見本、チラシ、パンフレット、説明書面その他これらに類似する物による広告その他の表示（ダイレクトメール、ファクシミリ等によるものを含む。）及び口頭による広告その他の表示（電話によるものを含む。）
3	ポスター、看板（プラカード及び建物又は電車、自動車等に記載されたものを含む。）、ネオン・サイン、アドバルーンその他これらに類似する物による広告及び陳列物又は実演による広告
4	新聞紙、雑誌その他の出版物、放送（有線電気通信設備又は拡声機による放送を含む。）、映写、演劇又は電光による広告
5	情報処理の用に供する機器による広告その他の表示（インターネット、パソコン通信等によるものを含む。）

「顧客を誘引するための手段として」とは、広告主の主観的意図にかかわらず、その表示が商品・役務の内容や取引条件その他取引に関する事項に関するものであり、客観的にみてその商品等に関して顧客を誘引する効果があるかどうかにより判断されます。

顧客誘引効果があるかどうかは、一般消費者が広告主に対して、その商品について問い合わせてみようとする可能性が認められるかなどにより判断されます。また、不当表示となるかどうかは、その表示が商品等の内容の優良性、取引条件の有利性等に関し、「一般消費者に誤認されることにより不当に顧客を誘引し、一般消費者による自主的かつ合理的な選択を阻害するおそれ」があるかどうかにより判断されます。さらに、一般消費者に誤認される場合は、その表示によって他の事業者の顧客も誘引されるおそれがあるから、当然に一般消費者による自主的かつ合理的な選択を阻害することにもなります。

「一般消費者に誤認される」とは、常識的な知識・経験を持つ一般的な最終需要者が誤って認識（誤認）することをいい、事業者であれば容易に優劣の判断ができる場合や誤認しない場合でも不当表示となります。また、商品・役務によっては最終需要者が限定されている場合もありますが、この場合はその限られた最終需要者が一般消費者となります。

Ⅲ 不当表示に対する景品表示法による処分

　景品表示法第7条第1項は、「内閣総理大臣は、第4条の規定による制限若しくは禁止又は第5条の規定に違反する行為があるときは、当該事業者に対し、その行為の差止め若しくはその行為が再び行われることを防止するために必要な事項又はこれらの実施に関連する公示その他必要な事項を命ずることができる。その命令は、当該違反行為が既になくなつている場合においても、次に掲げる者に対し、することができる。」と規定しており、この命令を「措置命令」といいます。その具体的な内容は、①違反行為の差止め、若しくは、②違反行為の再発を防止するために必要な事項、又は、③これらの実施に関連する公示、④その他必要な事項を違反事業者に命ずることです。

　①の「違反行為の差止め」とは、過大な景品付販売や不当な表示の中止等を命ずることをいい、②の「違反行為の再発防止に必要な事項」とは、今後同様の表示をしないこと、再発防止策の策定を命ずることなどをいいます。

　③の「実施に関連する公示」とは、新聞等で訂正広告をすることを命ずることなどをいい、④の「その他必要な事項」として、例えば、表示と実際の商品又は役務の内容とを一致させる改善措置を講ずるよう命じた事例があります。

　また、第8条では、「事業者が、第5条の規定に違反する行為（同条第3号に該当する表示に係るものを除く。以下「課徴金対象行為」という。）をしたときは、内閣総理大臣は、当該事業者に対し、当該課徴金対象行為に係る課徴金対象期間に取引をした当該課徴金行為に係る商品又は役務の政令で定める方法により算定した売上額に百分の三を乗じて得た額に相当する額の課徴金を国庫に納付することを命じなければならない。」と規定しており、第5条第1号及び第2号の規定に違反する行為（課徴金対象行為）を行った場合には、上記のとおり算定した売上額の3％の課徴金を納付するよう命じることができます。これを「課徴金納付命令」といいます。

　ただし、当該事業者が課徴金対象行為に係る表示について第5条第1号又は第2号に該当すると知らなかったことに加え、正常な商慣習に照らして必要とされる注意をしていたため、「相当の注意を怠った者ではない」と認められる場合や、課徴金額が150万円未満の場合には、この命令は行われません。

2 宅建業法による広告の規制

Ⅰ 誇大広告等の禁止（宅建業法32）

　宅建業法第32条では、宅地建物取引業者は、その業務に関して広告するときは、その広告に係る宅地又は建物の内容や取引条件のうち、次の1から8までの事項について、著しく事実に相違する表示をし、又は実際のものよりも著しく優良であり、若しくは有利であると人を誤認させるような表示をしてはならないと規定しています。

　誤認させる方法としては、積極的に誇大表示をする場合だけでなく、ある事項を表示しないことにより全体的にみて誤認される場合も含まれます。広告の方法は特に限定されていないので、インターネット、新聞、チラシ、看板、放送などあらゆるものが規制の対象となります。

　この規定に違反すると指示処分や業務停止処分を受け（宅建業法65）、違反の情状が特に重い場合には免許取消処分を受けます（宅建業法66）。

　また、これら監督処分とは別に6月以下の懲役若しくは100万円以下の罰金に処せられ、又はこれらが併科されることがあります（宅建業法81）。

1	所在
2	規模
3	形質
4	現在又は将来の利用の制限
5	現在又は将来の環境
6	現在又は将来の交通その他の利便
7	代金、借賃等の対価の額又はその支払方法
8	代金又は交換差金に関する金銭の貸借のあっせん

Ⅱ　広告の開始時期の制限（宅建業法33）

　宅建業法第33条では、宅地建物取引業者は、宅地の造成又は建物の建築に関する工事の完了前においては、その工事に際して必要とされる開発許可や建築確認その他の法令による許可等の処分で政令で定めるものがあった後でなければ、売買その他の業務に関して広告してはならないと規定しています。

　売買その他の業務とは、事業者自らが売主として取引する場合、売主又は貸主を代理又は媒介をすることによって売買、交換又は貸借を成立させることをいいます。

　開発許可や建築確認以外の許可等の処分は、宅地造成等規制法第8条第1項の許可、急傾斜地の崩壊による災害の防止に関する法律第7条第1項の許可など、宅建業法施行令第2条の5において第1号から第40号にわたって規定されており、この規定に違反すると指示処分を受けることがあります（宅建業法65）。

Ⅲ　取引態様の明示義務（宅建業法34①）

　宅建業法第34条第1項では、宅地建物取引業者は、宅地又は建物の売買その他の業務に関して広告するときは、取引態様の別を明示しなければならないと規定しています。

　「取引態様の別」とは、広告主である事業者が、売買又は交換の契約の当事者となるか、代理人として又は媒介して売買、交換、貸借を成立させるかの別をいいます。

　この規定に違反すると1年以内の期間を定めて業務停止処分を受けることがあるほか、違反の情状が特に重い場合には免許取消処分を受けることがあります（宅建業法65、66）。

3 景品表示法による景品提供の規制

I 懸賞景品の規制

1 懸賞とは何か

　「懸賞」とは、懸賞景品告示「懸賞による景品類の提供に関する事項の制限」（昭和52年３月１日公正取引委員会告示第３号、消費者庁みなし運用）第１項において、次の方法によって景品類の提供の相手方又は提供する景品類の価額を定めることをいうとされています。

　なお、来店又は申込みの先着順によって景品類の相手方等を定めることは、「懸賞」に該当しません。ただし、総付景品告示「一般消費者に対する景品類の提供に関する事項の制限」（昭和52年３月１日公正取引委員会告示第５号、消費者庁みなし運用）その他の告示の規制を受けることがあります。

(1) くじその他偶然性を利用して定める方法

ア	抽せん券を用いる方法
イ	レシート、商品の容器包装等を抽せん券として用いる方法
ウ	商品のうち、一部のものにのみ景品類を添付し、購入の際には相手方がいずれに添付されているかを判別できないようにしておく方法
エ	すべての商品に景品類を添付するが、その価額に差等があり、購入の際には相手方がその価額を判別できないようにしておく方法
オ	いわゆる宝探し、じゃんけん等による方法

(2) 特定の行為の優劣又は正誤によって定める方法

ア	応募の際、一般には明らかでない事項（例：その年の10大ニュース）について予想を募集し、その回答の優劣又は正誤によって定める方法
イ	キャッチフレーズ、写真、商品の改良の工夫等を募集し、その優劣によって定める方法
ウ	パズル、クイズ等の解答を募集し、その正誤によって定める方法

エ	ボウリング、魚釣り、○○コンテストその他の競技、演技又は遊技等の優劣によって定める方法

2　懸賞景品の最高限度額

(1)　景品類の最高限度額

　　景品類の最高額は、懸賞に係る取引の価額（以下「取引価額」といいます。）の20倍の金額又は10万円のいずれか低い額の範囲内となります。

　　例えば、取引価額が3,000円の場合は6万円までの景品類、取引価額が6,000円の場合は10万円までの景品類の提供ができます。

(2)　景品類の総額規制

　　景品類の総額は、当該懸賞に係る取引の予定総額の2％以内でなければなりません。

　　「懸賞に係る取引の予定総額」とは、懸賞販売実施期間中における対象商品の売上予定総額をいいます。

3　共同懸賞景品の最高限度額

(1)　共同懸賞とは何か

　　共同懸賞とは、次のアからウに掲げる方法により景品類を提供することをいいます。

ア	一定の地域における小売業者又はサービス業者の相当多数が共同して行う場合
イ	一の商店街に属する小売業者又はサービス業者の相当多数が共同して行う場合。ただし、中元、年末等の時期において、年3回を限度とし、かつ、年間を通算して70日の期間内で行う場合に限る。
ウ	一定の地域において一定の種類の事業を行う事業者の相当多数が共同して行う場合

　　ア及びウにいう「一定の地域」とは、小売業者又はサービス業者（以下「小売業者等」といいます。）の行う共同懸賞については、その店舗又は営業施設の所在する市町村（東京都にあっては、特別区又は市町村）の区域を「一定の地域」として取り扱い、一の市町村（東京都にあっては、特別区又は市町村）の区域よりも狭い地域における小売業者等の相当多数が共

同する場合は、その業種及びその地域における競争の状況等を勘案して判断するものとされています。

　ウの「相当多数」とは、共同懸賞の参加者がその地域における「小売業者又はサービス業者」又は「一定の種類の事業を行う事業者」の過半数であり、かつ、通常共同懸賞に参加する者の大部分である場合をいうものとされています。

(2)　**景品類の最高限度額**

　景品類の最高額は、30万円以内となります。

(3)　**景品類の総額規制**

　提供できる景品類の総額は、懸賞に係る取引の予定総額の３％以内となります。ただし、他の事業者の参加を不当に制限する場合は、前記２の懸賞景品の規制の範囲内でなければなりません（共同懸賞とはみなされません。）。

Ⅱ　総付景品の規制

1　一般ルール（全業種に適用されるもの）

　一般消費者に対して、懸賞によらないで提供する景品類の価額は、景品類の提供に係る取引価額の10分の２の金額（当該金額が200円未満の場合にあっては、200円）の範囲内であって、正常な商慣習に照らして適当と認められる限度を超えてはなりません（前記Ⅰ１のいわゆる「総付景品告示」）。

2　不動産固有のルール

　不動産業においては、公正競争規約を設定し、一般ルールより厳しい規制をしている関係上、消費者庁は、公正競争規約に参加していない不動産事業者に対しても同様の規制をする必要があるため、不動産業にのみ適用される規制を行っています（「不動産業における一般消費者に対する景品類の提供に関する事項の制限」（平成９年４月25日公正取引委員会告示第37号、消費者庁みなし運用））。

　これによれば、不動産事業者（不動産の売買、交換若しくは賃貸又は不動産の売買、交換若しくは賃貸の代理若しくは媒介を業とする者）は、一般消

費者に対して、懸賞によらないで景品類を提供する場合は、景品類の提供に係る**取引価額の10分の1又は100万円のいずれか低い金額**の範囲を超えて景品類を提供してはならないとしています。

3 景品類に該当する場合であっても、前記1又は2の制限を受けない経済上の利益の提供

次の経済上の利益については、景品類に該当する場合であっても、前記**1**又は**2**に記載の制限が適用されません（**1**の取引価額の20%、**2**の取引価額の10%を超える価額の景品類を提供しても構いません。）。

(1)	商品の販売若しくは使用のため又は役務の提供のため必要な物品又はサービスであって、正常な商慣習に照らして適当と認められるもの
(2)	見本その他宣伝用の物品又はサービスであって、正常な商慣習に照らして適当と認められるもの
(3)	自己の供給する商品又は役務の取引において用いられる割引券、その他割引を約する証票であって、正常な商慣習に照らして適当と認められるもの
(4)	開店披露、創業記念等の行事に際して提供する物品又はサービスであって、正常な商慣習に照らして適当と認められるもの

Ⅲ 景品表示法と公正競争規約の関係

1 公正競争規約の法的性格

公正競争規約は、表示又は景品類に関する事項について、内閣総理大臣（消費者庁）及び公正取引委員会の認定を受けて、不当な顧客の誘引を防止し、一般消費者による自主的かつ合理的な選択及び事業者間の公正な競争を確保するために、事業者又は事業者団体間において自主的に締結される規約です。ただし、一般の自主規制とは異なり、景品表示法第31条第1項に基づき内閣総理大臣（消費者庁）及び公正取引委員会の認定を受けてはじめてその効力が発生します。内閣総理大臣（消費者庁）及び公正取引委員会は、規約が次に掲げる要件に適合すると認める場合でなければ、認定をしてはならないものとされています（景品表示法31②）。

(1)	不当な顧客の誘引を防止し、一般消費者による自主的かつ合理的な選択及び事業者間の公正な競争を確保するために適切なものであること
(2)	一般消費者及び関連事業者の利益を不当に害するおそれがないこと
(3)	不当に差別的でないこと
(4)	公正競争規約に参加し、又は公正競争規約から脱退することを不当に制限しないこと

　公正競争規約は業界の自主規制であるため、原則として公正競争規約に参加する事業者に対してのみ適用されますが、公正競争規約に参加していない事業者にも公正競争規約との整合性を保ち、同様の規制をするため、前述した不動産のおとり告示「不動産のおとり広告に関する表示」（P.453参照）や不動産の総付景品告示「不動産業における一般消費者に対する景品類の提供に関する事項の制限」（P.464～参照）があり、これら告示に禁止する行為に該当すると、消費者庁が直接規制することになります。

　認定された公正競争規約は、独占禁止法の適用が除外されると同時に景品表示法の解釈基準の一つとして参酌されるので、景品表示法の運用を通して公正競争規約に参加していない事業者に対しても実質的にその効力が及ぶことになります。

2　不動産業界の公正競争規約

　不動産業界においては、不当な顧客の誘引を防止し、一般消費者による自主的かつ合理的な選択及び事業者間の公正な競争を確保するため、景品表示法第31条の規定（協定又は規約）に基づき、不動産連合会が設定し、内閣総理大臣（消費者庁）及び公正取引委員会から認定を受けた不動産広告等に関するルールである「表示規約」（平成17年11月10日公正取引委員会告示第23号）と「景品規約」（平成15年1月14日公正取引委員会告示第3号）があり、これを各地区協議会（北海道、東北、首都圏、東海、北陸、近畿、中国、四国及び九州）が運用しています。

　規約の認定等は、公正取引委員会及び消費者庁が共管となっていますが、不動産連合会や各地区協議会に対する管理・支援は消費者庁が一元的に行っています。

　➡P.220 相談事例（表示規約関係）Q1 参照

第 1 編

不動産の表示に関する公正競争規約
（表示規約）

1 改正の経緯

平成14年改正（第12次改正）

　昭和57年の四国地区不動産公正取引協議会の設立をもって、不動産公正取引協議会は全国９地区体制となり、公正取引委員会の指導の下に各地区協議会がそれぞれ規約の適切な運用に努めてきましたが、インターネットをはじめとする情報技術の革新が急速に進む中で、規制緩和の進展に伴い消費者の自己責任の確立が強く求められ、また、全国各地の広告が全国どこでも見ることができるようになるなど事業活動の広域化、事業展開の多様化等が進んできており、不当表示の規制、適正表示の指導等も全国統一的に行う必要性が高まりつつありました。

　このような情勢を背景として、取引の適正化と消費者への適正な情報提供を確保するため、各地区協議会の機能を結集して、インターネットの進展に代表される社会の変化や新しい事業分野における表示問題等に積極的に対応するとともに、効率的な規約の運用体制を確立する必要が強まり、平成14年11月１日、各地区協議会の総意により不動産連合会を設立し、規約を一本化することとし、同年11月１日付で公正取引委員会に対し、新規約の認定申請を行い、同年12月26日に認定を受け、同日から施行されました（平成15年１月14日公正取引委員会告示第２号）。

　この改正に際しては、新規約の設定と旧規約９本の廃止手続きをとりましたが、規約の内容は、不動産連合会設立に伴う組織、手続き規定を整備したほかは、広告表示等の実体規定の変更はありませんでした。

平成17年改正（第13次改正）

　昭和38年に表示規約を設定して以来、時代の変化に対応すべく随時見直しを行ってきましたが、その結果、その内容は膨大で煩雑となり、事業者にとってわかりにくく、使い勝手の悪さが目立つようになってきました。

　そこで、不動産連合会は、①見やすく、わかりやすい表示規約を目指し、②公正な競争の確保と消費者利益の擁護を図るという、2つの基本理念に立ち、時代の変化に対応するため、過剰な規制の整理、新たな問題に対応する規定の整備、公正・公平な措置手続きの整備を図る観点から表示規約を全面的に見直し、平成17年7月20日付で公正取引委員会に対し改正申請を行い、平成17年11月9日に改正の認定を受け（第13次改正）、平成18年1月4日から施行されました。

平成21年改正（第14次改正）

　景品表示法が消費者庁の所管となり、その目的規定等の関係規定が変更されることに伴い、不動産連合会は、これに関連する表示規約及び表示規則の規定の一部変更案並びに措置に対する異議の申立てに関する規定（表示規約27の2）及び措置内容等の公表に関する規定（表示規約27の3）を新設する改正案を公正取引委員会に申請し、平成21年8月25日付をもって認定又は承認を受け、消費者庁が発足した同年9月1日から施行されました。

平成24年改正（第15次改正）

　不動産連合会は、表示規約及び表示規則を不断に見直すこととしていますが、規定を緩和又は強化すべき事項、明確にすべき事項、使い勝手などから規定振りに工夫・改善すべき事項等を協議し、平成22年11月開催の第8回通常総会において、変更案を決議し、これを平成23年9月に開催した表示連絡会において、消費者団体、関係団体等に説明し同案に対する意見を聴き、同年11月開催の第9回通常総会において一部修正した変更案を承認し、これを同年12月15日付で公正取引委員会及び消費者庁長官に認定等の申請を行いました。

　公正取引委員会及び消費者庁は、申請された表示規約及び表示規則の変更案を平成24年1月25日から1か月間パブリックコメントを募集し、その結果、同年5月17日付で変更案について認定又は承認を受け、同年5月31日から施行しました。

主な変更点は次のとおりです。

【表示規約】

1　第4条（用語の定義）の予告広告やシリーズ広告ができる物件に新築賃貸マンション・アパートを追加しました。

2　第23条（その他の不当表示）第1項第42号において、写真、CGなどによる表示のうち、事実に相違する表示も不当表示として規制することとしました。

3　第23条（その他の不当表示）第2項の規定を景品表示法の規定に適合させました。

【表示規則】

1　第4条（必要な表示事項）第2項のパンフレット等に表示する場合のデメリット表示において、「自己に係るもの」に「自己が知り得たもの」も表示することとしました。

2　第10条（物件の内容・取引条件に係る表示基準）第16号において、畳1枚当たりの面積は1.62㎡以上とし、中古住宅において認められていた1.62㎡未満の場合の例外規定（ただし書）を削除しました。

3　第13条（過去の販売価格を比較対象価格とする二重価格表示）において、二重価格表示をするための要件を満たし、過去の販売価格に関する客観的資料を有していれば、従来から認められていた建築後2年以内の未入居の建物のほか、土地や中古住宅、中古マンションもできるよう改めました。

4　旧規定の別表11（インターネット広告）を廃止し、インターネット広告に係る必要な表示事項を別表1から別表10の各表に追記しました。

平成25年改正（第16次改正）・平成28年改正（第17次改正）

公正取引協議会の一般社団又は公益社団化（第16次）及び景品表示法の条番号変更（第17次）による改正のみで、広告表示等の実体規定の変更はありませんでした。

令和4年改正（第18次改正）

　平成24年の第15次の実体規定の改正から不動産広告を取り巻く環境は、より一層のインターネットを利用した様々な手法を用いた広告表示に変化してきましたが、これらに適応するための緩和又は強化すべき事項、明確にすべき事項、使い勝手などから規定振りに工夫・改善すべき事項等を協議し、令和3年10月開催の不動産連合会第19回通常総会において変更案を承認し、これを令和4年2月14日付で公正取引委員会及び消費者庁長官に認定等の申請を行い、表示規約は令和4年2月21日に認定され、表示規則は同年2月18日に承認され、いずれも同年9月1日から施行されました。

　主な変更点は次のとおりです。

【表示規約】

1　予告広告やシリーズ広告が実施できる物件に「一棟リノベーションマンション」を追加しました。

2　予告広告を実施した後に行う必要がある「本広告」は、予告広告と同一媒体（同一エリア）で行うほか、インターネット広告のみでも実施できることを追加しました。

3　物件名称の使用基準において、①物件から直線距離で300m以内の「公園、庭園、旧跡等の名称」を使用できることのほか、「海（海岸）、湖沼、河川の岸又は堤防から直線距離で300m以内に所在している場合は、これらの名称」を追加するとともに、②街道の名称を使用する際には、物件が面していないと使用できないこととしていましたが、直線距離で50m以内であれば使用できることに変更しました。

【表示規則】

1　物件種別に「一棟リノベーションマンション」及び「一棟売りマンション・アパート」を新設しました。

2　必要な表示事項を定めた一覧表のうち、別表5に「一棟売りマンション・アパート」、別表6に「一棟リノベーションマンション」を追加し、これら物件を広告する際に必要な表示事項を追加しました。

3　電車等の所要時間について

(1) 「平常時の所要時間を著しく超えるときは通勤時の所要時間を明示すること」と規定していましたが、これを「朝の通勤ラッシュ時の所要時間を明示し、平常時の所要時間をその旨を明示して併記できる」に変更しました。

(2) 「乗換えを要するときは、その旨を明示すること」と規定していましたが、これを「乗換えを要するときは、その旨を明示し、所要時間には乗り換えに概ね要する時間を含めること。」に変更しました。

4 物件から、駅や商業施設等までの所要時間や道路距離を記載する場合において

(1) マンションやアパートについては、「建物の出入口を起点」とすることを明文化しました。

(2) 販売戸数（区画数）が2以上の分譲物件においては、最も近い区画までの表示のみで可としていましたが、最も遠い住戸（区画）までの所要時間等を併記することを追加しました。

5 新築住宅等の外観写真について、建物が未完成等の場合には、取引する建物と「規模、形質及び外観が同一の他の建物」に限り認めていましたが、これを「取引する建物を施工する者が過去に施工した建物であり、構造、階数、仕様が同一であって、規模、形状、色等が類似する他の建物」に変更しました。

6 学校等の公共施設やスーパー等の商業施設を表示する場合、物件からの道路距離を記載することとしていましたが、これに徒歩所要時間での表示も可能とすることを追加しました。

7 過去の販売価格を比較対象とする二重価格表示は、3か月以上前に公表された価格で3か月以上販売していなければできないとしていましたが、3か月以上前に公表された価格を「値下げの直前の価格」に変更し、販売していた期間を「値下げ前2か月以上」に短縮しました。

8 必要な表示事項を定めた別表について

(1) 別表1から別表10の「交通の利便」について、利用できる公共交通機関がない場合には、記載しないことができる旨を追加しました。

(2) 別表4から別表7のインターネット広告に「引渡し可能年月」を追

加しました。

(3)　別表 8 及び別表 9 のインターネット広告に「入居可能時期」を追加しました。

(4)　別表 1、別表 4 及び別表 6 のインターネット広告に「取引条件の有効期限」を追加しました。

(5)　別表 6 に「管理員の勤務形態」を追加しました。

(6)　別表 7 の「管理方式（管理人の勤務形態。自主管理の場合はその旨）」を「管理形態及び管理員の勤務形態」に変更しました。

表示規約

2 表示規約の規制概要

I 規制の運用主体・事業等

　表示規約を円滑、かつ、効果的に運用し、その実効性を確保するため、表示規約第25条から第29条に不動産連合会及び各地区協議会の組織、事業、違反に対する調査及び措置、措置に対する異議の申立て並びにその他手続き等を規定しています。

　不動産連合会は、主として規約の改廃、解釈・運用の統一及び包括的な普及徹底等を担当し、規約に違反する行為の調査及び措置は行いません。

　一方、各地区協議会は、各地区協議会に加盟する事業者等に対する規約の周知徹底、不動産広告の表示又は景品提供企画の事前相談対応、規約に違反する疑いのある事案の調査及び違反が認められた事業者に対する措置並びに、措置に対する異議申立ての対応等を担当しており、その最も重要な業務は、規約の周知徹底と、規約に違反する疑いのある事案に対する調査及び措置を行うことです。

　各地区協議会は、各地区協議会に加盟する事業者が規約に違反した場合には、その事業者に対して、再び規約に違反する行為を行わないよう警告し、50万円以下（再び違反した場合には、表示規約違反は500万円以下、景品規約違反は300万円以下）の違約金を課す等の措置を採ることができます。

II 表示規約の目的

　表示規約は、不動産取引の表示に係る事項として、「広告表示の開始時期の制限」、「必要な表示事項」、「特定事項等の明示義務」、「物件の内容・取引条件等に係る表示基準」、「不当表示の禁止」等を定めることにより、不当な顧客の誘引を防止し、一般消費者による自主的かつ合理的な選択及び事業者間の公正な競争を確保することを目的としています。

　なお、「一般消費者による自主的かつ合理的な選択」とは、一般消費者が不

動産を購入若しくは賃借するに際しての「利益を保護する」ということと解してください。

Ⅲ　事業者等の責務

1　事業者の責務

　表示規約の規定は、不当な表示を防止する観点から定められているものであり、望ましい表示や親切な表示となる基準を定めているものではありません。

　表示規約の目的は、不動産の取引において、適正な広告その他の表示を推進することによって、一般消費者の適正な選択を促進するとともに業界の信用向上を図り、広告効果を高めることにあります。

　したがって、本来の趣旨を生かすためには、表示規約の規定に適合する広告表示の実施にとどまらず、よりわかりやすい表示をするよう努めることが必要となり、この観点から、表示規約第2条では、「事業者は、不動産広告の社会性にかんがみ、深くその責任を自覚し、この規約を遵守することはもとより、社会的・経済的諸事情の変化に即応しつつ、常により適正な広告その他の表示をするよう努めなければならない。」と定めています。

　なお、他の事業者から提供された物件情報について、当該事業者からの誤った情報に基づいて当該物件に関する広告を作成したために不当表示となった場合、広告（表示）の内容を決定したのは広告した事業者ですので、過失があるかどうかにかかわらず（無過失責任）、広告した事業者はその表示の責任を負うことになり、表示規約の規制対象になります。

→P.282 相談事例（表示規約関係）Q81 参照

2　広告会社等の責務

　不当表示の未然防止や、よりわかりやすい広告表示を推進するには、広告会社や広告媒体会社等の協力が不可欠です。

　この観点から、表示規約第3条では、「事業者から広告制作の依頼を受けた広告会社等は、不動産広告の社会性にかんがみ、深くその社会的な責任を認識し、この規約の趣旨にのっとり、一般消費者の適正な選択に資する広告を制作するよう努めなければならない。」と広告会社等責務を規定しています。

31

Ⅳ　表示規約の規制内容

　表示規約は、不動産広告の方法や表示の仕方等について、次の8つの実体規定を設けています。

1	広告表示の開始時期の制限（表示規約5）
2	建築条件付土地取引に関する広告表示中に表示される建物の設計プランに関する表示（表示規約6）
3	自由設計型マンション企画に関する表示（表示規約7）
4	必要な表示事項とその特例・適用除外（表示規約8〜12）
5	特定事項等の明示義務（表示規約13・14）
6	物件の内容・取引条件等に係る表示基準（表示規約15〜17）
7	特定用語等の使用基準（表示規約18・19）
8	不当表示の禁止（表示規約20〜23）

　このうち、4の「必要な表示事項」（表示規約8）の規定については、表示規則第4条で定める一定の媒体又は表示方法に限り適用されるものですが、その他の規制は全ての広告表示（媒体）に適用されます。この「必要な表示事項」の規定の趣旨は、一般消費者の適正な物件選択を促進し、自由で公正な競争を確保するためには、単に不当な表示を禁止するだけでは不十分であり、一般消費者の物件選択の糸口となる広告表示において最低限度の事項を積極的に示す（＝不動産という"商品"の説明）ことが必要であると考えられるからです。

Ⅴ　表示規約で定める用語の定義

　表示規約で定める用語の定義は、第4条において以下のとおり規定しており、表示規則において使用されている用語と同一のものは、同じ意義として使用しています（表示規則1）。

1　不動産

　「土地及び建物」をいいます（表示規約4①）。

2　宅地

　「宅建業法第2条第1号に定めるもの」をいいます（P.328参照）（表示規

約4②)。

3　建物

「土地に定着し、屋根及び周壁を有する工作物であって、主として居住の用に供されるものをいい、賃貸マンション、賃貸アパートその他の貸室等建物の一部を含むもの」としています（表示規約4③)。

4　事業者

「宅建業法第3条第1項の免許を受けて宅地建物取引業を営む者であって、第25条第1項に規定する公正取引協議会の構成団体に所属するもの及びこの規約に個別に参加するもの」をいいます（P.329参照)（表示規約4④)。

➡P.221〜 **相談事例（表示規約関係）Q 2・3 参照**

5　表示

「顧客を誘引するための手段として事業者が不動産（以下第9章までにおいて「物件」という。）の内容又は取引条件その他取引（事業者自らが貸借の当事者となって行う取引を含む。以下同じ。）に関する事項について行う広告その他の表示（以下「広告表示」という。)」をいいます（表示規約4⑤)。

・　**「顧客を誘引するための手段として」とは**

「顧客を誘引するための手段」であるかどうかは、広告主である事業者の意図に関係なく、客観的に**その広告が顧客誘引効果を持つかどうかで判断**され、その表示によって**実際に顧客が誘引されたかどうかを問いません。**

顧客を誘引するとは、一般消費者に対して自己と取引するように誘引することで、誘引される者が他の競争事業者の顧客であるかどうかを問いません。また、新規の顧客だけでなく自己と取引関係にある顧客に対して取引を継続するよう誘引することも含まれます。

➡P.222 **相談事例（表示規約関係）Q 4 参照**

・　**「不動産の内容又は取引条件その他取引に関する事項について行う」とは**

不動産の内容とは、不動産の所在、規模、環境、交通の利便、品質、形状等をいいます。取引条件とは、価格、賃料、権利金、敷金、媒介報酬、手付金等の額、住宅ローンの条件、引渡し方法、アフターサービス、契約方法等をいいます。

その他取引に関する事項とは、取引対象となる不動産の内容等とは直接

関係のない事業者の信用、事業規模、経営状況、所属団体等であって、取引をするかどうかを判断する際に重大な影響を及ぼすものをいいます。

なお、事業者自らが貸主となる場合の広告表示については、宅建業法の適用はありませんが、表示規約では規制の対象としています。

また、表示の方法や媒体については、景品表示法にならって、以下のとおり5類型に分けて例示的に列挙しています。

(1)	インターネットによる広告表示（表示規約4⑤(1)）
(2)	チラシ、ビラ、パンフレット、小冊子、説明書面、電子記録媒体その他これらに類似する物による広告表示（ダイレクトメール、ファクシミリ等によるものを含む。）及び口頭による広告その他の表示（電話によるものを含む。）（表示規約4⑤(2)）
(3)	ポスター、看板（デジタルサイネージ、プラカード及び建物又は電車、自動車等に記載されたものを含む。）、のぼり、垂れ幕、ネオン・サイン、アドバルーンその他これらに類似する物による広告及び陳列物又は実演による表示（表示規約4⑤(3)）
(4)	新聞紙、雑誌その他の出版物、放送（有線電気通信設備又は拡声機による放送を含む。）、映写、演劇又は電光による広告（表示規約4⑤(4)）
(5)	物件自体による表示及びモデル・ルームその他これらに類似するものによる表示（表示規約4⑤(5)）

➡P.222〜 相談事例（表示規約関係）Q5〜8 参照

6 その他の用語の意義

(1) 建築条件付土地

「自己の所有する土地を取引するに当たり、自己と土地購入者との間において、自己又は自己の指定する建設業を営む者（建設業者）との間に、当該土地に建築する建物について一定期間内に建築請負契約が成立することを条件として取引される土地をいう（建築請負契約の相手方となる者を制限しない場合を含む。）。」と定めており（表示規約4⑥(1)）、借地権（転借権及び定期借地権を含みます。）を取引する場合も含まれます。

この**条件**とは、法律行為（この場合は土地売買契約）の効力の発生又は消滅を、将来発生するかどうか不確実な事実にかからせる附款（ふかん＝

契約から生ずる効果を制限するために契約の一部として特に付け加えられた制限）をいい、その事実そのものを条件と呼ぶこともあります。

条件には、**停止条件**（条件が成就《実現》したときは契約の効力が発生するもの）と**解除条件**（条件が成就《実現》したときは契約の効力が消滅するもの）とがあります。

建築条件付土地取引において、「一定期間内に建築請負契約が結ばれれば土地売買契約の効力が発生する」という場合の「建築請負契約が結ばれる」という事実が停止条件であり、「一定期間内に建築請負契約が結ばれなければ土地売買契約の効力が消滅する」という場合の「建築請負契約が結ばれない」という事実が解除条件です。

表示規約

(2) 自由設計型マンション企画

「特定の土地を前提とするマンション建築の基本計画を示して当該計画について一般消費者の意見を聴取し、これを反映させた実施計画を確定し、第5条に規定する広告表示の開始の要件を満たした後に、売買契約をする方式によるマンションの建築企画」をいいます（表示規約4⑥(2)）。

(3) 予告広告

「販売区画数若しくは販売戸数が2以上の分譲宅地、新築分譲住宅、新築分譲マンション若しくは一棟リノベーションマンション、又は、賃貸戸数が2以上の新築賃貸マンション若しくは新築賃貸アパートであって、価格又は賃料が確定していないため、直ちに取引することができない物件について、規則に規定する表示媒体を用いて、その本広告（第8条に規定する必要な表示事項を全て表示して物件の取引の申込みを勧誘するための広告表示をいう。）に先立ち、その取引開始時期をあらかじめ告知する広告表示」をいいます（表示規約4⑥(3)）。

予告広告は、その後に本広告を行うことを条件として初めて認められるものであり、表示規約第8条で定める「必要な表示事項」の一部を省略することが認められています（表示規約9・表示規則5）。

(4) 副次的表示

「分譲宅地、新築分譲住宅、新築分譲マンション又は一棟リノベーションマンションに関する広告表示であって、一の広告物において、主として

取引しようとする物件の広告表示に付加して行う他の物件に関する広告表示」をいいます（表示規約４⑥⑷）。

　副次的表示においては、表示規約第８条で定める必要な表示事項の一部を省略することが認められています（表示規約10、表示規則６）。

⑸　**シリーズ広告**

　「販売区画数若しくは販売戸数が２以上の分譲宅地、新築分譲住宅、新築分譲マンション若しくは一棟リノベーションマンション、又は、賃貸戸数が２以上の新築賃貸マンション若しくは新築賃貸アパートに関する広告表示であって、一の企画に基づき、１年以内に、順次、連続して４回以上又は６か月以内に３回以上にわたって行う一連の広告表示」をいいます（表示規約４⑥⑸）。

⑹　**比較広告**

　「自己の供給する物件又は役務について、これと競争関係にある特定の物件等を比較対象物件等として示し（暗示的に示す場合を含む。）、物件等の内容又は取引条件について、客観的に測定又は評価することによって比較する広告表示」をいいます（表示規約４⑥⑹）。

⑺　**最多価格帯**

　「売買に係る物件の価格を100万円刻みでみたときに最も物件数が多い価格帯又は価格が著しく高額である等これによることが適当でないと認められる場合において、任意に区分した価格帯でみたときに物件数が最も多い価格帯」をいいます（表示規約４⑥⑺）。

⑻　**開発面積**

　「開発区域の総面積」をいいます（表示規約４⑥⑻）。

　これには、開発区域内の道路、学校、病院、公園等の用地が含まれます。

　なお、団地を数期に区分して分譲する場合で、例えば、２期目の販売に際しては、その期の販売対象部分の総面積ではなく、１期から最終期までの総面積をいいます。

⑼　**総区画数**

　「開発区域内の全ての予定区画数」をいいます（表示規約４⑥⑼）。

　開発区域を数区に分けて、工区ごとに開発許可を受ける場合においては、

開発許可を受けていない区域内の区画数を含めて総区画数を表示すること
となります。

　また、買取り物件又は団地を数区に分けて分譲する場合においては、団
地全体の区画数を表示します。

　さらに、契約済みの区画又は一団の分譲地等であって他社の所有に係る
区画がある場合は、これを含む全体の区画数が総区画数となります。この
場合は、自己の所有部分（販売部分）と他社の所有部分の区分を何らかの
方法、例えばパンフレットの図面集等によって明示する必要があります。

(10)　**総戸数**

　「新築分譲住宅においては、開発区域内に建築される住宅（建築予定の
住宅を含む。）の戸数をいい、新築分譲マンション又は一棟リノベーショ
ンマンションにおいては、現に取引しようとする全ての建物の一棟ごとの
住戸の戸数」をいいます（表示規約4⑥(10)）。

　新築分譲住宅の総戸数は、その団地の規模に関する情報ですから、表示
するときに更地の部分も含めた戸数を表示します。

　なお、新築分譲マンション又は一棟リノベーションマンションでは、住
戸のほか、管理事務所、集会室、店舗などがある場合には、その旨を表示
することが望ましいでしょう。

◆ **表示例**

> ● 総戸数／35戸（ほか管理事務所1戸、店舗2戸あり）

(11)　**販売区画数**

　「販売しようとする分譲宅地の区画数」をいいます（表示規約4⑥(11)）。

(12)　**販売戸数**

　「販売しようとする新築分譲住宅の戸数又は新築分譲マンション若しく
は一棟リノベーションマンションの住戸の戸数」をいいます（表示規約4
⑥(12)）。

◆ **表示例**

> ● 総区画数／500区画（当社所有分70区画）・今回販売区画数／28区画
> ● 総区画数／360区画・今回販売区画数／120区画

表示規約

37

- 総戸数／35戸・今回販売戸数／12戸
- 総戸数／300戸・第1期販売戸数／80戸

⒀ 賃貸戸数

　「賃貸しようとする新築賃貸マンション又は新築賃貸アパートの住戸の数」をいいます（表示規約4⑥⒀）。

３ 広告表示の開始時期の制限（表示規約５）

Ⅰ　広告表示の開始時期の制限の内容

　宅地の開発計画や一戸建て住宅又はマンションの建設計画を立てても、確実にその計画が実現される保証はありません。宅地の開発許可やマンション等の建築確認を受けることができなかったり、大幅な計画変更を余儀なくされたりした場合には、広告表示どおりの物件を供給することができなくなるおそれがあります。このように、計画実現性について法的な保証がない時点から販売広告や賃貸の募集広告ができることとすると、その広告を見た一般消費者は、自分の期待した宅地や住宅を取得するチャンスを失うこととなり、他方、他の競争事業者は自己の顧客を失う結果となるおそれがあります。

　宅建業法は、これを防止するため、造成工事や建築工事が完了前の物件（いわゆる青田売り物件）の売買その他の業務に関する広告の開始時期を制限しており、宅建業法第33条において、「宅地建物取引業者は、宅地の造成又は建物の建築に関する工事の完了前においては、当該工事に関し必要とされる都市計画法第29条第１項又は第２項の許可、建築基準法第６条第１項の確認その他法令に基づく許可等の処分で政令で定めるものがあつた後でなければ、当該工事に係る宅地又は建物の売買その他の業務に関する広告をしてはならない。」と定めています。

　表示規約においても、第５条で**「事業者は、宅地の造成又は建物の建築に関する工事の完了前においては、宅建業法第33条に規定する許可等の処分があった後でなければ、当該工事に係る宅地又は建物の内容又は取引条件その他取引に関する広告表示をしてはならない。」**と定め、宅建業法第33条と同一の規制をしています。

　表示規約第５条（広告表示の開始時期の制限）の規制対象となるのは、インターネットやチラシ等による「広告」だけでなく、店頭や戸別訪問におけるセールスマンの口頭説明など、表示規約第４条第５項に掲げる全ての「表示」が含まれます。したがって、後述する**予告広告**（表示規約９）や**シリーズ広告**

（表示規約11）、**物件名称を募集する広告**（表示規約12）等も開発許可や建築確認等を受けた後でなければ行うことはできません。

➡P.226〜 **相談事例（表示規約関係）Q10〜13 参照**

　なお、建築確認を受けた後に、当該確認に係る建築物の計画の変更（国土交通省令で定める軽微な変更を除きます。）をして、建築基準法第6条第1号から第3号までに掲げる建築物を建築しようとする場合（増築しようとする場合においては、建築物が増築後において第1号から第3号までに掲げる規模のものとなる場合を含みます。）は、「変更の確認」を受けなければなりません。

　この「変更の確認」と宅建業法第33条の広告の開始時期の制限との関係について、国土交通省不動産業課は、平成13年1月6日付けで各地方支分部局主管部長あてに通達された「宅地建物取引業法の解釈・運用の考え方」において、次のように通知しています。

参考 【宅地建物取引業法の解訳・運用の考え方】

（第33条関係）

広告の開始時期の制限について

⑴　宅地建物取引業法第33条の「確認」とは、建築基準法第6条第1項後段の規定に基づく確認（以下「変更の確認」という。）も含まれる。

⑵　建築基準法第6条第1項前段の規定に基づく確認（以下「当初の確認」という。）を受けた後、変更の確認の申請書を建築主事へ提出している期間においても、当初の確認の内容で広告を継続することは差し支えないものとする。

⑶　当初の確認を受けた後、変更の確認の申請を建築主事へ提出している期間、又は提出を予定している場合においては、変更の確認を受ける予定である旨を表示し、かつ、当初の確認の内容も当該広告にあわせて表示すれば、変更の確認の内容を広告しても差し支えないものとする。なお、いわゆるセレクトプラン（建築確認を受けたプランと受けていないプランをあわせて示す方式）においても、建築確認を受けていないプランについて変更の確認が必要である旨を表示すれば差し支えないものとする。

⑷　また、マンションのスケルトン・インフィル等の場合、「具体的な間取りが定められた場合、変更の確認を受けることが必要となる場合があります」と

の旨を表示すれば差し支えないものとする。

（第36条関係）

契約締結時期の制限について

(1) 宅地建物取引業法第36条の「確認」とは、建築基準法第６条第１項後段の規定に基づく確認（以下「変更の確認」という。）も含まれる。

(2) マンションに関し、建築基準法第６条第１項前段の規定に基づく確認を受けた後、変更の確認を受けようとする場合、区分所有である特性にかんがみ、次のいずれかの場合には変更の確認を受ける前に契約を締結しても差し支えないものとする。

① 当該契約の対象となっていない他の住戸の専有部分の変更。

② 共有部分の変更があり、かつ、その変更の確認の内容が構造上主要な部分の変更にならないなど、変更の程度が著しくないもの。

(3) いわゆるセレクトプラン（建築確認を受けたプランと受けていないプランをあわせて示す方式）、マンションのスケルトン・インフィル等、購入者の希望に応じて変更の確認を必要とする場合においては、変更の確認を受けることを停止条件等とすることにより、消費者の保護を図っていれば、変更の確認を受ける前に契約を締結しても差し支えないものとする。

II　広告表示の開始時期の制限の違反行為（脱法的行為）

　宅地の造成又は建物の建築に関する工事の完了前においては、開発許可又は建築確認を受けるまでは当該物件の取引に関する広告表示をすることができないことは、前述のとおりです。しかし、この規定に違反する広告表示が少なからず見受けられます。主な事例に次のようなものがあります。

1　新築住宅の売買契約を外形上、土地売買契約と建築請負契約に分けた契約形式をとるもの

　建物の建築工事に着工していない新築住宅の青田売りは、建築確認を受けた後に物理的には建物が存在しない状態で販売されるものですが、建築確認を受ける前の新築住宅の売買を、広告表示上は、**建築条件付土地**で広告し、

41

土地売買契約と建築請負契約の２つの契約に分けて締結するものがあります。このような行為は、表示規約第５条や宅建業法第33条の規制をくぐり抜けようとするものであり、これらの規定に違反することになります。この場合、実態が建築確認を受ける前の新築住宅の青田売りですから、価格については、「土地建物総額 4,580万円」や「土地＋建物セットプラン 4,580万円」等と土地と建物の合計代金を強調して表示しているものがほとんどです。したがって、単に外形的に建築条件付土地として広告しているものであっても、実態が新築住宅の取引であれば、表示規約第５条に違反することになります。

➡P.226、229 相談事例（表示規約関係）Q10・14 参照

2　土地や中古住宅で販売されている物件情報を基に新築住宅に改ざんして広告しているもの

競合事業者と広告物件が被らないようにするためであったり、顧客からの反響をより多く得るため、土地や中古住宅で販売されている物件情報を基に新築住宅に改ざんして広告しているものがあります。競合事業者は、土地は「土地」で、中古住宅は「中古住宅」で広告している中で、その事業者だけ「新築住宅」で広告していれば、表示規約の目的である一般消費者の利益の保護、事業者間の公正な競争を確保することが極めて難しくなり、不動産業界の秩序を大いに乱す行為といえます。

このような広告は、以下のような態様で行われています。

- 　土地面積や徒歩所要時間等は、元の情報のまま表示し、未完成の新築住宅として広告しているもの
- 　土地面積等の情報の改ざんはないが、架空又は別の建物の建築確認番号を記載して、未完成の新築住宅として広告しているもの
- 　土地面積等の情報を改ざんし、架空又は別の建物の建築確認番号を記載して、未完成の新築住宅として広告しているもの

これらは、表示規約第５条に違反するほか、第23条の「不当表示」にも該当し、場合によっては、第21条の「おとり広告」（第１号の存在しない架空物件）に該当するおそれもある悪質な広告となります。

4 「建築条件付土地取引における建物の設計プランに関する表示」及び「自由設計型マンション企画に関する広告表示」

Ⅰ 建築条件付土地取引に関する広告表示中に表示される建物の設計プランに関する表示（表示規約6）

建築条件付土地とは、「自己の所有する土地を取引するに当たり、自己と土地購入者との間において、自己又は自己の指定する建設業を営む者（建設業者）との間に、当該土地に建築する建物について一定期間内に建築請負契約が成立することを条件として取引される土地をいう（建築請負契約の相手方となる者を制限しない場合を含む。）。」（表示規約4(6)①）と規定しています。

建築条件付土地取引においては、当該土地上に建築すべき建物の内容は、土地購入者の自由意思に委ねられており、この点において、売主である宅建業者の企画した建物（完成済みであるか否かは問いません。）が売買される新築住宅とは本質的に異なる取引です。つまり、建築条件付土地取引では、土地購入者が建物を建築する場合に建築請負人となる建設業者等が制限されているだけで、どのような建物を建築するかは全く制限されていません。一方、新築住宅の取引は、たとえ、その建物の建築工事に着手していない場合であっても、売主である宅建業者の企画と責任で建物の内容が決定しているもの（若干の設計変更に応じる場合も含まれます。）を売買するものです。

新築住宅は、建築確認を受けていないと広告することはできないことから、実態は新築住宅の青田売りであるものを、建築確認を取得する前から販売したいというだけで、「建築条件付土地」と称して広告する事例が少なくありません。これは、宅建業法第33条の広告の開始時期の制限を免れる脱法行為となるおそれがありますし、建築条件付土地を取引するものであるものの、広告表示が一見して新築住宅の広告であると誤認されるおそれがあるもの（「土地＋建物セットプラン　総額 4,580万円」等と記載するとともに、間取図や外観パースなどを大きく表示しているものなど）は、表示規約第5条の広告表示の開始時期の制限に違反する新築住宅の広告として取り扱われるおそれがあります。

そこで、建築条件付土地取引における建物の設計プランに関する表示について、広告表示の開始時期の制限をくぐり抜けることを意図した「新築住宅の青田売り」と区別するために、表示規約第6条において、「前条の規定は、建築条件付土地取引に関する広告表示中に表示される建物の設計プランに関する表示については、次に掲げる全ての要件を満たすものに限り、適用しない。」と定め、建築条件付土地取引に関する広告表示中に一般消費者の建築計画の立案の一助となるような建物の設計プランを「参考プラン」、「推奨プラン」等と表示する場合の基準として、次の1から4の事項を、「見やすい場所に、見やすい大きさ（P.331〜参照）、見やすい色彩の文字により、分かりやすい表現で表示していること。」と定めています（表示規約6(1)）。また、取引対象の土地に係る「必要な表示事項」を全て表示しなければなりません（表示規約6(2)）。

1	取引の対象が建築条件付土地である旨（表示規約6(1)ア）
2	建築請負契約を締結すべき期限（土地購入者が、表示された建物の設計プランを採用するか否かを問わず、土地購入者が自己の希望する建物の設計協議をするために必要な相当の期間を経過した日以降に設定される期限）（表示規約6(1)イ）
3	建築条件が成就しない場合においては、土地売買契約は、解除され、かつ、土地購入者から受領した金銭は、名目のいかんにかかわらず、全て遅滞なく返還する旨（表示規約6(1)ウ）
4	表示に係る建物の設計プランについて、次に掲げる事項（表示規約6(1)エ） (1)　当該プランは、土地の購入者の設計プランの参考に資するための一例であって、当該プランを採用するか否かは土地購入者の自由な判断に委ねられている旨（表示規約6(1)エ（ア）） (2)　当該プランに係る建物の建築代金並びにこれ以外に必要となる費用の内容及びその額（表示規約6(1)エ（イ））

　上記2の「建築請負契約を締結すべき期限」とは、土地購入者が広告中に表示されている建物の設計プランを採用するかどうかに関係なく、土地購入者が**真に自己の希望する建物の設計**について、建設業者と十分協議するために必要であると客観的に認められる相当の期間（**概ね3か月程度**）、あるいは、これより長い期間をいいます。

　なお、仮に土地購入者が自らの希望する建物の設計プランを立てるために必

要な日数が与えられることがないままに、広告主が推奨するプランを押しつけ
られるような結果となる場合には、実質的には新築住宅の青田売りであるとみ
なされ、表示規約第5条に違反することとなる場合がありますので、十分注意
する必要があります。

➡P.229、293 相談事例（表示規約関係）Q14・91 参照

◆ **表示例**

---

1 **建築工事の請負人を制限しない場合**

　　宅建業者が自己の土地を販売するに当たり、土地購入者が一定期間内
に当該土地に建物を建築することを条件とする場合

> (1)　**建築条件付土地**（大きく見やすい場所に表示すること）
>
> (2)　この土地は、土地購入後6か月以内に建物の建築請負契約を
> 締結し、1年以内に住宅の建築が完了することを条件として販
> 売します（建設業者は土地購入者が自由に選定できます。）。
>
> (3)　6か月以内に建物の建築請負契約が締結されなかった場合は、土
> 地売買契約は解除され、土地購入代金は速やかに全額返還します。
>
> (注) このほか土地に関する必要な表示事項を表示すること（以
> 　　　下2～4においても同じ。）。

---

2 **自己を建築工事の請負人とする場合**

　　宅建業者が自己の土地を販売するに当たり、土地購入者が一定期間内
に当該土地に建築する建物について、自己と建築請負契約を締結するこ
とを条件とする場合

> (1)　**建築条件付土地**（大きく見やすい場所に表示すること）
>
> (2)　土地売買契約締結後、3か月以内に当社と建物の建築請負契
> 約が締結されることを停止条件として販売します。
>
> (3)　この期間内に建物の建築請負契約が締結されなかった場合には、
> 土地売買契約は白紙となり、受領した手付金等の全額を速やか
> に無条件で返還いたします。

表示規約

3　建築工事の請負人となるべき建設業者を指定する場合

　　宅建業者が自己の土地を販売するに当たり、土地購入者が一定期間内に当該土地に建築する建物について、自己の指定する建設業者との間で建築請負契約を締結することを条件とする場合

> (1)　建築条件付土地（大きく見やすい場所に表示すること）
> (2)　土地売買契約締結後、3か月以内に当社が指定する建設会社（3社）と建物の建築請負契約が締結されることを停止条件として販売します。
> (3)　この期間内に建物の建築請負契約が締結されなかった場合には、土地売買契約は白紙となり、受領した手付金等の全額を速やかに無条件で返還いたします。
> (注)指定する建設業者名を記載する。また、建設業者が複数の場合は、上記(3)の「当社が指定する建設業者」を「当社の指定する次のいずれかの建設業者」とし、「指定建設業者／○○ハウス、○○建設、○○ホーム」等と記載する。

4　上記2及び3の表示例に加え、建物の推奨プランを表示する場合

> 推奨プランの間取り、設計コンセプトなどの表示

> (1)　推奨プランはお客様の建築プラン策定の参考として当社（又は○○ハウス）がお勧めするプランの一例であって、お客様がこのプランを採用する義務はありません。
> 　　当社（又は○○ハウス）では、設計業務も行っておりますので、お客様のご希望の設計も承ります。
> 　　なお、この設計が完了した後に、建築条件が満たされず土地売買契約が白紙となった場合でも、設計料は別途申し受けます（土地代金は全額返還します。）。
> (2)　この推奨プランによる建築代金は○○○万円（税込）ですが、このほかに外構工事費、建築確認申請に伴う費用等が約○○万円必要となります。

Ⅱ　自由設計型マンション企画に関する広告表示（表示規約7）

　自由設計型マンション企画とは、事業者が「特定の土地を前提とするマンション建築の基本計画を示して当該計画について一般消費者の意見を聴取し、これを反映させた実施計画を確定し、表示規約第5条に規定する広告表示の開始の要件を満たした後に、売買契約をする方式によるマンションの建築企画をいう。」と定めています（表示規約4⑥⑵）。

　この住宅供給方式は、一般消費者の多様化したニーズに的確に応えるため、マンションにおいて企画段階から一般消費者の意見を聴いたうえで商品企画に役立てることができる途を開こうとすることにあります。

　この手法は、いわゆる「コーポラティブ住宅」と異なり、万が一その建設企画が実現しない場合でも、建築確認前には売買契約を締結しないこと、宅建業法第41条（手付金等の保全）の適用を受けるため、契約後においてもその損失は最小限に抑えられ、企画が実現しない場合の事業遂行責任は全て事業者に帰属します。

　自由設計型マンション企画に関する表示は、表示規約第7条において、「第5条の規定は、自由設計型マンション企画に関する表示であって、次に掲げる全ての要件を満たすものについては、適用しない。」と定め、コーポラティブ方式その他名称のいかんにかかわらず、表示規約第5条の「広告表示の開始時期の制限」に違反する建築確認取得前の新築分譲マンションの販売広告と区別するため、次の1から3までの詳細な要件を定めています。

1	次の(1)から(5)までの事項を、見やすい場所に、見やすい大きさ、見やすい色彩の文字により、分かりやすい表現で表示していること（表示規約7(1)） (1)　当該企画に係る基本計画である旨及び基本計画の性格（表示規約7(1)ア） (2)　当該企画の実現に至るまでの手順（表示規約7(1)イ） (3)　当該企画に関する意見聴取のための説明会等の開催時期及び場所（表示規約7(1)ウ） (4)　意見聴取に応じた一般消費者に対し、当該企画に基づく物件その他の物件の取引を拘束するものではなく、また、これらの取引において何ら特別の取扱いをするものではない旨（表示規約7(1)エ） (5)　当該企画の実施に際しては、宅建業法第33条に規定する許可等の処分を受ける必要がある旨及び未だ受けていない旨（表示規約7(1)オ）

2	当該企画に係る基本計画について、建ぺい率・容積率の制限の範囲内において建築可能な限度を示すための透視図並びに一般消費者の意見を求める基礎となる外観図及び平面スケッチを示す場合においては、一般消費者の意見を聴取する場合の手がかりとして示すものであって、具体的な実施計画の内容を示すものではない旨を、これらの表示に接する位置に明示していること（表示規約7(2)）
3	当該企画のコンセプトに関する説明及び上記2に規定する図面等を除き、建物の具体的な設計プランを表示していないこと（表示規約7(3)）

　なお、前記1の「見やすい場所に、見やすい大きさ（P.332参照）、見やすい色彩の文字により、分かりやすい表現で表示していること。」については、企画の内容に従い、次の表示例を参考に表示してください。

◆ (1)の表示例

● ここで表示している間取りプラン等の建物設計プランは、自由設計型マンション企画事業（以下「本企画」といいます。）の基本計画であって、消費者の皆様のご意見を伺うための素材として策定したものであり、確定した実施計画ではありません。

◆ (2)の表示例

● 本企画の説明会を開き、関心のある皆様のご参加をいただき、一定の期間にわたりご意見・ご要望を伺ったうえで具体的な建物建設のための実施計画を策定し、建築確認を受けた後にご購入を希望される方々との売買契約手続きに入ります。

◆ (3)の表示例

【説明会の開催について】
● 日時：令和○年○月○日午後1時から
● 場所：○○センタービル1F　住所／○○市○○1丁目1－1

◆ (4)の表示例

● 本企画の説明会にご参加いただき、ご意見をお伺いした場合でも、本企画に係る物件その他の物件の取引について拘束をするものではなく、ま

た、特別の便宜を図るなどの取り扱いは致しません。

◆ **(5)の表示例**

● 本企画の実施に際しては、実施計画が確定した後に建築確認を受ける必
要がありますが、現在これらを受けておりません。

　前記2については、広告中に自由設計型マンション企画に係る基本計画に基
づく物件の内容に関する図面、絵図等のうち、建ぺい率及び容積率の制限の範
囲内において建築可能限度を示すための透視図及び消費者の意見を求める基礎
としての建物外観図、平面スケッチ等を示す場合は、これらの絵図等は消費者
の意見を聞くための手掛かりを示すもので、具体的な実施計画に基づくもので
はない旨を、その図面等の表示に接する位置に明示すべきことを定めています。
　前記3については、本企画のコンセプトに関する説明及び前記2の図面等を
除き、建物の具体的な設計プランの表示を禁止しているものです。

5 必要な表示事項

I 必要な表示事項 （表示規約8）

　表示規約第8条は、「事業者は、規則で定める表示媒体を用いて物件の表示をするときは、規則で定める物件の種別ごとに、次に掲げる事項について、規則で定めるところにより、見やすい場所に、見やすい大きさ、見やすい色彩の文字により、分かりやすい表現で明瞭に表示しなければならない。」と定め、次の1から5の事項について、別表1から別表10までにおいて、物件の種別及び表示媒体別ごとに、記載すべき表示事項とその表示方法を定めています。

1	広告主に関する事項 （表示規約8⑴）
2	物件の所在地、規模、形質その他の内容に関する事項 （表示規約8⑵）
3	物件の価格その他の取引条件に関する事項 （表示規約8⑶）
4	物件の交通その他の利便及び環境に関する事項 （表示規約8⑷）
5	上記1から4に掲げるもののほか、規則で定める事項 （表示規約8⑸）

　なお、「見やすい大きさの文字」とは、**原則として7ポイント以上の大きさの文字**による表示をいいます。（表示規則8）。

※　7ポイントの文字とは、1辺の長さが約2.46mm四方の大きさ（1ポイント活字の1辺は0.3514mm）です（日本工業規格（JIS）による）。

➡P.232、233、235、236、237 **相談事例（表示規約関係）Q16・17・21・22・24** 参照

1　表示媒体 （表示規則2）

　表示規約第8条で定める必要な表示事項を記載すべき表示媒体は、次のとおりです。

⑴　**インターネット広告**

　　「インターネットによる広告表示」をいいます（表示規則2⑴）。

➡P.234、235、236 **相談事例（表示規約関係）Q19・20・23** 参照

⑵　**新聞・雑誌広告**

　　新聞又は雑誌に掲載される広告表示を総称し、広告表示の位置、大きさ

等によって次のとおり細分しています（表示規則2(2)）。

ア　新聞記事下広告

「新聞の記事の下に掲載される広告表示をいい、全面広告を含むもの」としています（表示規則2(2)ア）。

イ　住宅専門雑誌記事中広告

「住宅情報専門誌の記事面に掲載される広告表示であって、横5分の1ページ以上の大きさのものをいい、口絵、目次、表紙及び全ページ広告を含むもの」としています（表示規則2(2)イ）。

ウ　その他の新聞・雑誌広告

「ア及びイに掲げるものを除き、新聞又は雑誌に掲載される広告表示」をいいます（表示規則2(2)ウ）。

　　(注)　新聞・雑誌広告には、無料で各戸に配布される、いわゆる宅配紙も含まれますが、郵送される住宅友の会等の会報等は含まれません。

(3)　新聞折込チラシ等

「新聞に折り込まれ、又はその他の方法により配布されるチラシ又は掲出されるビラ等（店頭ビラを除く。）による広告表示」をいいます（表示規則2(3)）。

　(注)　新聞折込チラシ等には、電柱ビラ等の「屋外広告物」も含まれますが、これらを都道府県知事等の許可なく掲出することは、禁止されています。屋外広告物とは、商業広告に限らず「常時又は一定の期間継続して屋外で、公衆に表示されるもので、看板、はり紙・はり札、広告塔及び建物その他の工作物等に掲出され、又は表示されたもの並びにこれらに類するもの」をいいます。景品表示法や宅建業法、表示規約は、不当な表示などの広告表示を規制するものですが、屋外広告物法及び同法に基づく条例（例：東京都屋外広告物条例）は、広告表示が適正であるかどうかを問わず、都道府県知事（政令指定都市は市長）の許可を受けずに掲出すること自体を規制していますが、残念ながら、この法律及び条例に違反する屋外広告物が少なからず行われているのが現状です。仮に、この法律及び条例に違反した屋外広告物が掲出された場合、同法及び同条例による是正措置を受けるほか、広告表示の内容については景品表示法、宅建業法、表示規約の規制を受けます。

➡P.233〜 相談事例（表示規約関係）Q18 参照

51

(4) **パンフレット等**

「パンフレット、小冊子、電子記録媒体その他これらに類似する広告表示」をいいます（表示規則2(4)）。

2　物件の種別（表示規則3）

表示規約第8条で定める必要な表示事項を記載すべき物件の種別及びその区分ごとの必要な表示事項を定めた**別表**は、次のとおりです。

(1)　**分譲宅地**

「一団の土地を複数の区画に区分けして、その区画ごとに売買し又は借地権（転借地権を含む。）を設定若しくは移転する住宅用地」をいいます（表示規則3(1)）。➡別表1・P.58

(2)　**現況有姿分譲地**

「主として一団の土地を一定面積以上の区画に区分けして売買する山林、原野等の土地であって、分譲宅地及び売地以外のもの」をいいます（表示規則3(2)）。➡別表2・P.60

(3)　**売地**

「区分けしないで売買される住宅用地等」をいいます（表示規則3(3)）。➡別表3・P.62

(4)　**貸地**

「区分けしないで借地権（転借地権を含む。）を設定又は移転する住宅用地等」をいいます（表示規則3(4)）。➡別表3・P.62

(5)　**新築分譲住宅**

「一団の土地を複数の区画に区分けしてその区画ごとに建築され、構造及び設備ともに独立した新築の一棟の住宅であって、売買するもの」をいいます（表示規則3(5)）。➡別表4・P.64

(6)　**新築住宅**

「建物の構造及び設備ともに独立した新築の一棟の住宅」をいいます（表示規則3(6)）。➡別表5・P.66

(7)　**中古住宅**

「建築後1年以上経過し、又は居住の用に供されたことがある一戸建て住宅であって、売買するもの」をいいます（表示規則3(7)）。➡別表5・P.66

(8)　**マンション**

　「鉄筋コンクリート造りその他堅固な建物であって、一棟の建物が、共用部分を除き、構造上、数個の部分（以下「住戸」という。）に区画され、各部分がそれぞれ独立して居住の用に供されるもの」をいいます（表示規則3(8)）。

➡P.292 相談事例（表示規約関係）Q89 参照

(9)　**新築分譲マンション**

　「新築のマンションであって、住戸ごとに売買するもの」をいいます（表示規則3(9)）。➡別表6・P.68

(10)　**中古マンション**

　「建築後1年以上経過し、又は居住の用に供されたことがあるマンションであって、住戸ごとに、売買するもの」をいいます（表示規則3(10)）。➡別表7・P.70

(11)　**一棟リノベーションマンション**

　「共同住宅等の1棟の建物全体（内装、外装を含む。）を改装又は改修し、マンションとして住戸ごとに取引するものであって、当該工事完了前のもの、若しくは当該工事完了後1年未満のもので、かつ、当該工事完了後居住の用に供されていないもの」をいいます（表示規則3(11)）。➡別表6・P.68

(12)　**新築賃貸マンション**

　「新築のマンションであって、住戸ごとに、賃貸するもの」をいいます（表示規則3(12)）。➡別表8・P.72

(13)　**中古賃貸マンション**

　「建築後1年以上経過し、又は居住の用に供されたことがあるマンションであって、住戸ごとに、賃貸するもの」をいいます（表示規則3(13)）。➡別表9・P.74

(14)　**貸家**

　「一戸建て住宅であって、賃貸するもの」をいいます（表示規則3(14)）。➡別表9・P.74

(15)　**新築賃貸アパート**

　「マンション以外の新築の建物であって、住戸ごとに、賃貸するもの」をいいます（表示規則3(15)）。➡別表8・P.72

⒃　**中古賃貸アパート**

　「マンション以外の建物であり、建築後１年以上経過し、又は居住の用に供されたことがある建物であって、住戸ごとに、賃貸するもの」をいいます（表示規則3⒃）。➡別表９・P.74

⒄　**一棟売りマンション・アパート**

　「マンション又はアパートであって、その建物を一括して売買するもの」をいいます（表示規則3⒄）。➡別表５・P.66

➡P.225 **相談事例（表示規約関係）Q９参照**

⒅　**小規模団地**

　「販売区画数又は販売戸数が２以上10未満のものをいいます（表示規則3⒅）。➡別表１（分譲宅地）、別表４（新築分譲住宅）、別表６（新築分譲マンション・一棟リノベーションマンション）

⒆　**共有制リゾートクラブ会員権**

　「主として会員が利用する目的で宿泊施設等のリゾート施設の全部又は一部の所有権を共有するもの」をいいます（表示規則3⒆）。➡別表10・P.76

３　必要な表示事項の項目（表示規則４①）

　各別表の「媒体」欄に「○」印及び「●」印が付いている項目が必ず表示しなければならない項目です。ただし、「●」印の項目は、予告広告（表示規則５①）においては表示を省略することができ、「○」と「☆」印が両方付いている項目は、「小規模団地」（表示規則４①）及び「副次的表示」（表示規則６）においては表示を省略することができます。

　次ページ以降に、必要な表示事項の共通事項とその解説を掲げ、P.58以降に別表１から別表10を掲載し、共通事項を除く各事項の解説を掲載しています。

➡P.283〜285、290、291 **相談事例（表示規約関係）Q82〜84・87・88参照**

《別表1から別表10の共通事項の解説》

1　広告主の名称又は商号　「○○不動産株式会社」等と、正式名称を表示します。

2　広告主の事務所の所在地　広告を行う宅建業法上の事務所の所在地のことです。支店や営業所等が単独で行う場合は、支店等の所在地のみで構いません。

3　広告主の事務所の電話番号　宅建業法上の事務所（本店、支店、販売センター等の別は問いません。）の電話番号のことで、その広告について問い合わせ対応が可能な電話番号を表示します。

4　広告主の宅建業法による免許証番号　「国土交通大臣(5)第○○○○号」、「○○知事(3)第○○○○号」等と表示します。

5　広告主の所属団体名及び公正取引協議会加盟事業者である旨　所属団体名とは、広告主が所属している規約に参加する不動産業界の団体のことです（P.525参照）。「公益社団法人○○県宅地建物取引業協会会員」、「公益社団法人全日本不動産協会○○県本部会員」、「一般社団法人○○協会会員」等と表示してください。また、規約に参加する団体の会員事業者は、自動的に不動産公正取引協議会の加盟事業者となっていますので、「○○不動産不動産公正取引協議会加盟」と併せて表示してください。

6　広告主の取引態様　売主、貸主、代理、媒介又は仲介の別を表示します。なお、「販売提携（代理）」、「販売提携（媒介）」等の表示は可能ですが、「販売提携」、「委託」等のみの表示では取引態様を表示したことにはなりませんのでご注意ください。

7　広告主と売主とが異なる場合　広告主が代理、媒介又は仲介の場合は、売主の商号及び宅建業法による免許証番号を表示します。

8　売主と事業主とが異なる場合　例えば、Ａ社が開発許可の取得及び造成工事を行い、工事完了後にＢ社がその宅地の全部又は一部を買い取った場合は「事業主：Ａ社　売主：Ｂ社」等と表示します。

9　物件の所在地　地番が複数ある場合には、「○○市○○町123番地ほか」等と代表地番だけで表示しても構いません。

10　交通の利便　次の基準により表示します。ただし、公共交通機関がない場合や利用が現実的ではない場合には、交通の利便を記載しなくても構いません。

(1)　鉄道、都市モノレール又は路面電車（以下「鉄道等」といいます。）の最寄りの駅又は停留場（以下「最寄駅等」といいます。）の名称及び物件から最寄駅等までの徒歩所要時間を表示します。

(2)　鉄道等の最寄駅等までバスを利用するときは、最寄駅等の名称、物件から最寄りのバスの停留所までの徒歩所要時間、同停留所から最寄り駅等までのバス所要時間を明示して表示します。この場合において、停留所の名称を省略することができます。

(3)　バスのみを利用するときは、最寄りのバスの停留所の名称及び物件から同停留所までの徒歩所要時間を明示して表示します。

11　借地の場合　借地である旨及び1か月当たりの借地料を表示するほか、借地権の種類（普通借地権、一般定期借地権、建物譲渡特約付借地権、事業用借地権等）、内容、借地期間、並びに保証金、敷金を必要とするときはその旨及びその額を表示します。

なお、借地権付きのマンションの場合には、借地料は管理費に含めて表示することができます。

12　取引条件の有効期限　価格や賃料その他の取引条件がいつまで有効であるかという意味で、その期限を表示します。この期限については「何日以上」や「何か月以上」といった規制はありませんが、有効期限が到来する前の<u>値上げ</u>等は不当表示となりますのでご注意ください。

13　情報公開日（又は直前の更新日）及び次回の更新予定日　インターネット広告においては、「情報公開日か直前の更新日」及び「次回の更新予定日」を表示します。

掲載物件情報の定期的な更新は、**最低でも2週間に1回は行い**、当該期間内であっても、契約済みとなり取引できなくなった場合や取引条件等の変更が判明した場合には、**次回の更新予定日が到来する前であっても当該広告を速やかに削除又は表示の変更**をする必要があります。➡P.392〜「おとり広告ガイドライン」参照

《別表欄外の（注）の解説》

（別表1・3）

- 　市街化調整区域の土地については、用途地域に代えて市街化調整区域である旨を明示するほか、都市計画法第33条の要件に適合し、同法第34条第1項第11号又は第12号に該当するもの、並びに同法施行令第36条第1項第1号及び第2号の要件に適合し、同項第3号ロ又はハに該当するものについては、住宅等を建築するための許可条件を記載します。

◆ **表示例**

- 住宅を建築するには、○○市に20年以上居住している者であることが条件となります

（別表1・4・6）

- 　いわゆるデメリット事項については、➡P.78〜参照
- 　予告広告については、➡P.81参照
- 　小規模団地については、➡P.54参照
- 　副次的表示については、➡P.83参照

（別表8）

- 　予告広告については、➡P.81参照

（別表8・9）

- 　当初の契約時からその期間満了時までに、事項番号14から20（別表8）又は事項番号13から18（別表9）以外の費用を必要とするときは、その費目及びその額を記載しなければなりません。これらの費用に該当するものとしては、ルームクリーニング費用、鍵交換費用、抗菌処理費用、24時間サポートサービス費用等があります（記載漏れは不当表示となりますのでご注意ください。）。

　なお、更新料はこれに該当しないものとしています。

（補足）　複数人で一部屋又は一軒家を賃借して共同で生活する「ルームシェア」物件については、その旨、最大利用者数を記載するほか、キッチンやトイレ、浴室等の設備を共同利用するものである場合には、その旨等も表示します。

表示規約

別表１　分譲宅地（小規模団地を含み、販売区画数が１区画のものを除く。）

事項	インターネット広告	パンフレット等	新聞折込チラシ等／新聞記事下広告／住宅専門雑誌記事中広告	その他の新聞・雑誌広告
1　広告主の名称又は商号	○	○	○	○
2　広告主の事務所の所在地	○	○	○	
3　広告主の事務所（宅建業法施行規則第15条の５の２の施設を含む。）の電話番号	○	○	○	
4　広告主の宅建業法による免許証番号	○	○	○	
5　広告主の所属団体名及び公正取引協議会加盟事業者である旨	○	○	○	
6　広告主の取引態様（売主、代理、媒介（仲介）の別）	○	○	○	
7　広告主と売主とが異なる場合は、売主の名称又は商号及び免許証番号	○☆	○	○☆	
8　売主と事業主（宅地造成事業の主体者）とが異なる場合は、事業主の名称又は商号		○		
9　物件の所在地（パンフレット等の媒体を除き、小規模団地及び副次的表示にあっては地番を省略することができる。）	○	○	○	
10　交通の利便（公共交通機関がない場合には、記載しないことができる。）	○	○	○	
11　開発面積	○☆	○	○☆	
12　総区画数	○	○	○☆	
13　販売区画数	●	●	●	●
14　土地面積及び私道負担面積（パンフレット等の媒体を除き、最小面積及び最大面積のみで表示することができる。）	○	○	○	
15　地目及び用途地域（注１）	○	○	○	
16　建ぺい率及び容積率（容積率の制限があるときは、制限の内容）	○	○	○	
17　宅建業法第33条に規定する許可等の処分の番号（パンフレット等の媒体を除き、造成工事が完了済みの場合は省略することができる。）	○	○	○	
18　道路の幅員	○	○	○	
19　主たる設備等の概要	●	●	●	
20　工事の完了予定年月（パンフレット等の媒体を除き、造成工事が完了済みの場合は省略することができる。）	○	○	○	
21　① 価格（パンフレット等の媒体を除き、最低価格、最高価格並びに最多価格帯及びその区画数のみで表示することができる。）				
21　② 上下水道施設、都市ガス供給施設等以外の施設であって、共用施設又は特別の施設について負担金等があるときはその旨及びその額並びにこれらの維持・管理費を必要とするときはその旨及びその額	●	●	●	●
22　① 借地の場合はその旨	○	○	○	○
22　② 当該借地権の種類、内容、借地期間並びに保証金、敷金を必要とするときはその旨及びその額	●	●	●	●
22　③ １か月当たりの借地料				
23　取引条件の有効期限	●	●	●	
24　情報公開日（又は直前の更新日）及び次回の更新予定日	●			

（注）
1　市街化調整区域の土地にあっては、用途地域に代えて市街化調整区域である旨を明示するほか、都市計画法第34条第１項第11号又は第12号、同法施行令第36条第１項第３号ロ又はハのいずれかに該当するものについては、住宅を建築するための許可条件を記載すること。
2　パンフレット等には、規則第４条第２項各号に定めるいわゆるデメリット事項を記載すること。
3　予告広告においては、規則第５条第２項に定める事項を記載すること。
4　「●」の事項は、予告広告において省略することができる。
5　「○」に「☆」が付された事項は、小規模団地及び副次的表示において省略することができる。

58

別表1　分譲宅地（小規模団地を含み、販売区画数が1区画のものを除く。）

1～10➡P.55～「別表1から別表10の共通事項の解説」参照

11　開発区域の総面積（道路、公園等を含む。）を表示します。

12　開発区域の区画（又は予定区画）の総数を表示します。

14　その広告で販売する全ての区画の面積を表示します。ただし、パンフレット等の媒体を除き、最小面積及び最大面積のみで表示しても構いません。

◆表示例

> ● 土地面積／140㎡～170㎡　ほかに私道負担10㎡～12㎡あり

　その他、セットバックや路地状敷地、傾斜地が含まれる等、特定事項の明示義務の規定にかかる物件の場合は、その旨等を記載しなければなりません。

15　地目は登記簿に記載されているものを表示します。登記地目と現況地目が異なる場合は、現況の地目を併記してください。また、2以上の用途地域にかかる場合には、全ての用途地域を表示します。

◆表示例

> ● 地目／山林（現況 宅地）
> ● 用途地域／第一種低層住居専用地域・第二種住居地域

16　2以上の用途地域にかかる場合や前面道路の幅員により制限を受ける場合には、物件（区画）ごとに実際に適用される数値を表示します。

17　造成工事が未完成の場合には、開発許可番号等を表示します。

18　分譲地内に新たに設けられる道路の幅員を表示します。

◆表示例

> ● 道路幅員／分譲地内8m・6m・4m幅 アスファルト舗装

19　道路側溝等の排水、上下水道施設、汚水処理の方法等の概要を表示します。

20　パンフレットや宅建業法第35条の重要事項で説明すべき施設が全て完了する予定年月を表示します。

21　① その広告で販売する全ての区画の価格を表示します。ただし、パンフレット等の媒体を除き、最低価格、最高価格、最多価格帯及び最多価格帯に属する販売区画数のみで表示しても構いません。また、販売区画数が2以上10未満であるときは、最多価格帯の表示は省略することができます。

　　② 共用施設又は特別の施設について、負担金や維持管理費が必要な場合は、その旨及びその額を表示します。なお、上下水道施設・都市ガス供給施設等を設置して取引する場合には、その設置に係る費用は価格に含めて表示します。

◆表示例

> ● 価格／3,000万円～3,480万円　最多価格帯／3,200万円台（5区画）

22～24➡P.55～「別表1から別表10の共通事項の解説」参照

別表2　現況有姿分譲地

事　　項	インターネット広告	パンフレット等	新聞折込チラシ等 新聞記事下広告 住宅専門雑誌記事中広告	その他の新聞・雑誌広告
1	広告主の名称又は商号	○	○	○	○
2	広告主の事務所の所在地	○	○	○	
3	広告主の事務所（宅建業法施行規則第15条の5の2の施設を含む。）の電話番号	○	○	○	
4	広告主の宅建業法による免許証番号	○	○	○	
5	広告主の所属団体名及び公正取引協議会加盟事業者である旨	○	○	○	
6	広告主の取引態様（売主、代理、媒介（仲介）の別）	○	○	○	○
7	広告主と売主とが異なる場合は、売主の名称又は商号及び免許証番号		○	○	
8	物件の所在地	○	○	○	○
9	交通の利便（公共交通機関がない場合には、記載しないことができる。）	○	○	○	
10	総区画数		○	○	
11	販売区画数	○	○	○	
12	総面積及び販売総面積	○	○	○	
13	土地面積又は分割可能最小面積並びに通路負担があるときはその旨及びその面積	○	○	○	
14	地目及び市街化区域内の土地については用途地域	○	○	○	
15	「この土地は、現況有姿分譲地ですから、住宅等を建築して生活するために必要とされる施設はありません」という文言（新聞折込チラシ等及びパンフレット等の場合は16ポイント以上の大きさの文字で記載すること。）	○	○	○	
16	市街化調整区域内の土地であるときは、「市街化調整区域。宅地の造成及び建物の建築はできません」という文言（新聞折込チラシ等及びパンフレット等の場合は16ポイント以上の大きさの文字で記載すること。）	○	○	○	○
17	都市計画法その他の法令に基づく制限で、宅建業法施行令第3条に定めるものに関する事項	○	○	○	○
18	価格（最低価格・最高価格）	○	○	○	○
19	価格のほかに、測量費、境界石等の費用を要するときは、その旨及びその額	○	○	○	○
20	取引条件の有効期限		○	○	
21	情報公開日（又は直前の更新日）及び次回の更新予定日	○			

60

別表2　現況有姿分譲地

1〜9 ➡P.55〜「別表1から別表10の共通事項の解説」参照

10　分譲地全体の図面上の区画の総数を表示します。

11　その広告で販売する図面上の区画の総数を表示します。

12　分譲地全体の面積（通路部分含む。）とその広告で販売しようとする部分の総面積を表示します。

13　区画割りをしないで自由分割取引に応じる場合は、分割可能最小面積を明らかにして表示します。

◆ 表示例

- （区画割りして販売する場合）150㎡〜200㎡ ほかに通路負担10㎡〜20㎡あり
- （自由分割で販売する場合）100㎡（ほかに通路負担10㎡）より分割可

14　地目は登記簿に記載されているものを表示します。登記地目と現況地目が異なる場合は、現況の地目を併記してください。

17　都市計画法その他の法令に基づく制限で、宅建業法施行令第3条に定めるものに該当する事項がある場合は、その内容を表示します。

18　区画割りをしないで自由分割取引に応じる場合は、分割可能最小面積を表示するとともに、1㎡当たりの最低単価及び最高単価、並びにそれぞれの面積を表示します。

20〜21 ➡P.55〜「別表1から別表10の共通事項の解説」参照

別表3　売地・貸地・分譲宅地で販売区画数が1区画のもの

	事　　　項　　　　　　　　　　　　　　　　　　　　　　　　　　　媒　　体	インターネット広告	新聞折込チラシ等	新聞・雑誌広告
1	広告主の名称又は商号	○	○	○
2	広告主の事務所の所在地	○	○	
3	広告主の事務所（宅建業法施行規則第15条の5の2の施設を含む。）の電話番号	○	○	○
4	広告主の宅建業法による免許証番号	○	○	
5	広告主の所属団体名及び公正取引協議会加盟事業者である旨	○	○	
6	広告主の取引態様（売主、代理、媒介（仲介）の別）	○	○	○
7	物件の所在地（町又は字の名称まで）	○	○	○
8	交通の利便（公共交通機関がない場合には、記載しないことができる。）	○	○	○
9	土地面積及び私道負担面積	○	○	○
10	地目及び用途地域（注）	○	○	○
11	建ぺい率及び容積率（容積率の制限があるときは、制限の内容）	○	○	○
12	都市計画法その他の法令に基づく制限で、宅建業法施行令第3条に定めるものに関する事項	○	○	○
13	①　価格 ②　上下水道施設、都市ガス供給施設等以外の施設であって、共用施設又は特別の施設について負担金等があるときはその旨及びその額並びにこれらの維持・管理費を必要とするときはその旨及びその額	○	○	○
14	①　借地の場合はその旨 ②　当該借地権の種類、内容、借地期間並びに保証金、敷金を必要とするときはその旨及びその額 ③　1か月当たりの借地料	○	○	○
15	取引条件の有効期限		○	
16	情報公開日（又は直前の更新日）及び次回の更新予定日	○		

（注）　市街化調整区域の土地にあっては、用途地域に代えて市街化調整区域である旨を明示するほか、都市計画法第34条第1項第11号又は第12号、同法施行令第36条第1項第3号ロ又はハのいずれかに該当するものについては、住宅等を建築するための許可条件を記載すること。

別表3　売地・貸地・分譲宅地で販売区画数が1区画のもの

1〜8 ➡ P.55〜「別表1から別表10の共通事項の解説」参照

9　その広告で販売する区画の面積を表示します。

◆ 表示例

● 土地面積／130㎡　ほかに私道負担5㎡あり

　　その他、セットバックや路地状敷地、傾斜地が含まれる等、特定事項の明示義務の規定にかかる物件の場合は、その旨等を記載しなければなりません。

10　地目は、登記簿に記載されているものを表示します。登記地目と現況地目が異なる場合は、現況の地目を併記してください。また、2以上の用途地域にかかる場合には、全ての用途地域を表示します。

◆ 表示例

● 地目／山林（現況 宅地）

● 用途地域／第一種低層住居専用地域・第二種住居地域

11　2以上の用途地域にかかる場合や前面道路の幅による制限を受ける場合には、実際に適用される数値を表示します。

12　都市計画法その他の法令に基づく制限で、宅建業法施行令第3条に定めるものに該当する事項がある場合は、その内容を表示します。

13　①　1区画の総額を表示します。この場合に、1㎡当たりの単価を併記することは差し支えありません。

　　②　共用施設又は特別の施設について、負担金や維持管理費が必要な場合には、その旨及びその額を表示します。なお、上下水道施設・都市ガス供給施設等を設置して取引する場合には、その設置に係る費用は価格に含めて表示します。

◆ 表示例

● 価格／2,180万円

14〜16 ➡ P.55〜「別表1から別表10の共通事項の解説」参照

別表4　新築分譲住宅（小規模団地を含み、販売戸数が1戸のものを除く。）

事　　項	インターネット広告	パンフレット等	新聞折込チラシ等・新聞記事下広告・住宅専門雑誌記事中広告	その他の新聞・雑誌広告
1　広告主の名称又は商号	○	○	○	○
2　広告主の事務所の所在地	○	○	○	
3　広告主の事務所（宅建業法施行規則第15条の5の2の施設を含む。）の電話番号	○	○	○	
4　広告主の宅建業法による免許証番号	○	○	○	
5　広告主の所属団体名及び公正取引協議会加盟事業者である旨	○	○	○	
6　広告主の取引態様（売主、代理、媒介（仲介）の別）	○	○	○	
7　広告主と売主とが異なる場合は、売主の名称又は商号及び免許証番号	○☆	○	○☆	
8　売主と事業主（宅地造成事業又は建物建築事業の主体者）とが異なる場合は、事業主の名称又は商号		○		
9　物件の所在地（パンフレット等の媒体を除き、小規模団地及び副次的表示にあっては、地番を省略することができる。）	○	○	○	
10　交通の利便（公共交通機関がない場合には、記載しないことができる。）	○	○	○	
11　総戸数	○	○	○☆	
12　販売戸数	●	●	●	●
13　土地面積及び私道負担面積（パンフレット等の媒体を除き、最小面積及び最大面積のみで表示することができる。）	○	○	○	
14　用途地域	○	○	○	
15　建物面積（パンフレット等の媒体を除き、最小面積及び最大面積のみで表示することができる。）	○	○	○	
16　建物の主たる部分の構造	○	○	○☆	
17　連棟式建物であるときは、その旨	○	○	○	
18　宅建業法第33条に規定する許可等の処分の番号（パンフレット等の媒体を除き、建築工事が完了済みの場合は省略することができる。）	○	○	○	
19　建物の建築年月（建築工事が完了していない場合は、工事の完了予定年月）	○	○	○	
20　引渡し可能年月	○	○	○	
21　主たる設備等の概要	●	○	●	
22　道路の幅員	○	○	○☆	
23 ①　価格（パンフレット等の媒体を除き、最低価格、最高価格並びに最多価格帯及びその戸数のみで表示することができる。）	○	○	○	○
23 ②　上下水道施設、都市ガス供給施設等以外の施設であって、共用施設又は特別の施設について負担金等があるときはその旨及びその額並びにこれらの維持・管理費を必要とするときはその旨及びその額	●	●	●	●
24 ①　借地の場合はその旨	○	○	○	○
24 ②　当該借地権の種類、内容、借地期間並びに保証金、敷金を必要とするときはその旨及びその額	●	●	●	●
24 ③　1か月当たりの借地料	●	●	●	
25　取引条件の有効期限	●	●	●	
26　情報公開日（又は直前の更新日）及び次回の更新予定日	●			

（注）　1　パンフレット等には、規則第4条第2項各号に定めるいわゆるデメリット事項を記載すること。
　　　　2　予告広告においては、規則第5条第2項に定める事項を記載すること。
　　　　3　「●」の事項は、予告広告において省略することができる。
　　　　4　「○」に「☆」が付された事項は、小規模団地及び副次的表示において省略することができる。

別表4　新築分譲住宅（小規模団地を含み、販売戸数が1戸のものを除く。）

1～10➡P.55～「別表1から別表10の共通事項の解説」参照

11　開発区域内に建築される全ての戸数（予定戸数を含む。）を表示します。

13　その広告で販売する全ての住戸の土地面積を表示します。ただし、パンフレット等の媒体を除き、最小面積及び最大面積のみで表示しても構いません。

◆ 表示例

● 土地面積／140㎡～170㎡　ほかに私道負担5㎡～13㎡あり

その他、セットバックや路地状敷地、傾斜地が含まれる等、特定事項の明示義務の規定にかかる物件の場合は、その旨等を記載しなければなりません。

14　2以上の用途地域にかかる場合には、全ての用途地域を表示します。

◆ 表示例

● 用途地域／第一種低層住居専用地域・第二種住居地域

15　その広告で販売する全ての住戸の延べ床面積を表示します。ただし、パンフレット等の媒体を除き、最小面積及び最大面積のみで表示しても構いません。

◆ 表示例

● 建物面積／120㎡～134㎡

18　建築工事が未完成の場合には建築確認番号を表示します。

19　建物が完成している場合は建築年月を表示し、建物が未完成の場合には工事の完了予定年月を表示します。

20　事項番号19と同じ年月であっても表示します。

◆ 表示例（19・20）

● （完成済みの場合）建築年月／2023年12月　引渡し可能年月／2023年12月
● （未完成の場合）　完成予定年月／令和5年12月　引渡し可能年月／令和5年12月

21　排水・上下水道施設、汚水処理方法、ガス設備等の設備の概要を表示します。

22　分譲地内に新たに設けられる道路の幅員を表示します。

◆ 表示例

● 道路幅員／分譲地内8m・6m・4m幅　アスファルト舗装

23　①　その広告で販売する全ての住戸の価格を表示します。ただし、パンフレット等の媒体を除き、最低価格、最高価格、最多価格帯及び最多価格帯に属する販売戸数のみで表示しても構いません。また、販売戸数が2以上10未満であるときは、最多価格帯の表示を省略することができます。
　　②　共用施設又は特別の施設について、負担金や維持管理費が必要な場合は、その旨及びその額を表示します。なお、上下水道施設・都市ガス供給施設等を設置して取引する場合には、その設置に係る費用は価格に含めて表示します。

◆ 表示例

● 価格／4,500万円～5,480万円　最多価格帯／5,200万円台（6戸）

24～26➡P.55～「別表1から別表10の共通事項の解説」参照

別表5　新築住宅・中古住宅・新築分譲住宅で販売戸数が１戸のもの又は一棟売り
　　　　マンション・アパート

事　　項		媒　体 インターネット広告	新聞折込チラシ等	新聞・雑誌広告
1	広告主の名称又は商号	○	○	○
2	広告主の事務所の所在地	○	○	
3	広告主の事務所（宅建業法施行規則第15条の５の２の施設を含む。）の電話番号	○	○	○
4	広告主の宅建業法による免許証番号	○	○	
5	広告主の所属団体名及び公正取引協議会加盟事業者である旨	○	○	
6	広告主の取引態様（売主、代理、媒介（仲介）の別）	○	○	○
7	物件の所在地（町又は字の名称まで）	○	○	○
8	交通の利便（公共交通機関がない場合には、記載しないことができる。）	○	○	○
9	土地面積及び私道負担面積	○	○	○
10	建物面積	○	○	○
11	連棟式建物であるときは、その旨	○	○	○
12	宅建業法第33条に規定する許可等の処分の番号（建築工事が完了済みの場合は省略可）	○	○	
13	建物の建築年月（建築工事が完了していない場合は、工事の完了予定年月）	○	○	○
14	引渡し可能年月	○		
15	① 価格	○	○	○
	② 上下水道施設、都市ガス供給施設等以外の施設であって、共用施設又は特別の施設について負担金等があるときはその旨及びその額並びにこれらの維持・管理費を必要とするときはその旨及びその額	○	○	○
16	① 借地の場合はその旨	○	○	○
	② 当該借地権の種類、内容、借地期間並びに保証金、敷金を必要とするときはその旨及びその額	○	○	○
	③ １か月当たりの借地料	○	○	○
17	① １棟売りマンション・アパートの場合は、その旨	○	○	○
	② １棟売りマンション・アパートの場合は、建物内の住戸数、各住戸の専有面積（最小面積及び最大面積）、建物の主たる部分の構造及び階数	○	○	
18	取引条件の有効期限	○		
19	情報公開日（又は直前の更新日）及び次回の更新予定日	○		

別表5　新築住宅・中古住宅・新築分譲住宅で販売戸数が１戸のもの又は一棟売りマンション・アパート

1～8 ➡P.55～「別表１から別表10の共通事項の解説」参照

9　その広告で販売する住戸の土地面積を表示します。

◆ 表示例

> ● 土地面積／130㎡　ほかに私道負担５㎡あり

　　その他、セットバックや路地状敷地、傾斜地が含まれる等、特定事項の明示義務の規定にかかる物件の場合は、その旨等を記載しなければなりません。

10　その広告で販売する住戸の延べ床面積を表示する。

◆ 表示例

> ● 建物面積／130㎡（車庫面積10㎡含む）

12　建築工事が未完成の場合には建築確認番号を表示します。

13　建物が完成している場合は建築年月を表示し、建物が未完成の場合には工事の完了予定年月を表示します。

14　事項番号13と同じ年月であっても表示します。

◆ 表示例（13・14）

> ● （完成済みの場合）建築年月／平成12年8月　引渡し可能年月／令和5年10月
> ● （未完成の場合）完成予定年月／2023年12月　引渡し可能年月／2023年12月

15　①　土地及び建物の総額を表示します。
　　②　共用施設又は特別の施設について、負担金や維持管理費が必要な場合は、その旨及びその額を表示します。なお、上下水道施設・都市ガス供給施設等を設置して取引する場合には、その設置に係る費用は価格に含めて表示します。

17　◆ 表示例

> 【一棟売りアパート】
> ● 土地面積／301.5㎡　● 建物面積／550.1㎡‥‥
> ＊住戸数／12戸　各住戸の専有面積／30.72㎡～54.83㎡　構造・階数／軽量鉄骨造３階建

※　各住戸の専有面積が不明の場合には、その旨を記載してください。

18・19➡P.55～「別表１から別表10の共通事項の解説」参照

表示規約

別表6　新築分譲マンション・一棟リノベーションマンション（小規模団地を含み、販売戸数が1戸のものを除く。）

事項	インターネット広告	パンフレット等	新聞折込チラシ等 新聞記事下広告 住宅専門雑誌記事中広告	その他の新聞・雑誌広告
1　広告主の名称又は商号	○	○	○	○
2　広告主の事務所の所在地	○	○	○	
3　広告主の事務所（宅建業法施行規則第15条の5の2の施設を含む。）の電話番号	○	○	○	○
4　広告主の宅建業法による免許証番号	○	○	○	
5　広告主の所属団体名及び公正取引協議会加盟事業者である旨	○	○	○	
6　広告主の取引態様（売主、代理、媒介（仲介）の別）	○	○	○	
7　広告主と売主とが異なる場合は、売主の名称又は商号及び免許証番号	○☆	○	○☆	
8　新築分譲マンションの場合は、施工会社の名称又は商号		○		
9　売主と事業主（宅地造成事業又は建物建築事業の主体者）とが異なる場合は、事業主の名称又は商号		○		
10　物件の所在地（パンフレット等の媒体を除き、小規模団地及び副次的表示にあっては、地番を省略することができる。）	○	○	○	○
11　交通の利便（公共交通機関がない場合には、記載しないことができる。）	○	○	○	
12　総戸数	○	○	○☆	
13　販売戸数	●	●	●	●
14　敷地面積	○	○	○	
15　用途地域	○	○	○	
16　建物の主たる部分の構造及び階数	○	○	○	
17　専有面積（パンフレット等の媒体を除き、最小面積及び最大面積のみで表示することができる。）	○	○	○	
18　バルコニー面積	○	○		
19　専有面積が壁心面積である旨及び登記面積はこれより少ない旨	○	○		
20　管理形態	○	○	○	
21　管理員の勤務形態	●	●	●	
22　宅建業法第33条に規定する許可等の処分の番号（パンフレット等の媒体を除き、建築工事又は規則第3条第11号に定める工事が完了済みの場合は省略することができる。）	○	○	○	
23　建物の建築年月（建築工事が完了していない新築分譲マンションの場合は、工事の完了予定年月）	○	○	○	
24　一棟リノベーションマンションの場合は、その旨、規則第3条第11号に定める工事の内容及び当該工事の完了年月（当該工事が完了していない場合は、完了予定年月）	○	○	○	
25　引渡し可能年月	○	○		
26　主たる設備等の概要及び設備等の利用について条件があるときは、その条件の内容（敷地外駐車場についてはその旨及び将来の取扱い）	●	○	●	
27　① 価格（パンフレット等の媒体を除く、最低価格、最高価格並びに最多価格帯及びその戸数のみで表示することができる。）	●	●	●	●
27　② 上下水道施設、都市ガス供給施設等以外の施設であって、共用施設又は特別の施設について負担金等があるときはその旨及びその額	●	●	●	●
28　① 借地の場合はその旨	○	○	○	
28　② 当該借地権の種類、内容、借地期間並びに保証金、敷金を必要とするときはその旨及びその額	●	●	●	
29　建物の配置図及び方位		○		
30　管理費及び修繕積立金等	●	●	●	●
31　取引条件の有効期限	●	●	●	
32　情報公開日（又は直前の更新日）及び次回の更新予定日	●			

（注）　1　パンフレット等には、規則第4条第2項各号に定めるいわゆるデメリット事項を記載すること。
　　　　2　予告広告においては、規則第5条第2項に定める事項を記載すること。
　　　　3　「●」の事項は、予告広告において省略することができる。
　　　　4　「○」に「☆」が付された事項は、小規模団地及び副次的表示において省略することができる。

別表6 新築分譲マンション・一棟リノベーションマンション
（小規模団地を含み、販売戸数が１戸のものを除く。）

1〜7、9〜11➡P.55〜「別表１から別表10の共通事項」参照
8➡P.384「施工会社の名称又は商号の表示例等」参照
12　１棟のマンション全体の住戸数を表示します。複数棟ある場合は、棟ごとにそれぞれの総戸数を表示します。
14　原則として建築確認対象面積を表示します。なお、当該面積が販売対象面積と異なるときは、その旨及び両方の面積を表示します。
15　２以上の用途地域にかかる場合は、全ての用途地域を表示します。
16　◆表示例

- 構造・階数／鉄筋コンクリート造 地上12階地下１階建

17　その広告で販売する全ての住戸の専有面積を表示します。ただし、パンフレット等の媒体を除き、最小面積及び最大面積のみで表示しても構いません。
◆表示例

- 専有面積／92.5㎡〜102.3㎡

18　ルーフバルコニー、専用庭等も当該事項に準じて表示します。２面以上ある場合も全て表示します。
19　◆表示例

- 広告に記載の面積は壁心面積です。登記面積はこれよりも少なくなります

20　◆表示例

- 管理組合を設立後、株式会社○○管理に全部委託

21　「常駐」、「日勤」（「通勤」）、「巡回」等の別を表示します。管理員がいない場合には「管理員不在」等と表示します。
◆表示例

- 管理員の勤務形態／日勤（平日9:00〜16:00・土曜日は12:00まで・日祝は休）

22　建築工事又はリノベーション工事が未完成の場合には建築確認番号を表示します。
23　建物が完成している場合は建築年月を表示し、建物が未完成の場合には工事の完了予定年月を表示します。
24　◆表示例

- 【○○○マンション（一棟リノベーションマンション）】
- リノベーション内容／全室３LDKから２LDKに変更、キッチン・トイレ・洗面所・浴室等の水回り設備全交換、フローリング・壁紙張替、給排水管交換、外壁改修工事実施、屋上防水工事、オートロック新設 等
- 工事の完了年月／2023年12月

25　事項番号23及び24と同じ年月であっても表示する。
◆表示例（23・25）

- （完成済みの場合）建築年月／2023年10月　引渡し可能年月／2023年10月
- （未完成の場合）完成予定年月／令和5年12月　引渡し可能年月／令和5年12月

26　◆表示例

- 敷地内駐車場／５台　賃料15,000円〜18,000円
- 敷地外駐車場／10台　賃料12,000円〜15,000円（※敷地外駐車場は第三者の所有のため将来にわたって確実に利用できることを保証するものではありません）

27　①　その広告で販売する全ての住戸の価格を表示します。ただし、パンフレット等の媒体を除き、最低価格、最高価格、最多価格帯及び最多価格帯に属する販売戸数のみで表示しても構いません。また、販売戸数が２以上10未満であるときは、最多価格帯の表示を省略することができます。
　　②　共用施設又は特別の施設について、負担金や維持管理費が必要な場合は、その旨及びその額を表示します。なお、上下水道施設・都市ガス供給施設等を設置して取引する場合には、その設置に係る費用は価格に含めて表示します。
◆表示例

- 価格／3,500万円〜4,280万円　最多価格帯／3,800万円台（7戸）

30　管理費及び修繕積立金等の１か月当たりの金額をそれぞれ表示します。また、契約時等に一括して徴収する積立金等がある場合も併せて表示します。
28・31・32➡P.55〜「別表１から別表10の共通事項の解説」参照

別表7　中古マンション・新築分譲マンションで販売戸数が1戸のもの

事　項 ＼ 媒　体	インターネット広告	新聞折込チラシ等	新聞・雑誌広告
1　広告主の名称又は商号	○	○	○
2　広告主の事務所の所在地	○	○	
3　広告主の事務所（宅建業法施行規則第15条の5の2の施設を含む。）の電話番号	○	○	○
4　広告主の宅建業法による免許証番号	○	○	
5　広告主の所属団体名及び公正取引協議会加盟事業者である旨	○	○	
6　広告主の取引態様（売主、代理、媒介（仲介）の別）	○	○	
7　物件の所在地（町又は字の名称まで）	○	○	○
8　交通の利便（公共交通機関がない場合には、記載しないことができる。）	○	○	○
9　階数及び当該物件が存在する階	○	○	
10　専有面積	○	○	
11　バルコニー面積	○	○	
12　建物の建築年月（建築工事が完了していない新築分譲マンションの場合は、工事の完了予定年月）	○	○	○
13　引渡し可能年月	○		
14　① 価格 ② 上下水道施設、都市ガス供給施設等以外の施設であって、共用施設又は特別の施設について負担金等があるときはその旨及びその額	○	○	○
15　借地の場合はその旨及び当該借地権の種類、内容、借地期間並びに保証金、敷金を必要とするときはその旨及びその額	○	○	○
16　管理費及び修繕積立金等	○	○	○
17　管理形態及び管理員の勤務形態	○	○	
18　取引条件の有効期限		○	
19　情報公開日（又は直前の更新日）及び次回の更新予定日	○		

別表7　中古マンション・新築分譲マンションで販売戸数が1戸のもの

1～8 ➡P.55～「別表1から別表10の共通事項の解説」参照

9　◆ 表示例

- 階数・所在階／8階建ての4階

10　その広告で取引する住戸の専有面積を表示します。

11　ルーフバルコニー、専用庭等も当該事項に準じて表示します。2面以上ある場合も全て表示します。

12　建物が完成している場合は建築年月を表示し、建物が未完成の場合には工事の完了予定年月を表示します。

13　事項番号12と同じ年月であっても表示します。

◆ 表示例（12・13）

- （完成済みの場合）建築年月／平成12年5月　引渡し可能年月／令和5年10月
- （未完成の場合）　完成予定年月／2023年12月　引渡し可能年月/2023年12月

14　①　取引する住戸の総額を表示します。

　　②　共用施設又は特別の施設について、負担金や維持管理費が必要な場合は、その旨及びその額を表示します。なお、上下水道施設・都市ガス供給施設等を設置して取引する場合には、その設置に係る費用は価格に含めて表示します。

16　管理費及び修繕積立金等の1か月当たりの金額をそれぞれ表示します。また、契約時等に一括して徴収する積立金等がある場合も併せて表示します。

17　管理員の勤務形態は、「常駐」、「日勤（通勤）」、「巡回」等の別を表示します。管理員がいない場合には「管理員不在」等と表示します。

◆ 表示例

- 管理形態／○○管理株式会社に委託
- 管理員の勤務形態／日勤（平日9：00～16：00・土曜日は12：00まで・日祝は休）

15・18・19➡P.55～「別表1から別表10の共通事項の解説」参照

表示規約

別表8　**新築賃貸マンション・新築賃貸アパート（賃貸戸数が１戸のものを除く。）**

事　　項	インターネット広告	パンフレット等	新聞折込チラシ等新聞記事中広告住宅専門雑誌記事中広告	その他の新聞・雑誌広告
1　広告主の名称又は商号	○	○	○	○
2　広告主の事務所の所在地	○	○	○	
3　広告主の事務所（宅建業法施行規則第15条の５の２の施設を含む。）の電話番号	○	○	○	○
4　広告主の宅建業法による免許証番号	○	○	○	
5　広告主の所属団体名及び公正取引協議会加盟事業者である旨	○	○		
6　広告主の取引態様（貸主、代理、媒介（仲介）の別）	○	○	○	
7　物件の所在地番又は住居表示	○	○	○	
8　交通の利便（公共交通機関がない場合には、記載しないことができる。）	○	○	○	
9　賃貸戸数	●	●	●	●
10　専有面積（パンフレット等の媒体を除き、最小面積及び最大面積のみで表示することができる。）	○	○	○	
11　建物の主たる部分の構造及び階数（インターネット広告、パンフレット等の媒体を除き、賃貸戸数が10未満の場合は省略することができる。）	○	○	○	
12　建物の建築年月（建築工事が完了していない場合は、工事の完了予定年月）	○	○		
13　入居可能時期	○	○		
14　賃料（パンフレット等の媒体を除き、最低賃料及び最高賃料のみで表示することができる。）	●	●	●	●
15　礼金等を必要とするときはその旨及びその額	●	●	●	●
16　敷金、保証金等を必要とするときは、その旨及びその額（償却をする場合は、その旨及びその額又はその割合）	●	●	●	
17　住宅総合保険等の損害保険料等を必要とするときはその旨	○	○		
18　家賃保証会社等と契約することを条件とするときはその旨及びその額	●	●	●	●
19　管理費又は共益費等	●	●	●	●
20　駐車場、倉庫等の設備の利用条件（敷地外の駐車場についてはその旨及び将来の取扱い）		●	●	
21　定期建物賃貸借であるときはその旨	○	○	○	
22　契約期間（普通賃貸借で契約期間が２年以上のものを除く。）	○	○	○	○
23　取引条件の有効期限		●	●	
24　情報公開日（又は直前の更新日）及び次回の更新予定日	●			

(注)　1　当初の契約時からその期間満了時までに、事項番号14から20以外の費用を必要とするときは、その費目及びその額を記載すること。
　　　2　予告広告においては、規則第５条第２項に定める事項を記載すること。
　　　3　「●」の事項は、予告広告において省略することができる。

72

別表8 新築賃貸マンション・新築賃貸アパート
（賃貸戸数が1戸のものを除く。）

1～8 ➡P.55～「別表1から別表10の共通事項の解説」参照

10 その広告で販売する全ての住戸の専有面積を表示します。ただし、パンフレット等の媒体を除き、最小面積及び最大面積のみで表示しても構いません。また、専有面積には建築基準法上、専有面積に含まれていないロフト等の面積は含めて表示してはなりません。

◆ 表示例

> ● 専有面積／35.4㎡～44.3㎡（別途ロフト10㎡有）

11 ◆ 表示例

> ● 構造・階数／鉄筋コンクリート造10階建て

12 建物が完成している場合は建築年月を表示し、建物が未完成の場合には工事の完了予定年月を表示します。
13 事項番号12と同じ年月（時期）であっても表示します。

◆ 表示例（12・13）

> ● （完成済みの場合）建築年月／2020年9月　入居可能時期／2023年10月
> ● （未完成の場合）　完成予定年月／令和5年12月　入居可能時期／令和5年12月

14 その広告で取引する全ての住戸の賃料を表示します。ただし、パンフレット等の媒体を除き、最低賃料及び最高賃料のみで表示しても構いません。

◆ 表示例

> ● 賃料／10.5万円～15.5万円

15・16 償却をする場合は、その旨及びその額（又はその割合）も表示しなければなりません。なお、ペットを飼育する場合に敷金や礼金等が増額される場合は、その旨及びその額を表示しなければなりません。

◆ 表示例

> ● 「礼金／1か月」・「敷金／2か月（1か月分は償却）」（ペット飼育時は、敷金が3か月となり、2か月分は償却されます。）

17～19 ◆ 表示例

> ● 保険／火災保険加入要
> ● 保証会社／利用必須、保証料：契約時に5万円・2年目以降1年毎に10,000円
> ● 共益費／5,000円

20 ◆ 表示例

> ● 敷地内駐車場／25台（月額賃料10,000円～12,000円）
> ● 敷地外駐車場／10台（月額8,000円～9,000円）
> ※ 敷地外駐車場は第三者の所有に係るものですから、将来にわたって確実に利用できることを保証するものではありません。

21・22 ◆ 表示例

> ● 契約形態／定期借家（契約期間 2年）

23・24 ➡P.55～「別表1から別表10の共通事項の解説」参照

別表9　中古賃貸マンション・貸家・中古賃貸アパート・新築賃貸マンション又は
　　　新築賃貸アパートで賃貸戸数が１戸のもの

事　　項	インターネット広告	新聞折込チラシ等	新聞・雑誌広告
1　広告主の名称又は商号	○	○	○
2　広告主の事務所の所在地	○	○	
3　広告主の事務所（宅建業法施行規則第15条の５の２の施設を含む。）の電話番号	○	○	○
4　広告主の宅建業法による免許証番号	○	○	
5　広告主の所属団体名及び公正取引協議会加盟事業者である旨	○	○	
6　広告主の取引態様（貸主、代理、媒介（仲介）の別）	○	○	
7　物件の所在地（町又は字の名称まで）	○	○	
8　交通の利便（公共交通機関がない場合には、記載しないことができる。）	○	○	
9　建物の主たる部分の構造、階数及び当該物件が存在する階	○		
10　建物面積又は専有面積	○		
11　建物の建築年月（建築工事が完了していない場合は、工事の完了予定年月）	○	○	○
12　入居可能時期	○		
13　賃料	○	○	○
14　礼金等を必要とするときはその旨及びその額	○	○	○
15　敷金、保証金等を必要とするときは、その旨及びその額（償却をする場合は、その旨及びその額又はその割合）	○	○	○
16　住宅総合保険等の損害保険料等を必要とするときはその旨	○	○	○
17　家賃保証会社等と契約することを条件とするときはその旨及びその額	○	○	○
18　管理費又は共益費等	○	○	○
19　定期建物賃貸借であるときはその旨	○	○	○
20　契約期間（普通賃貸借で契約期間が２年以上のものを除く。）	○	○	○
21　取引条件の有効期限		○	
22　情報公開日（又は直前の更新日）及び次回の更新予定日	○		

（注）　当初の契約時からその期間満了時までに、事項番号13から18以外の費用を必要とするときは、その費目及びその額を記載すること。

別表9 中古賃貸マンション・貸家・中古賃貸アパート・新築賃貸マンション又は新築賃貸アパートで賃貸戸数が1戸のもの

1〜8 ➡P.55〜 「別表1から別表10の共通事項の解説」参照

9 ◆ 表示例

- 階数・所在階／鉄筋コンクリート造6階建て4階部分

10　貸家の場合は延べ床面積を、マンション及びアパートの場合は専有面積を、貸間等建物の一部の場合はその床面積を表示します。また、これらの面積には建築基準法上、面積に含まれていないロフト等の面積は含めて表示してはなりません。

◆ 表示例

- 専有面積／20.1㎡（別途ロフト10㎡有）

11　建物が完成している場合は建築年月を表示し、建物が未完成の場合には工事の完了予定年月を表示します。

12　事項番号11と同じ年月（時期）であっても表示します。

◆ 表示例（11・12）

- （完成済みの場合）建築年月／平成26年5月　入居可能時期／令和5年9月
- （未完成の場合）完成予定年月／2023年12月　入居可能時期／2023年12月

14・15　償却をする場合は、その旨及びその額（又はその割合）も表示しなければなりません。なお、ペットを飼育する場合に敷金や礼金等が増額される場合は、その旨及びその額を表示しなければなりません。

16〜18 ◆ 表示例

- 保険／火災保険加入要
- 保証会社／利用必須、保証料：契約時10万円・2年目以降1年毎に10,000円
- 共益費／8,000円

19・20 ◆ 表示例

- 契約形態／定期借家（契約期間 2年）

21・22➡P.55〜 「別表1から別表10の共通事項の解説」参照

別表10　共有制リゾートクラブ会員権

事　項＼媒　体	インターネット広告	パンフレット等	新聞折込チラシ等新聞記事下広告住宅専門雑誌記事中広告	その他の新聞・雑誌広告
1　広告主の名称又は商号	○	○	○	○
2　広告主の事務所の所在地	○	○	○	
3　広告主の事務所（宅建業法施行規則第15条の5の2の施設を含む。）の電話番号	○	○	○	
4　広告主の宅建業法による免許証番号	○	○	○	
5　広告主の所属団体名及び公正取引協議会加盟事業者である旨	○	○	○	
6　広告主の取引態様（売主、代理、媒介（仲介）の別）	○	○	○	○
7　広告主と売主とが異なる場合は、売主の名称又は商号及び免許証番号	○	○	○	
8　売主と事業主（宅地造成事業又は建物建築事業の主体者）とが異なる場合は、事業主の名称又は商号		○		
9　物件の所在地	○	○	○	
10　交通の利便（公共交通機関がない場合には、記載しないことができる。）	○	○	○	
11　敷地面積	○	○	○	
12　借地の場合はその旨	○	○	○	
13　当該借地権の種類、内容、借地期間並びに保証金、敷金を必要とするときはその旨及びその額		○		
14　建築面積及び延べ面積		○		
15　専有面積	○	○	○	
16　建物の主たる部分の構造及び階数	○	○	○	
17　宅建業法第33条に規定する許可等の処分の番号（パンフレット等の媒体を除き、建築工事が完了済みの場合は省略することができる。）	○		○	
18　会員権の種類（共有制、合有制等の別等）	○	○	○	
19　会員権の価格（入会金等を含む総額）	○	○	○	
20　会員権の価格の内訳（預り金等返還するものについては返還条件）	○	○	○	
21　会費・管理費等の額	○	○	○	
22　会員資格に制限があるときはその旨	○	○	○	
23　会員権の譲渡又は退会の可否及びその条件	○	○	○	
24　会員権の総口数及び今回募集口数	○	○	○	
25　総客室数及び1室当たりの口数	○	○	○	
26　建築年月（建築工事が完了していない場合は、工事の完了予定年月）	○	○	○	
27　① 施設の利用開始時期	○	○	○	
② 施設の利用料金	○	○	○	○
③ 施設の予約調整方法	○	○	○	
④ 施設の利用の制限		○		
⑤ 1口当たりの年間利用可能日数	○	○	○	
28　付帯施設（譲渡対象物件以外のレストラン、売店、大浴場、レジャー施設等当該施設において会員が利用できる施設をいう。）の概要及びその利用条件（有料であることが明らかなものを除く。）	○	○	○	
29　会員権の売主と施設の運営主体とが異なる場合は、運営主体の名称		○		
30　相互利用施設（譲渡対象物件及び付帯施設以外で会員相互の施設相互利用契約に基づいて会員が利用できる施設をいう。）の有無	○	○	○	
31　相互利用施設の数及びその利用条件		○		
32　会員以外の者がクラブ施設を利用することができる場合はその旨		○		
33　施設を運用するときは、その旨とその内容		○		
34　取引条件の有効期限	○	○	○	
35　情報公開日（又は直前の更新日）及び次回の更新予定日	○			

（注）　提携施設（共有制リゾートクラブの運営主体が、他のリゾート施設運営業者と提携して、会員に当該業者の保有又は管理しているリゾート施設を一般より有利な条件で利用させることを目的とした施設提携契約を締結している施設をいう。）について表示するときは、その利用条件の概要を記載すること。

別表10　共有制リゾートクラブ会員権

1〜10、12・13➡P.55〜 「別表1から別表10の共通事項の解説」参照

15・17　◆ 表示例

- 専有面積／30.4㎡〜76.4㎡（30.4㎡〜35.9㎡の部屋については、別途ロフト部分15㎡有り）
- 構造・階数／鉄筋コンクリート造 地上12階建て

18〜25　◆ 表示例

- 販売形態／共有制　● 一口当たりの価格／500万円（税込）
- 不動産価格 400万円（税込）、入会金 50万円（税込）、保証金 50万円
  - ※　保証金は契約後5年間据え置き、5年経過後退会の場合無利息にて返却いたします
- 年会費／10,000円　● 管理費／月額5,000円（修繕積立金含む。）
- 当社規定による入会資格審査がありますので、販売をお断りする場合がございます。予めご了承ください。
- 契約後5年間は転売（退会）禁止。5年経過後転売（退会）可能ですが、不動産所有権と利用権を分離して処分することはできません。転売された場合、名義変更料10万円を申し受けます。なお、入会金はお返しいたしません。
- 総口数／1,000口、販売口数／100口　● 総客室数／100室（1室当たり10口）

26　完成済みの場合は建築年月を表示し、未完成の場合は、工事の完了予定年月を表示します。

◆ 表示例

- （完成済みの場合）　建築年月／平成20年5月
- （未完成の場合）　完成予定年月／2023年12月

27〜33　◆ 表示例

- 利用開始時期／2023年4月1日
- 利用条件／年間36枚の利用券（無記名）を発行（相互利用施設共通利用券10枚含む）。1泊1室に付き1枚。1枚当たり5名まで利用可。年間最高30日利用可。利用料金1泊15,000円（1名料金）
- 予約方法／通常期：利用の2か月前から2週間前までに電話による先着順受付。ハイシーズン（12月31日〜1月5日、4月28日〜5月5日、7月20日〜8月31日）は利用日の2か月前から1か月前までにインターネットにて予約受付後、抽選
- 付帯施設／レストラン1か所、温泉大浴場（無料）、売店、ゲームコーナー、屋内温水プール（有料）、テニスコート3面（有料）
- 運営主体／〇〇リゾート株式会社
- 相互利用施設／軽井沢（10室）、那須（25室）、箱根（18室）等10か所。相互利用施設共通利用券を年間10枚発行しますので、当該物件と同様に利用できます。利用条件、利用料金、予約方法は当該物件と同様です
- 会員以外の利用／利用券は無記名のため、会員以外の方もご利用になれます
- 施設の運用／会員の予約のない客室については、一般客に対しホテルとして運用します。その収益が黒字となった場合は、諸経費の控除後、当該物件の管理費に充当いたします

34・35➡P.55〜 「別表1から別表10の共通事項の解説」参照

4 分譲宅地（別表1）、新築分譲住宅（別表4）又は新築分譲マンション・一棟リノベーションマンション（別表6）に付加される必要な表示事項（表示規則4②）

　この規定は、「**デメリット事項**」と称されているもので、分譲宅地、新築分譲住宅又は新築分譲マンション・一棟リノベーションマンションについては、別表1、別表4又は別表6に基づく必要な表示事項を記載するほか、それらの物件が次の(1)から(3)までに掲げるいずれかに該当する場合には、パンフレット等において、その内容を必ず表示しなければなりません。

(1)	日照その他物件の環境条件に影響を及ぼすおそれのある建物の建築計画又は宅地の造成計画であって自己に係るもの又は自己が知り得たものがある場合には、その旨及びその規模（表示規則4②(1)）
(2)	公表された道路建設計画、鉄道建設計画その他の都市計画がある場合において、静寂さその他物件の環境条件に影響を及ぼすおそれがあるときは、その計画が存在する旨（表示規則4②(2)）
(3)	団地全体の見取図、区画配置図等を表示する場合において、当該団地内（団地を数期に分けて分譲するときは、当該期に販売する一団の区画内及びこれに隣接する土地）に他人の所有に係る土地があるときは、その旨及びその位置（表示規則4②(3)）

◆ **(1)の表示例①**

● 今回販売する区域の周辺部は現在山林ですが、当社の所有地であり、将来宅地開発を行う計画があります。ただし、その時期及びその内容は未定であり、また、開発を中止する場合もありますので、あらかじめご了承ください。

◆ **(1)の表示例②**

● 本物件の建築に際しては、隣地所有者の同意を得ておりますが、この同意を得るための条件として、本物件の購入者（入居者）に対し、「将来隣地所有者が中高層建築物等を建築する場合においては、本物件の購入者（入居者）が反対しない」旨の承認を取り付けることが義務付けられています。したがって、将来、隣地にマンション等が建築される場合には、同計画に対する本物件の購入者の同意があったものとして取り扱わ

れますので、この点を十分ご理解のうえご購入くださいますようお願い
いたします。

◆ (1)の表示例③

- 本物件の西側の隣地に当社の14階建てのマンション建設計画があります。
  この計画が実現しますと今回分譲する西側の住戸の眺望、通風等に影響
  を及ぼしますので予めご承知おきください。なお、この計画に係る建物
  については建築確認を受けておらず、また、この計画を変更又は中止す
  ることがあります。

◆ (1)の表示例④

- 本物件の南側約80mの地点に、他社が12階建てマンションを建設する計
  画があります。当該マンションが建設されますと、南側住戸の眺望、通
  風等に影響を及ぼしますので予めご承知おきください。

◆ (2)の表示例①

- 本物件の北側50m先に○○の鉄道建設計画があります。開通後は騒音、
  振動等の影響を受けることが予想されます。

◆ (2)の表示例②

- 本物件の東側部分にほぼ隣接して高速道路の建設計画があります。開通
  後は騒音、振動、臭気等の影響を受けることが予想されます。

◆ (2)の表示例③

- 本物件の北側約150m先に火葬場の建設計画がありますので、予めご了
  承ください。

◆ (3)の表示例

- 本物件においては、建築協定を締結し原則として2階建て以下の専用住
  宅以外の建築は禁止されています。しかし、この区画図中※印の付いて

いる区画は建築協定に拘束されない第三者の所有地ですので、建築基準法その他の法令に適合する範囲内の建築物が建築されることがありますのであらかじめご了承ください。

5　明瞭な表示（表示規約8・表示規則8）

　表示規約第8条は、「事業者は、規則で定める表示媒体を用いて物件の表示をするときは、規則で定める物件の種別ごとに、次に掲げる事項について、規則で定めるところにより、見やすい場所に、見やすい大きさ、見やすい色彩の文字により、分かりやすい表現で明瞭に表示しなければならない。」と定めており、表示規則第8条において、文字の大きさを原則として「**7ポイント以上**」と定めています。

　明瞭とは、「はっきりと見分けられること、又は、はっきりと認められること」をいいます。

　必要な表示事項については、文字の大きさや色彩等はもとより、文字自体がかすれているなど明瞭に表示していないものが少なからず見受けられるため、あえて表示する場所、文字の大きさ及び色彩並びに表現等について具体的に定めているものです。

　一般的に、その表示が「明瞭な表示」に該当するかどうかは、その広告媒体の種類、広告スペース等を踏まえて、社会通念によりそれぞれ個別に判断されます。例えば、土地面積の表示からことさら離れた場所に私道負担面積を表示するような場合、背景色と同系色の色彩で文字を重ねて印刷する場合、あるいはチラシの周囲の余白部分に必要な表示事項を記載しているものなどは、見やすい場所に明瞭に表示していないものとして取り扱われる場合があります。

Ⅱ 予告広告・副次的表示・シリーズ広告における特例

1 予告広告における特例（表示規約9・表示規則5）

(1) 予告広告の趣旨

　　表示規約第8条の必要な表示事項の規定により、全ての物件種別におい
て、その取引に関する広告表示をする場合は、原則として表示規則第4条
に基づく別表に定める事項を全て表示しなければなりません。この原則に
従えば、販売価格や募集賃料以外の事項が確定している物件であってもそ
の販売価格や募集賃料が決定しない限り、一切の情報提供ができないこと
になります。

　　そこで、一般消費者に物件選択の時間的余裕を与えるために、販売価格
や募集賃料が決定する前であっても販売価格や募集賃料以外の物件の内容
等について、早くから広告表示ができる途を開くための手法として必要な
表示事項の一部を省略することができる特例として予告広告を認めている
ものです（予告広告の定義はP.35参照）。

(2) 予告広告の要件

　　予告広告を行う場合は、その予告広告に係る物件の取引開始前に、次の
ア又はイのいずれかの方法により本広告を行わなければなりません（表示
規約9②）。

**ア　予告広告を行った媒体と同一の媒体を用い、かつ、当該予告広告を
行った地域と同一又はより広域の地域において実施する方法**（表示規約
9②(1)）

イ　インターネット広告により実施する方法（表示規約9②(2)）

　　なお、イの方法により本広告を行うときは、その予告広告において、イ
ンターネットサイト名（アドレスを含む。）及び掲載予定時期を明示しな
ければなりません（表示規約9③）。

(3) 予告広告において省略できる必要な表示事項と付加される必要な表示事項及びその表示方法

　　予告広告においては、表示規約第8条の規定にかかわらず、別表1、別
表4、別表6及び別表8中「●」の記号を付した事項は省略することがで

きる一方（表示規約9①・表示規則5①）、次のアからオまでの事項を、見やすい場所に、見やすい大きさ（P.361参照）、見やすい色彩の文字により、分かりやすい表現で明瞭に表示しなければなりません（表示規約9④・表示規則5②）。

ア	**予告広告である旨**（表示規則5②(1)） 予告広告である旨は、目立つ場所に**14ポイント以上の大きさの文字**で表示し、「販売予定時期又は取引開始予定時期」（下記ウ）及び「本広告を行い取引を開始するまでは、契約又は予約の申込みに一切応じない旨及び申込みの順位の確保に関する措置を講じない旨」（下記エ）の表示は、「予告広告である旨」の表示に近接する場所に表示しなければならないとしています。 ※　14ポイントの文字とは、1辺の長さが約4.92㎜四方の大きさです（日本工業規格（JIS）による）。
イ	**価格若しくは賃料**（入札・競り売りの方法による場合は、**最低売却価格又は最低取引賃料**）が未定である旨又は予定最低価格（賃料）、予定最高価格（賃料）及び予定最多価格帯（表示規則5②(2)） なお、**予定最多価格帯**は、販売戸数又は販売区画数が10未満の場合は省略することができます。
ウ	**販売予定時期又は取引開始予定時期**（表示規則5②(3)）
エ	本広告を行い取引を開始するまでは、契約又は予約の申込みに一切応じない旨及び申込みの順位の確保に関する措置を講じない旨（表示規則5②(4)）
オ	予告広告をする時点において、販売区画、販売戸数又は賃貸戸数が確定していない場合は、次の①から③の事項（表示規則5②(5)） ①　販売区画数、販売戸数又は賃貸戸数が未定である旨（表示規則5②(5)ア） ②　物件の取引内容及び取引条件は、全ての予定販売区画、予定販売戸数又は予定賃貸戸数を基に表示している旨及びその区画数又は戸数（表示規則5②(5)イ） ③　当該予告広告以降に行う本広告において販売区画数、販売戸数又は賃貸戸数を明示する旨（表示規則5②(5)ウ）

◆ **表示例**

予告広告 ※　販売予定時期：2023年3月上旬

> ※　本広告を行うまでは、契約又は予約の申込みに一切応じられません。また、申込みの順位の確保に関する措置も講じません。
>
> 【第2期販売】
> ●価格／未定　●総戸数／100戸　●販売戸数／未定
> ※　表示の取引内容及び取引条件は、第1期で販売した住戸（25戸）を除く、75戸を基に表示しており、第2期で販売する戸数は、本広告においてお知らせいたします。

➡P.238〜 相談事例（表示規約関係）Q25〜32 参照

2　副次的表示における特例（表示規約10）

　副次的表示とは、「分譲宅地、新築分譲住宅、新築分譲マンション又は一棟リノベーションマンションに関する広告表示であって、一つの広告物において、主として取引しようとする物件の広告表示に付加して行う他の物件に関する広告表示」をいいます（表示規約4⑥(4)）。

　副次的表示においては、表示規約第8条の規定にかかわらず、別表1、別表4及び別表6中の「○」と「☆」印の両方が付いている事項の表示を省略することができます（表示規則6）。

3　シリーズ広告における特例（表示規約11）

　豊かな消費生活が実現した今日では、一般消費者が求める住宅の「質」あるいは「価値」に対する欲求は年々強くなってきています。しかし、一口に住宅の質あるいは価値といっても、それは個々人により大きく異なるものです。住宅の品質の重要性はいうまでもありませんが、住宅が「住まい」として機能する基礎的条件、つまり、自然環境、社会環境その他の立地条件、開発思想及び住宅の設計思想も極めて重要であり、これらについての多角的な情報が早期に提供される必要があります。

　そこで、「シリーズ広告」という広告手法を認め、一般消費者の適正な選択に資することとし、次の(1)から(4)までに掲げる全ての要件を満たす場合は、その一連の広告表示をもって、一つの広告表示として取り扱うこととしています（シリーズ広告の定義はP.36参照）。

(1)	新聞、雑誌又はインターネットによる広告であること（表示規約11(1)）。
(2)	シリーズ広告中の最後に行う広告（以下「最終広告」という。）において、第8条に規定する必要な表示事項を表示していること（表示規約11(2)）。
(3)	各回の広告において、次の事項を、見やすい場所に、見やすい大きさ（P.361参照）、見やすい色彩の文字により、分かりやすい表現で明瞭に表示していること（表示規約11(3)）。 ア　シリーズ広告である旨（表示規約11(3)ア） イ　当該シリーズ広告における広告の回数（表示規約11(3)イ） ウ　シリーズ広告中における当該広告の順位（表示規約11(3)ウ） エ　次回の広告の掲載予定日（最終広告を除く。）（表示規約11(3)エ） オ　契約又は予約の申込みに応じない旨及び名目のいかんにかかわらず申込みの順位の確保に関する措置を講じない旨（最終広告を除く。）（表示規約11(3)オ） この場合、各回の広告を実施する範囲や地域は同一である必要がありますが、最終広告は前回の広告と同一か、これよりも広い範囲で行うことができます。
(4)	第5条に規定する広告表示の開始の要件を満たしていること（表示規約11(4)）。

◆ **表示例**

- シリーズ広告（(3)**ア**）
- 5回シリーズの1回目（(3)**イ**・(3)**ウ**）
- 次回掲載日〇月〇日（(3)**エ**）
- 最終広告で販売日をお知らせするまでの間は、契約（予約を含む。）にも申込み順位の確保等にも一切応じられません（(3)**オ**）

Ⅲ　必要な表示事項の適用除外（表示規約12）

　広告は有効な販売促進手段であり、商品広告や企業広告等があります。商品広告は直接的に特定の商品の販売促進を目的としていますが、企業広告は、企業の存在やその好ましい印象を一般消費者に植え付けて間接的に商品の販売を

促進しようとするものです。

　不動産業における企業広告の例としては、分譲実績や仲介の取扱い件数を表示したり、オール電化マンション、太陽光発電住宅、環境共生住宅など新しい試みを取り入れた開発物件などを例示して自社の開発理念を訴求するものなどがあります。

　その際、訴求しようとする企業理念を裏付ける具体的な物件の分譲実績や開発途上の物件を例に取り上げる必要も出てきます。この場合、その広告中に表示した物件が契約済みのものか又は将来、販売するものかを示す必要がありますが、ある特定の物件に関する情報が示されるときは常に必要な表示事項を記載しなければならないとすると、このような広告を行うことが困難となり、必要以上に企業の広告活動の自由を制限することとなります。

　この観点から、表示規約第12条においては、表示規約第8条の必要な表示事項の趣旨に反しないものを4類型に分けて、これらの広告が一定の要件に該当する場合に限り必要な表示事項の適用をしないこととしています。

　次のいずれかに該当する広告表示においては、当該広告に表示される特定の物件について、表示規約第5条の「広告表示の開始時期の制限」に違反していないことが前提であり、また、4類型の各広告において表示することができる事項等の許容範囲を超えて物件の内容や価格その他の取引条件等を表示する場合には、通常の物件広告として取り扱われますので注意が必要です。

1　物件の名称募集広告（表示規約12(1)）

　分譲宅地、新築分譲住宅、新築分譲マンション又は一棟リノベーションマンションの販売に先立ち、当該物件の名称を募集するため又は名称を考案するための手掛かりとして当該物件の**おおむねの所在地（都道府県、郡、市区町村、字又は街区番号まで）、物件種別、おおむねの規模及び開発理念**のみを表示するもの。

◆ 表示例

- 新しい名前をつけてください。
　○○県○○市○○町の一角に開発面積○○万㎡、計画総棟数8棟のマンション、計画総戸数5,000戸の街がまもなく誕生します。街づくりの基本はゆとりと調和。例えば車道と歩道の完全分離など、安全で快適な街

を目指しています。

【応募要領】・・・・・・・・・・・・

(注) 上記表示例に、名称募集対象物件の鳥瞰図や航空写真等を掲載することは差し支えありませんが、写真に写っている駅その他の施設などの説明は控えてください。

2 展示会等の催事開催案内広告（表示規約12(2)）

物件情報展示会その他の催事の開催場所、開催時期、又は常設の営業所の場所を案内する広告表示であって、**展示している物件数、当該物件の種別及び価格の幅**のみを表示するもの。

3 住宅友の会会員募集広告（表示規約12(3)）

住宅友の会その他の顧客を構成員とする組織の会員を募集する広告表示であって、現に取引している物件又は将来取引しようとする物件について、その**物件の種別、販売（賃貸を含む。以下同じ。）中であるか販売予定であるかの別及び最寄駅**のみを表示するもの。

本号に該当する広告と認められるためには、広告中に会員の募集要綱や会員が受けることのできる便益などについて詳しく表示しているなど、全体的にみて会員募集広告と認められるものでなければなりません。例えば、物件を多数表示して申し訳程度に会員募集中である旨を表示しているものは、会員募集広告とは認められません。

なお、特定物件の会員募集広告は、物件広告そのものですから、本号でいう会員募集広告とは認められず、必要な表示事項が適用されますのでご注意ください。

4 企業広告（表示規約12(4)）

企業広告の構成要素として現に取引している物件又は将来取引しようとする物件の広告表示であって、その**物件の種別、販売中であるか販売予定であるかの別及び最寄駅**のみを表示するもの（当該広告の主旨が特定の物件の予告その他取引に関する広告表示と認められるものを除く。）。

6 特定事項等の明示義務

Ⅰ 特定事項の明示義務（表示規約13・表示規則7）

　表示規約第13条は、事業者に対し、「一般消費者が通常予期することができない物件の地勢、形質、立地、環境等に関する事項又は取引の相手方に著しく不利な取引条件であって、規則で定める事項については、賃貸住宅を除き、それぞれその定めるところにより、見やすい場所に、見やすい大きさ、見やすい色彩の文字により、分かりやすい表現で明瞭に表示しなければならない。」と定め、表示規則第7条は、これに該当するものとして次の1から16までの事項を掲げ、それぞれに定めるところにより表示すべきこととしています。

　また、これらの特定事項は物件概要の一つであることから、表示規約第8条の必要な表示事項と混同し、同事項の記載義務がある媒体にのみ記載すると理解されている事業者もいるようですが、これは誤りであり、特定事項を明示すべき媒体は、表示規約の適用を受ける全ての広告媒体に及びます。なお、明瞭に表示していない場合には、表示規約第23条の不当表示に該当する場合がありますので注意が必要です。

1　建築条件付土地（表示規則7⑴）

　建築条件付土地の取引については、**当該取引の対象が土地である旨並びに当該条件の内容及び当該条件が成就しなかったときの措置の内容を明示して表示**しなければなりません。

　建築条件付土地においては、土地購入者が当該土地上に建築すべき建物の建築工事を自己の希望する建設業者に請け負わせることができないという重大な制約がある場合が多いため、建築条件の内容及びその条件が成就しなかったときの措置の内容を明示しなければなりません。詳しくはP.34及びP.43を参照ください。

2　セットバックを要する土地（表示規則7⑵）

　建築基準法第42条第2項の規定により道路とみなされる部分（セットバックを要する部分）を含む土地については、その旨を表示し、セットバックを

要する部分の面積が**おおむね10%以上である場合は、併せてその面積を明**
示しなければなりません。

◆ **表示例**

● 土地面積／145㎡（建築時には、セットバック15㎡を要す。）

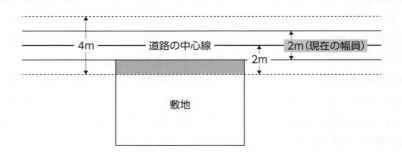

3 都市計画施設の区域内の土地 （表示規則7⑶）

道路法第18条第１項の規定により道路区域が決定され、又は都市計画法
第20条第１項の告示が行われた都市計画施設の区域に係る土地については
その旨を明示しなければなりません。

道路法により道路区域が決定されると、その後道路の供用が開始されるま
での間は、道路管理者が当該区域内にある土地について権原（所有権、地上
権等）を取得する前においても、道路管理者の許可を受けなければ、何人も
当該土地の形質を変更・工作物の新築・改築・増築・大修繕、又は物件を付
加増置してはならないことになっています（道路法91）。

都市計画施設として定められた区域内で建物を建築しようとするときは、
都道府県知事等（政令指定都市では市長）の許可を受けなければ原則として
建築物の建築ができないことになっています（都市計画法53）。

◆ **表示例**

● 土地面積／140㎡（土地の一部に計画道路あり）
● 土地面積／120㎡（土地の一部が都市計画公園内）

4 道路に適法に接していない土地 （表示規則7⑷）

　建築基準法第42条に規定する道路に2m以上接していない土地については、「**再建築不可**」又は「**建築不可**」と明示しなければなりません。ただし、建築する建物が同法第43条第2項各号の規定に該当することとなる場合には、この限りではありません。

　建築物の敷地は、同法第42条で規定する道路に2m以上接していなければならず（同法43）、この要件を満たさない敷地上に建築物を建築しようとしても原則として、建築確認を受けることができないため住宅等の建築はできませんので、このような土地に建っている**中古住宅等については「再建築不可」**と、土地については「**建築不可**」と表示しなければなりません。

　なお、「**不適合接道**」、「**道路位置指定なし**」等と記載しているものがありますが、このような表示では、再建築又は建築ができない旨を明示したことにはなりませんので注意が必要です。

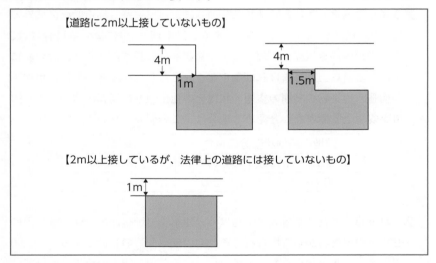

5 敷地の形態に対する制限に適合しない土地 （表示規則7⑸）

　建築基準法第40条の規定に基づく地方公共団体の条例により附加された敷地の形態に対する制限に適合しない土地については、「**再建築不可**」又は「**建築不可**」と明示しなければなりません。

物件の敷地が、同法第42条の道路に接している場合であっても、地方公共団体は同法第40条の規定（P.505参照）に基づき、建築物の敷地等について安全上の観点等から必要な制限を附加することができます。例えば、東京都の場合、建築物の敷地が路地状部分（いわゆる敷地延長部分）のみによって接道する場合は、路地状部分の長さに応じ、幅員が2ｍ又は3ｍ以上でなければならないものとしています（**下記「参考」を参照**）。

なお、建築物の配置、用途及び構造、建築物の周囲の空地の状況その他土地及び周囲の状況により知事が安全上支障がないと認める場合は、建築物の建築ができるため、安全上支障がないと認められる事実を明らかにして、建築物の建築が可能である旨を表示することは差し支えありません。

◆ **参考**

【東京都建築安全条例】

（路地状敷地の形態）

第3条 建築物の敷地が路地状部分のみによって道路（都市計画区域外の建築物の敷地にあっては、道とする。以下同じ。）に接する場合には、その敷地の路地状部分の幅員は、路地状部分の長さに応じて、次の表に掲げる幅員以上としなければならない。ただし、建築物の配置、用途及び構造、建築物の周囲の空地の状況その他土地及び周囲の状況により知事が安全上支障がないと認める場合は、この限りでない。

敷地の路地状部分の長さ	幅員
20メートル以下のもの	2メートル
20メートルを超えるもの	3メートル

2 耐火建築物及び準耐火建築物以外の建築物で延べ面積（同一敷地内に2以上の建築物がある場合は、それらの延べ面積の合計とする。）が200平方メートルを超えるものの敷地に対する前項の規定の適用については、同項の表中「2メートル」とあるのは「3メートル」と、「3メートル」とあるのは「4メートル」とする。

（路地状敷地の建築制限）

第3条の2 前条第1項に規定する敷地で路地状部分の幅員が4メートル

未満のものには、階数（主要構造部が耐火構造の地階を除く。第7条において同じ。）が3（耐火建築物、準耐火建築物又は壁、柱、床その他の建築物の部分及び外壁開口部設備（令第136条の2第1号イの外壁開口部設備をいう。以下同じ。）について知事が定めた構造方法を用いる建築物の場合は、4）以上の建築物を建築してはならない。

6 市街化調整区域内の土地 （表示規則7⑹）

　都市計画法第7条に定める市街化調整区域に所在する土地については、**「市街化調整区域。宅地の造成及び建物の建築はできません。」と新聞折込チラシ等及びパンフレット等の場合には16ポイント以上の文字で明示**しなければなりません。

※　16ポイントの文字とは、1辺の長さが約5.62mm四方の大きさです（日本工業規格（JIS）による）。

※　市街化調整区域内の土地であっても開発許可を受けているものは、明示する義務はありません。また、同法第33条の要件に適合し、同法第34条第1項第11号又は第12号に該当するもの（P.498〜参照）は、同法第29条の開発許可を受けて住宅の建築が可能であり、さらに、同法施行令第36条第1項第1号及び第2号の要件に適合し、第3号ロ又はハに該当するもの（P.500〜参照）も、同法第43条第1項の建築許可を受けて住宅の建築が可能であるため、いずれも本号の明示義務の適用はありませんが、住宅を建築するための条件を明示しなければなりません。

◆ **表示例**

● 市街化調整区域内の土地ですが、以下の要件を満たす方のみ、建物の建築が可能です。
　① 市街化調整区域（隣接市町村の市街化調整区域も含む）に20年以上居住する6親等以内の親族がいる
　② 購入されるご本人が自分名義の家を所有していない
　③ 自ら居住するための家を建てるために本物件を購入する

　ときどき、「宅地の造成及び建物の建築はできません。」との定型文言の頭

にあえて**「現在は」**という語句を入れ、「現在は宅地の造成及び建物の建築はできません。」と表示しているものが見受けられますが、これは、近い将来において宅地の造成や建物の建築ができるかのように誤認されるおそれのある表示であり、不当表示として取り扱われます。

➡P.245〜 相談事例（表示規約関係）Q33 参照

7　古家等がある土地（表示規則7(7)）

　土地取引において、当該土地上に古家、廃屋等が存在し、この状態のまま取引するときは、その旨を明示しなければなりません。

　ときどき、「上物有り」と記載しているものがありますが、この表示を禁止するものではないものの、「当該土地に立派（上等）な家屋が存在する」と誤認されるおそれがあるため、広告には使用しないほうがよいでしょう。

　なお、更地にして引き渡す場合には、本号は適用されません。

◆ **表示例**

- 土地面積／105㎡（古家あり）

8　路地状部分のみで接道する土地（表示規則7(8)）

　路地状部分のみで道路に接する土地であって、その路地状部分の面積が当該土地面積のおおむね30％以上を占めるときは、路地状部分を含む旨及び路地状部分の割合又は面積を明示しなければなりません。

◆ **表示例**

- 土地面積／120㎡（路地状部分42㎡含む。）
- 土地面積／120㎡（路地状部分35％含む。）

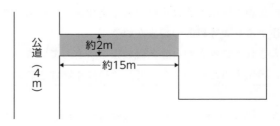

9 傾斜地を含む土地（表示規則7⑼）

傾斜地を含む土地であって、傾斜地の割合が当該土地面積のおおむね30％以上を占める場合（マンション及び別荘地等を除く。）は、傾斜地を含む旨及び傾斜地の割合又は面積を明示しなければなりません。ただし、傾斜地の割合が30％以上を占めるか否かにかかわらず、傾斜地を含むことにより、当該土地の有効な利用が著しく阻害される場合（マンションを除く。）は、その旨及び傾斜地の割合又は面積を明示しなければなりません。

ここでいう傾斜地には擁壁や法地（面）、階段等も含まれます。また、どの程度の傾斜角の土地を傾斜地というかについては定めていませんが、建物の建築に際して特別の擁壁工事が必要な場合又は鉄筋コンクリート造り等堅固な構造の建物の建築しか認められない場合のように、現状では土地の全体的な有効利用が阻害されると認められる程度のものをいいます。

◆ **表示例**

- 土地面積／160㎡（傾斜地70㎡含む）
- 土地面積／280㎡（ただし、15％の傾斜地を含む。有効面積は、がけの高さ等の関係から約100㎡となります。）

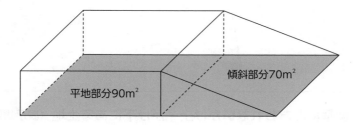

平地部分90m²　　傾斜部分70m²

10　著しい不整形画地・特異な地勢の土地（表示規則7⑽）

　　土地の有効な利用が阻害される著しい不整形画地及び区画の地盤面が2段以上に分かれている等の著しく特異な地勢の土地については、その旨を明示しなければなりません。

　　なお、不整形画地等が著しいか否かは、その旨を明示しないことにより、一般消費者がほぼ整形画地であり土地の有効利用が阻害されないと誤認する程度のものかどうかで判断されますが、判断に迷う場合には、区画図等の詳細がわかる資料をご準備のうえ、最寄りの各地区協議会にご相談ください。

◆ 表示例

- 土地面積／280㎡（ただし、100㎡の平坦地部分とこれより地盤面が2m低い傾斜地に分かれた2段宅地）
- 土地面積／160㎡（地形：二等辺三角形）

（注） 当該土地のほぼ正確な**区画図を掲載**している場合は、不整形画地である旨の表示がなくとも、その旨を明示したことになります。

◆ 著しい不整形画地と認定した地形の例

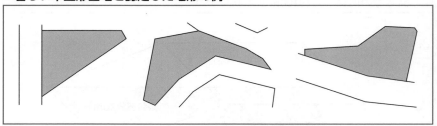

11　擁壁におおわれないがけ上・がけ下にある土地（表示規則7⑾）

　　土地が擁壁におおわれないがけの上又はがけの下にあるときは、その旨を明示しなければなりません。また、この場合において、当該土地に建築（再建築）するに当たり、制限が加えられているときは、その内容も明示しなければなりません。

◆ 表示例

- 土地面積／260㎡（この土地は、高さ2mのがけの下に立地しており、がけから4m以内に建物の建築をする場合には、主要構造部は鉄筋コンクリート造、基礎は高基礎にし、待ち受け擁壁を設置する必要があります。）

表示規約

12　高圧電線路下の土地（表示規則7⑿）

土地の全部又は一部が高圧電線路下にあるときは、その旨及びそのおおむねの面積を明示しなければなりません。この場合において、**建物その他の工作物の建築が禁止されているときは、併せてその旨を明示**しなければなりません。

➡P.246 相談事例（表示規約関係）Q34 参照

◆ 表示例

- 土地面積／150㎡（ただし、約45㎡は高圧線下）
- 高圧線下につき、敷地の南東側約45㎡の部分には建物等の建築ができません。

13　地下鉄線等の地上権が設定されている土地（表示規則7⒀）

地下に地下鉄等のトンネルが所在する場合において、**土地の全部又は一部の地下の範囲を定めた地上権が設定されているときは、その旨を明示**しなければなりません。この場合において、地上権の行使のために土地の利用に制限が加えられているときは、併せてその旨を明示しなければなりません。

◆ **表示例**

> ● 土地面積／200㎡（当該土地の約8割には、○○地下鉄会社の地上権が設定されています。）
>
> ● 土地面積／110㎡（敷地の西側約10㎡には、○○市管理の公共下水道施設の設置を目的とする地上権が設定されているため、建物等の建築ができません。）

14　建築工事を中断した建物 （表示規則7⒁）

　　建築工事に着手した後に、同工事を相当の期間にわたり中断していた新築住宅又は新築分譲マンションについては、建築工事に着手した時期及び中断していた期間を明示しなければなりません。

　　住宅の構造を問わず、新築住宅であって、その建築物の施工に通常要する期間を大幅に超えて工事が中断された場合においては、建物の劣化を伴うことがあるため、その工事中断期間を明示すべきこととしています。

　　長期間工事が中断した事例としては、8割程度工事が進行していたマンションについて、諸事情により約3年間工事を中断したものがありました。

◆ **表示例**

> ● 完成時期／2022年9月末日（2020年3月着工、同年10月から2021年9月まで工事中断）

15　沼沢地、湿原又は泥炭地等 （表示規則7⒂）

　　沼沢地（浅い水面に覆われた低湿地）、湿原（湿気の多い草地）又は泥炭地（泥炭が優占する湿地系の土地）等については、宅地としては不適当であるので、その旨を明示しなければなりません。

16　国土利用計画法の許可等を要する土地 （表示規則7⒃）

　　国土利用計画法による許可又は事前届出を必要とする場合は、その旨を明示して表示しなければなりません。

　　同法第12条の規制区域内の土地について、売買等の契約をしようとするときは、同法第14条の規定により事前に都道府県知事の許可を受けなければならず、この許可を受けないで締結した土地売買等の契約は、その効力を

生じないものとされています。

　また、同法第27条の３の「注視区域内」又は第27条の６の「監視区域」の土地について、売買等の契約をしようとするときは、第27条の４又は第27条の７の規定により事前に都道府県知事に届け出なければなりません。

Ⅱ　記事広告における「広告である旨」の明示義務 (表示規約14)

　表示規約第14条は、事業者に対し、「記事広告（編集記事形式の広告表示）にあっては、当該広告表示中に広告である旨を、規則で定めるところにより、見やすい場所に、見やすい大きさ、見やすい色彩の文字により、分かりやすい表現で明瞭に表示しなければならない。」としています。

　「見やすい大きさの文字」とは、表示規則第８条において、原則として７ポイント以上の大きさの文字による表示をいうものとしていますが、記事広告における「広告である旨」の表示は、タイトルとしての性格があるため、少なくとも記事広告の本文の文字の大きさより大きくすべきでしょう。いわゆるキャッチコピー（大見出し）と同じ大きさである必要はありませんが、サブコピーかそれに準ずる大きさの文字にすべきでしょう。

表示規約

7 物件の内容・取引条件等に係る表示基準、節税効果等の表示基準並びに入札及び競り売りの方法による場合の表示基準

　表示規約第8条の規定に基づき、表示規則第4条で定める別表において、物件種別・表示媒体別に必要な表示事項を定めています。しかし、単に必要な表示事項を義務付けただけでは、事業者は自己の自由な判断・解釈で広告を作成し、事業者によってまちまちな表示が行われるおそれがあります。そこで、表示規約第15条において、物件の内容・取引条件等に係る表示基準の規定を設け、同条に基づき表示規則第9条において、必要な表示事項や広告において一般的に表示される事項や用語にかかる具体的な表示基準を定めることにより、表示内容の統一を図るとともに、一般消費者が容易に理解できる表示を行うこととしています。

　表示規約第15条では、事業者は、取引態様、物件の所在地、交通の利便性、各種施設までの距離又は所要時間、団地の規模、面積、物件の形質、写真・絵図、設備・施設等、生活関連施設、価格・賃料及び住宅ローン等の計12項目に係る事項については、表示規則で定めるところにより表示すべきこととし、表示規則第9条において具体的にその表示の基準・方法を定めています。

　また、上記と同様の趣旨から表示規約第16条（節税効果等の表示基準）及び表示規約第17条（入札及び競り売りの方法による場合の表示基準）の規定を設け、それぞれ表示規則第10条及び第11条において、これらの表示の基準・方法を定めています。

I　物件の内容・取引条件等に係る表示基準
（表示規約15・表示規則9）

1　取引態様 （表示規則9(1)）

　取引態様とは、広告主である宅建業者が、不動産の売買、貸借等の取引に当たって、自己が契約の当事者となってその取引を成立させるか、代理人として又は媒介してその取引を成立させるかの別をいい、「**売主**」、「**貸主**」、「**代理**」、「**媒介**」又は「**仲介**」の別を、これらの用語を用いて表示しなければな

りません。

　また、「販売提携（代理）」、又は「販売提携（媒介）」等と表示することは
「代理」、「媒介」の文言を併記しているため差し支えありません。また、売
主と専任媒介契約又は専属専任媒介契約を締結している場合に、「媒介（専
任）」等と表示することも差し支えありません。

　なお、チラシ広告等で多数の物件を広告する場合であっても、原則として
物件ごとに取引態様を表示しなければなりませんが、全ての物件の取引態様
が同じであれば、見やすい文字、色彩で、見やすい位置に一括して大きく
「○○**不動産（株）の仲介情報**」等と表示することもできます。

◆ 違反例

> ● 「取引態様：専任」等とのみ記載しているもの
>
> ● 「社有」、「地主」、「直販」、「提携」、「委任」、「委託」、「販売」、「直受」、
> 「販売協力」等とのみ表示しているもの

　分譲宅地（別表１）、現況有姿分譲地（別表２）、新築分譲住宅（別表４）、
新築分譲マンション（別表６）及び共有制リゾートクラブ会員権（別表
10）において、「広告主と売主とが異なる場合」は、売主の名称又は商号と
宅建業法による免許証番号を表示しなければならないこととしています。こ
れは、代理業者又は媒介業者が広告主（表示主体）となっている場合を前提
としており、この場合は、その取引に係る重要な事項の一つとして売主を明
らかにしようとするものですので、物件概要欄に売主の名称等を表示するこ
とになります。ただし、売主が表面的には広告主（表示主体）ではないとし
ても、代理業者等の広告主の表示内容を実質的に決定した場合には表示主体
とされることがありますのでご注意ください。

2　物件の所在地（表示規則9⑵）

　取引しようとする不動産の所在地は、都道府県、郡、市区町村、字及び地
番（表示規則第４条で定める別表３、別表５、別表７及び別表９における地
番を除きます。）を表示しなければなりません。この場合、パンフレット等
を除き都道府県名及び郡名は省略することができます。

　また、一団の宅地又は建物を分譲する場合は、代表地番である旨を明らか

にして、その団地の代表的な地番のみを表示することができます。

　なお、ここでいう所在地とは、不動産登記法による地番区域及び地番（登記地番）をいい、住居表示番号ではありません。ただし、表示規則第４条で定める別表８においては、住居表示により表示することもできます。

◆ 表示例

> ● 分譲物件の場合
>
> 　所在地／千代田区○○１丁目105番20他（地番）
>
> ● 売地、中古住宅、中古マンション等の単発物件の場合
>
> 　所在地／福岡市東区○○１丁目
>
> ● 新築賃貸マンション・アパートの場合
>
> 　所在地／大阪市中央区○○１丁目１番１号（住居表示）

　取引しようとする団地が２以上の都府県又は市区町村にまたがっている場合は、異なる行政区画内の代表地番を表示する必要があります。

◆ 表示例

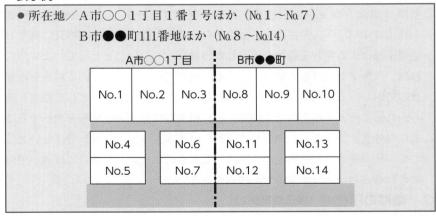

> ● 所在地／Ａ市○○１丁目１番１号ほか（№１～№７）
>
> 　　　　　Ｂ市●●町111番地ほか（№８～№14）

3 交通の利便性 （表示規則9(3)〜(6)）

(1) 公共交通機関を利用することが通例である場合 （表示規則9(3)）

ア	鉄道、都市モノレール又は路面電車（以下「鉄道等という。」の最寄りの駅又は停留場（以下「最寄駅等」という。）の名称及び物件から最寄駅等までの徒歩所要時間を明示して表示すること（表示規則9(3)ア）。
イ	鉄道等の最寄駅等までバスを利用するときは、最寄駅等の名称、物件から最寄りのバスの停留所までの徒歩所要時間、同停留所から最寄駅等までのバス所要時間を明示して表示すること。この場合において、停留所の名称を省略することができる（表示規則9(3)イ）。
ウ	バスのみを利用するときは、最寄りのバスの停留所の名称及び物件から同停留所までの徒歩所要時間を明示して表示すること（表示規則9(3)ウ）。

　なお、公共交通機関を利用しないことが通例である場合には、交通の利便の表示は省略することができます。

◆ 表示例

- 交通／A線B駅まで徒歩2分
- 交通／C駅までバス5分、「○○2丁目」停留所まで徒歩2分
- 交通／C駅　バス5分、「○○2丁目」停　徒歩2分
- 交通／D市営バス○○停留所まで徒歩5分

(2) 電車、バス等の交通機関の所要時間の表示方法 （表示規則9(4)）

　電車、バス等の交通機関の所要時間は、次の基準により表示しなければなりません。

ア	起点及び着点とする鉄道、都市モノレールの駅若しくは路面電車の停留場（以下「駅等」という。）又はバスの停留所の名称を明示すること。この場合において、物件から最寄駅等までバスを利用する場合であって、物件の最寄りの停留所から最寄駅等までのバスの所要時間を表示するときは、停留所の名称を省略することができる（表示規則9(4)ア）。
イ	特急、急行等の種別を明示すること（表示規則9(4)イ）。

ウ	朝の通勤ラッシュ時の所要時間を明示すること。この場合において、平常時の所要時間をその旨を明示して併記することができる（表示規則9(4)ウ）。
エ	乗換えを要するときは、その旨を明示し、ウの所要時間には、乗り換えにおおむね要する時間を含めること（表示規則9(4)エ）。

◆ **表示例**

- A駅からB駅まで45分（急行）
- C駅からD駅まで通勤特急で71分（通勤時）　※平常時は特急で55分
- E線F駅からG線I駅まで30分（H駅で乗換え）　※乗換え・待ち時間を含みます

➡P.246、247 相談事例（表示規約関係）Q35・36 参照

⑶　**表示できる公共交通機関**（表示規則9(5)）

公共交通機関は、**現に利用できるものを表示し、特定の時期にのみ利用できるものは、その利用できる時期を明示して表示**しなければなりません。

「特定の時期にのみ利用できるもの」とは、季節列車（予定臨時列車）をはじめ休祝日のみに運行されているものをいいます。

また、新設予定の路線については、**路線の新設に係る国土交通大臣の許可処分又はバス会社等との間に成立している協定（いわゆる運輸協定）の内容を明示して表示**することができます。

鉄道の場合、事業主体者は鉄道線路、駅などの鉄道施設について工事計画を定めて工事施行認可を申請し、国土交通大臣はその工事計画が法令に適合していると認めるときは許可しなければならないこととしています（鉄道事業法8）。新設予定の路線の表示については、この認可を受けているかどうかがポイントとなるため、事業主体者に確認する必要があります。

⑷　**新設予定の駅等又はバス停留所の表示**（表示規則9(6)）

新設予定の鉄道、都市モノレールの駅若しくは路面電車の停留場又はバスの停留所については、その**路線の運行主体が公表したものに限り、その新設予定時期を明示して表示**することができます。

なお、路線又は駅等の新設について、新聞等で報道されているものは運行主体が公表している場合がほとんどですが、単に「地元住民が新駅の設

置を要望しているという事実」が報道されているにすぎない場合は、「路線の運行主体者が公表した」ものとはいえないため表示できる段階にはありません。

◆ **表示例**

● 交通／Ａ線Ｂ駅までバス15分停歩５分

※Ｃ線Ｄ駅（仮称）まで徒歩10分（2024年 春開通予定）

表示規約

4　各種施設までの距離又は所要時間（表示規則9(7)～(11)）

(1)　距離・所要時間の表示方法（表示規則9(7)）

物件から各種施設までの道路距離又は所要時間を表示するときは、起点及び着点を明示して表示しなければなりません。例えば、自動車による所要時間を表示する場合には、「物件からＡ線Ｂ駅まで車で10分（５㎞）」、「物件から○○デパートまで車で10分（５㎞）」等と表示します。

なお、道路距離又は所要時間を算出する際の物件の起点は、物件の区画のうち駅その他の施設に最も近い地点（**マンション及びアパートにあっては、建物の出入口**）とし、駅その他の施設の着点は、その施設の出入口（施設の利用時間内において常時利用できるものに限ります。）となります。

また、次の表示例のように建物内に複数の出入口がある場合は一番近い出入口を起着点にすることができます。それぞれの施設によって出入口が異なる場合は、どの出入口から計測したかを併記することが望ましいでしょう。

◆ 表示例

● 交通／A駅まで徒歩5分

● 周辺施設／Bスーパーまで徒歩7分

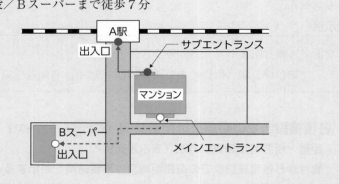

(注) マンション等の場合、起点とする出入口はメインエントランス以外の出入口から算出しても構いませんが、当該出入口を利用できる時間に制限等がある場合には、その内容を記載してください。

➡P.248〜 相談事例（表示規約関係）Q37〜39 参照

(2) **団地から駅その他の施設までの距離又は所要時間の表示方法**（表示規則9(8)）

団地（一団の宅地又は建物）から駅その他の施設までの道路距離又は所要時間は、取引する区画のうちそれぞれの施設ごとにその施設から**最も近い区画（マンション及びアパートにあっては、その施設から最も近い建物の出入口）**を起点として算出した数値とともに、**その施設から最も遠い区画（マンション及びアパートにあっては、その施設から最も遠い建物の出入口）**を起点として算出した数値も表示しなければなりません。

次の表示例①及び②のとおり、一団の分譲地において、それぞれの施設までの徒歩所要時間又は距離を表示する場合は、販売対象の中で最も近い区画と最も遠い区画を起点として算出します。この時、契約済みや次期以降販売予定である区画は対象から外します。また、新築分譲マンション等で販売対象が複数棟ある場合は、最も近い棟と最も遠い棟のそれぞれの出入口を起点として算出して表示します。

◆ **表示例①（分譲宅地、新築分譲住宅等）**

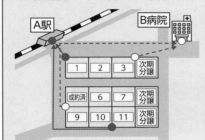

- 交通／A駅まで徒歩1分〜徒歩5分
- 周辺施設／B病院まで徒歩2分〜徒歩7分

- A駅に最も近い区画1 （徒歩1分）
- A駅に最も遠い区画11 （徒歩5分）
○ B病院に最も近い区画3 （徒歩2分）
○ B病院に最も遠い区画9 （徒歩7分）

◆ **表示例②**

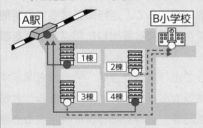

- 交通／A駅まで徒歩3分〜徒歩8分
- 周辺施設／B小学校まで240m〜720m

- A駅に最も近い「1棟」（徒歩3分）
- A駅に最も遠い「4棟」（徒歩8分）
○ B小学校に最も近い「2棟」（240m）
○ B小学校に最も遠い「3棟」（720m）

➡P.252〜 相談事例（表示規約関係）Q40〜43 参照

(3) **徒歩所要時間の表示方法**（表示規則9(9)）

　　徒歩による所要時間は、**道路距離80mにつき1分間を要するものとして算出した数値を表示**します。この場合、所要時間を算出した起点と着点を**「物件からA駅まで徒歩10分」**等と表示します。

　　道路距離を80mで除した場合に1分未満の端数が生じたときは、これを1分に切り上げて表示しなければなりません。したがって、道路距離40mの物件の場合、**「B駅から徒歩30秒」**と表示することはできません。この場合は、**「B駅から徒歩1分・40m」**等と表示することは可能です。

なお、徒歩所要時間を算出する場合には、坂道や信号待ち時間を考慮する必要はありませんが、下図のように遠回りになる横断歩道や歩道橋を経由しなければならない場合は、その横断歩道等を経由（点線のルート）した道路距離により徒歩所要時間を算出して表示しなければなりません。

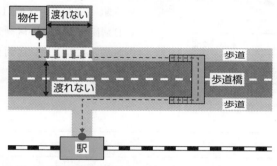

➡P.254 **相談事例（表示規約関係）Q44 参照**

⑷　**自動車による所要時間の表示方法**（表示規則9⑽）

　　自動車による所要時間は、**道路距離を明示して、走行に通常要する時間を表示**しなければなりません。この場合、**時間を算出した起点と着点を明示**する必要があります。

　　また、有料道路や有料の橋を経由して走行する場合は、その旨を明示する必要があります。ただし、高速道路等であって、有料道路であることが周知のものである場合は、当該高速道路等が有料である旨を表示する必要はありません。

◆ **表示例**

> ● 物件からＡ駅まで車で10分（5㎞）
> ● 東名高速道路利用でＢインターからＣインターまで約60分（約85㎞）
> ● 新見沼大橋有料道路（通行料150円／普通車）を経由して物件からＢ駅まで車で10分（5㎞）

➡P.255 **相談事例（表示規約関係）Q45 参照**

⑸　**自転車による所要時間の表示方法**（表示規則9⑾）

　　自転車による所要時間については、**道路距離を明示して、走行に通常要**

する時間を表示しなければなりません。この場合、**時間を算出した起点及
び着点を明示**する必要があります。なお、駅周辺が駐輪禁止となっている
地域の場合は、自転車の所要時間を表示することは差し控えるべきでしょう。

◆ **表示例**

- 物件からA駅まで自転車で15分（3.5km）

➡P.255 **相談事例（表示規約関係）Q45 参照**

5 団地の規模（表示規則9⑿）

開発区域を数工区に分け、工区ごとに開発許可を受けて開発・分譲される
団地内の物件の取引に関する表示をするときは、表示規約第5条の「広告表
示の開始時期の制限」の規定にかかわらず、開発許可を受けていない部分に
ついても、**開発許可を受けていない旨を明示**して、**開発区域全体の規模及び
その開発計画の概要を表示**しなければなりません。

大規模な団地開発においては、一つのマスタープランに基づき、これを前
提として便宜上、数工区に分けて開発許可を受けることがありますが、この
場合、開発区域のうち未だ開発許可を受けていない部分について表示しない
と、その団地の規模や形質がわかりにくいため、一般消費者の物件選択上の
利益を損なうおそれがあります。そこで、このような場合には、開発区域の
全体の規模及び開発計画の概要に関する情報を一般消費者に提供すべきこと
としています。

6 面積（表示規則9⒀〜⒃）

⑴ 面積の計量単位（表示規則9⒀）

物件の面積は、**メートル法により表示**しなければなりません。この場合
において1㎡未満の数値は、切り捨てて表示することができます（四捨五
入は不可）。

なお、メートル法による面積にメートル法以外の計量単位（「坪」など）
による面積を併記しても差し支えありません。

⑵ 土地の面積の表示方法（表示規則9⒁）

土地の面積は、**水平投影面積（真上から水平に見たときの面積）で表示
し、取引する全ての区画の面積を表示**しなければなりません。ただし、パ
ンフレット等の媒体を除き、最小土地面積及び最大土地面積のみで表示す

107

ることができます。

　また、私道負担があるときは、土地面積を表示するほか、私道負担面積がある旨及びその面積を表示しなければなりません（表示規則４の別表１及び別表３から別表５）。

　なお、登記簿に記録された面積よりも実測面積が広い場合（いわゆる「縄伸び」）や狭い場合（いわゆる「縄縮み」）がある場合は、土地家屋調査士又は測量士が作成した実測図による面積を、その旨を明らかにして表示しても差し支えありません。

◆ **表示例**

- 土地面積／80㎡（他に私道20㎡有）
- 土地面積／100㎡（他に私道５㎡有）～120㎡（他に私道10㎡有）
- 土地面積／100㎡～125㎡（他に各５㎡の私道負担有）

(3)　**建物の面積の表示方法**（表示規則9⒂）

　建物の面積（マンションにあっては、専有面積）は、**延べ面積を表示し、その面積に車庫、地下室等（地下の居室は除く。）の面積が含まれているときは、その旨及びその面積を表示**しなければなりません。

　また、**取引する全ての建物の面積を表示**しなければなりません。ただし、パンフレット等の媒体を除き、最小建物面積及び最大建物面積のみで表示することができます。

　なお、マンションにおいては、登記面積は建築基準法による面積（広告表示の面積＝壁心面積）より少なくなるため、新築分譲マンションについては、**「専有面積が壁心面積である旨及び登記面積はこれより少ない旨」**をパンフレット等の媒体に必ず表示しなければなりません（表示規則４の別表６）。

◆ **表示例**

- 建物面積／125㎡（車庫10㎡含む）
- 建物面積／150㎡（うち、30㎡は地下室）
- 専有面積／70㎡〜90㎡　※専有面積は壁心面積であり、登記面積はこの面積より少なくなります。

参考　【建築基準法施行令第2条第1項第3号の床面積の算定方法等についての例規、不動産登記法上の取扱い】

床面積の算定方法について

> 昭和61年4月30日建設省住指発
> 第115号特定行政庁建築主務部長あて
> 建設省住宅局建築指導課長

　床面積の算定方法については、建築基準法施行令第2条第1項第3号に規定されており、また、「昭和32年11月12日住指発第1132号新潟県土木部長あて」、「昭和39年2月24日住指発第26号各特定行政庁建築主務部局長あて」例規が示され、従来、これらに基づいて取り扱われてきたところであるが、ピロティ、吹きさらしの廊下、屋外階段等の床面積の算定および区画の中心線の設定について、なお、地方により統一を欠く向きがある。

　今般、ピロティ、吹きさらしの廊下、屋外階段等の床面積の算定及び壁その他の区画の中心線の設定について、下記のとおり取り扱うこととしたので、通知する。

　なお、本通達は、昭和61年8月1日以後確認申請書又は計画通知書が提出されるものから適用する。

記

1　建築物の床面積の算定

　建築物の床面積は、建築物の各階又はその一部で、壁、扉、シャッター、

手摺、柱等の区画の中心線で囲まれた部分の水平投影面積によるものであるが、ピロティ、ポーチ等で壁、扉、柱等を有しない場合には、床面積に算入するかどうかは、当該部分が居住、執務、作業、集会、娯楽、物品の保管又は格納その他の屋内的用途に供する部分であるかどうかにより判断するものとする。

例えば、次の各号に掲げる建築物の部分の床面積の算定は、それぞれ当該各号に定めるところによるものとする。

(1) ピロティ

　十分に外気に開放され、かつ、屋内的用途に供しない部分は、床面積に算入しない。

(2) ポーチ

　原則として床面積に算入しない。ただし、屋内的用途に供する部分は、床面積に算入する。

(3) 公共用歩廊、傘型又は壁を有しない門型の建築物

　ピロティに準じる。

(4) 吹きさらしの廊下

　外気に有効に開放されている部分の高さが、1.1メートル以上であり、かつ、天井の高さの2分の1以上である廊下については、幅2メートルまでの部分を床面積に算入しない。

(5) バルコニー、ベランダ

　吹きさらしの廊下に準じる。

(6) 屋外階段

　次の各号に該当する外気に有効に開放されている部分を有する階段については、床面積に算入しない。

イ　長さが、当該階段の周長の2分の1以上であること。

ロ　高さが、1.1m以上、かつ、当該階段の天井の高さの2分の1以上であること。

(7) エレベータシャフト

　原則として、各階において床面積に算入する。ただし、着床できない階であることが明らかである階については、床面積に算入しない。

(8) パイプシャフト等

各階において床面積に算入する。

(9) 給水タンク又は貯水タンクを設置する地下ピット

タンクの周囲に保守点検用の専用の空間のみを有するものについては、床面積に算入しない。

(10) 出窓

次の各号に定める構造の出窓については、床面積に算入しない。

イ 下端の床面からの高さが、30cm以上であること。

ロ 周囲の外壁面から水平距離50cm以上突き出ていないこと。

ハ 見付け面積の2分の1以上が窓であること。

(11) 機械式駐車場

吊上式自動車車庫、機械式立体自動車車庫等で、床として認識することが困難な形状の部分については、1台につき15㎡を、床面積として算定する。なお、床としての認識が可能な形状の部分については、通常の算定方法による。

(12) 機械式駐輪場

床として認識することが困難な形状の部分については、1台につき1.2㎡を、床面積として算定する。なお、床としての認識が可能な形状の部分については、通常の算定方法による。

(13) 体育館等のギャラリー等

原則として、床面積に算入する。ただし、保守点検等一時的な使用を目的としている場合には、床面積に算入しない。

2 区画の中心線の設定方法

次の各号に掲げる建築物の壁その他の区画の中心線は、それぞれ当該各号に定めるところによる。

(1) 木造の建築物

イ 軸組工法の場合

柱の中心線

ロ 枠組壁工法の場合

壁を構成する枠組材の中心線

ハ 丸太組構法の場合

丸太材等の中心線

(2) 鉄筋コンクリート造、鉄骨鉄筋コンクリート造等の建築物

鉄筋コンクリートの躯体、ＰＣ板（プレキャストコンクリート板）等の中心線

(3) 鉄骨造の建築物

イ 金属板、石綿スレート、石膏ボード等の薄い材料を張った壁の場合

胴縁等の中心線

ロ イ以外の場合

ＰＣ板、ＡＬＣ板（高温高圧蒸気養生された軽量気泡コンクリート板）等の中心線

(4) 組積造又は補強コンクリートブロック造の建築物

コンクリートブロック、石、れんが等の主要な構造部材の中心線

参考 【不動産登記規則】

第115条 建物の床面積は、各階ごとに壁その他の区画の中心線（区分建物にあっては、壁その他の区画の内側線）で囲まれた部分の水平投影面積により、平方メートルを単位として定め、１平方メートルの100分の１未満の端数は、切り捨てるものとする。

---

(4) 居室等の広さを畳数で表示する場合（表示規則9⒃）

建物の面積を表示するほか、居室等の広さを畳数で表示する場合は、**畳１枚当たりの広さは1.62㎡以上（各室の壁心面積を畳数で除した数値）の広さがあるという意味**で用いなければなりません。和室、洋室を問わず、また和室の場合は実際に敷かれている畳の枚数に関係なく、１畳当たりの面積が1.62㎡以上でなければ、１畳として表示することはできません。例えば、６畳間というためには、その部屋の壁心面積が9.72㎡（1.62㎡×６）以上でなければならないことになります。

➡P.255 **相談事例（表示規約関係）Q46 参照**

7 物件の形質 （表示規則9⑰～㉑）

（1） 納戸等 （表示規則9⑰）

採光及び換気のための窓その他の開口部の面積の当該室の床面積に対する割合が建築基準法第28条の規定に適合していないため、同法上、居室と認められない納戸その他の部分については、その旨を「納戸」等と表示しなければなりません。

ちなみに、この住宅の採光のための有効な部分の面積は、建築基準法第28条で居室の床面積に対して5分の1から10分の1までの間において居室の種類に応じ政令で定める割合以上、換気のための有効な部分の面積は、居室の床面積の20分の1以上としなければならないとされています（P.505参照）。

◆ **表示例**

- 2LDK＋納戸
- 3LDK＋サービスルーム（納戸）
- 3LDK＋S（納戸）

（2） 遮音・断熱性能等 （表示規則9⑱）

遮音、断熱等を目的とした建築部材自体の性能を表示する場合、実際の**住宅内における遮音、断熱性能等が住宅の構造等からその部材自体の性能とは異なる可能性がある場合には、その旨を表示**しなければなりません。

◆ **表示例**

- 遮音等級T-2の防音サッシを使用しています。ただし、これは部材自体の性能であり、通常の生活空間としての居室では換気口等からの通過音の影響で、サッシ自体の遮音効果が減殺されます。

（3） 地目 （表示規則9⑲）

地目は、**登記簿に記載されているものを表示し、現況の地目がこれと異なるときは、現況の地目を併記**しなければなりません。

地目は土地の形質や利用状況を表すものであり、宅地造成工事前の利用状況等を示す一つの目安になります。

表示規約

なお、地目は、田、畑、宅地、学校用地、鉄道用地、塩田、鉱泉地、池沼、山林、牧場、原野、墓地、境内地、運河用地、水道用地、用悪水路、ため池、堤、井溝、保安林、公衆用道路、公園及び雑種地の23種類に区分されています。

◆ 表示例

- 地目／宅地
- 地目／山林（現況宅地）

⑷ **宅地の造成材料又は建物の建築材料の強調表示**（表示規則9⑳）

　　宅地の造成材料又は建物の建築材料について、**これを強調して表示するときは、その材料が使用されている部位を明示**しなければなりません。

◆ 表示例

- 柱は檜を使用

⑸ **増築、改装、改築等の表示**（表示規則9㉑）

　　建物を増築、改築、改装又は改修したことを表示する場合は、**その内容及び時期を明示**しなければなりません。

◆ 表示例

- 2023年9月 屋根・外壁塗り替え済み
- 2023年9月 2階部分増築（洋室8畳、和室8畳）
- 2023年9月 内装リフォーム済み（壁紙・フローリング張替、キッチン・トイレ・浴室交換等）
- 2023年9月 建物全体をリノベーション済み（全住戸3LDKから2LDKに改修、水回り設備全交換、外壁と屋上の防水塗装等）

8 写真・絵図の表示（表示規則9㉒・㉓）

⑴ **写真又は動画の表示**（表示規則9㉒）

　　宅地又は建物の写真や動画は、原則として、**取引する物件（設計図に従い実物どおりに作られたモデルルームを含む。）の写真又は動画を用いて表示**しなければなりません。

　ただし、取引しようとする建物が建築工事の完了前であるなど、その建物の写真又は動画を使用することができない事情がある場合においては、**取引する建物を施工する者が過去に施工した建物であり、かつ、次のア又はイに該当する場合に限り、他の建物の写真又は動画を用いる**ことができます。

　この場合においては、当該写真又は動画が他の建物である旨及びアに該当する場合は、取引する建物と異なる部位を、写真の場合は写真に接する位置に、動画の場合は画像中に明示しなければなりません。

ア	建物の外観は、取引する建物と構造、階数、仕様が同一であって、規模、形状、色等が類似するもの。ただし、当該写真又は動画を大きく掲載するなど、取引する建物であると誤認されるおそれのある表示をしてはならない（表示規則9⑵ア）。
イ	建物の内部は、写される部分の規模、仕様、形状等が同一のもの（表示規則9⑵イ）。

➡P.256、276、277 相談事例（表示規約関係）Q47・74・75 参照

◆ **表示例①**

　● 当社施工例（取引対象物件とは、外壁、屋根等の形状が異なります）

◆ **表示例②**

● 当社施工例（前回販売したＡ号棟の写真です。今回販売するＢ号棟と同一です）
● 写真はＡ号棟のキッチンです

　また、新築分譲住宅の販売を、例えば、３期に分けて分譲する場合、３期の販売に際して団地内の環境等の情報として、販売済みの１期又は２期の「街並み」の写真を、その旨を明らかにして使用することは差し支えありません。

◆ **表示例③**

● 第１期の街並み
建物が完成し、入居が始まっています

(2)　絵図（完成予想図等）の表示（表示規則9⑵⑶）

　宅地又は建物のコンピュータグラフィックス、見取図、完成図又は完成予想図は、**その旨を明示して用い、当該物件の周囲の状況について表示するときは、現況に反する表示**をしてはなりません。

　「現況に反する表示」とは、例えば、新築住宅の広告において、実際には隣地に住宅等の建物が立ち並んでいるのに、その部分に樹木を描いたり、空地を描いたりすると現況に反する表示となり、環境について実際のものよりも優良であると誤認されるおそれのある不当表示となります。

　このような場合には、隣地については何も描かない状態、いわゆる**「白抜き」**にして建物だけの表示にすることにより、掲載することが可能とな

りますが、絵図以外の表示において、例えば「開放感あふれる住環境」等と表示した場合は、白抜き表示と相まって、これも環境について実際のものよりも優良であると誤認されるおそれのある不当表示となります。

9　設備・施設等の表示（表示規則9⑷〜⑻）

⑴　上水道の表示（表示規則9⑷）

上水道（給水）は、**公営水道、私営水道又は井戸の別を表示**しなければなりません。

◆ **表示例**

- 水道／公営
- 水道／A市営水道（前面道路に本管有、建物建築の際には宅地内への引込み工事が必要）
- 水道／私設水道（地下水）
- 設備／井戸

⑵　ガスの表示（表示規則9⑸）

ガスは、**都市ガス又はプロパンガスの別を明示して表示**しなければなりません。

◆ **表示例**

- ガス／都市ガス
- ガス／東京ガス（前面道路まで引込み済み、建物建築の際には宅地内への引込み工事が必要）
- ガス／プロパンガス

⑶　温泉の表示（表示規則9⑹）

温泉法による温泉については、次のアからエの事項を明示して表示しなければなりません。

| ア | 温泉に加温したものについては、その旨（表示規則9⑹ア） |
| イ | 温泉に加水したものについては、その旨（表示規則9⑹イ） |

ウ	温泉源から採取した温泉を給湯管によらずに供給する場合（運び湯の場合）は、その旨（表示規則9⑯ウ）
エ	共同浴場を設置する場合において、循環装置又は循環ろ過装置を使用する場合は、その旨（表示規則9⑯エ）

　「温泉」とは、地中からゆう出する温水、鉱水及び水蒸気その他のガス（炭化水素を主成分とする天然ガスを除きます。）で、温泉源から採取されるときの温度が摂氏25度以上のもの又は泉水１kgの中に定められた量以上の溶存物質（ガス性のものを除きます。）、遊離炭酸、リチウムイオン、ストロンチウムイオン、バリウムイオン、総硫黄など19種類のいずれかの有用成分が含まれているものをいうとされています（温泉法２）。

　つまり、源泉での採取時の温度が摂氏25度以上の水は、温泉法別表に掲げる有効成分が全く含まれていなくても温泉であり、また、採取時の温度が摂氏25度未満の水であっても温泉法別表に掲げる有効成分が一定量以上含まれていれば温泉といえます。

　一般消費者の温泉に対する一般的な認識は、入浴に適した温度の湯が自噴する天然温泉です。しかし、実際には、湯の湧出量や温度に難があるものも少なくなく、加温又は加水、あるいは一定量の湯を循環ろ過しているものもあることから、温泉付きの物件において、上記アからエに該当する事情があるときは、その旨を表示すべきこととしています。

⑷　**団地内又は物件内のプール、テニスコート、スポーツジム、シアタールーム等の共用施設**（表示規則9⒆）

　団地内又は物件内のプール、テニスコート、スポーツジム、シアタールーム等の共用施設について表示するときは、**それらの施設の内容（屋外、屋内の別など）、運営主体、利用条件（有料、無料の別、有料の場合その利用料金など）及び整備予定時期を明らかにして表示**しなければなりません。

◆ 表示例

● ○○スポーツジム　2022年10月オープン予定（利用料300円／１回　運営／○○スポーツ（株））

⑸　**開発団地内の整備予定の公共・公益施設、生活利便施設の表示**（表示規則9⒄）

　　都市計画法第29条の開発許可を受けて開発される団地に設置すること
が開発許可の内容となっている公共・公益施設及び生活利便施設又は当該
団地に地方公共団体が設置に関し事業決定している公共・公益施設は、**そ
の整備予定時期を明示して表示**することができます。

　　これらの施設には、学校、病院、図書館、公民館、市役所、郵便局、
スーパーマーケット、デパート等が含まれます。

◆ **表示例**

- ○○小学校（2024年４月開校予定）
- 団地内に○○スーパー（2024年６月オープン予定）

10　生活関連施設の表示（表示規則9⒄～⒄）

⑴　**整備済みの団地外の公共・公益施設等の表示**（表示規則9⒄）

　　前記⑸の表示規則9⒄に規定する開発団地内における開発許可の内容と
なっている公共・公益施設以外の学校、病院、官公署、公園その他の公共・
公益施設は、次のアからウに掲げるところにより表示しなければなりません。

ア	現に利用できるものを表示すること（表示規則9⒄ア）。
イ	物件からの道路距離又は徒歩所要時間を明示すること（表示規則9⒄イ）。
ウ	その施設の名称を表示すること。ただし、公立学校及び官公署の場合は、パンフレットを除き、省略することができる（表示規則9⒄ウ）。

◆ **表示例**

- 小学校まで400m、市役所まで350m
- 小学校まで徒歩５分、市役所まで徒歩５分
- 小学校まで400m（徒歩５分）、市役所まで350m（徒歩５分）
- 小学校まで徒歩５分～10分、市役所まで徒歩５分～８分

(注) 小学校までの徒歩所要時間及び道路距離について、通学路を元に算出してい
　　ない場合は、その旨を併記することが望ましい。

➡P.254 相談事例（表示規約関係）Q43 参照

119

(2) **学校、都市計画施設の建設計画の表示の特例**（表示規則9⑶）

　　前記(1)の表示規則9⒆のアの規定にかかわらず、学校については、学校
の設置について必要とされる許可等の処分を受けているもの又は国若しく
しくは地方公共団体が事業決定しているものにあっては、現に利用できる
ものと併せて表示する場合に限り、**その整備予定時期を明示して表示**する
ことができます。

　　また、学校以外の施設については、都市計画法第11条に規定する都市
施設（P.495〜参照）であって、同法第20条第１項に規定する告示があっ
たものに限り、**その内容を明示して表示**することができます。

◆ **表示例**

- ○○小学校（2024年４月開校予定。物件から300m）
- ○○公園（令和６年５月整備予定。物件から徒歩７分）

(3) **デパート、スーパーマーケット等の商業施設の表示**（表示規則9⑶）

　　デパート、スーパーマーケット、コンビニエンスストア、商店等の商業
施設は、**現に利用できるものを物件からの道路距離又は徒歩所要時間を明
示して表示**しなければなりません。ただし、工事中である等その施設が将
来確実に利用できると認められるものにあっては、その整備予定時期を明
示して表示することができます。

　　「**工事中である等その施設が将来確実に利用できると認められるもの**」
には、小売商業調整特別措置法第15条のあっせん又は調整が整ったもの、
店舗施設の建設について建築確認通知書の交付を受けているものが含まれ
ます。

◆ **表示例**

- スーパー○○（400m）
- ○○コンビニまで徒歩３分〜８分
- 駅前にショッピングモール（2024年夏開業予定・物件から500m）

➡P.254 相談事例（表示規約関係）Q43 参照

(4) **地方公共団体等の地域振興計画、再開発計画等の表示**（表示規則9⑶）

　　地方公共団体等の地域振興計画、再開発計画又は都市計画等の内容は、

当該計画の実施主体者がその整備予定時期を公表したものに限り、表示することができます。

　これらの計画に係る施設等について表示するときは、その整備予定時期及び表示の時点において当該計画が実施手続きのどの段階にあるかを明示しなければなりません。

◆ **表示例**

> ● ○○駅前では××再開発計画に基づき、△△市と地元企業が出資の第三セクターである○○株式会社が設立され、2024年5月にショッピングプラザビル（仮称）着工予定（2025年10月完了予定）。
> ● ○○開発計画の事業決定が行われ、計画区域内には、文化会館、総合グラウンド、図書館等が建設される予定（令和6年10月完了予定）。

(5) **新設予定の道路の表示**（表示規則9(33)）

　国若しくは地方公共団体が新設する道路であって、道路法第18条の規定による告示が行われた道路その他の道路又は高速道路株式会社法第1条に規定する株式会社若しくは地方道路公社等が新設する道路であって、**その建設について許認可を受け、又は工事実施計画書について認可を受けた新設予定道路について認可を受けた新設予定道路に限り、表示**することができます。この場合において、その整備予定時期及び表示の時点において当該計画がその実施手続きのどの段階にあるかを明示して表示しなければなりません。

◆ **表示例**

> ● ○○自動車道　2024年10月開通予定（事業決定済み）
> ● ○○道路　令和7年秋開通予定。○○インター（仮称）まで4km（インターチェンジ用地買収済み。今後の工事の進捗により開通が遅れる場合があります。）

11 価格・賃料の表示 （表示規則9(34)〜(43)）

(1) 土地の価格

ア 価格構成 （表示規則9(34)）

土地の価格は、**上下水道施設・都市ガス供給施設の設置のための費用その他宅地造成に係る費用を含んだ価格を表示**しなければなりません。なお、上下水道施設・都市ガス供給施設の設置工事費や宅地造成工事費に消費税等（消費税及び地方消費税）が課されるときは、その額も含んだ額を表示しなければなりません。

イ 表示方法 （表示規則9(35)）

土地の価格は、**1区画当たりの価格を表示**しなければなりません。ただし、1区画当たりの土地面積を明らかにし、これを基礎として算出する場合に限り、1㎡当たりの価格で表示することができます。

◆ 表示例

- 価格／○○○万円
- 土地面積／200㎡（1㎡当たりの単価 10万円）
- 土地面積／300㎡（1㎡単価 50万円）
- ※ 下図のように分割取引にも応じます。この場合は、A地は1㎡当たり60万円、B地は1㎡当たり40万円となります。

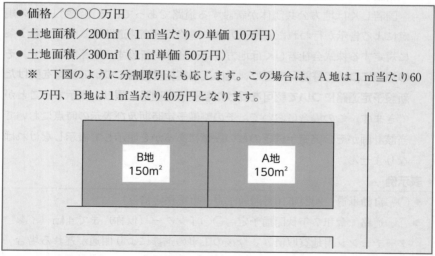

➡P.258 相談事例（表示規約関係） Q48 参照

(2) 分譲宅地の価格の表示方法 （表示規則9(36)）

価格は、**取引する全ての区画の価格を表示**しなければなりません。ただし、パンフレット等の媒体を除き、「1区画当たりの最低価格、最高価格」

及び「最多価格帯並びにその価格帯に属する販売区画数」のみで表示することができます。また、販売区画数が10未満であるときは、最多価格帯の表示を省略することができます。

「**最多価格帯**」とは、原則として、物件の価格を100万円刻みでみたときに最も物件数が多い価格帯をいい、価格が著しく高額（販売対象物件の全てが1億円以上であるなど）である等、100万円単位でみることが適当ではないと認められる場合には、特例として事業者が任意に区分した価格帯でみたときに物件数が最も多い価格帯をいうものとしています（表示規約4⑥(7)）。

例えば、100万円刻みでみたときの「2,000万円台」という最多価格帯は2,000万円以上2,100万円未満の範囲内に、「2,900万円台」という最多価格帯は、2,900万円以上3,000万円未満の範囲内にあるということになりますし、価格が著しく高額である場合に1,000万円刻みでみたときの「1億2,000万円台」という最多価格帯は、1億2,000万円以上1億3,000万円未満の範囲にあるという意味になります。

原則である100万円刻みで最多価格帯を示す場合は、その単位を明示する必要はありませんが、例えば1,000万円刻みの価格帯区分でみた最多価格帯を示す場合は、その価格帯の単位を併せて表示する必要があります（**次**ページの(5)の場合も同じ。）。

◆ **表示例**

【分譲宅地（販売区画数／50区画）】
● 価格／1,500万円〜2,850万円　● 最多価格帯／1,900万円台（15区画）

➡P.258 相談事例（表示規約関係）Q48 参照

(3) **現況有姿分譲地の価格の表示方法**（表示規則9(37)）

現況有姿分譲地の価格については、**分割可能最小面積を明示して、1㎡当たりの価格を表示**しなければなりません。この場合において、1㎡当たりの価格が異なる土地があるときは、それぞれの面積を明示して、最低価格及び最高価格を表示しなければなりません。

◆ **表示例**

> 【価格が同じ場合】
> ● 1㎡価格／45,000円
> ● 販売面積／2,500㎡　※100㎡から分割いたします。
> 【1㎡当たりの価格が異なる場合】
> ● 1㎡価格／110,000円（500㎡）〜190,000円（900㎡）
> ● 販売面積／3,500㎡　※100㎡から分割いたします。

(4) **住宅の価格の表示**（表示規則9⒅）

　　住宅（マンションの場合、住戸）の価格については、**1戸当たりの価格を表示しなければなりません。この価格は、敷地の価格（敷地が借地の場合は、借地権の価格）及び建物（電気・上下水道・都市ガス供給施設のための費用等を含む。）に係る消費税等の額を含んだもの**でなければなりません。

➡P.259 相談事例（表示規約関係）**Q49** 参照

(5) **新築分譲住宅、新築分譲マンション及び一棟リノベーションマンションの価格の表示方法**（表示規則9⒆）

　　価格は、**取引する全ての住宅又は住戸の価格を表示**しなければなりません。ただし、パンフレット等の媒体を除き、「1戸当たりの最低価格、最高価格」及び「最多価格帯並びにその価格帯に属する住宅又は住戸の戸数」のみで表示することができます。

　　この場合において、販売戸数が10戸未満であるときは、最多価格帯の表示を省略することができます。

◆ **表示例**

> 【新築分譲マンション（第1期販売戸数／40戸）】
> ● 価格／4,180万円〜5,380万円　最多価格帯／4,800万円台（10戸）
> 【新築分譲マンション（第1期販売戸数／50戸）】
> ● 価格／1億1,800万円〜1億9,500万円　最多価格帯／1億3,000万円台（15戸）※1,000万円単位

(6) **賃貸住宅の賃料の表示方法**（表示規則9⑽）

　　賃貸される住宅（マンション又はアパートの場合は、住戸）の賃料については、**取引する全ての住宅又は住戸の1か月当たりの賃料**を表示しなければなりません。ただし、新築賃貸マンション又は新築賃貸アパートの賃料については、パンフレット等の媒体を除き、「1住戸当たりの最低賃料及び最高賃料」のみで表示することができます。

◆ **表示例**

【新築賃貸マンション（募集戸数／20戸）】
● 賃料／115,000円〜145,000円

(7) **マンション等の管理費の表示方法**（表示規則9⑷）

　　「管理費」とは、マンションの事務を処理し、設備その他共用部分の維持及び管理をするために必要とされる費用をいい、共用部分の公租公課等を含み、修繕積立金を含まないものをいいます。

　　管理費については、**1戸当たりの月額（予定額であるときは、その旨）を表示**しなければなりません。ただし、住戸により管理費の額が異なる場合において、その全ての住戸の管理費を示すことが困難であるときは、「最低額及び最高額」のみで表示することができます。

　　なお、ここでいう「困難であるとき」とは、パンフレット等以外の媒体で広告する場合をいいます。

(8) **賃貸住宅等の共益費の表示方法**（表示規則9⑿）

　　「共益費」とは、借家人が共同して使用又は利用する設備又は施設の運営及び維持に関する費用をいいます。

　　共益費については、**1戸当たりの月額（予定額であるときは、その旨）を表示**しなければなりません。ただし、住戸により共益費の額が異なる場合において、その全ての住戸の共益費を示すことが困難であるときは、「最低額及び最高額」のみで表示することができます。

　　なお、ここでいう「困難であるとき」とは、パンフレット等以外の媒体で広告する場合をいいます。

⑼　**修繕積立金の表示方法**（表示規則9⑷⑶）

　「**修繕積立金**」とは、**建物の診断や修繕工事を行うために充てられる費用**のことをいいます。

　修繕積立金については、**１戸当たりの月額（予定額であるときは、その旨）を表示**しなければなりません。ただし、住戸により修繕積立金の額が異なる場合において、その全ての住戸の修繕積立金を示すことが困難であるときは、「最低額及び最高額」のみで表示することができます。

　なお、ここでいう「困難であるとき」とは、パンフレット等以外の媒体で広告する場合をいいます。

12　住宅ローン等の表示（表示規則9⑷⑷〜⑷⑹）

⑴　**住宅ローン及びその返済例の表示**（表示規則9⑷⑷）

　「**住宅ローン**」とは、**銀行等の金融機関が行う物件（住宅）の購入資金及びこれらの購入に付帯して必要とされる費用に係る金銭の貸借**をいいます。

　住宅ローンについて表示するときは、次のア及びイに掲げる事項を明示しなければなりません。

ア	金融機関の名称若しくは商号又は都市銀行、地方銀行、信用金庫等の種類（表示規則9⑷⑷ア）
イ	借入金の利率及び利息を徴する方式（固定金利型、固定金利指定型、変動金利型、上限金利付変動金利型等の種別）又は返済例（借入金、返済期間、利率等の返済例に係る前提条件を併記すること。また、ボーナス併用払のときは、１か月当たりの返済額の表示に続けて、ボーナス時に加算される返済額を明示すること。）（表示規則9⑷⑷イ）

　なお、住宅ローンの返済例を表示するときは、例えば、当初３年間のものであって、４年目以降の返済額は不確定であるにもかかわらず、完済時まで表示の返済額が変わらないものであるかのように表示をした場合などは、実際の返済額より有利（＝安い）であると誤認されるおそれのある不当表示として取り扱われることがありますから、ご注意ください。

◆ **表示例**

　● 返済例／月々65,331円　ボーナス時130,662円（年２回）

金融機関名／M銀行　借入金／3,000万円　借入期間／35年
利率／0.375％（変動金利・ローン取扱手数料型）

---

(2)　**割賦販売（クレジット）の表示**（表示規則9⑷⁵）

　　「**割賦販売**」とは、**代金の全部又は一部について、不動産の引渡し後1
年以上の期間にわたり、かつ、2回以上に分割して受領することを条件と
して販売**することをいいます。

　　割賦販売について表示するときは、次のアからオに掲げる事項を明示し
なければなりません。

ア	割賦販売である旨（表示規則9⑷⁵ア）
イ	割賦限度額（表示規則9⑷⁵イ）
ウ	利息の料率（実質年率）（表示規則9⑷⁵ウ）
エ	支払期間及び回数（表示規則9⑷⁵エ）
オ	割賦販売に係る信用調査費その他の費用を必要とするときは、その旨及びその額（表示規則9⑷⁵オ）

(3)　**利回りの表示**（表示規則9⑷⁶）

　　購入した物件を賃貸した場合における「**利回り**」の表示については、当
該物件の1年間の予定賃料収入の当該物件の取得対価に対する割合である
という意味で用い、次のアからウに掲げる事項を明示して表示しなければ
なりません。

ア	当該物件の1年間の予定賃料収入の当該物件の取得対価に対する割合である旨（表示規則9⑷⁶ア）
イ	予定賃料収入が確実に得られることを保証するものではない旨（表示規則9⑷⁶イ）
ウ	「利回り」は、公租公課その他当該物件を維持するために必要な費用の控除前のものである旨（表示規則9⑷⁶ウ）

➡P.260 相談事例（表示規約関係）Q50 参照

◆ **表示例**

● 利回り／10％（予定賃料収入 ○○万円／年）
　※　この利回りは1年間の予定賃料収入の物件価格に対する割合であり、公

表示規約

租公課その他の物件を維持するために必要な費用の控除前のものです。

※　予定賃料収入が確実に得られることを保証するものではありません。

Ⅱ　節税効果等の表示基準（表示規約16・表示規則10）

　表示規約第16条は、「リース方式によるマンション等について、節税効果又は当該マンション等に係る賃料収入の確実性等について表示するときは、規則で定めるところにより、表示しなければならない。」と定めています。

　「**節税効果**」とは、給与所得者等が不動産所得を得ることとなった場合等に、税法上認められた方法により、課税総所得金額を減少させ、税負担を軽減することをいいます。

1　節税効果等の表示（表示規則10①）

　節税効果等について表示するときは、次の(1)から(3)に掲げるところにより表示しなければなりません。

(1)	節税効果があるのは不動産所得が赤字となる場合であり、同所得が黒字となる場合には納税額が増加する旨を表示すること（表示規則10①(1)）。
(2)	不動産所得に係る必要経費が減少した場合は、節税効果も減少する旨を表示すること（表示規則10①(2)）。
(3)	具体的な計算例を表示する場合は、当該物件を購入した年度（初年度）の次の年度以降のものを表示すること。ただし、次年度以降の計算例と併せて表示し、かつ、初年度の節税額を強調しないときに限り、初年度の計算例を表示することができます（表示規則10①(3)）。

2　賃料収入の確実性等についての表示（表示規則10②）

　購入した物件を賃貸する場合における賃料収入の確実性等について表示するときは、次の(1)及び(2)に掲げるところによらなければなりません。

(1)	購入者が当該物件による賃料収入等を得ることができない場合には、その売主等（売主又はその指定する者）が賃料収入を保証する旨を表示するときは、その保証主体、保証の内容、保証期間その他の条件を明示すること（表示規則10②(1)）。

(2)	購入者の希望により、売主等が購入者から当該物件を転貸目的で賃借し、賃料を支払うことを条件としている場合においてその旨の表示をするときは、売主等と購入者との賃貸借契約について、次に掲げる事項を明示すること（表示規則10②(2)）。 　ア　権利金、礼金等の支払の要否及び支払を必要とする場合は、その額（表示規則10②(2)ア） 　イ　敷金、保証金等の支払の要否及び支払を必要とする場合は、その額（表示規則10②(2)イ） 　ウ　賃料（月額）（表示規則10②(2)ウ） 　エ　賃料のほかに、管理費の支払の要否（表示規則10②(2)エ） 　オ　賃借期間（表示規則10②(2)オ） 　カ　賃貸借契約の更新及び賃料の改定に関する事項（表示規則10②(2)カ） 　キ　その他の重要な条件（表示規則10②(2)キ）

3　表示内容を裏付ける合理的根拠を示す資料がない場合の表示の禁止（表示規則10③）

前記 **1**（**表示規則10①**）及び **2**（**表示規則10②**）の場合において、次の(1)から(3)に掲げる広告表示は、当該広告表示を裏付ける合理的な根拠を示す資料を現に有している場合を除き、表示することができません。

(1)	将来にわたって、当該物件が賃貸市場における商品価値を確実に保持するかのような表示（表示規則10③(1)）
(2)	将来にわたって、確実に安定した賃料収入が確保されるかのような表示（表示規則10③(2)）
(3)	将来において、当該物件の資産価値が確実に増大するかのような表示（表示規則10③(3)）

Ⅲ　入札及び競り売りの方法による場合の表示基準（表示規約17・表示規則11）

「入札」も「競り売り」も、複数の買い手に価格を競争させ、最高値を付けた人に売ることをいい、これらの方法により締結される売買契約等を競争契約といいます。

「**入札**」とは、競争契約の締結のための入札をいい、**契約締結の競争に加わ**

る者に文書によって契約の内容を表示させ、**最も有利な内容を表示した者を相手方として契約を締結**することをいいます。競争者（入札に参加する者）は、互いに他の者の表示する内容を知ることができませんが、競争者が内容を慎重に定めることができる点で巨額の取引等に適するといわれています。

　入札には、入札と開札を同一期日に行う**期日入札**と、一定期間内に郵便等で入札することを認める**期間入札**とがあります。

　入札を行う旨の表示が申込みの誘引に、入札が申込みに、落札者の決定は承諾に、それぞれ該当します。

　「競り売り」とは、**売買価額又は賃料の額について多数の者を口頭やインターネット上で競争させ、そのうち最も高い価額を申し出た者を買手として売買契約等を締結**することをいいます。入札と異なり競争者は互いに他の者の申し出価額を知ることができるため、より高い価額を何回でも表示できますが、その場の雰囲気に押され慎重を欠く欠点があるため、巨額の取引には適さないといわれています。

　競り売りには、買手が順次、高い値をつけていく**競り上げ方式**と、売主が一定の値段で買手がつかないと順次、安くしていく**競り下げ方式**とがあります。

　表示規約第17条（入札及び競り売りの方法による場合の表示基準）は、「事業者は、入札又は競り売りの方法により取引する場合は、表示規則第11条で定めるところにより表示しなければならない。」と定めています。

1　入札の方法による場合の表示基準（表示規則11⑴）

　入札の方法による場合の表示を行うときは、入札に係る物件の種別に応じ、表示規則第4条に規定する「必要な表示事項」を表示したうえで、次の⑴から⑸に掲げる事項を明示して表示しなければなりません。

⑴	入札を行う旨（表示規則11⑴ア）
⑵	入札参加手続の概要（表示規則11⑴イ）
⑶	入札の期日又は期間（表示規則11⑴ウ）
⑷	最低売却価格又は最低取引賃料（表示規則11⑴エ）
⑸	入札物件の概要及び現地確認方法（表示規則11⑴オ）

➡P.260 相談事例（表示規約関係）Q51 参照

2　競り売りの方法による場合の表示基準（表示規則11⑵）

　競り売りの方法による場合の表示は、競り売りに係る物件の種別に応じ規則第4条に定める必要な表示事項を表示したうえで、次の⑴から⑹に掲げる事項を明示して表示しなければなりません。

⑴	競り売りを行う旨及び競り上げ又は競り下げの別（表示規則11⑵ア）
⑵	競り売り参加手続の概要（表示規則11⑵イ）
⑶	競り売りの期日又は期間（表示規則11⑵ウ）
⑷	競り上げ又は競り下げの場合における表示事項（表示規則11⑵エ） ア　競り上げの場合、最低売却価格又は最低取引賃料（表示規則11⑵エ（ア）） イ　競り下げの場合、競り開始価格又は賃料、最低成立価格があるときは、その旨及び競りが不成立の場合においては、最低成立価格を公開する旨（表示規則11⑵エ（イ））
⑸	競り売りが不成立の場合において、競り売り参加者のうち最も高い取引希望価格を申し出た者にその後の価格交渉権を与える場合には、その旨（表示規則11⑵オ）
⑹	競り売り物件の概要及び現地確認方法（表示規則11⑵カ）

→P.260～ 相談事例（表示規約関係）Q52 参照

特定用語等の使用基準

1 使用する際の意義を定めている用語（表示規約18①）

(1) 新築

「建築工事完了後1年未満であって、居住の用に供されたことがないもの」をいいます（表示規約18①(1)）。

➡P.261～ 相談事例（表示規約関係）Q53 参照

(2) 新発売

「新たに造成された宅地、新築の住宅（造成工事又は建築工事完了前のものを含む。）又は一棟リノベーションマンションについて、一般消費者に対し、初めて購入の申込みの勧誘を行うこと（一団の宅地又は建物を数期に区分して販売する場合は、期ごとの勧誘）をいい、その申込みを受けるに際して一定の期間を設ける場合においては、その期間内における勧誘」をいいます（表示規約18①(2)）。

➡P.262～264，278 相談事例（表示規約関係）Q54～56・76 参照

(3) ダイニング・キッチン（DK）

「台所と食堂の機能が1室に併存する部屋をいい、住宅（マンションにあっては、住戸。次号において同じ。）の居室（寝室）数に応じ、その用途に従って使用するために必要な広さ、形状及び機能を有するもの」をいいます（表示規約18①(3)）。

(4) リビング・ダイニング・キッチン（LDK）

「居間と台所と食堂の機能が1室に併存する部屋をいい、住宅の居室（寝室）数に応じ、その用途に従って使用するために必要な広さ、形状及び機能を有するもの」をいいます（表示規約18①(4)）。

※ DK及びLDKの広さ（畳数）の目安となる基準については、P.386参照

(5) 宅地の造成工事の完了

「宅地上に建物を直ちに建築することができる状態に至ったことをいい、

当該工事の完了に際し、都市計画法その他の法令による工事の完了の検査を受けることが必要とされるときは、その検査に合格したこと」をいいます（表示規約18①(5)）。

➡P.264 相談事例（表示規約関係）Q57 参照

(6) **建物の建築工事の完了**

「建物をその用途に従い直ちに使用することができる状態に至ったこと」をいいます（表示規約18①(6)）。

2　合理的根拠がなければ使用できない用語（表示規約18②）

事業者は、次の(1)から(6)までに掲げる用語を用いて表示するときは、それぞれ「当該表示内容を裏付ける合理的な根拠を示す資料を現に有している場合」を除き、その用語を使用してはなりません。

「**合理的根拠**」とは、表示内容が客観的に実証され得ることをいいます。

これに加えて、次の(1)**（表示規約18②(1)）及び(2)（表示規約18②(2)）の用語については、当該表示内容の根拠となる事実を併せて表示する場合に限り使用**することができます。

また、この**基準中に掲げた個々の「用語」は例示的に列挙したもの**であって、ここに例示したもの以外の用語であっても**これらの用語に類するものであれば、この規定が適用されることになります**のでご注意ください。

なお、これらの用語を、その表示内容を裏付ける合理的な根拠を示す資料を有しないのに使用した場合は、不当表示となる場合もありますのでご注意ください。

(1) 物件の形質その他の内容又は価格その他の取引条件に関する事項について、「**最高**」、「**最高級**」、「**極**」、「**特級**」等、**最上級を意味する用語**（表示規約18②(1)）

これらの用語は、「その表示内容を裏付ける合理的な根拠を示す資料を現に有している場合」であっても、その表示内容の根拠となる事実を併せて表示する場合に限り使用することができるものです。

しかし、物件そのものの品質その他の内容について、これらの用語を使用できるケースは極めて稀であると考えられます。一般的には、次の表示例のように、設備や部材の品質について限定的に使用できる場合があります。

◆ **表示例**

- ○○社の最高級システムキッチン○○型を設置
- 浴槽は大理石。イタリア・○○産の最高級品を使用

⑵　物件の価格又は賃料等について、**「買得」**、**「掘出」**、**「土地値」**、**「格安」**、**「投売り」**、**「破格」**、**「特安」**、**「激安」**、**「バーゲンセール」**、**「安値」**等、**著しく安いという印象を与える用語**（表示規約18②(2)）

　　これらの用語も、「その表示内容を裏付ける合理的な根拠を示す資料を現に有している場合」であっても、その表示内容の根拠となる事実を併せて表示する場合に限り使用することができるものです。

　　一般的に、価格や賃料は市場によって決定されるものであり、類似する他の物件に比べ著しく安い価格又は賃料で販売又は募集されることはあり得ません。

　　どんな商品であっても、相場よりも著しく安いものは必ずその理由がありますが、品質内容を落とさないで合理的なコストダウンが図られている場合は別として、手抜きされたもの、偽ブランドや傷物である場合は、たとえ安くとも価格に見合った（場合によっては高すぎる）価格であって、格安や激安ということにはなりません。

⑶　物件の形質その他の内容又は役務の内容について、**「完全」**、**「完ぺき」**、**「絶対」**、**「万全」**等、**全く欠けるところがないこと又は全く手落ちがないことを意味する用語**（表示規約18②(3)）

　　これらの用語は、物件の品質又は役務の内容が完全無欠である、あるいは役務の提供方法に全く手落ちがないことなどを意味するものですが、現実にはこのような状態にあることは極めて困難です。したがって、断定的に「完璧な施工をした」とか、「震度7の地震でも絶対に倒壊しません」などと表示し、これを客観的に実証することはまず不可能です。

⑷　物件の形質その他の内容、価格その他の取引条件又は事業者の属性に関する事項について、**「日本一」**、**「日本初」**、**「業界一」**、**「超」**、**「当社だけ」**、**「他に類を見ない」**、**「抜群」**等、**競争事業者の供給するもの又は競争事業者よりも優位に立つことを意味する用語**（表示規約18②(4)）

例えば、「**当社は、○○マンションＡ号棟〜Ｅ号棟の仲介取扱い実績は○○年度第１位です**」等と表示する場合は、その地域の他社の実績や地域全体の取引実績等を客観的な調査手法で実証されている必要があります。また、次の例の場合も同様です。

◆ **表示例**

- ○○県下一の超高層マンション
- 日本で初めての○○システムを採用
- 近畿圏で最大の宅地開発

➡P.272〜 相談事例（表示規約関係） Q69 参照

(5) 物件について、「**特選**」、「**厳選**」等、一定の基準により選別されたことを意味する用語（表示規約18②(5)）

この使用基準に違反する場合としては、一定の基準により選別したという事実がないのに「厳選」等と表示したときのほか、その基準自体が物件の優良性を裏付けることができる客観的な合理性のない基準により選別したときがあります。

極端な違反例を挙げれば、単に価格が低額であるというだけで、再建築ができない物件や土地形状が著しく悪い物件を「特選物件」等と表示する場合が該当します。

◆ **表示例**

【当社厳選！！中古住宅情報】

この広告でご紹介している10物件は、次の条件を全て満たしている物件です。

- 朝の通勤ラッシュ時に○○駅又は△△駅まで30分以内で、最寄駅まで徒歩10分以内に所在しています
- ４ｍ幅の公道に面しています
- 敷地面積は130㎡（正味）以上、カースペースがあります
- 建築後５年未満の建物です

(6) 物件について、「**完売**」等著しく人気が高く、売行きがよいという印象を与える用語（表示規約18②(6)）

分譲物件を、数期に分けて販売した場合に、第１期の販売分に売れ残り

があるのに、「第１期完売御礼！いよいよ第２期販売開始」などと表示し
ているものはこの基準に違反します。

Ⅱ　物件の名称の使用基準（表示規約19）

　物件名称については、原則として事業者の自由な意思に委ねられるべきもの
ですが、そのネーミングによっては、一般消費者に対し、その所在地や環境に
ついて、実際のものよりも優良であると誤認を与えるおそれがあります。
　そこで、表示規約第19条において、これらの優良誤認が生じないと考えら
れる物件の名称の使用基準を定めています。

1　名称使用基準の原則（表示規約19①）

　物件の名称として、その物件が所在する市区町村内の町（まち及びちょう。
例：「麹町１丁目」）若しくは字（あざ）の名称又は地理上の名称を用いるこ
とができます。
　例えば、千代田区麹町１丁目に所在するマンションについて「麹町○○マ
ンション」と、大分県由布市湯布院町に所在する別荘地について「湯布院別
荘地」と、また、静岡県の伊豆半島に所在する物件について、「伊豆」とい
う地理上の名称を用いて「伊豆別荘地」とする場合などがあります。
　なお、この規定は、大規模なニュータウンの場合には、市区町村内の町よ
り大きな区域の名称を使用することを禁止したものではありません。
　以上の原則による場合を除いては、次の(1)から(4)に掲げるところにより地
名や最寄駅等の名称を用いることができます。

⑴　当該物件の所在地において、慣例として用いられている地名又は歴史上の地名がある場合は、当該地名（表示規約19①(1)）

　地名は、時代の変遷に伴い変わることがあり、そこに住む人々が通称と
して用いていたものや、別荘地等の開発が行われ販売した際に用いたネー
ミング（やがて行政上の地名となった場合もあります。）などは、通常、
「慣例として用いられている地名」に該当します。例えば、群馬県吾妻郡
嬬恋村及び同郡長野原町の一部を「北軽井沢」と称して別荘地等の開発・
分譲が行われ、昭和61年には長野原町大字応桑の一部が「北軽井沢」に

改称されています。

　また、東京都品川区北品川３丁目及び４丁目付近は、江戸時代のころには将軍が狩猟の休息所等のために御殿が建てられたことから現在まで「御殿山」と呼称されていますので、この地域に所在する場合は、「歴史上の地名」に該当しますから、「○○マンション御殿山」等という名称を使用することができます。

(2)　**当該物件の最寄駅、停留場又は停留所の名称**（表示規約19①(2)）

　名称を使用する際における物件からこれらの最寄駅等までの徒歩所要時間や距離については、具体的な基準を定めていませんが、その物件付近に居住する人々が、通勤・通学時にその最寄駅等まで歩いていることが通例となっている場合には、その最寄駅等の名称を使用することができます。

　また、下図のように利用できる駅が２以上あって、物件からＡ駅、Ｂ駅までの徒歩所要時間や距離がほぼ同じであるときは、Ａ、Ｂいずれかの駅名を用いることもできますが、Ｃ駅は他の２駅と比較すると離れすぎていますのでＣ駅の名称は用いることはできません。

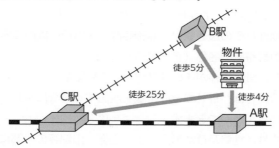

➡P.265 相談事例（表示規約関係）Q58 参照

(3)　**当該物件が公園、庭園、旧跡その他の施設又は海（海岸）、湖沼若しくは河川の岸若しくは堤防から直線距離で300m以内に所在している場合は、これらの施設の名称**（表示規約19①(3)）

(4)　**当該物件から直線距離で50m以内に所在する街道その他の道路の名称（坂名を含む。）**（表示規約19①(4)）

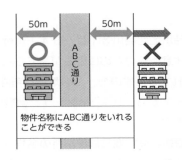

物件名称にABC通りをいれる
ことができる

2　別荘地等の名称の特例（表示規約19②）

　別荘地（別荘又はリゾートマンションを含みます。）にあっては、第1項の(1)から(4)に掲げるところによるほか、次の(1)から(5)に掲げるところにより、自然公園、最寄駅等の名称を用いることができます。

(1)　**当該物件が自然公園法による自然公園の区域内に所在する場合は、当該自然公園の名称**（表示規約19②(1)）

　例えば、長野県の八ヶ岳中信高原国定公園の区域内に所在する物件を「八ヶ岳別荘地」とする場合がこれに当たります。

(2)　**当該物件がその最寄駅から直線距離で5,000m以内に所在している場合は、その最寄駅の名称**（表示規約19②(2)）

　ただし、当該物件がその最寄駅から直線距離で5,000mを超える地点に所在する場合は、併せてその距離を明記する場合に限り、その最寄駅の名称を用いることができます。

(3)　**当該物件が地勢及び地形上、山、山脈、山塊等の一部に位置している場合は、当該山、山脈、山塊等の名称**（表示規約19②(3)）

(4)　**当該物件が海（海岸）、湖沼又は河川の岸又は堤防から直線距離で1,000m以内に所在している場合は、当該海（海岸）、湖沼又は河川の名称**（表示規約19②(4)）

(5)　**当該物件が温泉地、名勝、旧跡等から直線距離で1,000m以内に所在している場合は、その温泉地、名勝、旧跡等の名称**（表示規約19②(5)）

9 不当表示の禁止

　表示規約は、物件の取引に関する不当な表示のうち、不当な二重価格表示については第20条、おとり広告については第21条、不当な比較広告については第22条、その他物件の取引に関する不当な表示については第23条でそれぞれ定めています。

　物件の取引に関する不当な表示とは、

● 　物件の所在、形質その他の内容について実際のもの又は他の競争事業者の供給するものよりも優良であると一般消費者に誤認されるおそれのある表示（優良誤認）

● 　物件の価格、支払方法その他の取引条件について実際のもの又は他の事業者に係るものよりも取引の相手方に有利であると一般消費者に誤認されるおそれのある表示（有利誤認）

● 　事業者の信用その他物件の取引に関連する事項（物件の内容又は取引条件以外の事項）について一般消費者に誤認されるおそれのある表示

をいいます。

　不当表示の基本的な構成要件は、商品・役務の品質その他の内容について、一般消費者に対し、実際のものよりも優良であると示すこと（事実に相違して当該事業者と競争関係にある他の事業者に係るものよりも優良であると示すことを含みます。）により、又は商品・役務の価格その他の取引条件について、実際のもの又は競争業者の供給するものよりも取引の相手方に有利であると一般消費者に誤認されるため、不当に顧客を誘引し、公正な競争を阻害するおそれがあると認められる表示であることです。

　一般消費者に実際のもの又は他の競争業者に係るものよりも優良、有利であると誤認されるおそれがあれば、一般消費者の選択を誤らせる可能性が極めて高く、その結果、不当に顧客を誘引することになりますから、このような表示は公正な競争を阻害します。

　「誤認されるおそれ」 とは、誤認される危険が生じることをいい、誤認が実際に発生したことは必要としません。また、誤認されるおそれがあるかどうか

139

は、一般消費者が有する常識的な知識、経験、判断力を基準に公正な競争を維持するといった観点から客観的に判断されるものであり、**広告主の意図又は過失の有無を問いません（無過失責任）**。

「**一般消費者**」とは、消費生活のために商品などを購入する最終需要者をいいます。

また、誤認させる方法には特に限定がないことは、景品表示法や宅建業法の場合と同様です。つまり、**積極的に誤認される表示をする場合だけでなく、ある事項を表示しないことにより誤認される場合も含まれる**ことになりますから、例えば、表示規約第13条に定める特定事項のうち、「再建築不可である旨」や「高圧電線路下である旨」、「著しい不整形画地である旨」等を明示していないときは、不当表示に該当することになります。

➡P.282 **相談事例（表示規約関係）Q81 参照**

Ｉ　不当な二重価格表示（表示規約20）

表示規約第20条は、「事業者は、物件価格、賃料又は役務の対価について、二重価格表示をする場合において、事実に相違する広告表示又は実際のもの若しくは競争事業者に係るものよりも有利であると誤認されるおそれのある広告表示をしてはならない。」と定めています。

「**二重価格表示**」とは、実際に販売する価格（実売価格）にこれよりも高い価格（比較対照価格）を併記する等の方法により、実売価格に比較対照価格を付すことをいいます。

例えば、「**2,000万円 ➡ 1,800万円**」、「**300万円値下げ**」、「**決算セール実施中！期間中は当社売主物件は全て表示価格から10％引き**」などの表示がこれに当たります。

不動産取引において二重価格表示を制限しているのは、不動産は個性が強くほとんど代替性がないため、本来、類似する他の物件であっても価格を比較することは不適当であることや、事業者が決定した販売価格であっても実際に取引されてみなければ、その価格が「実売価格」と言い切れない要素があるからです。

また、二重価格表示の禁止と実際の取引の過程における価格交渉の結果、値

引き販売することは別の問題です。値引きは自由経済の下において、あらゆる取引において行われることであるので問題はありません。第20条で禁止しているのは、販売価格（実売価格）を安くみせかけようとする「不当な二重価格表示」です。

　なお、この不当な二重価格表示に該当しないものとして、限定的に認められる二重価格表示は、表示規則第12条及び第13条に定める次の**1**又は**2**の場合に限られます。

1　過去の販売価格を比較対照価格とする二重価格表示（表示規則12）

　過去の販売価格を比較対照価格とする二重価格表示は、次の(1)から(5)に掲げる要件の全てに適合し、かつ、実際に、当該期間、当該価格で販売していたことを資料により客観的に明らかにすることができる場合を除き、表示規約第20条において禁止する「不当な二重価格表示」に該当するものとしています。

　なお、過去の販売価格を比較対照価格とする二重価格表示は、**値下げした事実等があっても賃貸物件はできません**のでご注意ください。

(1)	過去の販売価格の公表日及び値下げした日を明示すること（表示規則12(1)）。
(2)	比較対照価格に用いる過去の販売価格は、値下げの直前の価格であって、値下げ前2か月以上にわたり実際に販売のために公表していた価格であること（表示規則12(2)）。
(3)	値下げの日から6か月以内に表示するものであること（表示規則12(3)）。「値下げの日から6か月以内に表示する」とは、値下げをした日から6か月経過した日以降は、過去の販売価格を比較対照価格とする二重価格表示をしてはならないということです。
(4)	過去の販売価格の公表日から二重価格表示を実施する日まで物件の価値に同一性が認められるものであること（表示規則12(4)）。
(5)	土地（現況有姿分譲地を除く。）又は建物（共有制リゾートクラブ会員権を除く。）について行う表示であること（表示規則12(5)）。

◆ **表示例**

新築住宅　価格改定		
3,000万円	➡	2,700万円

（旧価格公表日：2024年2月1日）　　（新価格公表日：2024年4月1日）

　　「実際に、当該期間、当該価格で販売していたことを資料により客観的に明らかにすることができる場合」とは、値下げをする日の前日までに購入申込みがあった場合に、値下げ以前の「過去の販売価格」で実際に販売したであろうことを、インターネット広告やチラシ、パンフレット等の広告（資料）により客観的に証明できる場合をいいます。例えば、3月15日にインターネットに公開した新築分譲マンションの広告において、4月1日から販売する旨の予告広告を行い、4月1日に本広告を掲載・販売を開始した後、5月15日に値下げして同日から値下げ後の新価格で販売を開始した場合、過去の販売価格が「値下げの直前の価格」という要件を満たしてはいますが、4月1日以前においては取引をしていないため、5月15日の時点では「値下げ前2か月以上にわたり実際に販売していた価格」という要件を満たしていませんから、5月15日の時点においては二重価格表示はできないことになります（6月1日から可能です。）。

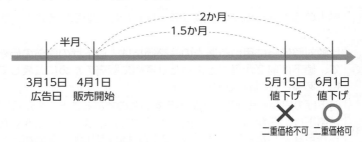

➡P.266〜 相談事例（表示規約関係）Q59〜63 参照

2　一定の条件に適合する取引の相手方に対し、販売価格、賃料等から一定率又は一定額の割引をする場合において、当該条件を明示して、割引率、割引額又は割引後の額を表示する場合（表示規則13）

　　これに該当するものは、例えば、代金全額を購入者の自己資金で支払うときは10％引きで販売する場合、まとめて3区画以上購入する場合に総額から10％値引きする場合、アパートの普通賃貸借契約において2年分の家賃

を一括前払いをする場合に家賃総額の５％引きとする場合などがあります。

　また、割引表示は、規則第12条とは異なり賃貸物件でも実施できます。

　なお、割引表示をする際には、割引を受けられる条件を明示することが必要です。「詳細はお問合せください。」等とだけ記載するのみでは、条件を明示したことになりませんのでご注意ください。

→P.269〜　相談事例（表示規約関係）　Q64・65 参照

II　おとり広告（表示規約21）

1　おとり広告の類型

　おとり広告は、最も悪質な不当表示の一つであり、表示規約は、次の３類型の表示をおとり広告として禁止しています。

(1)	物件が存在しないため、実際には取引することができない物件に関する表示（表示規約21(1)） これに該当する表示は、架空物件の表示や広告表示の内容と実際に取引しようとする物件の内容又は取引条件などにおいて同一物件であると認められないものなどがあります。
(2)	物件は存在するが、実際には取引の対象となり得ない物件に関する表示（表示規約21(2)） これに該当する表示は、広告日には既に契約済みとなっている物件を広告しているものなどのほか、物件の内容に重大な欠陥があったり、法令による重大な利用制限があるのにこれを広告に明瞭に表示していないものもこれに該当します。
(3)	物件は存在するが、実際には取引する意思がない物件に関する表示（表示規約21(3)） 広告した物件を見せる（案内する）ことを拒否したり、案内はするが広告した物件の欠点等を強調して他の物件を勧めたり、あるいは長期間特定の物件のみを広告している場合など、客観的にみて広告物件を取引する意思がないと認められるものなどがあります。

　おとり広告の３類型のうち、(1)の「架空物件」や(3)の「取引する意思がない物件」のような悪意のある典型的なおとり広告を行ってはならないことは当然のことですが、(2)の「契約済み物件」を新規に広告しない又は継続して

広告しないようにするためには、少なくとも次の対策を講じる必要があります。

● 契約済みとなった物件は、速やかに削除する（インターネット広告においては次回の更新予定日まで掲載しない）
● 物件情報を管理できるマンパワーを超えた物件数を掲載しない
● 少なくとも２週間に１回は、取引状況等の定期的な確認を確実に行う
●「契約済み物件の掲載は、『おとり広告』である」という認識を持つ

　なお、おとり広告に関する表示規約第21条の規定は、表示規約に参加していない事業者（公正取引協議会に加盟していない事業者）も存在するため、これら事業者に対しても同条と同様の規制をかけるため、景品表示法第５条第３号の規定に基づく告示（不動産のおとり広告に関する表示）（P.453参照）があります。

➡P.270〜 相談事例（表示規約関係）Q66・67 参照

2　おとり広告のガイドライン等

　インターネット広告は、一般消費者にとって不動産購入・賃借の重要な情報源としてその利用価値がますます高まっている一方、インターネット広告において、契約済みで取引できない物件や存在しない架空物件等を広告する「おとり広告」が認められ、このような広告表示は、不動産業界全体の信頼を失墜させるものであることから、これを防止するために不動産公正取引協議会連合会は、「『おとり広告』の規制概要及びインターネット広告の留意事項」（「おとり広告ガイドライン」と総称）を2019年11月１日にとりまとめ、同年11月６日付けで同連合会の会員である全国９地区の不動産公正取引協議会の長宛てに発出し、インターネット広告における「おとり広告」のより一層の撲滅を目指して、それぞれの加盟事業者に周知するよう依頼しました（P.392〜参照）。

　なお、この留意事項は、首都圏不動産公正取引協議会がとりまとめて、平成20年（2008年）３月26日付で同協議会の構成団体の長宛に周知依頼した「『おとり広告』の規制概要及び不動産業者の留意事項」を改定したものです。

Ⅲ 不当な比較広告 (表示規約22)

「**比較広告**」とは、自己の供給する物件又は役務について、これと競争関係にある特定の物件等を比較対照物件等として示し（暗示的に示す場合を含みます。）、物件等の内容又は取引条件について、客観的に測定又は評価することによって比較する広告表示をいいます（表示規約4⑥(6)）。

比較広告は、同一の前提条件下において、合理的な事実に基づき公正な方法で行われる限り、一般消費者が物件又は役務を選択する場合に、同種又は類似の物件・役務の品質内容や取引条件について、正しく比較して検討するための具体的、かつ、有益な情報となるものですが、不公正な方法で行われる比較広告は、一般消費者の適切な物件・役務の選択を妨げるものとなります。

そこで、表示規約第22条は、次に掲げる表示を不当な比較広告として禁止しています。

1	実証されていない、又は実証することができない事項を挙げて比較する表示（表示規約22(1)）
2	一般消費者の物件等の選択にとって重要でない事項を重要であるかのように強調して比較するもの及び比較する物件等を恣意的に選び出すなど不公正な基準によって比較する表示（表示規約22(2)）
3	一般消費者に対する具体的な情報ではなく、単に競争事業者又はその物件等を誹謗し又は中傷する表示（表示規約22(3)）

◆ **違反例**

（自社の物件が1番になるよう、条件を恣意的に設定して比較しているため、上記2の規定に違反する不当表示となります）

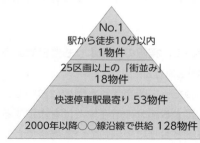

145

➡P.272〜 相談事例（表示規約関係）Q68・69 参照

　なお、公正取引委員会は、景品表示法の運用基準（「比較広告に関する景品表示法上の考え方」（昭和62年４月21日、公正取引委員会事務局　平成28年４月１日消費者庁改正）において、比較広告に関し、「主張する内容が客観的に実証」されているかどうか、「実証されている数値や事実を正確かつ適正に引用」されているかどうか「比較の方法が公正」であるかどうか及び「中傷、ひぼうにわたる比較広告」であるかどうかについての判断基準を定めています（消費者庁みなし運用、P.446参照）。

Ⅳ　その他の不当表示（表示規約23）

　事業者は、次に掲げる広告表示をしてはなりません。

1　取引態様

　取引態様について、事実に相違する表示又は実際のもの若しくは競争事業者に係るものよりも優良若しくは有利であると誤認されるおそれのある表示（表示規約23①(1)）

　取引態様が媒介であるのに売主又は貸主と表示した場合は本号に該当するとともに、このような表示は、実際には媒介報酬が必要であるのに、不要であると誤認されるおそれがあるため、後記の媒介報酬等に関する不当表示（第45号）に該当することがあります。

◆ 違反例

- 他社の専任媒介物件を、インターネット広告において「専任媒介」と表示した

2　物件の所在地

　物件の所在地について、実際のものよりも優良であると誤認されるおそれのある表示（表示規約23①(2)）

　２以上の市町村にわたって開発された団地において、環境又は地域イメージ等のよい市町村に属する部分の所在地だけを表示するものなどがあります。

　また、所在地は事実どおりに表示している場合でも、物件の名称としてそ

の所在地と相違する地名をつけ、これを強調することによって、広告の全体的な印象から物件の所在地誤認を招くような場合も本号に該当することがあります（物件の名称の使用基準は、P.339〜参照）。

◆ 違反例

● A県X市とY市（X市のほうがイメージがよい）とにまたがっている複数棟からなるマンションの名称を「Xマンション」と、所在地を「X市○町○番地ほか」とのみ表示し、あたかもこの団地全体がX市内に所在するかのように表示した

　なお、以前、インターネット広告において、「山手線渋谷駅」を検索条件の最寄駅として物件を検索したところ、所在地が「神奈川県川崎市宮前区有馬」、最寄駅が「東急田園都市線鷺沼駅徒歩13分」である物件の広告が検索され、その広告には、最寄駅のほかに「ＪＲ山手線渋谷駅徒歩88分」と表示されているという事例がありました（ちなみに、道路距離を計測して徒歩所要時間を算出したところ、実際には3時間（180分）以上要しますので、交通の利便性に関する不当表示にも該当しました。）。

　このような広告は、当該物件が渋谷駅周辺に所在する物件であると誤認されるおそれがあるほか、日常的に利用することが現実的ではない駅等を利用した交通の利便表示は不動産業界の信用を失墜させる行為ですので行わないでください。

3　交通の利便性

(1)　**電車、バス等の交通機関を利用する場合の利便性について、実際のものよりも優良であると誤認されるおそれのある表示**（表示規約23①(3)）

(2)　**電車、バス等の交通機関又は自動車若しくは自転車による場合の所要時間について、実際のものよりも短いと誤認されるおそれのある表示**（表示規約23①(4)）

　　特急、快速、急行などの種別を明示せずにその所要時間を表示するものや、深夜など交通量が著しく少ない時間帯に走行した自動車の所要時間のみを表示するものなどは本号に該当します。

◆ **違反例**

- 物件から最寄駅まで徒歩15分、最寄駅から東京駅まで電車で55分を要する物件について、「東京駅まで60分圏」と表示した
- 通勤ラッシュ時には運行されていない列車種別及び当該列車による所要時間を表示し、通勤ラッシュ時にも当該列車を利用できるかのように表示した
- 物件から最寄りのバス停まで徒歩8分、バス停から最寄駅までバスで15分、最寄駅からターミナル駅まで電車で55分、このほか乗換え時間等が約12分（合計約1時間30分）を要する場合に、「都心への通勤ならほとんどの主要駅が1時間圏内」と表示した
- 「通勤時、通勤快速利用でA駅からC駅まで30分～35分（B駅での乗換え時間含む)」と表示していたが、実際には、乗換えに要する時間（5分～8分）を含んでいなかった

(3)　**徒歩による場合の所要時間について、実際のものよりも短いと誤認されるおそれのある表示**（表示規約23①(5)）

◆ **違反例**

- インターネット広告の検索条件の一つである「徒歩5分以内」に合致させるために○○駅から徒歩7分（道路距離540m）の賃貸マンションを「○○駅徒歩5分」と表示した
- 「徒歩10分」と表示していたが、この時間は片側2車線の幹線道路を横断歩道を利用せずに最短で計測した道路距離を基に算出した徒歩所要時間であった（横断歩道を経由した実際の徒歩所要時間は12分）

➡P.275～ 相談事例（表示規約関係）Q73 参照

4　各種施設までの距離

　物件の所在地から駅その他の施設までの距離について、実際のものよりも短いと誤認されるおそれのある表示（表示規約23①(6)）

　直線距離を表示するもの等が本号に該当します。

5 団地の規模

団地の開発規模について、実際のものよりも優良であると誤認されるおそれのある表示（表示規約23①(7)）

6 面積

物件の面積について、実際のものよりも広いと誤認されるおそれのある表示（表示規約23①(8)）

　土地又は建物の面積について、実際の面積より広く表示するもののほか、建物面積に小屋裏収納（グルニエ、ロフト）、ベランダ等の面積を含めて表示する場合も本号に該当します。

◆ **違反例**

- 1棟2戸建ての連棟式住宅（敷地の共有持分 各2分の1）のうちの1戸の広告において、「土地面積／130㎡　建物面積／78㎡」とのみ表示し、単棟の一戸建て住宅であるかのように表示した
- 「土地／125㎡」と表示していたが、15㎡の借地部分が含まれているのに、その旨及び借地部分の面積を表示していなかった
- インターネット広告の検索条件の一つである「20㎡以上」に合致させるために19.50㎡の賃貸マンションの専有面積を「20.05㎡」と表示した

➡P.275、281 相談事例（表示規約関係）Q73・80 参照

7 建物の間取り・用途

(1) 建物の間取りについて、実際のものよりも優良であると誤認されるおそれのある表示（表示規約23①(9)）

◆ **違反例**

- 6世帯用のアパートについて「大型6DK　大家族向き」と表示し、一戸建て住宅であるかのように表示した
- 2畳程度の台所を「DK」、5畳程度の部屋を「LDK」と表示した
- 3DKの中古マンションを2LDKに改装したものについて、「3LDKを2LDKに改装」と表示した

(2) 建築基準法上の居室に該当しない部屋について、居室であると誤認されるおそれのある表示（表示規約23①⑽）

居室に該当しない部屋（非居室）のうち、不動産の広告において代表的なものとして「納戸」があります。

◆ 違反例

> ● 建築基準法上、居室ではない納戸部分を「テレワークルーム」、「ワークスペース」、「多目的ルーム」、「フリールーム」、「書斎」等と表示した
> ● 「サービスルーム（納戸）」と表示のうえ、当該部屋にデスクや本棚を設置した写真を掲載し、居室の用途で利用できるかのように表示した
> ● ２ＬＤＫ及び納戸（和室６畳、洋室６畳、納戸4.5畳、ＬＤＫ12畳）の物件であるのに4.5畳の納戸を「洋室4.5畳」として表示した

➡P.274、280、293 相談事例（表示規約関係）Q71・78・90 参照

(3) 店舗向き、住宅向きその他物件の用途・利用方法について、実際のものよりも優良又は有利であると誤認されるおそれのある表示（表示規約23①⑾）

8 物件の形質

(1) 土地の地目又は形質、地勢、土壌等について、実際のものよりも優良であると誤認されるおそれのある表示（表示規約23①⑿）

◆ 違反例

> ● 地目が畑であるのに「宅地」と表示した
> ● 土地の形状が三角形、又は地盤面が２段に分かれている等の著しい不整形画地であるのにその旨を表示していなかった

(2) 土壌の改良の内容又は程度について、実際のものよりも優良であると誤認されるおそれのある表示（表示規約23①⒀）

(3) 宅地の造成工事の内容について、実際のものよりも優良であると誤認されるおそれのある表示（表示規約23①⒁）

(4) 宅地の造成材料又は建物の建築材料若しくは造作について、実際のものよりも優良であると誤認されるおそれのある表示（表示規約23①⒂）

◆ **違反例**

- 和室の一部の柱だけに檜材を使用しているにすぎない物件について、「総檜造り」と表示した

(5) **建物の構造について、実際のものよりも優良であると誤認されるおそれのある表示**（表示規約23①(16)）

◆ **違反例**

- 1階部分は鉄骨造、2階部分は木造であるのに「構造／鉄骨造」とのみ表示した

(6) **建物の建築工事の内容について、実際のものよりも優良であると誤認されるおそれのある表示**（表示規約23①(17)）

(7) **建物の建築経過年数又は建築年月について、実際のものよりも経過年数が短い又は建築年月が新しいと誤認されるおそれのある表示**（表示規約23①(18)）

◆ **違反例**

- 築年数15年、増築後5年のものを、「築5年」と表示した
- 1980年4月に建築、2023年8月に内外装フルリフォームした中古住宅について、「2023年8月建築」と表示した

(8) **建物の保温・断熱性、遮音性、健康・安全性その他の居住性能について、実際のものよりも優良であると誤認されるおそれのある表示**（表示規約23①(19)）

◆ **違反例**

- 「床の厚さは15cm（標準は12cm）のコンクリートスラブの下に23〜24cmの空間を設けた二重構造。遮音性、保湿性は抜群です」と表示したが、遮音性・保湿性が抜群であるとの合理的根拠は認められなかった
- 高速道路に隣接しているマンションについて、「エアタイトサッシの採用で騒音は完全にシャットアウト」と表示したが、騒音を完全に遮断できるとの合理的根拠は認められなかった

> ● 「ハイクオリティマンションです」と表示したが、ハイクオリティを裏
> 付ける合理的根拠は認められなかった

(9) **建物の毀損又は汚損の程度について、実際のものよりも軽微であると誤認されるおそれのある表示**（表示規約23①⒇）

◆ **違反例**

> ● 建築後20年、増改築後10年の中古住宅について、「建物の内外とも大変
> きれいな・・」と表示したが、特段のリフォームを施しているものでは
> なく、大変きれいなものとはいえないものであった

(10) **増築、改築又は造作の取替えをした建物について、当該建物の全部又は取引しようとする部分が新築したものであると誤認されるおそれのある表示**（表示規約23①㉑）

◆ **違反例**

> ● 全室の壁紙を張り替えたものではないのに「全室壁紙張替済み」と表示
> した

(11) **租税特別措置法による優良な宅地又は住宅の供給に寄与する旨の認定に関する事項について表示することにより、物件の内容について、実際のものよりも優良であると誤認されるおそれのある表示**（表示規約23①㉒）

　　租税特別措置法の規定に基づく「優良宅地」、「優良住宅」の認定制度は、税法上の優遇措置の対象となるかどうかを判断する税法上の技術的概念であって、宅地等の品質の優良性については関係のないものであるため、たとえ同法による優良宅地又は優良住宅の認定を受けたものであっても、その旨のみを表示する場合は、本号に該当します。

(12) **建物について、住宅の品質確保の促進等に関する法律の規定に基づく住宅性能評価、住宅型式性能認定又は型式住宅部分等製造業者の認証に関する事項について、実際のものよりも優良であると誤認されるおそれのある表示**（表示規約23①㉓）。P.388～「表示細則」参照

➡ P.286～ **相談事例（表示規約関係） Q85 参照**

⒀ 宅地、建物、これらに付属する施設、造成工事、建築工事等に関する等級その他の規格・格付けについて、実際のものよりも優良であると誤認されるおそれのある表示（表示規約23①⒅）

⒁ 温泉でないものについて、温泉であると誤認されるおそれのある表示（表示規約23①㉕）

⒂ 入浴に際して加温を必要とする温泉について、加温を必要とする旨を表示しないこと等により、当該温泉が入浴に適する温度以上の温泉であると誤認されるおそれのある表示（表示規約23①㉖）

⒃ 温泉源から採取した温泉を給湯管によらずに供給するもの（源泉から湧出する温泉を直接利用するものを除く。）について、給湯管によるものであると誤認されるおそれのある表示（表示規約23①㉗）

◆ 違反例

> ● 源泉の所在地から離れたマンションにタンクローリー等で温泉を運び、マンション敷地内の温泉貯槽や貯湯槽に貯めて各住戸の浴槽に供給・使用する方法であるにもかかわらず、「温泉付きマンション」とのみ表示

⒄ 特定の区画の土地又は住宅にのみ該当する設備、仕様等について、全ての物件に該当すると誤認されるおそれのある表示（表示規約23①㉘）

9 利用の制限

⑴ 土地の区画、形質の変更に関する都市計画法、自然公園法その他の法律による制限に係る事項について、実際のものよりも緩やかであると誤認されるおそれのある表示（表示規約23①㉙）

⑵ 建ぺい率その他建物の建築に関する建築基準法、都市計画法その他の法律による制限に係る事項について、事実に相違する表示又は実際のものよりも緩やかであると誤認されるおそれのある表示（表示規約23①㉚）

建ぺい率や容積率の限度を実際のものよりも緩く表示するもののほか、開発許可を受けていない市街化調整区域内の物件について、表示規則第7条第6号で定める文言（「市街化調整区域。宅地の造成及び建物の建築はできません」）を表示していない場合なども本号に該当します。

◆ **違反例**

> ● 「容積率200%」と表示したが、前面道路の幅員による制限を受けるため、実際の容積率は160%であった

(3) 第三者の所有権、地上権、地役権、賃借権、入会権その他物件の利用を制限する権利の内容に関する事項について、実際のものよりも取引の相手方に有利であると誤認されるおそれのある表示（表示規約23①(31)）

◆ **違反例**

> ● 土地面積の30％は隣地の通行地役権が設定されているのに、その旨を表示しなかった

10 設備・生活関連施設

(1) 建物に付属する設備について、実際のものよりも優良であると誤認されるおそれのある表示（表示規約23①(32)）

◆ **違反例**

> ● 存在しない設備（「オートロック」、「宅配ボックス」）を表示した
> ● 浴槽がなく、シャワー室のみであるのに「バス・トイレ別」と表示した
> ● リビングにしか床暖房が設置されていないのに、「ＬＤＫ全面床暖房」と表示した

(2) 団地内又は物件内の施設について、実際のものよりも優良であると誤認されるおそれのある表示（表示規約23①(33)）

◆ **違反例**

> ● 新築分譲マンションの完成予想図にその周辺の鳥瞰図を掲載し、隣接する第三者所有のテニスコートが当該物件の施設であるかのように表示した

(3) 道路の構造、幅員及び舗装の状況等について、実際のものよりも優良であると誤認されるおそれのある表示（表示規約23①(34)）

(4) 学校、病院、官公署その他の公共・公益施設又はデパート、商店その他

の商業施設若しくは生活施設の利用の便宜について、実際のものよりも優良であると誤認されるおそれのある表示（表示規約23①㉟）

◆ 違反例

- 物件から20km以上離れている横浜の元町商店街の写真を掲載し、当該物件の近隣の商店街であるかのように表示した
- 百貨店Aは1年前に閉店しているのに「百貨店Aまで400m」と表示した

(5) 共有制リゾート会員権に係る譲渡対象物件固有の施設、相互利用施設、附帯施設又は提携施設の規模その他の内容について、実際のものよりも優良であると誤認されるおそれのある表示（表示規約23①㊱）

(6) 共有制リゾート会員権に係る施設、相互利用施設、附帯施設又は提携施設の利用可能日数、利用可能時期、利用料金等利用権の内容について、実際のものよりも優良又は有利であると誤認されるおそれのある表示（表示規約23①㊲）

11 環境等

(1) 物件の採光、通風、日照、眺望等について、実際のものよりも優良であると誤認されるおそれのある表示（表示規約23①㊳）

◆ 違反例

- 2階建て住宅に囲まれ、陽当たりが悪い住宅であるのに「陽当たり良好」と表示した
- バルコニーがある開口部の方位等を表示せず、「日照・通風ともに良好」と表示したが、実際には、バルコニーは東向きであり、前面には建物があるため、日照も通風も良好とはいえないものであった

(2) 物件の周囲の静寂さ、快適さ等について、実際のものよりも優良であると誤認されるおそれのある表示（表示規約23①㊴）

(1)の表示規約23①㊳及び(2)の表示規約23①㊴ともに、事実に相違する表示のほか、これらを阻害する要因があるのにその旨を積極的に表示しない場合は各号に該当するおそれがあります。

> ● 幹線道路や鉄道の線路沿いにある物件について、「住環境良好」と表示し、騒音等がなく閑静な場所に所在している物件であるかのように表示した
> ● 物件に隣接して墓地があるのに、「さわやかな環境」と表示した
> ● ゴミ焼却場が近くにあり、ゴミ収集車が頻繁に通る道路に面している物件であるのに、「環境良好」と表示した
> ● 物件を中心とした地図を掲載し、図中の生活利便施設等についてはその名称を明記しているのに、物件に隣接した競艇場については白抜きにしてその存在を隠して表示した
> ● 物件に隣接して建っている高圧線の鉄塔を消したうえ、樹木などを描き、隣接公園の一部であるかのようなパースを掲載した

(3) **物件の方位その他立地条件について、実際のものよりも優良であると誤認されるおそれのある表示**（表示規約23①(40)）

◆ **違反例**

> ● 大半の部屋が東南側に面している物件であるのに、「全室南向き」と表示した

(4) **(2)の表示規約23①(39)及び(3)の表示規約23①(40)に規定するもののほか、物件の周辺環境について、実際のものよりも優良であると誤認されるおそれのある表示**（表示規約23①(41)）

12 写真・絵図

(1) **モデル・ルーム又は写真、動画、コンピュータグラフィックス、見取図、完成図若しくは完成予想図による表示であって、物件の規模、形状、構造等について、事実に相違する表示又は実際のものよりも優良であると誤認されるおそれのある表示**（表示規約23①(42)）

　　モデル・ルームにおいて、価格に含まれない家具・調度品を展示した場合にその旨を表示しないもの等が該当します。

◆ **違反例**

> ● 未完成の新築住宅（価格 2,500万円）の広告に、他社が販売した仕様や

規模の異なる価格が6,000万円の住宅の建物写真を掲載した
- ２階建ての未完成の新築住宅の広告に当該物件と同じ売主の不動産会社が過去に販売した３階建ての住宅の写真を掲載した

(2) **物件からの眺望若しくは景観又は物件を中心とした眺望若しくは景観を示す写真、動画、絵図又はコンピュータグラフィックスによる表示であって、事実に相違する表示又は実際のものよりも優良であると誤認されるおそれのある表示**（表示規約23①(43)）

表示規約

◆ **違反例**

- 近隣の同等レベルの高さから撮影した富士山の眺望写真を掲載し、当該物件からの眺望であるかのように表示した
- マンション建設地の上空約100mから○○ツリーを望む空撮写真を「マンションからの眺望」として掲載したが、最上階の高さは約30mであるため、○○ツリーは見えなかった
- 海岸線から約15km離れた山中にあり、海を望むことができない日本国内に所在する別荘地の広告にフランスの海岸にあるリゾート地の写真を大きく掲載した
- 外国の海岸リゾートの写真に、海岸から離れた場所にある日本国内の新築分譲マンションの完成予想図を合成し、その物件が海の近くにあり、その風景が写真と同じものであるかのように表示した

➡P.276〜 相談事例（表示規約関係）Q74・75 参照

13 価格・料金

(1) **物件の価格、賃料又はその他の費用について、実際のものよりも安いと誤認されるおそれのある表示**（表示規約23①(44)）

◆ **違反例**

- 価格のほかに造成費用が約1,000万円必要な土地について、その旨を明示せず「格安売地 価格／1,400万円」と表示した
- 9,600万円の新築住宅の価格を「6,900万円」と表示した
- 「賃料 5.5万円」と表示したが、この賃料は契約後３か月間の割引賃料

であり、実際の賃料は7万円であった

➡P.274 相談事例（表示規約関係）Q72 参照

(2)　媒介報酬又は代理報酬の額について、実際のもの又は競争事業者に係る
ものよりも有利であると誤認されるおそれのある表示（表示規約23①
(45)）

◆ 違反例

> ●「仲介手数料無料　他社にて仲介手数料がかかる物件でも当社なら無料
> です」と表示し、全ての取引において仲介手数料がかからないかのよう
> に表示していたが、実際に無料となるのは、不動産会社が売主であり、
> かつ、客付けした場合に仲介手数料を支払う旨を明示している物件のみ
> であった

(3)　建物（土地付き建物を含む。）の価格について、消費税が含まれていな
いのに、含まれていると誤認されるおそれのある表示（表示規約23①
(46)）

(4)　権利金、礼金、敷金、保証金、償却費等の額について、実際のものより
も少ないと誤認されるおそれのある表示（表示規約23①(47)）

(5)　管理費、維持費、修繕積立金又は共益費について、実際のもの又は競争
事業者に係るものよりも有利であると誤認されるおそれのある表示（表示
規約23①(48)）

(6)　給水、排水、ガス、電気等を利用するための施設若しくはその工事に必
要とされる費用の額又はその負担条件について、実際のものよりも有利で
あると誤認されるおそれのある表示（表示規約23①(49)）

◆ 違反例

> ●「設備／公営水道・都市ガス引込み済み」と表示しているのに、価格に
> これらの引込み工事費用を含まずに表示した

(7)　建物の設計変更若しくは附帯工事の内容又はその対価について、実際の
ものよりも優良又は有利であると誤認されるおそれのある表示（表示規約
23①(50)）

◆ 違反例

> ● 設計変更料を必要とするのにその旨を明らかにせず、「設計変更に応じます」と表示した

14 価格以外の取引条件

(1) 価格、賃料、権利金等の支払条件について、実際のものよりも有利であると誤認されるおそれのある表示（表示規約23①(51)）

(2) 手付金等の保全措置について、実際のものよりも有利であると誤認されるおそれのある表示（表示規約23①(52)）

(3) 物件の所有権、賃借権その他の権利の設定、移転等に関する登記について、実際のものよりも有利であると誤認されるおそれのある表示（表示規約23①(53)）

(4) 物件の引渡しの条件として、頭金（住宅ローン等の信用供与を受けることができる金銭の額と物件価額との差額）等の支払を条件としている場合において、頭金の額を下回る手付金等の支払のみで、物件の引渡しを受けることができるものであると誤認されるおそれのある表示（表示規約23①(54)）

(5) 取引の相手方が取得する所有権その他の権利の内容について、事実に相違する表示又は実際のものよりも有利であると誤認されるおそれのある表示（表示規約23①(55)）

◆ 違反例

> ● 土地の一部が借地であるのに、その旨及び借地面積を記載せず、全てが所有権の対象であるかのように表示した

(6) 物件への案内の条件、契約手続の条件その他の取引条件について、実際のものよりも有利であると誤認されるおそれのある表示（表示規約23①(56)）

◆ 違反例

> ● 物件の案内に際して費用を徴収していないのに、「○○記念セール実施中！期間中は、無料でご案内」と表示した

表示規約

(7) 取引の相手方の資格又は数、取引の相手方を決定する方法その他の取引に関する制限について、実際のものよりも厳しいと誤認されるおそれのある表示（表示規約23①(57)）

◆ **違反例**

> ● 購入申込みに際していつでも会員になれるのに「会員優先販売。会員募集中」と表示した

➡P.279〜 相談事例（表示規約関係）Q77 参照

15　融資等の条件

(1) 割賦販売又は不動産ローンの条件について、実際のものよりも有利であると誤認されるおそれのある表示（表示規約23①(58)）

(2) ローン提携販売を行うものではないのに、ローン提携販売と誤認されるおそれのある表示（表示規約23①(59)）

(3) 公的機関の融資に係る条件について、実際のものよりも有利であると誤認されるおそれのある表示（表示規約23①(60)）

➡P.273〜 相談事例（表示規約関係）Q70 参照

16　事業者の信用

(1) 国、地方公共団体又はこれらと関係がある事業者が取引の主体となっていると誤認されるおそれのある表示（表示規約23①(61)）

(2) 信用があると一般に認められている事業者が取引の主体となっていると誤認されるおそれのある表示（表示規約23①(62)）

◆ **違反例**

> ● 大手ゼネコンの株式会社Aからマンションの敷地を仕入れただけであるのに、「株式会社A提供」、「販売会社 B株式会社」と記載し、Aが売主であり、Bと共同で販売するかのように表示した

(3) 国、地方公共団体等が事業者と共同し又は事業者を後援していると誤認されるおそれのある表示（表示規約23①(63)）

(4) 信用があると一般に認められている事業者の商号又は商標と同一又は類似の商号又は商標を用い、事業者の信用について、実際のものよりも優良又は有利であると誤認されるおそれのある表示（表示規約23①(64)）

(5) 第三者の推せん又は後援を受けていないのに、受けていると誤認されるおそれのある表示（表示規約23①(65)）

(6) 自己の経歴、営業種目、取引先、事業所、事業規模、経営状況、所属団体その他信用に関する事項について、実際のものよりも優良であると誤認されるおそれのある表示（表示規約23①(66)）

(7) 競争事業者の取引に係る物件について、事実に反する表示をすることにより、自己の取引に係る物件がその事業者のものよりも優良又は有利であると誤認されるおそれのある表示（表示規約23①(67)）

(8) 競争事業者の経歴、営業種目、取引先、事業所、事業規模、経営状況その他信用に関する事項について、信用を害するおそれのある表示（表示規約23①(68)）

(7)の規制については、比較広告（表示規約第22条）をする場合に事実に反して自己の供給する物件等の内容が優良であるとか、価格その他の取引条件が有利であると誤認されるおそれのある表示などが該当し、(8)の規制については、競争関係にある事業者をひぼうし又は中傷する表示などが該当します。

17　その他の事項

(1) 新発売でない物件について、新発売であると誤認されるおそれのある表示（表示規約23①(69)）

◆ 違反例

> ● 半年前から販売している新築分譲マンションの売れ残り住戸の販売に際し、「第2期販売開始」等と表示した

→P.278 相談事例（表示規約関係）Q76 参照

(2) 物件について、完売していないのに完売したと誤認されるおそれのある表示（表示規約23①(70)）

(3) 物件の沿革等について、実際のものよりも優良であると誤認されるおそれのある表示（表示規約23①(71)）

(4) 競売又は公売に付されたことのある物件の取引に際し、その旨をことさら強調することにより、取引の相手方に有利であると誤認されるおそれの

ある表示（表示規約23①(72)）

(5) 略語若しくは外国語の使用又は事実の一部のみを表示するなどにより、物件の内容、取引条件等について実際のものよりも優良又は有利であると誤認されるおそれのある表示（表示規約23①(73)）

　　(注)　この規制は、一般化していない略語や外国語を用いることにより、本来の意味について正しく認識できない結果、優良誤認又は有利誤認が生じるものを禁止したものです。

(6) 共有制リゾート会員権を購入することが投資又は利殖の手段として有利であると誤認されるおそれのある表示（表示規約23①(74)）

(7) 前各号に掲げるもののほか、物件の取引について、実際のものよりも優良又は有利であると誤認されるおそれのある表示（表示規約23①(75)）

◆ 違反例

● 4人で居住するルームシェア物件であるのに、その旨を記載せず「2人入居可」と表示した

➡P.285 相談事例（表示規約関係）Q84 参照

18　事実に相違する表示であって、不当に顧客を誘引し、公正な競争を阻害するおそれがあると認められる表示（表示規約23②）

　第2項は、「事業者は、前項に掲げるもののほか、物件の取引に関する事項について、事実に相違する表示であって、不当に顧客を誘引し、一般消費者による自主的かつ合理的な選択及び事業者間の公正な競争を阻害するおそれがあると認められる広告表示をしてはならない。」と定めています。

　第1項は、実際のものよりも優良又は有利であると誤認されるおそれのある表示並びに各号によっては事実と異なる表示を禁止していますが、第2項は、物件の所在、規模、形質その他の事項ごとについて必ずしも実際のものよりも優良、有利であると誤認されるおそれのある表示とは言い切れないものの、表示されている事項の大半が事実に相違しており、不当に顧客を誘引し、一般消費者による自主的かつ合理的な選択及び事業者間の公正な競争を阻害するおそれがあると認められる広告表示を禁止するものです。

⑩ 表示内容の変更等の公示

　表示規約第24条第1項は、「事業者は、継続して物件に関する広告その他の表示をする場合において、当該広告その他の表示の内容に変更があったときは、速やかに修正し、又はその表示を取りやめなければならない。」と定め、同条第2項は、「事業者は物件に関する広告その他の表示を行った後、やむを得ない事情により当該表示に係る物件の取引を変更し、延期し又は中止したときは、速やかにその旨を公示しなければならない。」と定めています。

　第1項の規定は、インターネットや現地に掲出する看板等の広告など継続的に広告表示が行われる表示媒体における変更を想定したもので、契約済み物件を継続して広告していた場合には、同項の規定に違反することとなるほか、表示規約第21条で規定する「おとり広告」として扱われるので注意が必要です。

　また、第2項の公示（訂正広告の実施、また、訂正する広告表示の内容によっては「お詫び」も含みます。）は、当初の広告表示の伝達範囲内と同一以上の範囲にわたる方法で、かつ、その内容を明瞭に表示して行わなければなりません。

11 不動産公正取引協議会及び不動産公正取引協議会連合会

I 組織及び事業 （表示規約25）

　表示規約を円滑、かつ、効果的に実施するために、一般社団法人北海道不動産公正取引協議会、東北地区不動産公正取引協議会、公益社団法人首都圏不動産公正取引協議会、北陸不動産公正取引協議会、東海不動産公正取引協議会、公益社団法人近畿地区不動産公正取引協議会、中国地区不動産公正取引協議会、四国地区不動産公正取引協議会及び一般社団法人九州不動産公正取引協議会並びに、これらをもって構成される不動産公正取引協議会連合会が設置されています（表示規約25①・⑤）。

　各地区協議会は、次に掲げる地区内に事務所を有する事業者又は事業者の団体をもって構成され、不動産取引に関する表示に関与する者（広告会社等）及びこれらの者の団体は、各地区協議会に賛助者として参加することができます（表示規約25②）。

II 各地区協議会及び管轄地区 （表示規約25③）

不動産公正取引協議会	管轄地区
一般社団法人北海道不動産公正取引協議会	北海道の区域
東北地区不動産公正取引協議会	青森県、岩手県、宮城県、秋田県、山形県及び福島県の区域
公益社団法人首都圏不動産公正取引協議会※	茨城県、栃木県、群馬県、埼玉県、千葉県、東京都、神奈川県、新潟県、山梨県及び長野県の区域
北陸不動産公正取引協議会	富山県、石川県及び福井県の区域
東海不動産公正取引協議会	岐阜県、静岡県、愛知県及び三重県の区域

公益社団法人近畿地区不動産公正取引協議会	滋賀県、京都府、大阪府、兵庫県、奈良県及び和歌山県の区域
中国地区不動産公正取引協議会	鳥取県、島根県、岡山県、広島県及び山口県の区域
四国地区不動産公正取引協議会	徳島県、香川県、愛媛県及び高知県の区域
一般社団法人九州不動産公正取引協議会	福岡県、佐賀県、長崎県、熊本県、大分県、宮崎県、鹿児島県及び沖縄県の区域

※ 不動産連合会の事務局は、公益社団法人首都圏不動産公正取引協議会が担当しています。

Ⅲ 不動産公正取引協議会が行う事業（表示規約25④）

1	この規約の周知徹底に関すること（表示規約25④(1)）。
2	この規約に関する相談に応じ、又はこの規約の適用を受ける事業者の指導に関すること（表示規約25④(2)）。
3	この規約の規定に違反する疑いのある事実の調査及びこの規約を運用するために必要な資料を収集するための実態調査に関すること（表示規約25④(3)）。
4	この規約の規定に違反する事業者に対する措置に関すること（表示規約25④(4)）。
5	不当景品類及び不当表示防止法その他公正取引に関する法令の普及及び違反の防止に関すること（表示規約25④(5)）。
6	関係官公庁及び関係団体との連絡に関すること（表示規約25④(6)）。
7	不動産取引に関する表示の適正化に関して研究すること（表示規約25④(7)）。
8	一般消費者からの苦情処理に関すること（表示規約25④(8)）。
9	その他必要と認められること（表示規約25④(9)）。

Ⅳ　不動産公正取引協議会連合会が行う事業（表示規約25⑥）

1	前記Ⅲの各号（うち、3の事実の調査及び4の措置を除く。）並びに不動産公正取引協議会の事業に関する指導、助言及び協力に関すること（表示規約25⑥(1)）。
2	規約の解釈及び運用の統一に関すること（表示規約25⑥(2)）。
3	インターネットによる広告その他の表示の進展に伴う表示の適正化に関すること（表示規約25⑥(3)）。
4	公正取引委員会及び消費者庁長官に対する認定及び承認の申請並びに届出に関すること（表示規約25⑥(4)）。

12 違反に対する調査・措置

I 違反に対する調査（表示規約26）

　各地区協議会は、この規約の実効性を確保するために、表示規約第5条から第23条までの規定に違反する事実があると思われる場合には、その事実について必要な調査を行うことができます。

　この調査に当たって、各地区協議会は、①規約に違反する疑いのある事業者又は参考人を招致して、問題となった広告表示に関する資料の提出を求め、同時に、調査に必要な事項についての報告や意見を求めたり、②当該事業者の事務所、現地案内所など事業を行う場所に立ち入ったりすることができます（表示規約26①）。

　表示規約に参加する事業者（表示規約第25条第1項に規定する不動産公正取引協議会の構成団体に所属する者及びこの規約に個別に参加する者＝加盟事業者）は、この調査に協力する義務があり（表示規約26③）、事業者がこの調査に協力しないときは、各地区協議会は当該事業者に対して調査に応ずるよう警告することができ（表示規約26④）、この警告に従っていないと認めるときは、当該事業者に対し50万円以下の違約金を課すことができるとしています（表示規約27⑥）。

　なお、各地区協議会は、この調査を、表示規約に参加する（＝不動産公正取引協議会を構成する）事業者の団体に対し委託することができます（表示規約26②）。

II 違反に対する措置（表示規約27）

　各地区協議会は、前記Iの手続きによる調査の結果、表示規約第5条及び第8条から第23条までの規定に違反する行為があると認めるときは、当該違反行為を行った事業者に対し、①その違反行為を排除するために必要な措置を直ちに採るべきこと、②表示規約第5条及び第8条から第23条までの規定に違

反する行為を再び行ってはならないことを警告し、又は、③50万円以下の違約金を課すことができるとしています（表示規約27①）。

　「**違反行為を排除するために必要な措置**」とは、表示規約に違反する表示をしているインターネット広告の削除、ポスターや看板等の撤去、チラシの配布の差止め、又は不当表示によって一般消費者に与えた誤認を排除するため、訂正広告をすること等の措置をいいます。

　事業者は、これら警告等を受けたときは、その警告の内容となっている措置を直ちに実施し、あるいはその警告に再び違反する行為を行ってはなりません（表示規約27②）。

　各地区協議会は、事業者がこれらの義務を履行しない場合（例：所定の期日までに違反広告を削除又は撤去しない場合又は再度、表示規約に違反する表示を行った場合）は、当該事業者に対し、500万円以下の違約金を課し、不動産公正取引協議会の構成員である資格を停止し、又は、除名処分をすることもできるとしています。さらに、表示規約による措置を講じても将来、表示内容を改善する見込みがないと認められる場合等は、消費者庁長官に対して景品表示法に基づく必要な措置を講ずるよう求めることもできます（表示規約27③）。

　各地区協議会は、表示規約第27条第1項に基づく措置（警告を除きます。）及び表示規約第27条第3項に基づく、除名処分、消費者庁に対する措置請求などの措置（警告を除きます。）を採ろうとする場合には、当該事業者に対してあらかじめ期日及び場所を指定し、事案の要旨及び規約の適用条項を示して事情聴取をしなければならないとしており、事情聴取に際しては、当該事業者に意見を述べ及び証拠を提出する機会を与えなければならないとしています（表示規約27④）。ただし、事業者が正当な理由なく事情聴取の期日に出席せず、かつ、再度指定した事情聴取の期日にも出席しない場合は、事情聴取を経ないで措置を講ずることもできるとしています（表示規約27⑤）。

　さらに、各地区協議会は、事業者が表示規約第5条及び第8条から第23条までの規定に違反する行為を行った場合において、当該事業者が所属する団体による指導その他の措置を講ずることが適当であると認めるときは、当該団体に対し、必要な措置を講ずるよう求めることもできます（表示規約27⑦）。

➡P.294 **相談事例（表示規約関係）Q92 参照**

Ⅲ　措置に対する異議の申立て （表示規約28）

　表示規約第27条第1項に基づく警告又は違約金、同条第3項に基づく違約金、資格停止又は除名処分若しくは同条第6項に基づく違約金の措置を受けた事業者が、これらの措置に対し異議がある場合は、これらの措置に係る文書の送付があった日から10日以内に、当該措置を講じた不動産公正取引協議会に対し、文書により異議の申立てをすることができることとなっていますが、当該期間内に異議の申立てがなかった場合（異議の申立てがなく期間が満了した場合）は、異議の申立てをすることはできません。

　なお、異議の申立てがあった場合は、不動産公正取引協議会は、当該事業者に追加の主張及び立証の機会を与え、これに基づき審理を行うものとし、審理をした後、その結果を当該事業者に速やかに通知することとなっています。

Ⅳ　措置内容等の公表 （表示規約29）

　不動産公正取引協議会は、第27条第1項及び第3項の規定に基づく措置を採った場合において、当該違反行為が重大である等その及ぼす影響の程度等を勘案の上、特に必要があると認められるときは、違反事業者名、違反行為の概要及び措置の内容を公表することができることとしています。

表示規約

第 2 編

不動産業における景品類の提供の制限に関する公正競争規約

（景品規約）

1 景品規約設定の趣旨

　景品表示法に基づく公正取引委員会の景品類指定告示（消費者庁みなし運用）では、正常な商慣習に照らして値引又はアフターサービスと認められる経済上の利益及び正常な商慣習に照らして当該取引に係る商品又は役務に附属すると認められる経済上の利益は、景品類に該当しないものとしています。

　不動産のような高額商品の取引における値引の方法は多様であり、一見、景品類の提供と紛らわしいものが見受けられます。

　また、住宅は生活の基盤であり、人々の生活が時代の移り変わりにより住宅に求めるものが多様化するとともに、住宅を購入又は賃借するに際し必要とされるサービスも充実しつつあるので、一体どのようなサービスや設備機器等が、正常な商慣習に照らしてアフターサービスであり、あるいは附属する経済上の利益であるかを明確に分けることが困難な状況となりました。

　さらに、昭和56年10月に、公正取引委員会が不動産事業者に対して、過大な景品類を提供したとして排除命令を行うに至り、不動産業における公正競争を確保する観点から、具体的なガイドラインの必要性が高まってきました。

　そこで、景品表示法第10条（現行第31条）の規定に基づき、景品類の提供に該当するか否かを具体的な行為ごとに明らかにするため、「不動産業における景品類の提供の制限に関する公正競争規約」を設定することとし、昭和58年12月1日（同年10月25日公正取引委員会認定）から施行しました。

2 景品規約改正の経緯

平成９年改正（第１次改正）

　貿易不均衡解消のための日米構造問題協議により、日本に対する市場開放圧力が強まり、種々の非関税輸入障壁を除去するため各種の規制緩和が行われましたが、その一環として平成８年４月１日から景品表示法に基づく景品規制の一般ルールが緩和されました。

　公正取引委員会は、景品規制の一般ルール（懸賞景品告示「懸賞による景品類の提供に関する事項の制限」、総付景品告示「一般消費者に対する景品類の提供に関する事項の制限」及びこれらの運用基準等）を改正・緩和したほか、事業者に対する景品規制の廃止及びいわゆるオープン懸賞の最高限度額の引き上げを行いました（オープン懸賞告示は平成18年４月27日付けで廃止されました。）。

　各地区協議会は、公正取引委員会の要請により一般ルールに即した方向で「不動産業における景品類の提供の制限に関する公正競争規約」（景品規約）を見直すこととし、平成９年３月３日に公正取引委員会に対し景品規約改正の認定申請を行い、平成９年４月18日に認定を受け、同年４月25日に告示され、即日施行されました。

　主な変更は以下のとおりです。

1　懸賞により提供する景品の限度額を「取引価額の10分の１又は５万円のいずれか低い価額の範囲内」から「取引価額の20倍又は10万円のいずれか低い価額の範囲内」に緩和

2　懸賞によらないで提供する景品の限度額を「取引価額の10分の１又は５万円のいずれか低い価額の範囲内」から「取引価額の10分の１又は100万円のいずれか低い価額の範囲内」に緩和

3　取引を条件としないで、物件や店舗への来場者や訪問販売等に際して提供する景品の限度額を3,000円以内とした規定を削除

4　紹介者謝礼の限度額を「取引価額の10分の１又は５万円のいずれか低い

価額の範囲内」とした規定を削除

5　事業者景品の規定を削除

6　景品の価額の基礎となる取引価額の規定を新設し、その取り扱いを明確化

平成14年改正（第2次改正）

　景品規約は、各地区協議会がそれぞれ設定し、運用していましたが、平成14年11月の不動産連合会の設立に伴い、表示規約と同様の改正手続きを経て景品規約を一本化し、平成14年12月から施行しました。

　また、平成18年12月12日付をもって施行規則第4条第2号に以下の下線部の文言を追加しました。

　「相手方に景品類の提供であると認識される表現又は方法で提供する場合（第1条第2項第1号及び第2号に規定する経済上の利益を提供する場合を除く。）」

平成21年改正（第3次改正）

　景品表示法が消費者庁の所管となり、その目的規定等の関係規定が変更されることに伴い、これに関連する景品規約及び景品規則の規定の一部変更案並びに措置に対する異議の申立てに関する規定（景品規約6の2）及び措置内容等の公表に関する規定（景品規約6の3）を新設する変更案を公正取引委員会に申請し、平成21年8月25日付をもって認定又は承認を受け、消費者庁が発足した同年9月1日から施行されました。

平成25年改正（第4次改正）

　各地区協議会の一般社団又は公益社団化による改正であったため、実体規定の変更はありませんでした。

　また、令和元年11月13日付をもって施行規則第5条第2号に以下の下線部の文言を追加しました。

　「事業者自らが当事者（代理して取引を行う場合を含む。）となって不動産を

賃貸する場合（媒介を行う事業者と共同して行う場合を含む。）は、当該賃貸借契約を締結するために必要な費用の額（名目のいかんを問わず賃貸借契約満了後に返還される金銭を除く。）とする。また、当該賃貸借契約を締結する前に、一定期間契約を継続した後に賃借人に景品類を提供する旨告知して、当該一定期間経過後に景品類を提供する場合は、この費用に、当該契約締結から一定期間に当該賃借人が支払うべき費用を加えることとする。ただし、土地の賃貸借で権利金（権利金その他いかなる名義をもってするかを問わず権利設定の対価として支払われる金銭であって返還されないものをいう。）の授受があるものについては、当該権利金の額とする。」

3 景品規約の目的と規制の内容

【景品規約】

(目的)

第1条 この公正競争規約（以下「規約」という。）は、不動産の取引に附随して不当な景品類を提供する行為の制限を実施することにより、不動産業における不当な顧客の誘引を防止し、一般消費者による自主的かつ合理的な選択及び事業者間の公正な競争秩序を確保することを目的とする。

景品規約は、不動産業における不当な景品類の提供による不当な顧客誘引を防止することによって、一般消費者による自主的かつ合理的な選択及び事業者間の公正な競争を確保することを目的としています。

景品提供行為は、商品・役務の品質内容と価格以外の顧客誘引手段であって、本質的には資本競争ということができ、大企業に有利な競争手段であり、事業者間の公正な競争を阻害するおそれが強いものです。

景品表示法は、過大な景品提供行為を制限していますが、同法はあらゆる取引における景品提供行為を規制対象としているのに対し、景品規約による景品規制は特定の業種又は商品・役務を対象としていますので、その業種の実体に即した規制ができることになります。

景品表示法で規定する総付景品においては、取引価額の20％までの景品類の提供は、その額のいかんを問わず、原則として公正な競争を阻害しないものとされていますが、総付景品告示「一般消費者に対する景品類の提供に関する事項の制限」（昭和52年3月1日公正取引委員会告示第5号、消費者庁みなし運用）第1項には、提供できる景品類の範囲について、「景品類の提供に係る取引の価額の10分の2の金額（当該金額が200円未満の場合にあっては、200円）の範囲内であって、正常な商慣習に照らして適当と認められる限度を超えてはならない。」ものとしており、取引価額の20％以内の景品提供であっても正常な商慣習に照らして公正な競争を阻害する過大な景品提供行為となる

場合があることを前提とする規定振りとなっています。

　これを受けて、景品規約では、どの程度の額の景品提供が正常な商慣習に照らして妥当なものであるか等について具体的に定めています。

　この結果、景品規約第3条第1項第2号では、不動産業における総付景品の限度額を、取引価額の10％又は100万円のいずれか低い価額の範囲内としています。

4 景品規約の適用範囲

【景品規約】

(定義)

第2条　この規約において「不動産」とは、土地及び建物（居住の用に供さないものを除く。）をいう。

2　この規約において「事業者」とは、宅地建物取引業法（昭和27年法律第176号）第3条第1項の免許を受けて宅地建物取引業を営む者をいう。

Ⅰ　物的適用範囲

　景品規約が適用されるのは、「不動産の取引」に附随して経済上の利益を提供する行為に対してとなります。

　不動産とは、土地及び建物（建物の一部を含みます。）をいいますが、このうち事務所、店舗、工場などの居住の用に供さない建物の取引については適用していません。

　また、建物とは、土地に定着した工作物をいい、注文者の指定する土地上に建物を建築する請負取引（建築請負業）については、景品規約は適用されず、一般ルールが適用されます。

Ⅱ　人的適用範囲

　景品規約が適用されるのは、宅建業法第3条第1項の免許を受けて宅地建物取引業を営む事業者であり、かつ、景品規約に参加する事業者（インサイダー）となります。

　インサイダーとは、各地区協議会を構成する事業者団体（宅地建物取引業協会や全日本不動産協会など）の会員となっている事業者及び単独で景品規約に参加する事業者です。

　一方、景品規約に参加しない事業者（アウトサイダー）の景品提供行為につ

いては、不動産の総付景品告示「不動産業における一般消費者に対する景品類の提供に関する事項の制限」（平成９年４月25日公正取引委員会告示第37号、消費者庁みなし運用）又は懸賞景品告示「懸賞による景品類の提供に関する事項の制限」（昭和52年３月１日公正取引委員会告示第３号、消費者庁みなし運用）の規定の適用を受け、違反行為を行ったアウトサイダーに対しては、内閣総理大臣（消費者庁長官に権限委任）が直接、景品表示法に基づき措置命令等をすることとなります。

➡P.298 相談事例（景品規約関係）Ｑ１ 参照

景品規約

5 景品類とは何か

【景品規約】

（定義）－続き－

第2条

3　この規約において「景品類」とは、顧客を誘引するための手段として、方法のいかんを問わず、事業者が自己の供給する不動産の取引（自己の所有する不動産の賃貸を含む。）に附随して相手方に提供する物品、金銭その他の経済上の利益であって、次に掲げるものをいう。ただし、正常な商慣習に照らして値引又はアフターサービスと認められる経済上の利益及び正常な商慣習に照らして不動産若しくは不動産の取引に附属すると認められる経済上の利益は含まない。

（1）　物品及び土地、建物その他の工作物

（2）　金銭、金券、預金証書、当せん金附証票及び公社債、株券、商品券その他の有価証券

（3）　きょう応（映画、演劇、スポーツ、旅行その他の催物等への招待又は優待を含む。）

（4）　便益、労務その他の役務

　「景品類」とは、次のすべての要件を満たす経済上の利益であって、取引の相手方に提供されるものをいいます。

　ただし、正常な商慣習に照らして値引又はアフターサービスと認められる経済上の利益及び正常な商慣習に照らして不動産若しくは不動産の取引に附属すると認められる経済上の利益は、当然ながら景品類には該当しません。

1 「顧客を誘引するための手段として」提供されるものであること

ここでいう「顧客」とは、実際の購入者だけではなく、広く取引の相手方となる可能性がある者をいいます。

「顧客を誘引するための手段として」行われたかどうかは、その行為が客観的にみて顧客誘引効果があるかどうか、言い換えると、一般消費者に自己と取引するように仕向ける効果があると認められるかどうかによって判断されますので、景品類を提供する事業者（景品提供企画の表示主体者）の主観的意図や利益提供の名目とは関係なく、客観的に顧客誘引性があったかどうかにより判断されます。

2 「事業者」が提供するものであること

景品規約でいう「事業者」とは、前述のとおり宅地建物取引業者となります。

3 「自己の供給する不動産の取引」に附随して提供されるものであること

「自己の供給する不動産の取引」とは、以下のものをいいます。

(1)	事業者自らが売主として不動産を売買すること。
(2)	事業者自らが貸主として不動産を賃貸すること。
(3)	事業者自らが不動産の交換の当事者となること。
(4)	事業者が不動産の売買、交換又は貸借の行為の代理をすること。
(5)	事業者が不動産の売買、交換又は貸借の媒介をすること。

4 「取引に附随して」提供されるものであること

「取引に附随して」とは、「取引を条件として」よりも広く、「取引に関連して」と同義に解されています。取引を条件として景品を提供する典型的な例は、「Aを買えばBをプレゼント」するという場合ですが、物件を買わなくても（借りなくても）来店者に景品類を提供する場合も取引に附随して提供するものに該当します。

また、訪問販売（セールスマンが戸別訪問や喫茶店へ購入者を呼び出すなどして商品・役務を販売をすること。）に際し、物品等を持参（提供）するような場合も含まれます。

なお、取引附随性の解釈については、P.440の「景品類等の指定の告示の運用基準について」の第4項を参照ください。

5 「経済上の利益」であること

経済上の利益とは、景品規約第2条第3項各号に掲げるものをいいますが、提供する事業者が無償で取得したものや、市販されていない物品等を提供する場合でも、景品類の提供を受ける者にとって、通常、経済的対価を支払わなければ入手できないものは、経済上の利益に該当するものとなります。

また、ある商品の購入に附随して、他の商品を安く購入できるという利益もこれに該当します。

なお、取引の相手方に提供される経済上の利益であっても、不動産の取引とは別個の取引の対価として給付されるものは景品類に該当しません（例：モニター謝礼、売却物件を借り上げる場合の家賃等）。

➡P.298 **相談事例（景品規約関係）Q1 参照**

Ⅱ 取引本来の内容をなす経済上の利益に該当するか否かの種類・行為等

前述のとおり、不動産の取引を条件として、取引の相手方に提供される経済上の利益のようにみえるものであっても、不動産の取引本来の内容をなすものは景品類ではありません。

つまり、正常な商慣習に照らして、**①値引と認められる経済上の利益**（商品・役務の代金その他の対価の決定＝価格交渉、又は物件の品質内容のグレードアップ等）、**②アフターサービスと認められる利益**（取引に際し予定又は保証された商品・役務の品質内容の維持・確保に係る行為、又は商品・役務が機能する環境整備に係る行為等）、**③不動産又は媒介等に附属すると認められる経済上の利益**（商品・役務の構成部分又は構成要素と認められるもの、並びに取引の対象となっている商品・役務とは独立して取引されるものであっても、その商品等の機能等を補完するもの等）は、当然ながら景品類ではありません。

ここで注意を要するのは、正常な商慣習に照らして値引等と認められる場合という意味です。

特定の業界において、現に常態化・一般化している行為であるからといって「正常な商慣習」と認められるわけではありません。そのような行為が公正な

競争（価格と品質による競争）秩序の観点からみて妥当性があると認められる場合に限り、「正常な商慣習」といえるものとなります。

しかし、実際の取引においては、時代の変化、生活様式の多様化、技術革新による新しい商品の出現等により、商品の内容や取引の内容が多様化・流動化するため、どのようなものが正常な商慣習に照らして取引本来の内容をなすものであるのか判断するのは困難な場合が多いといえます。

そこで、景品規約は、規則において取引本来の内容をなす経済上の利益に該当するもの、該当しないものの種類や行為等を次のとおり明らかにしています。

1　値引と認められる経済上の利益・認められない利益

【景品規則】

（値引と認められる経済上の利益）

第1条　不動産業における景品類の提供の制限に関する公正競争規約（以下「規約」という。）第2条第3項ただし書に規定する「正常な商慣習に照らして値引と認められる経済上の利益」とは、事業者が取引の相手方に対し、不動産の売買代金、借賃、媒介報酬等（以下「代金等」という。）を減額し、又は割り戻すこと等をいう。

2　前項に規定する値引と認められる経済上の利益に該当するものを例示すれば次のとおりである。

(1)　不動産の代金等を減額すること。

(2)　不動産の割賦販売をする場合において、無利息とすること。

(3)　2以上の不動産又は不動産と密接な関連を有する物品等を合わせて販売する場合において、それぞれの価格の合計額から一定額を減額し、又は一定率を割引すること。

(4)　取引の対象となる不動産の品質等を高めること。

(5)　価格交渉過程において不動産の代金等の減額に代えて住宅機器その他住宅に関連する物品等を付加又は提供すること。

(6)　その他これらに類似するものであって、不当に顧客を誘引するおそれのないもの。

3 第1項に規定する値引と認められないものを例示すれば次のとおりである。

(1) 不動産の代金等を減額し、又は割り戻す場合であっても、その金銭の使途を制限すること。

(2) 景品類と不動産の代金等の減額等とを相手方に選択させるなど、景品類の提供と一連の企画に基づいて代金等の減額等をすること。

(3) 電気料、水道料又はガス料等を一定期間にわたって負担すること。

(4) その他これらに類似するものであって、不当に顧客を誘引するおそれのあるもの。

(1) 値引と認められる経済上の利益

値引とは、「不動産の売買代金、借賃、媒介報酬等（以下「代金等」という。）を減額し、又は割り戻すこと等をいう」ものとしています。

つまり、事業者自らが売主となる土地又は建物の代金を減額したり、自らが貸主となる土地や建物の賃料を減額したり、あるいは売買代金等の一部を返金する（割り戻す）ことをいい、割り戻す方法には、一定期間にわたって分割して返金する場合も含まれます。

値引は、価格競争そのものですので、当然景品類には該当しませんが、売れ残り物件の値引や値下げなどは別として、媒介業のような役務取引には売れ残りはあり得ないと考えられ、正当な理由がないのに、媒介役務の供給に要する費用を著しく下回る対価で継続して供給し、他の事業者の事業活動を困難にさせるおそれがあるもの（独占禁止法2⑨(3)）、また、「不当に商品又は役務を低い対価で供給し、他の事業者の事業活動を困難にさせるおそれがあること」（不公正な取引方法第6項）は、独占禁止法で禁止する不公正な取引法の一類型である不当廉売に該当します。

景品規則第1条第2項各号は、不動産業における値引と認められるものを、例示列挙しています。

第3号の行為は、2以上の不動産を合わせて販売する場合又は不動産と密接な関連を有する商品・役務を合わせて販売する場合に、その価格の合計額から一定額の減額又は一定率の割引をすることは、値引に該当します。

　　第５号の行為は、価格交渉を行う段階に至って顧客からの値引要求に対し、売買代金等を減額することは他の顧客との関係から応じられないが、これに代えて住宅機器等を付加することであり、事実上第４号の「取引の対象となる不動産の品質等を高めること」と同様であるので、これを値引の一態様として明確にしたものとなります。

　→P.298、306、310 **相談事例（景品規約関係）Ｑ２・13・18 参照**

(2)　**値引と認められない利益**

　　景品規則第１条第３項は、値引と認められないものを例示列挙していますが、基本的な考え方は、値引の外形をとりながら、真の価格競争とは認められない行為は値引とは認めないということです。

　　第１号は、減額又は割り戻した金銭で、例えば、家具の購入資金として使うことを義務付ける場合は、家具そのものを提供することと同じとなるので、当然景品類の提供となることを明確にしたものです。

　　第２号は、景品付き販売をする場合に、その景品類と同価値の金銭を提供するという行為は、「物品」又は「金銭」の２種類の景品を提供していることと同じとなるので、この場合も当然景品類の提供となることを明確にしたものです。

　　第３号は、電気料、水道料又はガス料などを負担することは、取引本来の内容をなすものではなく、商品の価格競争とは無縁な行為となるので、当然値引とは認められないため、景品類の提供となることを明確にしたものです。

　→P.298 **相談事例（景品規約関係）Ｑ２ 参照**

2　アフターサービスと認められる経済上の利益・認められない経済上の利益

【景品規則】

（アフターサービスと認められる経済上の利益）

第２条　規約第２条第３項ただし書に規定する「正常な商慣習に照らしてアフターサービスと認められる経済上の利益」とは、不動産の補修点検

景品規約

その他不動産の取引若しくは使用のため必要な物品又は便益その他の
サービスをいう。

2　前項に規定するアフターサービスと認められる経済上の利益に該当す
るものを例示すれば次のとおりである。

(1)　補修（部材等の交換を含む。）、点検等を行うこと。

(2)　宅地建物取引業法に基づいて提供する便益その他の経済上の利益。

(3)　その他これらに類似するものであって、不当に顧客を誘引するおそ
れのないもの。

3　第1項に規定するアフターサービスと認められないものを例示すれば
次のとおりである。

(1)　住宅の増改築費を提供すること。

(2)　その他これらに類似するものであって、不当に顧客を誘引するおそ
れのあるもの。

(1)　アフターサービスと認められる経済上の利益

　　アフターサービスという言葉は和製英語でその意味は曖昧なものですが、
一般的にはメーカーや販売店が自己の販売した商品が故障した場合等に無
料で修理したり、交換したりすることをいうものとされています。

　　耐久消費財に限らず、不動産業界でも「アフターサービス規準」による
アフターサービスが実施されています。

　　供給者側が一方的に補修責任を負う旨を宣言しているアフターサービス
による保証は、供給者側の契約不適合責任を免除するものではありません。
例えば、耐久消費財等の保証書中に「この保証書は、本書に明示した期
間・条件のもとにおいて無料修理をお約束するものです。この保証書に
よってお客様の法律上の権利を制限するものではありません。」と記載さ
れていますが、これは売主の契約不適合責任を求める一般消費者の権利を
制限しないという意味となります。

　　景品規則第2条第1項でいう「アフターサービス」の範囲はこれより広
く、次のようなものが含まれます。

ア	物件の品質、機能又は性能の維持、回復を図るために必要な物品の提供や便益その他のサービスの提供 〔例〕・売主の行う補修点検 ・媒介業者が行う補修点検
イ	物件の使用又は利用に必要な物品の提供や便益その他のサービスの提供 〔例〕・住宅機器の使用法の説明 ・運送会社の紹介あっせん ・税務相談等

(2) **アフターサービスと認められない経済上の利益**

　　一見、不動産の有用性を高めるようにみえるものであっても、住宅の増改築費用を負担したり、交通不便な場所にある住宅の利便性を高めるために自動車を提供するとか、タクシー代を負担するとか、経年変化に伴う住宅の修理を無料で行う等の行為は、アフターサービスとは認められません。

3　不動産又はその不動産の取引に附属すると認められる経済上の利益・認められない経済上の利益

【景品規則】

(不動産又はその取引に附属すると認められる経済上の利益)

第3条　規約第2条第3項ただし書に規定する「正常な商慣習に照らして不動産若しくは不動産の取引に附属すると認められる経済上の利益」とは、不動産と構造上若しくは機能上密接な関連を有するもの若しくは用途上不可分の関係にある設備その他のもの、又は不動産と一体となって直接不動産の機能若しくは効用を高めるためのもの並びに媒介業務等に密接な関連を有する便益をいう。

2　前項に規定する不動産又は不動産の取引に附属すると認められる経済上の利益に該当するものを例示すれば次のとおりである。

　(1)　電気、ガス、上下水道施設、暖冷房施設、照明設備、厨房設備その他不動産と機能上、構造上直接の関連を有する設備（一定の範囲内で取引の相手方が選択できる場合を含む。）

景品規約

(2)　畳、建具その他の造作

(3)　造り付けの家具等

(4)　別荘等の効用を高めるため、これと一体として開発されたゴルフ場その他のレジャー施設等の利用権を当該別荘等の購入者に与えること。

(5)　不動産の所在地までの案内のための費用であって、妥当な範囲内のもの。

(6)　不動産取引に関する法律、税務その他の相談に応ずること。

(7)　その他これらに類似するものであって、不当に顧客を誘引するおそれのないもの。

3　第1項に規定する不動産又は不動産の取引に附属すると認められないものを例示すれば次のとおりである。

(1)　宝飾品、旅行、オートバイ、自動車その他不動産と直接関連のない物品等。

(2)　他人の供給する商品又は役務についての購入費を負担すること。

(3)　その他これらに類似するものであって、不当に顧客を誘引するおそれのあるもの。

(1) **不動産又はその取引に附属すると認められる経済上の利益**

景品表示法では、「当該取引に係る商品又は役務に附属する利益」は景品類に該当しないものとしています。

言い換えれば、取引対象となる商品や役務の本来の内容をなす経済上の利益は、取引に際して外形上、異なる2以上の物が提供されるようにみえる場合であっても、これらの物が一体となって社会通念上1つの独立した商品等となっている場合は、当然景品類ではないということです。

例えば、ペットボトルに入った緑茶の取引において、取引本体は緑茶ですが、ペットボトルがこれに附随して提供される経済上の利益と考えることはできません。

民法上の主物と従物の関係にあるものは、商品又は役務に附属する利益と認められることが多いといえるでしょう。新築住宅に設置された住宅機器や畳・建具の類はこれに該当するといえます。

つまり、客観的・経済的に一方が他方の効用を補完したり、有用性を高めたりする関係にあり、当初からこれらが一体化された商品構成となっているものは、これに該当すると考えられます。

景品規則第3条第1項は、「不動産と構造上若しくは機能上密接な関連を有するもの若しくは用途上不可分の関係にある設備その他のもの、又は不動産と一体となって直接不動産の機能若しくは効用を高めるためのもの並びに媒介業務等に密接な関連を有する便益」を取引対象となる商品や役務の本来の内容をなす経済上の利益に当たるものとし、同条第2項でこれらに該当するものを、以下のとおり例示列挙しています。

第1号は、住宅設備・機器等は当然に不動産に附属する経済上の利益であることを明確にしたものです。

ちなみに、不動産と機能上・構造上直接の関連を有するこれらの設備を一定の範囲内で取引の相手方が選択できる場合においても、「不動産の取引に附属する経済上の利益」に該当します。例えば、住宅関連機器等を3つのグループに分け（各グループの物品の価額は同額で、かつ、不動産本体の価格に含まれている場合）、顧客が自己の希望により、好みのグループを選択させることは、商品のラインナップが増えたとみてもよいし、品質の向上とみてもよく、いずれにしても景品類の提供として規制する必要はないと考えられるからです。

第2号及び第3号は、典型的な主物・従物の関係にある経済上の利益を例示したものです。

第4号は、別荘という商品の効用を高めるため、これと一体として開発されたゴルフ場その他のレジャー施設等の利用権を当該別荘等の購入者に与えることは、別荘という商品に附属する経済上の利益であることを明確にしたものですが、リゾートマンションでいわばマンションの設備の一つとして、入居者で共用する自動車を含んで取引するような行為もこれに該当する場合には、一般消費者に景品類の提供であると認識されるような表示とならないよう使用する文言等の表現に十分注意すべきでしょう。

第5号の妥当な案内のための費用、**第6号**の相談業務に類似するものとしては、無料の価格査定、物件の無料案内、重要事項説明書において明示

された売主等の法的義務を履行するため又は媒介契約において依頼された事項の調査等の便益、媒介業者が取引成立後、取引内容に即した履行が行われるよう助言したり、引渡手続きが終了することを見届けること、ローンの斡旋・手続きの代行等の便益などの提供などがあります。

➡P.299～ 相談事例（景品規約関係）Q3 参照

(2) **不動産又は不動産の取引に附属すると認められない経済上の利益**

　　景品規則第3条第3項に規定するものは、生活の利便性や内容を高めるものではあっても、住宅そのものの機能・効用を高めるものではないから、不動産に附属する経済上の利益とは認められません。

4　景品類の提供とみなす場合

【景品規則】

（景品類の提供とみなす場合）

第4条　第1条第2項、第2条第2項及び前条第2項に規定する経済上の利益を提供する場合であっても、次に掲げる場合は景品類の提供とみなすものとする。

(1)　提供の相手方を懸賞の方法により特定する場合

(2)　相手方に景品類の提供であると認識される表現又は方法で提供する場合（第1条第2項第1号及び第2号に規定する経済上の利益を提供する場合を除く。）

　　景品規則第4条は、値引と認められる経済上の利益、アフターサービスと認められる経済上の利益及び当該取引に係る不動産又はその取引に附属すると認められる経済上の利益であっても、**①提供の相手方を懸賞の方法により特定する場合、②相手方に景品類の提供であると認識される表現又は方法で提供する場合（不動産の代金等を減額する場合及び不動産の割賦販売に際し無利息とする場合を除く。）**は、景品類の提供として取り扱うことを明確にしたものです。

　　前記①について、例えば、「**購入者の中から抽選で1名様に300万円の値引**」と表示した場合は、300万円の金銭を景品類として提供することであっ

て、値引とは認められません。

　前記②について、今日の住宅事情及び正常な商慣習からすると、新築住宅に設置されている照明設備や浴槽などは住宅に附属する経済上の利益であり、景品類と認識する人はいないと考えられますが、例えば、「**創立○○周年記念セール実施中！　今がチャンス！　期間中にご購入の方に限り、高級システムキッチン・照明器具・乾燥機付きバスユニットをもれなくプレゼント**」等と表示するような場合は、「相手方に景品類の提供であると認識される表現又は方法で提供する場合」に該当し、景品提供行為として取り扱うこととされています。

　いわゆるセット販売は、一定条件のもとで取引附随性がないもの（セット価格が単品価格の合計額よりも安い場合は値引と解します。）とされ、同一品の付加は値引であるとされていますが、第4条は、取引本来の内容をなす利益の一典型であるものであっても、「相手方に景品類の提供であると認識される表現又は方法で提供する場合」は、景品類の提供として取り扱うものとしています。

　したがって、例えば、5,000万円のマンションと300万円の自動車をセットで販売する場合、「**マンション（5,000万円）と自動車（300万円）をセットで5,100万円**」と表示する場合は一種の値引として考えるのが妥当ですが、「**ビッグチャンス！！　お得なセット販売実施中。今ならマンション（5,000万円）と自動車（300万円）をセットで5,000万円。マンション、自動車のみの販売にも応じますが、この場合マンションは5,000万円、自動車は300万円です。**」等と表示した場合、「**今ならもれなく自動車（300万円）プレゼント**」等と景品販売を行っている旨の表示と異なるところがないので、景品提供行為として取り扱うこととしています。

　第2号本文では、景品規則第1条第2項（値引）、同第2条第2項（アフターサービス）及び同第3条第2項（不動産又はその取引に附属）に規定する経済上の利益を提供する場合であっても、「**特典！**」、「**今がチャンス！300万円分の家具プレゼント**」等と表示する場合は、「相手方に景品類の提供であると認識される表現又は方法で提供する場合」に該当し、景品類の提供とみなすものと規定しています。

191

しかし、景品規則第１条第２項第１号の「不動産の代金等を減額すること。」及び同第２号の「不動産の割賦販売をする場合において、無利息とすること。」は、値引そのものであることから、これらについては、その表現等が景品類の提供であると認識される場合であっても景品類の提供とはみなさないこととしたものです。

　なお、これらを抽選など懸賞の方法により提供する場合は、景品規則第４条第１号が適用されるので最高10万円までしか提供することができません。

　➡P.307～ **相談事例（景品規約関係）Q15 参照**

6 景品類の提供の制限

【景品規約】

(一般消費者に対する景品類の提供の制限)

第3条 事業者は、一般消費者に対し、次に掲げる範囲を超えて景品類を提供してはならない。

(1) 懸賞により提供する景品類にあっては、取引価額の20倍又は10万円のいずれか低い価額の範囲。ただし、この場合において提供できる景品類の総額は、当該懸賞に係る取引予定総額の100分の2以内とする。

(2) 懸賞によらないで提供する景品類にあっては、取引価額の10分の1又は100万円のいずれか低い価額の範囲

【景品規則】

(取引価額)

第5条 規約第3条に規定する取引価額は次の各号に掲げるところによる。

(1) 事業者自らが当事者(代理して取引を行う場合を含む。)となって不動産の売買又は交換を行う場合(媒介を行う事業者と共同して行う場合を含む。)は、当該不動産の売買代金若しくは交換に係る不動産の価額とする。

(2) 事業者自らが当事者(代理して取引を行う場合を含む。)となって不動産を賃貸する場合(媒介を行う事業者と共同して行う場合を含む。)は、当該賃貸借契約を締結するために必要な費用の額(名目のいかんを問わず賃貸借契約満了後に返還される金銭を除く。)とする。また、当該賃貸借契約を締結する前に、一定期間契約を継続した後に賃借人に景品類を提供する旨告知して、当該一定期間経過後に景品類を提供する場合は、この費用に、当該契約締結から一定期間に当該賃借人が支払うべき費用を加えることとする。

ただし、土地の賃貸借で権利金（権利金その他いかなる名義をもってするかを問わず権利設定の対価として支払われる金銭であって返還されないものをいう。）の授受があるものについては、当該権利金の額とする。

(3) 事業者が不動産の売買、交換又は賃貸借の媒介を行う場合は、媒介に際して受けることができる報酬の額とする。

I 懸賞景品の最高限度額

懸賞景品の最高限度額は10万円となります。ただし、取引価額が5,000円未満の場合は、その20倍の価額の範囲内でなければなりません。

なお、景品類の価額は、消費税相当額を含んだ価額となります。

また、懸賞景品を提供する場合には、提供できる景品類の総額の規制もあり、その懸賞景品の提供企画に係る取引予定総額の2％以内でなければならないのでご注意ください。

以下に、来訪者又は購入者に提供する場合の取引予定総額の考え方をそれぞれ記していますので、参考にしてください。

(1) モデルルームへの来訪者に提供する懸賞景品の場合

例えば、販売戸数30戸（全戸3,100万円（本体価格3,000万円）均一価格とします。）のマンションの販売に際し、モデルルームへの来訪者を対象に懸賞景品を提供する場合、取引予定総額は9億3,000万円、その2％は1,860万円となります。

したがって、景品類の価額を全て10万円とした場合、購入者だけでなく申込者や来場者等を含めて計186本まで景品類を出せることになります。

(2) マンションの購入者に提供する懸賞景品の場合

前記(1)の例でみると、景品類の総額は1,860万円ですが、販売戸数が30戸ですから、購入者全員に景品類を提供したとしても、その総額は300万円（10万円×30本）であり、懸賞景品の性格上、景品類を提供する相手方を限定せざるを得ないので、理論上（景品類の価額が10万円と

すれば）、29本以下の景品類を出すことになります。なぜなら、購入者全員に同額（10万円）の景品類を出すとすれば、総付景品となり、抽選など懸賞による方法で景品類を提供する相手方を決定する意味がなくなるからです。

　ただし、購入者のうち、1名に10万円（1等）、10名に5万円（2等）、1等・2等に当選しなかった人全員に1万円を提供する場合のように、景品類の価額が異なる場合は、懸賞景品を提供する意味があるでしょう。

　また、この物件を媒介する事業者が景品類を出す場合は、その取引価額は媒介報酬限度額（規則5(3)）の1,056,000円（消費税課税事業者の場合）ですから、提供できる景品類の最高限度額は10万円となります。

➡P.300〜304、309〜 **相談事例（景品規約関係）Q4〜10・17・18 参照**

Ⅱ　総付景品の最高限度額

　総付景品とは、懸賞の方法によらないで景品類を提供するものをいい、例えば、購入者全員、来場者全員又は先着順によって提供する景品類をいいます。総付景品の最高限度額は、100万円又は取引価額の10％のいずれか低い価額の範囲内でなければなりません。

　例えば、価格1,000万円以上の不動産を事業者自らが販売する場合は、100万円までの景品類が出せますが、900万円の不動産を販売する場合は90万円までの景品類しか出すことはできません（いずれも消費税込み価格）。

　なお、前記Ⅰの懸賞景品の場合には、景品類の総額規制（その懸賞に係る取引予定総額の2％以内）がありましたが、総付景品の場合は、総額規制はありません。

➡P.305〜 **相談事例（景品規約関係）Q11〜17 参照**

Ⅲ　取引価額

　景品規則第5条は、「取引価額」の定義を定めています。
第1号は、売買・交換の場合の取引価額についての規定で、次の(1)から(3)の

場合は、取引に係る不動産の価額（販売価格等）を取引価額とすることとしています。

(1)	事業者自らが当事者となって不動産の売買又は交換を行う場合
(2)	売主を代理して不動産の売買又は交換を行う場合
(3)	売主等と媒介業者が共同して取引を行う場合

第2号は、賃貸借の場合の取引価額についての規定で、次の(1)から(3)の場合は、その賃貸借契約を締結するために必要な費用の額（名目のいかんを問わず賃貸借契約満了後に返還される金銭を除きます。）を取引価額とすることとしています。

また、その賃貸借契約を締結する前に、一定期間契約を継続した後に賃借人に景品類を提供する旨を告知して、一定期間経過後に景品類を提供する場合は、この費用に、その契約締結から一定期間に当該賃借人が支払うべき費用を加えることができます。

ただし、土地の賃貸借で権利金（権利金その他いかなる名義をもってするかを問わず権利設定の対価として支払われる金銭であって返還されないものをいいます。）の授受があるものについては、当該権利金の額が取引価額となります。

(1)	事業者自らが当事者となって不動産の賃貸をする場合
(2)	貸主を代理して不動産の賃貸を行う場合
(3)	貸主と媒介業者が共同して賃貸を行う場合

第3号は、事業者が不動産の売買、交換又は賃貸借の媒介を行う場合の取引価額についての規定で、この場合は、媒介に際して受けることができる報酬の額を取引価額とすることとしています。

したがって、例えば、販売戸数30戸（価格は全て3,000万円とします。）の新築住宅の場合、媒介業者の提供できる景品類の最高限度額は100,000円（消費税課税事業者が景品類を出す場合の取引価額は媒介報酬限度額である1,056,000円）となります。しかし、景品類の総額は633,600円（1,056000円×30戸×2％）以内でなければなりませんから、全ての景品類の価額が10万円とすると、6本までしか景品類を出せないことになります。

➡P.311～ **相談事例（景品規約関係）Q19～21 参照**

Ⅳ 景品類の価額の算定基準等

【景品規則】

（景品類の価額の算定基準）

第7条 規約第3条に規定する景品類の価額の算定は、景品類の提供に係る取引の相手方がそれを通常購入する場合の価格により行う。

2 同一の取引に附随して2以上の景品類が提供される場合の景品類の価額については、懸賞により提供するものと懸賞によらないで提供するものとを区別して、それぞれ次に掲げるところによる。

(1) 同一の事業者が行う場合は、別々の企画によるときでも、これらを合算した額とする。

(2) 他の事業者と共同して行う場合は、別々の企画によるときでも、共同した事業者のそれぞれについて、これらを合算した額とする。

(3) 他の事業者と共同しないで、景品類を追加した場合は、追加した事業者について、これらを合算した額とする。

1 景品類の価額の算定基準

懸賞景品及び総付景品によって提供できる景品類の限度額は前述のとおりですが、提供する景品類が前述の限度額の範囲内であるかどうか、つまり景品類の価額をどのように把握（算定）するかについての基準は、景品規則第7条第1項において「一般消費者が通常購入する場合の価格を景品類の価額とすること」とされています。

したがって、事業者が景品類として提供する物品等を大量に仕入れることができたため、一般消費者が通常、店頭等で購入する価格（いわゆる市価）よりも安い価格で仕入れたとしても、その仕入価格をもって景品類の価額とすることはできません。

→P.314 **相談事例（景品規約関係）Q22 参照**

2 同一の事業者が別々の企画で景品提供を行う場合の景品類の限度額

　景品規則第7条第2項第1号は、ある事業者が一つの取引に附随して、懸賞景品と総付景品を提供する場合は、それぞれ懸賞景品の限度額の範囲内の景品類と総付景品の限度額の範囲内の景品類の両方を提供することができることとしています。

　例えば、3,000万円から4,000万円のマンション10戸を売主として取引するに際して、購入者全員に100万円の総付景品を提供し、その購入者の中から抽選で2名に10万円の景品類を提供する場合、懸賞景品に当選した購入者は、合計110万円の景品類を受けることができるということです。

➡P.309～ 相談事例（景品規約関係）Q17 参照

3 複数の事業者が共同して景品提供を行う場合の景品類の限度額

　景品規則第7条第2項第2号は、複数の事業者が一つの取引に附随して景品類の提供を行う場合には、事業者ごとに景品提供企画を立てて景品類を提供するときでも、共同した事業者のそれぞれについて、個々の事業者が提供した景品類の価額を合算した額を提供したものとして取り扱うこととしています。

　例えば、4,000万円のマンションの取引に際して売主Aが90万円の総付景品を、販売代理業者Bが60万円の総付景品を提供する場合は、A、Bがそれぞれ150万円の総付景品を提供したものとして取り扱われますので、提供できる景品類の限度額100万円を超えており、このような景品提供企画はできないということになります（合算して100万円以下に収めなければならないということです）。

➡P.316～ 相談事例（景品規約関係）Q24 参照

4 他の事業者と共同しないで、景品類を追加した場合の景品類の限度額

　景品規則第7条第2項第3号は、例えば、一つの取引に附随して、売主Aが100万円の総付景品を提供している場合に、販売代理業者Bが自らの意思のみによって（Aが知らない間に）20万円の総付景品を追加提供する場合は、追加した事業者Bについてのみ、120万円の総付景品を提供したものとして

取り扱われますので、提供できる景品類の限度額100万円を超えており、このような景品提供企画はできないということになります。

➡P.315〜 **相談事例（景品規約関係）Q23 参照**

7 総付景品の制限を超えて提供できる場合

> 【景品規約】
> (一般消費者に対する景品類の提供の制限) －続き－
> **第3条**
> 2 次に掲げる経済上の利益については、景品類に該当する場合であっても、懸賞によらないで提供するときは、前項の規定を適用しない。
> (1) 不動産の取引又は使用のため必要な物品、便益その他の経済上の利益であって、正常な商慣習に照らして適当と認められるもの
> (2) 開店披露、創業記念等の行事に際して提供する物品又はサービスであって、正常な商慣習に照らして適当と認められるもの

　景品規約第3条第2項は、①**「不動産の取引又は使用のため必要な物品、便益その他の経済上の利益であって、正常な商慣習に照らして適当と認められるもの」** 又は②**「開店披露、創業記念等の行事に際して提供する物品又はサービスであって、正常な商慣習に照らして適当と認められるもの」** については、仮に景品類に該当するものであっても、正常な商慣習に照らして適当と認められるものについては、懸賞の方法によらないで提供される場合に限り、総付景品の最高限度額の制限（景品規約3①）を適用しないとしています。

　したがって、本項の規定に該当する経済上の利益については、その価額が100万円又は取引価額の10％を超える場合であっても提供することができることとし、景品規則第6条においてこれに該当するものを次のとおり例示列挙しています。

> 【景品規則】
> (不動産の販売等のため必要な物品、便益等の提供)
> **第6条**　規約第3条第2項第1号に規定する経済上の利益に該当するものを例示すれば次のとおりである。

(1)　交通不便な場所にある不動産の販売に際し、公共交通機関が整備されるまでの間における最寄駅までの送迎をすること又はこれに準ずると認められる便益を提供すること。

(2)　ローン提携販売をする場合において、利子補給をすること。

(3)　家具、照明器具その他住宅に密接な関連を有する備品等の割引購入をあっせんすること。

(4)　不動産の引渡し又は所有権の移転若しくは抵当権の設定のための費用を負担すること。

(5)　火災保険、住宅保険等の損害保険料を負担すること。

(6)　管理費を負担すること。

(7)　自己の供給する不動産又は不動産の取引において用いられる割引券その他割引を約する証票（特定の不動産又は役務と引き換えることにしか用いることができないものを除く。）。

(8)　自己の供給する不動産又は不動産の取引及び他の事業者の供給する商品又は役務の取引に共通して用いられるものであって同額の割引を約する証票（同率の割引を約するものを除く。）。

(9)　その他これらに類似するものであって、不当に顧客を誘引するおそれのないもの。

2　規約第3条第2項各号に規定する経済上の利益を提供する場合において、その提供の相手方を限定し、又は当該経済上の利益が著しい特典であるかのように強調するような広告は、行ってはならないものとする。

Ⅰ　不動産の販売等のため必要な物品、便益等の提供

第1号に該当するものには、例示したもののほか、路線バス等の公共交通機関が整備されるまでの間、最寄駅等の近くに無料の駐車場を提供すること等があります。

第2号の利子補給の方法については、事業者の自由です。例えば、購入者が都市銀行から2,000万円を35年返済（ボーナス併用返済なし）、年利3.0%

（10年固定）で借り入れた場合、毎月の元利均等返済額は76,970円となります。

当初５年間の返済総額は4,618,200円、うち利息総額は1,762,200円となりますが、この場合に売主が当初５年間の利子1,762,200円全額を補給するものとすると、これを金融機関に一括払いをする場合又は毎月29,370円を購入者に支払う場合のどちらでも、「**当初５年間の利子補給（年利3.0％相当分）。毎月返済額76,970円の返済が47,600円になります。**」等と表示することができるわけです。

第３号の家具等の割引購入のあっせんと**第８号**の自他共通割引券の提供は類似した行為ですが、第８号の自他共通割引券は、その割引券を提供する不動産会社の供給又は媒介する物件を購入する場合にも、他の事業者（業種は問いません。）の供給する商品等を購入する場合にも使用でき、かつ、同額の割引を受けられるもの（10％引き等の同率の割引を受けられるものは総付景品の制限の範囲内でなければならないものとして取り扱われます。）でなければならないのに対し、第３号の家具等の割引購入のあっせんは、自己の取引での割引をする必要がなく、また、定率割引でも定額値引きでも差し支えありません。しかし、割引券という形で提供すると、総付景品の制限の範囲内でなければならないため、提携先である事業者が割引対象となる顧客かどうかがわかる割引券以外の方法をとる必要があります（例えば、住宅購入者に友の会の会員証を発行し、提携事業者にこれを提示して割引を受ける場合などが考えられます。）。

第８号の具体例としては、不動産会社Ａが10万円の「自他共通割引券」を提供した場合、これをもらった消費者はＡの提携先であるデパートで何かを購入する場合、10万円安く品物を買うことや、Ａ社の媒介で子供の賃貸アパートを借りる場合、媒介報酬額から10万円値引きしてもらうことができる場合などがあります。

第４号、第５号及び第６号に規定する経済上の利益は、いずれも購入者が負担すべきものですが、これを売主等が負担することは、利子補給と同様、事実上の値引と考えられるため、限度額を適用しないこととしたものです。

第７号の「自己の取引において用いられる割引券」は、定率割引又は定額値引きのいずれを約するものでも差し支えありませんが、特定の不動産又は役務と引き換えることにしか用いることができないものであってはなりません。例

えば、A社が売主として新築住宅（5,000万円）を販売するに当たり、A社の所有する○○別荘地内に所在する土地1区画（300万円）の引換券を提供する場合は、その土地を景品類として提供することと変わらないので、総付景品の限度額（取引価額の10％又は100万円のいずれか低い額）を超えるため、景品規約に違反する企画となります。

Ⅱ 開店披露、創業記念等の行事に際して提供する物品等

新店舗の開設に際し、来店者に対してもれなく記念品を提供する行為や、創立記念日を祝う催事を開催し、これに応募した者に対してもれなく物品等を提供する行為については、正常な商慣習に照らして適当な範囲内のものは限度額の適用をしないということです。

ただし、総付景品の限度額が取引価額の10％又は100万円のいずれか低い額までであるため、不動産業の場合はこの規定によらずとも相当値の張る物品を提供できます。例えば、不動産の売買とその媒介しかしていない事業者の場合、自己が媒介する最も安い物件の媒介に際し、受けられる媒介報酬限度額の10％までの景品類の提供ができます（最も安い物件価格が1,000万円とすると、39,600円（消費税課税事業者の場合）までの物品等を提供できます。）。

Ⅲ 著しい特典であるかのような広告の禁止等

景品規則第6条第2項は、前記Ⅰ及びⅡに該当する経済上の利益を提供する場合でも、相手方を懸賞の方法により限定したり、著しい特典であるかのように強調するような広告を禁止しています。

なぜなら、本条第1項は、これらの経済上の利益は基本的には景品類に該当するものであるけれども、実質的には値引に近い行為であることに着目して、限度額の適用をしないこととしたものですから、懸賞により提供する相手方を限定したり、著しい特典であるかのように強調するような広告をする場合まで、規制対象から除外する必要はないからです。

➡P.305～ **相談事例（景品規約関係）Q12 参照**

景品規約

8 その他の景品類の提供制限

【景品規約】
(一般消費者に対する景品類の提供の制限) －続き－
第3条

3 　第1項第1号の規定にかかわらず、「懸賞による景品類の提供に関する事項の制限」(昭和52年3月1日公正取引委員会告示第3号) 第4項の規定 (共同懸賞) に該当する景品類の提供については、同項の定めるところによるものとする。

4 　事業者は、一般消費者に対し、旅行、視察会その他名目のいかんを問わず、旅行先において不動産の取引の勧誘をする旨を明示しないで、宿泊旅行等への招待又は優待をしてはならない。

I　共同懸賞

　景品規約第3条第3項では、共同懸賞 (歳末セール等で商店街やショッピングセンター等に所在する店舗の相当多数が共同で懸賞景品を提供するものや、一定地域に所在する同業者の相当多数が共同で懸賞景品を提供するもの等) については、景品表示法に基づくいわゆる懸賞告示に準拠すると規定しており、同告示では、共同懸賞景品の最高限度額は30万円、提供できる景品類の総額は取引予定総額の3％以内と規定されています。

　なお、共同懸賞の詳細については、P.19〜「景品表示法による景品提供の規制　**3**　共同懸賞景品の最高限度額」をご参照ください。

➡P.317〜 相談事例 (景品規約関係) Q26 参照

Ⅱ 不動産取引の勧誘する旨を明示しない旅行招待等の禁止

　景品規約第3条第4項では、例えば、一般消費者に対し、ダイレクトメールや電子メール等で「2泊3日の北海道旅行に当選しました。無料でご招待します。」等と通知しておきながら、実際には旅行先で別荘等の取引を誘引するなど、不動産取引を勧誘する旨を明示しないで、旅行に招待又優待する行為を禁止しています。

景品規約

9 不動産公正取引協議会及び 不動産公正取引協議会連合会の事業

Ⅰ 各地区協議会 （景品規約4①）

不動産公正取引協議会	地　区
一般社団法人北海道不動産公正取引協議会	北海道の区域
東北地区不動産公正取引協議会	青森県、岩手県、宮城県、秋田県、山形県及び福島県の区域
公益社団法人首都圏不動産公正取引協議会※	茨城県、栃木県、群馬県、埼玉県、千葉県、東京都、神奈川県、新潟県、山梨県及び長野県の区域
北陸不動産公正取引協議会	富山県、石川県及び福井県の区域
東海不動産公正取引協議会	岐阜県、静岡県、愛知県及び三重県の区域
公益社団法人近畿地区不動産公正取引協議会	滋賀県、京都府、大阪府、兵庫県、奈良県及び和歌山県の区域
中国地区不動産公正取引協議会	鳥取県、島根県、岡山県、広島県及び山口県の区域
四国地区不動産公正取引協議会	徳島県、香川県、愛媛県及び高知県の区域
一般社団法人九州不動産公正取引協議会	福岡県、佐賀県、長崎県、熊本県、大分県、宮崎県、鹿児島県及び沖縄県の区域

※　不動産連合会の事務局は、公益社団法人首都圏不動産公正取引協議会が担当しています。

Ⅱ　不動産公正取引協議会が行う事業（景品規約4①）

1	この規約の周知徹底に関すること（景品規約4①(1)）。
2	この規約に関する相談に応じ、又はこの規約の適用を受ける事業者の指導に関すること（景品規約4①(2)）。
3	この規約の規定に違反する疑いのある事実の調査及びこの規約を運用するために必要な資料を収集するための実態調査に関すること（景品規約4①(3)）。
4	この規約の規定に違反する事業者に対する措置に関すること（景品規約4①(4)）。
5	不当景品類及び不当表示防止法その他公正取引に関する法令の普及及び違反の防止に関すること（景品規約4①(5)）。
6	関係官公庁及び関係団体との連絡に関すること（景品規約4①(6)）。
7	不動産取引の公正化に関して研究すること（景品規約4①(7)）。
8	一般消費者からの苦情処理に関すること（景品規約4①(8)）。
9	その他必要と認められること（景品規約4①(9)）。

Ⅲ　不動産公正取引協議会連合会が行う事業（景品規約4②）

1	前記Ⅱの各号（うち、3の事実の調査及び4の措置を除く。）に掲げる事業並びに第1項の公正取引協議会の事業に関する指導、助言及び協力に関すること（景品規約4②(1)）。
2	この規約の解釈及び運用の統一に関すること（景品規約4②(2)）。
3	消費者庁長官及び公正取引委員会に対する認定及び承認の申請並びに届出に関すること（景品規約4②(3)）。

景品規約

10 違反に対する調査・措置

I 違反に対する調査（景品規約5）

　各地区協議会は、景品規約第3条の規定に違反する事実があると思われる場合には、その事実について必要な調査を行うことができます。

　この調査に当たって、各地区協議会は、①規約に違反する疑いのある事業者又は参考人を招致して、問題となった景品提供企画に関する資料の提出を求め、同時に、調査に必要な事項についての報告や意見を求めたり、②当該事業者の事務所、現地案内所など事業を行う場所に立ち入ったりすることができます（景品規約5①）。

　景品規約に参加する事業者は、この調査に協力する義務があり（景品規約5②）、事業者がこの調査に協力しないときは、各地区協議会は当該事業者に対して調査に応ずるよう警告することができ（景品規約5③）、この警告に従っていないと認めるときは、当該事業者に対し③30万円以下の違約金を課すことができるとしています（景品規約6⑤）。

II 違反に対する措置（景品規約6）

　各地区協議会は、前記Iの手続きによる調査の結果、景品規約第3の規定に違反する行為があると認めるときは、当該違反行為を行った事業者に対し、①その違反行為を直ちに中止すること、若しくは、その違反行為を排除するために必要な措置を直ちに採るべきこと、②景品規約第3条の規定に違反する行為を再び行ってはならないことを警告し、又は、③50万円以下の違約金を課すことができるとしています（景品規約6①）。

　「**違反行為を排除するために必要な措置**」とは、景品規約に違反する景品提供企画を表示しているインターネット広告の削除、ポスターや看板等の撤去、チラシの配布の差止め、又は過大な景品類の提供行為によって一般消費者に与えた誤認を排除するため、訂正広告をすること等の措置をいいます。

　事業者は、これら警告等を受けたときは、その警告の内容となっている措置を直ちに実施し、あるいはその警告に再び違反する行為を行ってはなりません（景品規約6②）。

　各地区協議会は、事業者がこれらの義務を履行しない場合（例：所定の期日までに違反行為を中止しない、過大な景品提供企画の表示を削除又は撤去しない場合又は、再度、景品規約に違反する景品提供企画を行った場合）は、当該事業者に対し、300万円以下の違約金を課し、不動産公正取引協議会の構成員である資格を停止し、又は、除名処分をすることもできるとしています（景品規約6③）。

Ⅲ　措置に対する異議の申立て（景品規約6-2）

　景品規約第6条第1項に基づく警告又は違約金、同条第3項に基づく違約金、資格停止又は除名処分若しくは同条第5項に基づく違約金の措置を受けた事業者が、これらの措置に対し異議がある場合は、これらの措置に係る文書の送付があった日から10日以内に、当該措置を講じた不動産公正取引協議会に対し、文書により異議の申立てをすることができることとなっていますが、当該期間内に異議の申立てがなかった場合（異議の申立てがなく期間が満了した場合）は、異議の申立てをすることはできません。

　なお、異議の申立てがあった場合は、不動産公正取引協議会は、当該事業者に追加の主張及び立証の機会を与え、これに基づき審理を行うものとし、審理をした後、その結果を当該事業者に速やかに通知することとなっています。

Ⅳ　措置内容等の公表（景品規約6-3）

　第6条第1項又は第3項の規定に基づく措置を採った場合において、当該違反行為の及ぼす影響の程度等を勘案のうえ、特に必要があると認められるときは、違反事業者名、違反行為の概要及び措置の内容を公表することができることとしています。

「一般消費者に対する景品類の提供の制限」及び「取引価額」の概要

1 一般消費者に対する景品類の提供の制限（景品規約第３条関係）

景品類の提供の方法	景品類の最高限度額
① 一般懸賞景品（来場者、購入者等に抽選等で提供する場合）	取引価額の20倍又は10万円のいずれか低い価額 （取引予定総額の２％以内）
② 総付景品（購入者全員に、又は先着順で提供する場合）	取引価額の10％又は100万円のいずれか低い価額
③ 共同懸賞景品（多数の事業者が共同して実施する年末大売出し等で抽選等で提供する場合）	30万円 （取引予定総額の３％以内）
④ 取引の勧誘をする旨を明示しないで行う旅行等への招待、優待	0円（禁止）

2 取引価額（景品規則第５条関係）

取 引 態 様 等		取 引 価 額
① 売買等で売主又は代理の場合		物件価格
② 賃 貸	貸主又は代理の場合で賃貸住宅等の場合	・賃貸借契約を締結するために必要な費用の額（敷金など賃貸借契約満了後に返還される金銭を除く。） ・契約締結前に、一定期間契約を継続した後、賃借人に景品類を提供する旨を告知した場合は、上記費用に加え、当該期間内に賃借人が支払った賃料等の総額
	貸主又は代理の場合で借地権付物件の場合	権利金など返還されない金銭の授受があるものは、当該権利金の額（保証金、敷金など賃貸借契約満了後に返還される金銭を除く。）
③ 媒介の場合		媒介報酬限度額（ただし、売主、貸主等と共同して行う場合はそれぞれ上記による。）

【補足資料２】

オープン懸賞告示の廃止

　一般消費者を対象に取引に附随しないで抽選その他の方法により特定の者を選定し、金銭、物品その他の経済上の利益を提供する行為を、一般に「**オープン懸賞**」といい、新聞広告などでクイズを出題し官製はがきで回答を記載の上応募させ、この回答者の中から抽選に当たった当選者に多額の金銭や海外旅行、自動車などをプレゼントするような行為がこれに当たりますが、その**最高限度額は1,000万円**とされていました。

　景品類の提供については、景品表示法及び景品規約で規制されているほか、「取引に附随しない方法」により一般消費者に対して経済上の利益を提供するオープン懸賞は、景品表示法及び景品規約の規制を受けませんが、高額の景品提供は独占禁止法で禁止する不公正な取引方法に当たるものとして上限規制がされていたものです。

　しかし、公正取引委員会は、平成18年４月27日にオープン懸賞告示を廃止しました。廃止するに先立ち、次のとおり平成18年３月１日付けで「『広告においてくじの方法等による経済上の利益の提供を申し出る場合の不公正な取引方法』の廃止についての意見募集」（いわゆるパブリックコメント）を行っていますが、その「２　本廃止の趣旨」において、平成８年に限度額を100万円から1,000万円に引き上げたことに関して、「引上げ後の状況をみると、商品選択との関連が稀薄になってきていることには変わりがなく、また、上限金額又はそれに近い額のオープン懸賞を実施している例はほとんどみられないこと等から、オープン懸賞告示及びオープン懸賞告示運用基準を廃止することとするものです。」としています。

　なお、**オープン懸賞告示は廃止されましたが、このような手法による経済上の利益の提供が禁止となったわけではなく、上限規制がなくなった（1,000万円を超えてもよい。）**というものです。また、この廃止により懸賞の方法による景品提供は、どのような場合でもその限度額の適用がなくなったとの誤解が一部にあるようですが、従来のオープン懸賞の方法とは異なり、「取引附随性のある景品類の提供」は、前述の景品規約における懸賞景品の規制が適用されることとなり、その限度額は取引価額の20倍又は10万円のいずれか低い額となっているので、ご注意ください。

➡P.319〜 相談事例（景品規約関係）Q28・29 参照

「広告においてくじの方法等による経済上の利益の提供を申し出る場合の不公正な取引方法」の廃止についての意見募集

公正取引委員会

平成18年3月1日

このたび、「広告においてくじの方法等による経済上の利益の提供を申し出る場合の不公正な取引方法」（昭和46年7月2日公正取引委員会告示第34号）（以下「オープン懸賞告示」という。）の廃止について、広く国民等から意見を募集いたします。

今後、当委員会は、本案に対して寄せられた意見を踏まえて、オープン懸賞告示の廃止に係る手続を行うこととしています。

1　オープン懸賞告示の概要

オープン懸賞告示は、私的独占の禁止及び公正取引の確保に関する法律（昭和22年法律第54号）第2条第7項（現第2条第9項）の規定により、広告においてくじの方法等による経済上の利益の提供を申し出る場合の不公正な取引方法を指定したものです。

同告示では、顧客を誘引する手段として、広告において、一般消費者に対し、くじの方法等により特定の者を選び、これに正常な商慣習に照らして過大な金銭、物品その他の経済上の利益（不当景品類及び不当表示防止法（昭和37年法律第134号）第2条に規定する景品類に該当するものを除く。）を提供する旨を申し出ることを不公正な取引方法であると規定しています。

また、同告示に規定する「正常な商慣習に照らして過大な金銭、物品その他の経済上の利益」については、「広告においてくじの方法等による経済上の利益の提供を申し出る場合の不公正な取引方法の指定に関する運用について」（昭和46年7月2日事務局長通達第5号）（以下「オープン懸賞告示運用基準」という。）において、1,000万円を超える額の経済上の利益はこれに該当するものとすると規定されています。

2　本廃止の趣旨

平成8年2月に、取引に付随せずに行われるオープン懸賞の上限金額について、100万円を1,000万円に引き上げましたが、これは、「オープン懸賞告示

が制定された当時においては100万円という金額は相当大きな金額であったと思われるが、制定後20年以上経過した現在においては、その後の所得の増大や物価の上昇により相対的な価値が変動（低下）してきていると考えられること、また、規制導入以降の状況からみて、商品選択との関連が稀薄になってきていることから、上限金額を10倍に引き上げることとしたもの」です。

　引上げ後の状況をみると、商品選択との関連が稀薄になってきていることには変わりがなく、また、上限金額又はそれに近い額のオープン懸賞を実施している例はほとんどみられないこと等から、オープン懸賞告示及びオープン懸賞告示運用基準を廃止することとするものです。

（以下、略）

景品規約

第3編

相談事例
（表示規約関係）

① 広告表示の相談事例（表示規約関係）

相談事例

相談事例

景品表示法と公正競争規約の関係

景品表示法と公正競争規約の関係について教えてください。

　公正競争規約は、不当景品類及び不当表示防止法（景品表示法）第31条の規定により、事業者又は事業者団体が公正取引委員会と消費者庁長官から認定を受けて、表示又は景品類に関する事項について自主的に設定する業界のルールです。

　景品表示法は、不当な表示と過大な景品類の提供を禁止していますが、同法は多種多様な事業分野の広範囲な商行為を取締り対象としているので、規定は一般的・抽象的なものにならざるを得ません。一方、公正競争規約は、事業者又は事業者団体（不動産の公正競争規約は事業者団体）が自らの業界について規定を設けるものなので、その業界の商品特性や取引の実態に即して、景品表示法だけでなく、他の関係法令による事項も広く取り入れて、的確に、より具体的に、きめ細かく規定することができます。

　公正競争規約に参加する不動産事業者（＝公正取引協議会加盟事業者／全国9地区の不動産公正取引協議会を構成する都道府県単位の宅地建物取引業協会や全日本不動産協会等に所属する不動産事業者をいいます。）は、この公正競争規約を守ることにより、業界の公正な競争が確保されるとともに、一般消費者が適正な商品選択を行うことにつながります。

　また、公正競争規約は、公正取引委員会及び消費者庁長官から認定を受けたものですから、通常はこれを守っていれば景品表示法に違反することはありませんし（景品表示法の運用に際しては公正競争規約の規定及び運用が参酌されます。）、表示規約は宅建業法第32条の「誇大広告の禁止」、第33条の「広告の開始時期の制限」及び第34条の「取引態様の明示」に係る規定も取り込んでいますので、同様に守っていれば広告に関する内容で宅建業法に違反することもないといえます。

表示規約の規制を受ける物件とは

貸店舗や貸事務所、売工場等の事業用物件を広告する際に必ず書かなくてはならない事項はありますか。

　表示規約で規制している物件は、一般消費者向けに、主として居住の用に供される不動産（土地・建物）を対象としていますので、貸店舗や売工場等の事業の用に供される不動産については、規制対象とはしていません。

　しかし、事業用物件は宅地建物取引業法の規制（誇大広告の禁止、広告の開始時期の制限等）を受けることになりますので、この規制を取り入れ、より詳細な事項（必要な表示事項等）を定めた表示規約を準拠して広告していただくことを推奨しています。

　表示する事項については、貸店舗や貸事務所であれば賃貸住宅の必要な表示事項を定めた別表９を、売工場であれば中古住宅の必要な表示事項を定めた別表５を参考にしてください。

公正取引協議会加盟事業者とは

必要な表示事項の一つに、「公正取引協議会加盟事業者である旨」がありますが、この具体的な表示方法等について教えてください。

　全国９地区の不動産公正取引協議会は、それぞれの地区内に事務所を有し、宅地建物取引業を営む事業者の団体を会員として構成されています（表示規約25②）。これらの団体の会員となっている事業者が不動産の公正競争規約の適用を受けますので、当該事業者が、「公正取引協議会加盟事業者」となります（各地区の会員団体については、参考資料参照（P.525～））。

　表示方法は、「公益社団法人○○県宅地建物取引業協会会員」、「公益社団法人全日本不動産協会○○県本部会員」、「一般社団法人○○協会会員」等の貴社が入会している団体の表示に加え、該当する地区協議会に加盟している旨

（例：首都圏不動産公正取引協議会の加盟の場合には「公益社団法人首都圏不動産公正取引協議会加盟」）を表示してください。

外国人向けのインターネット広告に対する規制

日本の不動産事業者が、外国人に向けて、日本国内の不動産の取引に関する広告をインターネット上に外国語で掲載する場合、表示規約は適用されるのでしょうか。

表示規約は、公正取引協議会の加盟事業者（Ｑ１参照）が、日本国内の一般消費者（国籍を問いません。）に向けて行う、日本国内に所在する不動産の取引に関する表示に適用されます。

したがって、広告に用いる言語や広告手法、広告媒体等によって、表示規約の適用の有無が左右されることはありません。

なお、景品規約についても同様です。

社内資料やレインズ等の事業者間情報に対する規制

インターネット広告やチラシ広告は表示規約の規制対象となることは知っているのですが、社内資料やレインズ等の事業者間情報などは規制対象になりますか。

表示規約で規定する表示とは、「顧客を誘引するための手段として事業者が物件の内容又は取引条件その他取引（事業者自らが賃借の当事者となって行う取引含む。）に関する事項について行う広告表示」（表示規約４⑤）としており、その表示が「物件を購入又は賃借するために顧客（＝一般消費者）を誘引しているものと判断されるか否か」がポイントとなります。

ご質問の社内資料やレインズ等の事業者間情報などは、これらが一般消費者に対して提示されず、社内のみで利用されたり、あるいは、不動産事業者間でのみ利用されている限りにおいては、表示規約が適用される「表示」とはなり

ません。

　なお、レインズ等の事業者間情報の内容をそのまま流用（転載）して、インターネットやチラシに広告掲載するなどした場合には、その表示（B to C）は表示規約の規制を受ける広告表示となり、表示した内容の責任は、事業者間情報を提供した不動産事業者（元付業者又は管理会社等）ではなく、広告を実施した不動産事業者が負うことになりますので、その情報に記載された内容等が表示規約に照らして問題がないかどうか聞き取りしたり、仮に記載された内容に表示規約に違反するものがあれば、これを修正したりするなど、十分注意して広告してください。

Q6 電車の中吊り広告やダイレクトメール（DM）に対する規制

　新築分譲マンションの販売を計画しているのですが、まだ建築確認を受けていません。顧客の反響などをみたいと考えており広告代理店の担当者に相談したところ、「電車の中吊り広告やダイレクトメールは表示規約の規制対象とならない媒体であるため予告広告を行っても問題はない」と聞きましたが本当でしょうか。

　電車の中吊り広告やダイレクトメールが表示規約の規制を受けないというのは誤りです。これらは、表示規約第8条で規定する必要な表示事項（物件概要）の記載義務を課していない媒体ということだけであり、必要な表示事項以外の規定はすべて適用されます。

　広告代理店の担当者はおそらく、これらの媒体が必要な表示事項の規制を受けないことをもって、表示規約の適用がないものと勘違いしているものと考えられます。

　したがって、建築確認を受けていないため表示規約第5条の「広告表示の開始時期の制限」に違反することとなり、たとえ「予告広告」、「販売予定」等と称したとしても、また、いかなる媒体を用いたとしても、広告することは一切できません。

通行人に手渡しするポケットティッシュに挟み込む広告に対する規制

　当社では、販売促進のため、分譲中のマンション名や完成予想図等を描いた小さなビラをポケットティッシュに挟み込み駅前等で通行人に手渡ししようと考えています。このような販促物も表示規約の適用を受けるのでしょうか。

　表示規約で規定する表示とは、「顧客を誘引するための手段として事業者が物件の内容又は取引条件その他取引（事業者自らが賃借の当事者となって行う取引を含む。）に関する事項について行う広告表示」（表示規約4⑤）をいいます。通行人に手渡しするポケットティッシュに特定の物件の表示をしたビラを挟み込んでいるため表示規約の適用を受ける広告になります。

　しかし、新聞折込チラシやインターネット広告とは異なり、表示規約第8条の必要な表示事項の適用を受ける媒体ではありませんので、挟み込んだビラに何を表示するかは原則として広告主の自由になりますが、必要な表示事項以外の規制は受けます。例えば、表示する内容が表示規約第15条の表示基準に定めがあるものであればそれに則って表示しなければなりませんし、また、第23条の不当表示に該当するような表示も行わないようにしなければなりません。

オンライン内見（動画等）に対する表示規約上の取扱い

　スマートフォン等を用いてオンラインで物件を内覧する手法（オンライン内見）が増えていますが、物件の動画等をオンラインで見せることも表示規約の規制対象になりますか。また、当社で管理している賃貸アパートの一室を募集するにあたり、まだ入居中のため内見できない場合に広さ、間取り等は異なりますが、別の部屋を見せることはできるので、広告に「オンライン内見可」と表示することは可能でしょうか。

　オンラインで物件を見せることも、実際に物件現地に出向いて物件そのものを見せるのも、表示規約第4条第5項で定める「表示」に該当するため、表示

規約の規制を受けます。

　また、取引対象物件ではなく、別の部屋を内見させる場合に、単に「オンライン内見可」と表示してしまうと、取引対象の部屋が見られると誤認されますので、事実に相違する部屋の動画を表示したこととなり、不当表示に該当します（物件の写真や動画等は、表示規約第23条第42号において優良誤認表示だけでなく、事実に相違する表示も不当表示としています。）。

　したがって、取引対象となる部屋が入居中で内見できない場合など、やむを得ない事情で別の部屋を内見させる場合には、あくまで参考として見ることについて了承を取ったうえ、相違する点について、間取り図を示すなど、詳しく説明してください。

Q9　店舗を含む一棟売り中古マンションの広告に対する規制

　店舗や事務所といった事業用の不動産は、表示規約の規制対象外ということは知っているのですが、1階部分の3室が店舗になっている総戸数25戸の5階建てマンション一棟を一括して販売することになりました。この場合は居住用住戸があるので表示規約の対象となると考えるべきでしょうか。

　総戸数25戸のうち3戸を除いた22戸が居住用の住戸であるということから、このマンションは表示規約の対象となる「一棟売りマンション」として取り扱うことができます。インターネットや新聞折込チラシで広告する場合には必要な表示事項の規定が適用されますので、別表5の事項を表示してください。

　なお、総戸数の過半が店舗や事務所等であれば、これは事業用の建物であると区分し、表示規約の対象とする「一棟売りマンション」とは扱わないこととしています。

土地の仲介の依頼を受けましたが、土地のみの情報ではインパクトが弱いこと、また、当社は建設業の許可も受けていること等から、広告に建物の間取図をプラン例として掲載し、建物の建築請負の注文も併せて取りたいと考えています。下記の広告案を作成したのですが問題ないでしょうか。

〔広告案〕

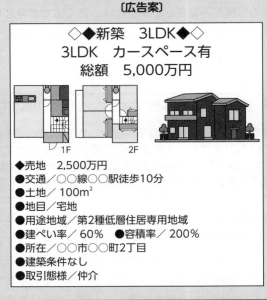

◇◆新築　3LDK◆◇
3LDK　カースペース有
総額　5,000万円

1F　　　2F

- ◆売地　2,500万円
- ●交通／○○線○○駅徒歩10分
- ●土地／100m²
- ●地目／宅地
- ●用途地域／第2種低層住居専用地域
- ●建ぺい率／60%　●容積率／200%
- ●所在／○○市○○町2丁目
- ●建築条件なし
- ●取引態様／仲介

この広告は、「売地 2,500万円」との記載はあるものの、「新築　3LDK」、「総額 5,000万円！！」と大きく記載する等、広告全体からは5,000万円の新築住宅を取引するものであると認識され、建築確認を受けていないことから広告表示の開始時期の制限に違反するものとなります。

貴社は、土地の売却依頼を受けているにすぎないのですから、広告は取引の対象が土地であることを明確にして表示する必要があり、新築住宅の広告と誤認されるような表示はしてはなりません。

なお、建設業の許可を受けているとのことですので、顧客の希望に応じて建

物建築の注文を受けること自体は問題にはなりませんし、その旨を表示することは差し支えありません。以下の表示例を参考にして広告案を修正してみてください。

〔正しい表示例〕

◆売地　2,500万円
●交通／○○線○○駅徒歩10分
●土地／100m²
●地目／宅地
●用途地域／第2種低層住居専用地域
●建ぺい率／60%　●容積率／200%
●所在／○○市○○町2丁目
●建築条件なし
●取引態様／仲介

当社で建物の建築も承ります
◆参考プラン　・建物面積100m²　・建物参考価格2,500万円
・建築の際は建物価格の他に設計費用65万円、地盤改良工事費50万円が必要です。

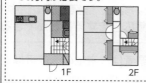

1F　　2F

相談事例

Q11 道路の位置指定番号がおりていない分譲地の広告に対する規制

当社では8区画の宅地を分譲する予定で、現在造成工事中です。分譲地内の道路についてはまだ建築基準法第42条第1項第5号の道路の位置指定を受けておりませんが、この時点で広告をすることは可能でしょうか。

未完成物件の売買等（青田売り）に関し、宅建業法第33条（広告の開始時期の制限）では、「宅地建物取引業者は、宅地の造成又は建物の建築に関する工事の完了前においては、当該工事に関し必要とされる都市計画法第29条第1項又は第2項の許可、建築基準法第6条第1項の確認その他法令に基づく許可等の処分で政令で定めるものがあつた後でなければ、当該工事に係る宅地又

227

は建物の売買その他の業務に関する広告をしてはならない。」と規定しており、表示規約も第5条で同様の規制をしています。

「政令で定めるもの」とは宅建業法施行令第2条の5において定められており、この中にはご質問の道路の位置指定は含まれていないため、その指定前（番号がおりる前）であっても広告をすることができます。

なお、道路の位置指定を受けるまでは当該分譲地は未完成のものとして扱いますので、チラシやインターネットで広告する際には、位置指定の番号がおりる時期を工事の完了予定年月として表示する必要があります。

Q12 建築確認申請中の賃貸マンションを媒介する場合の広告の取扱い（所有者は非宅建業者）

宅建業の免許のないＡ社（所有者）から総戸数30戸の新築賃貸マンションの賃借人の募集を依頼されました。現在、建築確認申請中ですが、この時点で当社が媒介として賃借人の募集広告をすることができるでしょうか。

宅建業法第33条は、「宅地建物取引業者は、宅地の造成又は建物の建築に関する工事の完了前においては、当該工事に関し必要とされる都市計画法第29条第1項又は第2項の許可、建築基準法第6条第1項の確認その他法令に基づく許可等の処分で政令で定めるものがあった後でなければ、当該工事に係る宅地又は建物の売買その他の業務に関する広告をしてはならない。」と規定しています。また、「売買その他の業務に関する広告」とは、同法第2条第2号に定める宅地建物取引に該当する業務に関する広告、すなわち「宅地若しくは建物（建物の一部を含む。以下同じ。）の売買若しくは交換又は宅地若しくは建物の売買、交換若しくは貸借の代理若しくは媒介をする行為」をいいます。

したがって、貸主であるＡ社が宅建業の免許がない場合であっても貴社がその物件を媒介として広告をするということですから、宅建業法第33条及び表示規約第5条の規定が適用され、貴社は建築確認を受けるまでは一切の広告をすることはできません。

Q13 予告広告に対する広告表示の開始時期の制限の適用

広告会社から、予告広告については予告広告である旨及び販売を開始するまでは、契約又は予約の申込みには一切応じられませんと明示すれば、表示規約第５条の広告表示の開始時期の制限は適用されないと聞きましたが、本当でしょうか。

予告広告も物件の取引の内容又は取引条件に関する広告ですから、表示規約第５条の規定の適用を受け、建築確認や開発許可を受けるまでは「予告広告」と称したとしても一切の広告をすることはできません。

Q14 新築住宅の青田売りと建築条件付土地販売の違い

当社では、今回はじめて建築条件付土地を販売することになりました。普段から広告を多くはしていないため、新築住宅の青田売りと建築条件付土地の違いがよくわかりません。違いも含めて建築条件付土地の広告の仕方について教えてください。

まず、「新築住宅の青田売り」は、建築確認を受けて新築住宅として未完成の状態で販売するものであって、契約は「土地付き建物の売買契約」の１つとなりますので、いわば既製品の販売ということになります。間取りや仕様、設備等は売主が決定したものとなります。

次に、「建築条件付土地」とは、土地を販売するに当たり、売主と土地購入者との間において、売主又は売主の指定する建設業者との間に、当該土地に建築する建物について一定期間内に建築請負契約が成立することを条件として売買される土地をいいます。建築条件付土地は、建築確認を受けていないため土地付住宅として広告・販売することはできません。契約は、土地については「売買契約」、建物については「建築請負契約」の２つとなります。つまり、建物は土地購入者の注文を受けて請負契約を結び建築することになり（フリープラン、オーダー建築）、建物の間取りや仕様、設備等の決定権は土地購入者にあるわけです。

結果的には土地と建物を取引するという意味で、新築住宅の青田売りと建築条件付売地とはよく混同されますが、似て非なるものです。

　また、「売建て住宅」との言い回しがありますが、これは建築確認を受けず販売してから建築するというもので、単なる「違法な新築住宅の青田売り」を言い換えているにすぎません。

　なお、建築条件付土地は、取引の対象が土地ですから、広告に際しては新築住宅の取引であると誤認されないようにする必要があります。建物の完成予想図や間取り図を大きく掲載したり、土地価格と建物価格を合算した総額を大きく表示するなどした場合には、広告全体から新築住宅を取引する広告であると誤認され、表示の建物については建築確認を受けていないことから、広告表示の開始時期の制限に違反するものとなります。

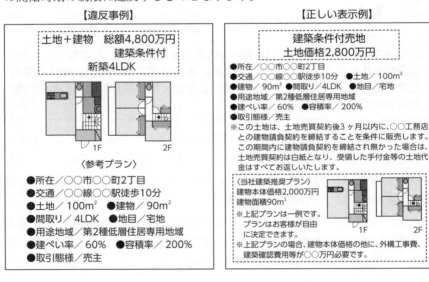

【違反事例】

土地＋建物　総額4,800万円
建築条件付
新築4LDK

1F　　2F

〈参考プラン〉
●所在／○○市○○町2丁目
●交通／○○線○○駅徒歩10分
●土地／100m²　●建物／90m²
●間取り／4LDK　●地目／宅地
●用途地域／第2種低層住居専用地域
●建ぺい率／60%　●容積率／200%
●取引態様／売主

【正しい表示例】

建築条件付売地
土地価格2,800万円

●所在／○○市○○町2丁目
●交通／○○線○○駅徒歩10分　●土地／100m²
●建物／90m²　●間取り／4LDK　●地目／宅地
●用途地域／第2種低層住居専用地域
●建ぺい率／60%　●容積率／200%
●取引態様／売主
※この土地は、土地売買契約後3ヶ月以内に、○○工務店
　との建物請負契約を締結することを条件に販売します。
　この期間内に建物請負契約を締結され無かった場合は、
　土地売買契約は白紙となり、受領した手付金等の土地代
　金はすべてお返しいたします。

〈当社建築推奨プラン〉
建物本体価格2,000万円
建物面積90m²
※上記プランは一例です。
　プランはお客様が自由
　に決定できます。　　　1F　　2F
※上記プランの場合、建物本体価格の他に、外構工事費、
　建築確認費用等が○○万円必要です。

Q15 ポスティングチラシを併用した特定人に対する面接調査

新築分譲マンションを建設・販売するための用地を取得しましたが、具体的な商品企画を立てる参考として、一般消費者のニーズをつかむための調査を実施するに当たり、ダイレクトメールと電子メールによる通信調査のほか、当該用地周辺の各家庭にチラシを配布しての調査を併用したいと考えているのですが、問題ないでしょうか。

　宅地の造成工事又は建物の建築工事が完了していない物件については、都市計画法第29条の開発許可又は建築基準法第6条の確認等を受けるまでは、広告その他の表示をすることはできません（表示規約5）。

　しかし、一般消費者の価値観が多様化している今日、ニーズに合った物件を供給するためには、開発予定地の立地等を前提として、一般消費者の意見や要望等を適確に把握する必要があります。

　そこで、表示細則第1項において、特定人に対する面接調査等の取り扱いを規定し、その第1号に「特定の物件の開発企画の参考とするために行う特定人に対する面接調査又は通信調査（以下「面接調査等」という。）であって、次に掲げる事項を、分かりやすい表現で明りょうに表示しているものについては、特定の開発予定地を明示してその開発構想を示す場合であっても、宅地の造成工事又は建物の建築工事完了前の物件の取引に関する広告表示としては取り扱わないものとする。」と規定しています。

　つまり、表示規約第5条（広告表示の開始時期の制限）の規定の適用が除外されるのは、一般消費者の意見を聴く方法として面接調査又は通信調査による場合で、かつ、一定の要件を満たした場合に限ることが前提となっています。

　お尋ねの調査のうち、ダイレクトメールと電子メールはこれに適合するものといえますが、物件周辺の家庭に配布するチラシは面接にも通信にも該当しないため、実施することはできません。

　なお、表示細則については、P.388〜をご参照ください。

Q16 入居予定時期が確定できない場合の広告

新築分譲マンションの広告を作成していますが、災害の影響で資材等の調達に時間がかかっています。このため完成時期と引渡し時期の目途がたちません。表示規約では、建物の建築年月や引渡し可能年月が必要な表示事項になっていますが、このような状況ではどのような表示をすればよいでしょうか。

新築分譲マンションの広告において、「建物の建築年月」と「引渡し可能年月」は必要な表示事項となっており、表示を義務付けています。

2011年に発生した東日本大震災の際にも資材等の調達が遅れ、引渡しの目途がたたないという事態がありました。このような状況下であっても、これらを必ず記載することとして取り扱うと、事実上、広告することができないことになりますので、「未定」等と表示することを例外的に認めていたことがあります。現下においても様々なことが要因でこのような事態となるケースが想定されますので、表示例を参考に、臨機応変に対応していただいて構いません。

なお、引渡し予定年月等を記載して広告をしていたものの、その後、同様の理由により遅れることとなった場合には、その旨を付記してください。

表示例

① 予告広告の場合
- 「工事完了予定年月：未定（災害の影響で資材等の入荷予定時期が未定となったことによるものです。）」
- 「引渡し可能年月：未定（同上)」
② 本広告の場合
- 「工事完了予定年月：未定（前回の広告で工事完了予定年月を『○年○月』と記載しておりましたが、災害の影響で資材等の調達時期が未定となったことによるものです。）」
- 「引渡し可能年月：未定（同上)」

ダイレクトメール（DM）や現地看板への物件概要の表示義務

建築確認を受けたばかりで価格その他の取引条件がまったく決まっていない新築分譲マンションの広告を消費者にダイレクトメールで送付するほか、現地に看板を掲出したいと考えていますが、物件概要は必要でしょうか。

表示規約第8条の必要な表示事項（物件概要）の規制は、インターネット広告、新聞、雑誌、新聞折込チラシ等（ポスティングチラシを含む。）及びパンフレット等の5つの媒体にのみ適用され、お尋ねのダイレクトメール（DM）や現地看板には必要な表示事項の記載義務を課していません。

したがって、どの概要を表示するかは原則として広告主の自由ですが、表示した内容が表示規約第23条の不当表示であったり、第15条の表示基準等に適合しないものである場合には表示規約違反となりますのでご注意ください。

ポスティングチラシの表示規約上の取扱い

新築分譲住宅の営業担当者が物件所在地、総戸数、土地面積、建物面積、最寄駅までの徒歩所要時間のみを記載し、完成予想図を掲載したチラシを作成し、200枚ほど物件周辺の住宅のポストに投函しようと考えていますが、このようなチラシも表示規約の規制を受けるのでしょうか。

ポスティングチラシは、販売物件の周辺等にそれほど多くない部数を配布するので必要な表示事項（物件概要）の記載義務がない広告だと思っている方がいますが、その考えは誤りです。ポスティングチラシは、施行規則第2条第3号で定める「新聞折込チラシ等（新聞に折り込まれ、又はその他の方法により配布されるチラシ又は掲出されるビラ等（店頭ビラを除く。）による広告表示をいう。）」に該当しますので、必要な表示事項を満たす必要があります。

したがって、ご質問の記載事項だけでは、新築分譲住宅の必要な表示事項が不足しているため、表示規約第8条に違反することになります。

また、もう一つご注意いただきたい点は、建築確認を受けているかどうかで

相談事例

す。もし、この新築分譲住宅が建築確認を受けていないのであれば、必要な表示事項違反だけでなく、広告表示の開始時期の制限（表示規約５）にも、宅建業法第33条にも違反することになります。

Q19 物件概要の一部のみ表示し、詳細は会員登録をした者だけが見ることができるインターネット広告の実施

インターネットにおいて、次の表示例のように「会員限定!!　未公開物件!!」、「詳細はこちら」等と題して必要な表示事項の一部だけを表示するのみで、個人情報を入力し、会員登録をしないと詳細な物件概要（必要な表示事項）が閲覧できないというホームページがあるのですが、このような広告は問題ないのでしょうか。

> 会員限定！！　　未公開物件情報！！
> ・「新築住宅　○○区○○３丁目　○○駅徒歩５分」
> ・「新築住宅　○○区○○１丁目　○○駅徒歩７分」
> ※　詳細な情報は、会員登録をしていただくとご覧になることができます。
> 　　登録はこちら

　インターネット広告は、表示規約第８条の必要な表示事項（物件概要）が適用される媒体であり、必要な表示事項は「見やすい場所に、見やすい大きさ、見やすい色彩の文字により、分かりやすい表現で明瞭に表示しなければならない。」と規定しています。必要な表示事項の一部だけ表示し、全ての事項は会員登録をしなければ見ることができないという広告手法は、必要な表示事項を明瞭に表示しているとはいえず、同条に違反するものです。

　会員登録をしないと見ることができない物件情報があり、その旨を表示する場合には、会員登録前のページ（画面）では、物件情報や物件概要は一切表示せずに、例えば「当社の会員にご登録いただいた方のみに提供する物件情報もございます。興味のある方は会員登録手続きを行ってください。追って、ＩＤとパスワードをご連絡いたします。」等と記載のうえ、実施してください。

引渡しがすぐにできる物件の引渡し可能年月の表示方法

広告する物件は空室のため、引渡しは残代金の決済が終わり次第いつでも可能な状況です。インターネット広告には「引渡し可能年月」の表示が義務付けられたと聞きましたが、この場合に「即可」と表示しても問題はないでしょうか。

2022年9月1日施行の改正表示規約において、完成しているか否かを問わず、「引渡し可能年月」の表示を義務付けました。

事項に「年月」とあるので「○年○月と必ず記載しなければならないのか」との相談も寄せられていますが、残代金決済後すぐに引渡しができる物件の場合、決済時期の年月が流動的であることから、具体的な年月を記載しなくても、この場合には「即可（残代金決済後）」等と表示していただいて構いません。

公共交通機関がない場合の交通の表記

公共交通機関を利用することが通例ではない地域の物件を広告する場合、交通の利便について、どのように表示すればよいでしょうか。

インターネットや新聞折込チラシにおいては、交通の利便の表示を義務付けており、従来の表示規約においては、公共交通機関を利用することが通例でない場合であっても、最寄駅等までの道路距離を表示しなければなりませんでしたが、2022年9月1日施行の改正表示規約において、公共交通機関を利用することが通例ではない場合には、交通の利便表示を省略することができるようになりました。

なお、従来の最寄駅等からの道路距離を表示することを不可としたものではありません。

相談事例

施工会社の名称表示

新築分譲マンションの広告に施工会社名を記載しなければならないと聞いたのですが、一括下請により施工する場合は、元請業者名だけ記載すればよいでしょうか。

新築分譲マンションの広告において、「施工会社の名称又は商号」は必要な表示事項の一つとして規定しており、インターネット広告、パンフレット等、新聞折込チラシ等、新聞記事下広告及び住宅専門雑誌記事中広告を用いて広告する場合にはこれを記載する必要があります。

また、一括下請により施工する場合には、建設業法で用いられる「元請負人及び一括下請負人」の用語に併せて、複数の施工会社の名称又は商号を明瞭に表示する必要があります。元請負人又は一括請負人の一方の名称又は商号しか表示しない場合は、必要表示事項不記載及び不当表示として取り扱われます。

なお、新築分譲住宅においては、施工会社の名称又は商号を必要な表示事項としていませんが、任意事項として施工会社の名称又は商号を表示する際には、当該施工が発注者の書面による承諾を得て、元請負人による下請負人に対する一括下請負によりなされるものである場合においては、新築分譲マンションが一括下請負人により施工されるものである場合と同様に、複数の施工会社の名称又は商号等を表示する必要があります。

元請負人又は一括下請負人の一方の名称又は商号しか記載しない場合は、不当表示として取り扱われますのでご注意ください。

表示方法については、P.384～を参照ください。

ＳＮＳを利用した広告に対する物件概要の取扱い

ＳＮＳに販売中の新築住宅が完成したので見学に来てくれるよう、「建物完成しました。ぜひ一度ご覧ください。」とのみ投稿をしようと考えています。の物件概要は必要でしょうか。

　ＳＮＳを利用した物件の販売や賃借人の募集を目的とした「投稿」は、表示規約第４条第５項で規定する「表示」に該当し、ポータルサイトやホームページ等と同様、販売や募集広告を行えば、表示規約の規制を受けるインターネット広告に該当します。

　したがって、物件概要（必要な表示事項）を記載する必要があります。

　なお、物件概要は、そのＳＮＳ上で全て表示することが望ましいのですが、その物件の概要が表示されている他のサイトへリンクを設定していただくことでも可としています。

　また、未完成の新築住宅や一定規模の開発分譲地などは、これらの工事に必要な建築確認や開発許可が取れていないとＳＮＳであっても表示できませんので、こちらも覚えておいてください（表示規約５）。

Q24　一般定期借地権付物件の表示方法

一般定期借地権付の新築住宅や新築分譲マンションの表示方法をお教えください。

　借地借家法第22条の規定による一般定期借地権の取引においては、一般消費者に正しく理解してもらうために、次の事項を表示することが望ましいと考えられます。
① 　その特約の内容
　　ア　契約の更新がないこと
　　イ　建物の築造による期間の延長がないこと
　　ウ　借地借家法第13条の建物買取請求ができないこと
② 　地代の改訂に関する定めがあるときはその概要
③ 　権利金等一般定期借地権の設定の対価を必要とするときはその旨及びその額並びに当該金銭の法的性格
④ 　保証金、敷金等を必要とするときは、その旨及びその額並びに当該金銭授受の法的性格（償却する場合はその旨及びその額並びに方法）
⑤ 　当該借地権の譲渡又は転貸の可否及びその条件

⑥　当該借地権の登記の可否

⑦　契約期間満了時における借地権者の義務

　なお、③の権利金等及び④の保証金等の額については、価格の表示に続けて明示する必要があります。

表示例（新築住宅の場合）

建物価格／2,500万円

借地の権利金／200万円（借地権設定対価）

保証金／300万円

【土地の権利形態等】

一般定期借地権（賃借権）、存続期間／50年、期間満了時に更地返還要。建物の買取請求、契約更新及び改築等による期間延長不可。地代／月額8,500円（3年ごとに改定）。権利金は借地権設定対価であり返還されません。保証金は期間満了時に全額返還（無利息）。借地権の譲渡・転貸／可。ただし地主の承諾要（承諾料不要）。借地権設定登記／可。

　また、分譲マンションの場合も新築住宅の場合と同様の事項を表示すればよく、通常の所有権の場合に必要な表示事項を記載したうえで、定期借地権特有の事項を表示すればよいでしょう。

　なお、定期借地権付住宅は所有権に比べ「安い」等の表示をすると、表示規約第22条に違反する不当な比較広告となるおそれがありますのでご注意ください。

Q25　予告広告の段階で販売した場合の取扱い

　新築分譲マンションの予告広告を行ったところ、予想を超える集客がありました。本広告を行わずに販売することはできますか。

　予告広告は、「本広告（第8条に規定する必要な表示事項を全て表示して物件の取引の申込みを勧誘するための広告表示をいう。）に先立ち、その取引開

238

始時期をあらかじめ告知する広告表示」（表示規約4⑥(3)）をいい、本広告をすることを前提として表示規約第8条で定める必要な表示事項の一部の省略を特例として認めているものです。

したがって、本広告を行わずに販売した場合には、当該広告はもはや予告広告とは認められず、必要な表示事項を記載していない違反広告であり、また、予告広告に必ず記載しなければならない事項の一つである「本広告を行い取引を開始するまでは、契約又は予約の申込みに一切応じない旨及び申込みの順位の確保に関する措置を講じない」ことに反する行為でもありますので、予想を超える集客があったとしても本広告を行わずに販売（売買契約の締結（予約を含む。））をすることはできません。

Q26 「会員限定分譲」と称して本広告実施前に販売した場合の取扱い

第1期の新築分譲マンションの予告広告をホームページや住宅情報誌で行っておりますが、予想以上に反響があり、モデルルームに多数の購入希望者が来ています。そこで、本広告を行う前に購入希望者が「〇〇マンション倶楽部会員」に入会すれば一般分譲に先駆けて販売することとし、来場者に「〇〇マンション倶楽部会員限定分譲のお知らせ　〇月〇日から先着順登録開始」等と記載した電子メールを送りたいと考えていますが、問題あるでしょうか。

予告広告を行った場合は、本広告を行うまでは、契約又は予約の申込み及び申込みの順位の確保につながる行為はできません。

予告広告は「……価格等が確定していないため、直ちに取引することができない物件について、その本広告に先立ち、その取引開始時期をあらかじめ告知する広告表示をいう。」（表示規約4⑥(3)）と規定し、第8条に規定する必要な表示事項のうち、新築分譲マンションの場合は、価格、販売戸数、管理費等の一部の事項を省略できる代わりに、①予告広告である旨、②価格が未定である旨、③販売予定時期、④本広告を行うまでは、契約又は予約の申込みに一切応じない旨及び申込みの順位の確保に関する措置を講じない旨、並びに⑤予告広

告をする時点において、販売戸数が確定していない場合は、（ア）販売戸数が未定である旨、（イ）物件の取引内容及び取引条件は、全ての予定販売戸数を基に表示している旨及びその戸数、（ウ）当該予告広告以降に行う本広告において販売戸数を明示する旨を記載するよう定めています（表示規則5②）。

したがって、本広告を実施する前に来場者に対し「○○マンション倶楽部会員限定分譲のお知らせ　○月○日から先着順登録開始」等と記載した電子メールを送り販売を開始することは、この規定に違反することになります。たとえ反響が多くあったとしても、お尋ねのような広告はできませんので、必ず本広告を行ってから販売してください。

Q27 本広告で表示した最低価格が予告広告で表示した最低価格と異なる場合の取扱い

総戸数60戸の新築分譲マンションを数期に分けて販売したいと考えていますが、第1期の販売戸数が確定していませんので、60戸全体の予定価格（予定最低価格、予定最高価格及び予定最多価格帯）、専有面積及びバルコニー面積を表示して予告広告を行う予定です。第1期の本広告において、予告広告に記載した予定最低価格に対応する住戸を第1期の販売対象とせず、次期以降の販売対象とした場合、第1期の本広告の価格だけをみると、予告広告において記載した最低価格に対応する住戸がないため値上げしたものとみなされ、表示規約に違反することになるでしょうか。

表示規約では、予告広告をする時点において、販売区画や販売戸数、賃貸戸数が確定していない場合は、「販売区画数、販売戸数又は賃貸戸数が未定である旨」、「物件の取引内容及び取引条件は、全ての予定販売区画、予定販売戸数又は予定賃貸戸数を基に表示している旨及びその区画数又は戸数」及び「当該予告広告以降に行う本広告において販売区画数、販売戸数又は賃貸戸数を明示する旨」を表示するよう規定しています。

第1期の販売対象に予定最低価格の住戸がなく、本広告で表示した最低価格が予告広告で表示した予定最低価格を上回っていたとしても、次期以降に該当住戸を販売していれば、表示規約に違反するものと扱っていません。

Q28　予告広告後に販売戸数を減らす場合の取扱い

　新築分譲マンションの予告広告に「販売戸数　70戸」と表示して行ったのですが、反響があまりよくないため、販売戸数を35戸に減らして本広告をしたいと考えています。気をつける点はあるでしょうか。

　様々な理由により、予告広告で表示した内容を変更したいという相談はよく寄せられますが、それが一般消費者にとって不利益となるもの（今回のケースのように販売戸数が減るということは一般消費者にとって選択肢が減ることになるため）であれば、不当表示に該当するので行ってはなりません。

　しかしながら、やむを得ない事情がありどうしても変更しなければならない場合には、訂正広告（お詫びの文章を付記する必要があるでしょう。）を行う必要があります。これが不利益を与えないものであっても予告広告に限らず、あらゆる広告表示において訂正広告を実施する必要があります（表示規約24①）。

　本広告で販売戸数を少なくするとのことですから、予告広告で表示した販売

相談事例

戸数の表示は、前述のとおり、実際のものよりも有利であると誤認されるおそれのある不当表示となりますが、広告主自らが変更した内容についてお詫びを含む訂正広告を実施することは、不当表示による一般消費者の誤認排除につながるものであるとして評価されます。一方、変更した内容を告知せず、そのまま販売をした場合には、予告広告における不当表示を放置するだけでなく、一般消費者とのトラブルになるおそれがあります。

　訂正広告を行う場合には、原則として、同一媒体で行う必要があり、訂正広告以外に、現地販売事務所やホームページ等、より多くの媒体等で訂正広告を行うことが望ましいです。また、訂正広告の内容とその方法についてもご注意いただく点があります。訂正広告の中には、その内容が極めて小さな文字で記載しているものや、訂正の内容が「広告表示の内容に一部誤りがありました。」等と、具体的な内容が明らかになっていないものが見受けられます。このような表示では、訂正広告を実施したと評価されませんので、訂正広告の大きさや配置及び内容等には十分留意して行うようにしてください。

　また、販売戸数を変更すると単に戸数だけでなく、専有面積の最小・最大や予定価格及び予定最多価格帯の表示をしていた場合には、その数値も変更となる可能性がありますので、戸数だけの訂正だけでなく、変更となるすべての事項について訂正をするようにしてください。

　なお、安易な販売計画の変更は貴社だけでなく、不動産業界全体に対する信頼を失うことになる可能性があり、訂正広告を実施すれば、予告広告の内容を自由に変更できるというわけではありませんので、広告をする場合には、販売計画を慎重に立ててから行ってください。

Q29　予告広告と本広告の媒体変更の取扱い

　新築分譲マンションの予告広告を物件公式ホームページのほかに新聞と住宅情報誌で実施する予定ですが、本広告は物件公式ホームページのみで実施することができますか。

　2022年9月1日施行の改正表示規約において、予告広告と本広告は同一の

媒体で実施するという従来からの規定に加え、あらかじめ、予告広告に本広告を行うサイト名やＵＲＬ、掲載時期を明示しておけば、インターネットのみで本広告を実施できることとしました。

Q30 ダイレクトメールで実施した予告広告と本広告の取扱い

> 新築分譲マンションを販売するに当たり、当社の友の会会員に対し、ハガキによるダイレクトメール（DM）を送ることを考えています。建築確認は取得済みですが価格については決定していません。そこでDMに「予告広告」と記載のうえ、「販売予定時期／12月上旬」、「販売価格／未定」等と記載したいと考えていますが、予告広告と表示した場合、販売を開始する前までにDMによる「本広告」を同じ友の会会員に実施する必要があるのでしょうか。

予告広告とは、表示規約第8条の必要な表示事項の規制の特例として、消費者に物件選択の時間的余裕を与えるため、分譲宅地、新築分譲住宅、新築分譲マンション、一棟リノベーションマンション、新築賃貸マンション及び新築賃貸アパートに限り、価格等が確定する前であっても価格等の取引条件以外の物件内容について広告できる途を開くための手法として認めているものです。

また、必要な表示事項の規制は、インターネット広告、新聞折込チラシ等、新聞、雑誌及びパンフレット等の5つの媒体で広告をする場合に適用しているものです。

ご質問のダイレクトメールは、これら5つの媒体に含まれないため必要な表示事項の規制が適用されませんので、当然、規約で規定する予告広告には該当しませんし、本広告を行わなくても表示規約に違反するものではありません。

Q31 予告広告ができる中古マンションとは

2022年9月1日の表示規約の改正に伴い、中古マンションであっても予告広告ができるようになったと聞きました。中古マンション1住戸であっても予告広告ができることになったということでしょうか。

　2022年9月1日施行の改正表示規約において、中古マンションのうち「共同住宅等の1棟の建物全体（内装、外装を含む。）を改装又は改修し、マンションとして住戸ごとに取引するものであって、当該工事完了前のもの、若しくは当該工事完了後1年未満のもので、かつ、当該工事の完了後居住の用に供されていないもの」を一棟リノベーションマンションと新たに定義し、販売戸数が2戸以上であれば予告広告ができる物件種別に追加しましたが、中古マンション全てについて予告広告ができることに変更したわけではありません。

　また、1住戸ずつ改装して販売していくものも、今回、定義した一棟リノベーションマンションには該当しないため、予告広告をすることはできません（小出しで順次、改装・販売するものは中古マンションの扱いです。）。

Q32 予告広告で価格発表会を開催する旨を表示することの取扱い

予告広告において、本広告前に販売センター等で価格発表会を開催する旨を表示した場合、何か問題があるのでしょうか。

　価格が確定していない時に例外的に認められている予告広告の趣旨に反した広告となるため、当該広告は予告広告と認められず、表示規約第8条で規定する必要な表示事項を満たしていない違反広告となります。

　お尋ねのような広告で集客することは、結果として本広告前に来場した顧客に申込み順位を確保するなど事実上の販売行為が行われるおそれがあり、予告広告の趣旨に反するだけでなく、本広告を行わない結果となる蓋然性（がいぜんせい）が極めて高いと考えられます。

なお、価格発表会の開催日を本広告実施日以降に設定した場合には、価格を広告上で公開しているので問題はありません。

Q33 市街化調整区域内の土地を広告する場合の注意点

市街化調整区域内に所在する土地を広告する場合の注意点を教えてください。

市街化調整区域とは、都市計画法第7条第3項において「市街化調整区域は、市街化を抑制すべき区域とする。」と規定され、原則、この区域内では宅地の造成や建物の建築が禁止されています。

したがって、市街化調整区域内の土地を広告する場合には、表示規則第7条第6号において「都市計画法第7条に規定する市街化調整区域に所在する土地については、『市街化調整区域。宅地の造成及び建物の建築はできません。』と明示すること（新聞折込チラシ等及びパンフレット等の場合には16ポイント以上の大きさの文字を用いること。）。」と規定していますので、原則として、この文言を明示していないと表示規約違反となります。

一方、市街化調整区域内の土地であっても、実際には、自己（＝購入者）が居住するための建築物を建築する目的で行う開発行為であって、物件が所在する自治体の条例等に基づく開発許可等の条件を満たす場合には、例外的に建物の建築が可能となる場合があります。例えば、A市又はA市に隣接する市町村の市街化調整区域に20年以上居住する親族がいる者が、自ら住むための住宅を建築する等といった開発許可の条件を満たす場合や、B市に10年以上居住したことがある者が、自ら住むための住宅を建築する場合などです。

そこで、表示規則第7条第6号では、上記本文に続けて、「ただし、同法第29条に規定する開発許可を受けているもの、同法第33条の要件に適合し、第34条第1項第11号又は第12号に適合するもの、並びに同法施行令（昭和44年政令第158号）第36条第1項第1号及び第2号の要件に適合し、第3号ロ又はハに該当するものを除く。また、これらのいずれかに該当する場合には、住宅等を建築するための条件を明示すること。」と規定し、建築が可能な場合

においては、その条件を明示すれば、「市街化調整区域。宅地の造成及び建物の建築はできません。」との文言を記載しなくてよいこととしています。

　なお、このような土地を広告する場合に「市街化調整区域。10年特例適用物件」、「※34-12適合」等とのみ表示している事例が見受けられますが、これだけの表示では建築をするための条件を明示していることとならず、特段の制限がなく誰でもが建物の建築ができると誤認するおそれのある表示となりますので、当該条件をしっかりと表示してください。

Q34 地役権が設定されている高圧電線路下の物件の表示方法

　売却依頼を受けた中古住宅（土地面積150.00㎡）の上空には、高圧線が通っており、土地の40㎡の部分に工作物の建築禁止等を目的とする電力会社の地役権が設定されています。取引に当たっては、このことを重要事項の説明書で説明しなければならないことは承知していますが、広告する場合にもこれを表示する必要があるのでしょうか。

　表示規則第7条第12号において「土地の全部又は一部が高圧電線路下にあるときは、その旨及びそのおおむねの面積を表示すること。この場合において、建物その他の工作物の建築が禁止されているときは、併せてその旨を明示すること。」と規定しています。したがって、広告する際には、その内容について「土地面積150.00㎡（うち40㎡は高圧線下であり、建築物その他の工作物の設置はできません。）」等と表示しなければなりません。

Q35 ターミナル駅等までの電車等の所要時間の表示方法

　最寄駅（A駅）から、ターミナル駅（C駅）までの所要時間を広告に表示したいと考えています。A駅から急行に乗車し、日中平常時は20分、朝の通勤ラッシュ時は23分かかるB駅で乗換え（乗換え時間：日中平常時5分～8分、朝の通勤ラッシュ時3分～6分）、B駅から快速に乗車し、日中平常時は15分、朝の通勤ラッシュ時は18分かかるC駅までの所要時間を表示する場合の表示方法を教えてください。

電車の所要時間を表示する場合には、①特急、急行等の種別を明示すること、②朝の通勤ラッシュ時の所要時間を明示すること（平常時の所要時間を併記することができます。）、③乗換えを要するときは、その旨を明示し、乗換えに概ね要する時間を含めることと規定し（表示規則9⑷）、②及び③の規定は2022年9月1日施行の改正表示規約で変更されています。

したがって、次の表示例を参考に表示してください。

なお、乗換え時間を含んだ所要時間は、乗換案内サイト等を用いて算出された時間を基に表示しても差し支えありません（根拠を示す資料となりますので保管していただくことを推奨します）。

表示例

○○線A駅から□□線C駅まで44分〜47分

※　表示の時間は通勤ラッシュ時のものです。A駅から急行に乗車し、B駅で□□線快速に乗換えたもの。日中平常時は40分〜43分。いずれも乗換え時間を含みます。

Q 36 「朝の通勤ラッシュ時」とは何時頃？

2022年9月1日の表示規約改正に伴い、主要駅までの所要時間を算出する際には朝の通勤ラッシュ時の時間で表示するよう変更になったと聞きました。朝の通勤ラッシュ時とは具体的に何時頃を想定して算出すればよいのでしょうか。

表示規約の改正により、主要駅までの所要時間を算出する場合は朝の通勤ラッシュ時の時間で表示するよう変更となりましたが、この時間帯は、路線や地域によって変わってくるものですので、表示規約で一律のラッシュの時間帯は定義しておりません。

物件の最寄駅等から表示したい主要駅までに利用する路線の運行会社に、朝の通勤ラッシュ時として想定している時間帯を確認し、その時間帯に乗車した場合の所要時間をインターネットの乗換案内サイト等を利用して表示してくだ

相談事例

247

さい。

　なお、電車の所要時間の表示は、必ず記載しなければならないものではなく、表示していなくても違反にならない任意のものであることも覚えておいてください。

駅や施設までの徒歩所要時間、道路距離を算出する際の起着点

　物件から駅や施設までの徒歩所要時間、道路距離を算出する場合、物件の起点はどこになるのでしょうか。また、駅については、改札口まで測る必要があるのでしょうか。

　物件から駅や施設までの徒歩所要時間や道路距離の表示に関しては、表示規則第9条第7号から第9号（各種施設までの距離又は所要時間）において規定しています。

　物件の起点については、「物件の区画のうち駅その他施設に最も近い地点（マンション及びアパートにあっては、建物の出入口）」と定めていますので、マンション及びアパートについては建物の出入口（エントランス・表示例①）、それ以外の物件においては物件の区画（敷地）のうち、駅や施設に最も近い地点になります。

　駅を含めた施設等の着点については、「その施設の出入口（施設の利用時間内において常時利用できるものに限る。）」と定めていますので、駅の場合は改札口を着点とする必要はなく、駅舎の出入口を着点として構いません。また、地下鉄の駅の場合は、地上の出入口（路線名のほか「Ａ１」等と表示されている場所）が着点となります。ターミナル駅等、出入口が複数ある場合は、その出入口の名称（例：「中央口」「南口」「○番出口」等）も表示したほうが望ましいでしょう。

　なお、新築分譲住宅や分譲宅地等の販売戸数（区画数）が複数の場合は、これらのうち、駅や施設に最も近い区画を起点として算出した数値だけでなく、駅や施設から最も遠い区画を起点として算出した数値も記載しなければなりま

せんので、ご注意ください（表示例②及び③）。

表示例①

- A駅まで徒歩2分
  ※　サブエントランス利用（夜10時から翌6時まではサブエントランス
  　　利用不可。メインエントランス利用でA駅まで徒歩4分）
- Bスーパーまで250m・徒歩4分
  ※　メインエントランス利用

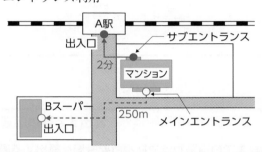

表示例②

- 「○○駅まで徒歩2分から5分」

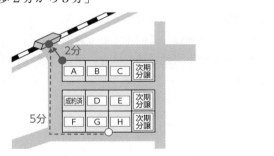

表示例③

- 「○○市役所まで200mから450m」
- 「○○市役所まで３分から６分」

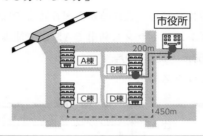

学校までの道路距離等を算出する際の起着点

　物件から学校までの道路距離や徒歩所要時間を算出する際は、どこを起点にすればよいのでしょうか。

　学校の起着点は、原則として正門となりますが、登下校の際に開いている裏門等がある場合は、こちらを起着点としても差し支えありません。なお、通学路が公表されている場合は、このルートで算出してください。

　なお、算出したルートが通学路ではない場合には、その旨も表示したほうが望ましいでしょう。

限られた時間しか開いていない駅の出入口を着点とした
徒歩所要時間の表示

　最寄駅であるA駅には下図のとおり2つの出入口があります。このうち
南口は始発から終電まで開いていますが、東口は午前7時から9時までの
2時間しか開いていません。物件からA駅までの徒歩所要時間を算出する
際に、東口を着点としても問題ないでしょうか。

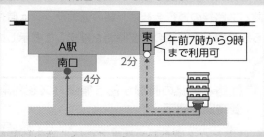

　表示規約では、「…駅その他の施設の着点は、その施設の出入口（施設の利
用時間内において常時利用できるものに限る。）とする。」と表示規則第9条第
7号で規定しています。

　したがって、A駅までの徒歩所要時間は、始発から終電まで利用できる南口
を着点として算出する必要があります。

　なお、以下の表示例のように、南口を着点として算出した徒歩所要時間を表
示したうえで、東口までの徒歩所要時間について、利用できる時間帯を併記し
て表示することは問題ありません。

表示例

〇〇線A駅南口まで徒歩4分
　※なお、東口（午前7時から9時まで利用可）まで徒歩2分

バスによる所要時間の算出基準

　バスによる所要時間については、1分間に400m走行するものとして算出するということを聞きましたが、本当でしょうか。

　バスの所要時間については、徒歩所要時間と異なり、各地域の交通事情が大きく関係しているため、具体的・画一的な表示基準を設けていません。表示する際には、当該バス路線の運行会社に、朝の通勤ラッシュ時における物件最寄りのバス停から駅に向かう路線の所要時間を確認して表示してください。

往路と復路の時間が違う循環バスを利用する場合の所要時間の表示

　バスの所要時間とバス停から物件までの徒歩所要時間を記載する場合、循環バスのように行きと帰りで異なる場合、どちらのルートを記載したらよいでしょうか。

　例えば、図のようなルート（A駅からバス停まではバス5分、バス停からA駅まではバス13分）であるのに、「A駅バス5分停歩2分」とのみ表示した場合には、物件からA駅に向かう場合もバス5分であると誤認する不当表示となるおそれがあります。

　このような場合には、両方の時間を併記するか、併記できない場合には、朝の通勤時の所要時間である物件からA駅までの所要時間（バス13分停歩2分）を表示してください。

　なお、ここで紹介したケースは時間が倍以上違うものですが、この時間が異なる程度について「○分以内なら許容範囲」との運用はしていませんのでご注意ください。

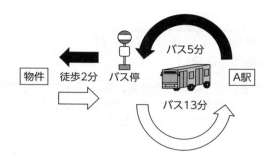

Q42 一団地認定を受けた多棟構成のマンションから駅や施設までの所要時間等を算出する場合の起点

一団地認定を受けた３棟のマンションを同時に販売する予定です。建物自体はそれぞれ独立して建っていますが、一団地認定を受けた物件ですので、駅や施設までの所要時間等を表示する場合は、駅等まで最も近い棟の出入口を起点に計測したもののみを表示すればよいでしょうか。

　一団地認定を受けたマンションであっても、独立した３棟を同時に販売するのであれば、表示規則第９条第８号により、最も近い建物の出入口からの所要時間等に加え、最も遠い建物の出入口からの所要時間等についても表示する必要があります。

　また、所要時間等は、販売対象の棟を基に記載する必要がありますので、販売が進み、最も近い建物の住戸が全て完売し、販売対象から外れた場合には、表示を修正する必要があり、修正しなかった場合には、たとえ１分の違いであっても不当表示になります。

　なお、インターネット広告等において、システムの都合上、駅や施設までの徒歩所要時間や道路距離を１つしか表示ができない（「○分〜○分」等の表示ができない。）場合は、最も遠い建物からの所要時間や道路距離を表示していただければ、この表示基準に反しないものとして扱います。

Q43 「学校・公園近し」「スーパー・コンビニ至近」等との表示の取扱い

広告物件の周囲に小・中学校や公園、スーパー、コンビニ等があり、生活するのに便利な場所なので「学校・公園近し」、「スーパー・コンビニ至近」と表示したいのですが、問題はありませんか。

公共施設や商業施設への距離の長短については、時代や地域ごと、あるいは個々人の感覚によって異なるのが一般的です。

そこで、表示規約では、学校や公園などの公共・公益施設又はスーパーやコンビニ等の商業施設について表示するときは、その施設までの道路距離又は徒歩所要時間並びにその名称を表示すべきこととしています（表示規則9(29)(31)）。なお、公立学校や官公署の固有名称については、パンフレットを用いて表示する場合を除き、省略できます。

したがって、ご質問のような「学校・公園近し」、「スーパー・コンビニ至近」とのみ記載することは表示規約に違反することとなります。物件からの道路距離又は徒歩所要時間を併せて表示してください。

Q44 公園内の歩道を経由した徒歩所要時間の表示の取扱い

公園内の歩道を通れば各種施設に近い場合がありますが、これを経由した徒歩所要時間を表示しても問題ないでしょうか。

通行に特段の支障（通行可能時間等）がなければ、公園内の歩道等を経由した徒歩所要時間を表示しても構いません。ただし、公園内というのは、夜間は暗くセキュリティの面で問題となる場合もありますから、公道等を経由した徒歩所要時間も併記したほうが望ましいでしょう。

なお、通行できる時間に制限がある場合には、通行可能時間帯を明示するとともに、24時間通行可能な公道等を経由した徒歩所要時間も併記してください。

自動車や自転車による所要時間の算出基準

リゾートマンションを販売するに当たり、物件周辺には多くの観光・レジャー施設があるので、物件からこれら施設までの所要時間を広告に表示することを考えています。いずれの施設も自動車又は自転車による所要時間を表示したいのですが、算出する際の基準はあるのでしょうか。

自動車及び自転車の所要時間については、いずれも「道路距離を明示して、走行に通常要する時間を表示すること。」と表示規則第9条第10号及び第11号で規定しており、徒歩所要時間のように「道路距離80mにつき1分」というような具体的な数値基準は定めていません。

自動車及び自転車の所要時間を表示する場合は、実際に制限速度内（自転車の場合は無理に高速走行をせず）で、しかも早朝や深夜等の通行量の少ない時間帯ではなく、日中の時間帯に走行して算出した所要時間を表示してください。

1畳当たりの面積が1.62㎡に満たない場合の畳数表示

中古マンションの間取図を作成中ですが、畳の枚数は6枚あるものの、この部屋の壁芯面積が9㎡しかない和室があります。この場合、何畳と表示すればよいでしょうか。

1畳当たりの面積については、表示規則第9条第16号において、「住宅の居室等の広さを畳数で表示する場合においては、畳1枚当たりの広さは1.62平方メートル（各室の壁芯面積を畳数で除した数値）以上の広さがあるという意味で用いること。」と規定しています。

したがって、この間取りの和室の面積は、9㎡ですから、9㎡を1.62㎡で除した数値を表示してください（9㎡÷1.62㎡＝5.555555≒5.5畳）。

相談事例

Q 47 他の建物外観写真を掲載する場合の注意点

未完成の新築住宅の広告に掲載する他の建物外観写真のルールが緩和されたと聞きました。具体的に教えてください。

取引する建物が建築工事の完了前である等その建物の写真を用いることができない事情がある場合において、変更前の表示規約では、「取引しようとする建物と規模、形質及び外観が同一の他の建物の外観写真。この場合において、門塀、植栽、庭等が異なる場合は、その旨を明示すること。」と規定しており、実質、取引する建物と同じでなければ掲載できないという、厳しい基準を課していましたが、2022年9月1日施行の改正表示規約において、以下のとおり改正されました。

① 取引する建物を施工する者が過去に施工した建物であること
② 建物の外観は、取引する建物と構造、階数、仕様が同一であること
③ 建物の規模、形状、色等は類似していれば可としたこと
④ 上記③の異なる部位を、写真に接する位置に明示すること
⑤ 当該写真を大きく掲載するなど、取引する建物であると誤認されるおそれのある表示をしないこと

実際に広告に掲載する際には以下の表示例を参考にしてください。

表示例

◆ 建物施工例

※ この建物は○○ホーム株式会社が過去に建築して販売した建物であり、今回販売する建物とは色、外壁や開口部の形状等が異なります。

なお、違反例も参考としてご紹介いたします。

違反例

〈施工業者、構造、階数、仕様が同一ではないケース〉

① 施工業者が異なるもの

・ Aホームが施工するものなのにBハウスが施工した建物を掲載

② 構造、工法が異なるもの

・ 木造なのに鉄骨造の建物を掲載

・ 在来工法なのに2×4工法の建物を掲載

③ 階数が異なるもの

・ 2階建てなのに3階建ての建物を掲載

・ 地下1階地上2階建てなのに3階建ての建物を掲載

④ 仕様が異なるもの

・ 標準仕様なのにグレードの高い特別仕様の建物を掲載

・ 建築費が坪単価50万円なのに坪単価80万円の建物を掲載

〈規模、形状、色等が類似するとはいえないケース〉

① 規模が著しく異なるもの

・ 建物面積は90㎡なのに120㎡の建物を掲載

・ 建ぺい率や容積率に違反するため対象地に建築できない建物を掲載

② 形状が著しく異なるもの

・ 陸屋根なのに切妻屋根の建物を掲載

・ ビルトイン車庫やベランダがないのに、これらが備わった建物を掲載

・ 屋上がないのに屋上がある建物を掲載

・ 腰高窓なのに天井まで高さのある掃き出し窓の建物を掲載

・ 出窓はないのに大きな出窓が複数ある建物を掲載

・ 煙突がないのに大きな煙突がある建物を掲載

・ 一世帯向き住宅なのに玄関が2つある二世帯向き住宅を掲載

③ 色が著しく異なるもの

・ 外壁の色は濃い灰色なのに白い外壁の建物を掲載

・ 外壁の色は黄色なのに水色の外壁の建物を掲載

相談事例

Q 48

契約後に水道管を引き込んで取引する分譲宅地の水道管引込工事費の表示方法

分譲宅地の販売に際し、宅地内に引き込む水道管は契約後にそれぞれ工事を行い、引き渡す予定です。この場合、契約締結までは引き込まれていないので、「価格 2,000万円　別途水道管引込工事費30万円要」と表示したいのですが問題ないでしょうか。

宅地の価格については、「…上下水道施設・都市ガス供給施設の設置のための費用その他宅地造成に係る費用（これらの費用に消費税及び地方消費税（以下「消費税等」という。）が課されるときはその額を含む。）を含めて表示すること。」（表示規則 9 ⑶⑷）と規定しています。契約時点で宅地内に水道管の敷設がなされていないということであっても、「水道管が引き込まれた土地」を取引の対象としているわけですから、水道管の引込工事費を含めた価格（2,030万円）を表示する必要があります。ご質問のような水道管引込工事費の別途表記は価格の表示基準に違反することとなります。

なお、前面道路までは水道管は配管されているものの、宅地内への引込工事を行わないで取引する物件について、前面道路まで配管されていることをもって設備として「公営水道」等とのみ表示すると、水道管が引き込まれている土地であると誤認されるおそれがあるため、不当表示に該当しますので注意してください。

このような場合には、「水道管引込なし」、「設備：公営水道（前面道路まで）」等と記載する必要があります。

水道利用加入金等の表示方法

　新築住宅の価格を表示する場合、地方公共団体の水道局に納付する水道利用加入金や水道引込工事費等は、広告にどのように表示すればよいでしょうか。

　住宅の価格については、「… 1 戸当たりの価格（敷地の価格（当該敷地が借地であるときは、その借地権の価格）及び建物（電気、上下水道及び都市ガス供給施設のための費用等を含む。）に係る消費税等の額を含む。以下同じ。）を表示すること。」（表示規則 9 (38)）と規定しています。水道利用加入金とは、給水装置の新設工事の申込み（水道の利用申込み）に際し、申込者が水道局に納付しなければならない金銭をいいます。この加入金又は負担金は、地方公共団体の条例等により規定されており、この納付を必要とするところと不要なところがあるようです。

　「給水装置」とは、需要者に水を供給するために水道事業者の施設した配水管から分岐して設けられた給水管及びこれに直結する給水用具をいいます（水道法 3 ⑨）。簡単にいうと、水道局の本管の取付口から蛇口までで、その部分は水道利用者の所有（水道メーターは除く。）になりますから、その新設工事費は当然利用者が負担しなければなりません。

　しかし、新築住宅というためには、購入者が家具調度品を持ち込めば直ちに住める状態になっていなければなりませんから、現代生活では電気、ガス、水道が整備されている必要があり、蛇口をひねれば水が出る状態にあることが求められます。言い換えれば、新築住宅の場合は、その事業の主体者の責任と費用で給水装置を設置したうえで販売するわけですから、水道利用加入金も給水装置の新設工事費も新築住宅の価格の一部ということになり、これらの費用を含んだ額を価格として表示しなければなりませんのでご注意ください。

相談事例

利回り表示における予定賃料収入の考え方

利回りを表示する際の「予定賃料収入」とは、広告時点において実際に入居者がいる住戸のみを対象に算出したものでなければなりませんか。

　表示規則第９条第46号の「利回り」に関する規定に出てくる「予定賃料収入」とは、実際に入居者のいる部屋のみを対象として算出したものではなく、空室であっても、実際に入居者募集をしている賃料や、周辺相場などから算出した合理性のある賃料を基に算出したものであれば問題ありません。

先着順販売と入札販売の併用

新築分譲マンション（総戸数30戸）の販売に際し、１戸のみを入札方式で、残りは先着順で販売する旨の広告をしたいのですが、問題はありませんか。

　実施していただいて問題はありません。ただし、入札方式で販売する１戸と先着順で販売する29戸の価格、専有面積、バルコニー面積、管理費、修繕積立金等は明確に区分して表示する必要があります。

　入札等の表示については、表示規則第11条の規定により表示してください（P.371〜参照）。

Q 52　オークション（競り上げ）の方法で販売する場合の表示方法

中古マンションを買い取ったのですが、エリアでは非常に人気が高いマンションなので今回はオークションの方法（競り上げ）で販売したいと考えています。広告する際に必ず表示しなければならない事項等があれば教えてください。

　オークションは、複数名の買い手に価格を競争させ、最も高い値段を付けた

人に売ることをいい（競売、競り売り）、このような方法により広告する場合には、表示規約第17条及び表示規則第11条第2号において、表示すべき事項を規定していますので、P.337、371〜を参照ください。

　なお、物件概要については表示規約第8条に基づき、表示規則第4条で規定する必要な表示事項（別表）のうち、価格以外の事項を全て満たす必要があります。

表示例

- 販売方法　オークション方式（競り上げ）
- オークション参加方法／当社のホームページにおいて会員登録をお願いします（登録後、ＩＤとパスワードを入力してログインすると購入希望価格を入力することができます）
- オークション期間／2023年6月15日12：00から6月25日12：00まで
- 最低売却価格／3,500万円
- 現地確認方法／当社（Tel〜）までご連絡ください。現地までご案内いたします。
- ○○マンション　物件概要
　所在地／……
　交通／……

Q53

建築後1年未満の未入居物件の住宅を買い戻し、再販売する際の「新築」表示

　売却済みの新築住宅の購入者からこの住宅を買い戻すことになりました。すでに前購入者の名義で所有権の保存登記がされていますが、建築後1年未満の未入居住宅なので、広告に「新築」と表示して販売してもよいでしょうか。

　表示規約第18条第1項第1号において、新築とは、「建築後1年未満であって、居住の用に供されたことがないものをいう。」と規定していますから、所

有権の保存登記が前購入者の名義でなされていても、建築後1年を経過していない未入居の物件なので、「新築」と表示しても表示規約上は差し支えありません。

なお、所有権の保存登記がなされてしまっているので、新たな購入者は新築住宅の税制上の優遇措置等を受けられないこととなるでしょうから、その旨を説明（重要事項説明書等）する必要があるでしょう。

Q 54 買い取り物件の「新発売」表示

総戸数100戸の新築分譲マンションを買い取って販売することになりました。前の売主が第1期として15戸を登録抽選方式で販売したのですが、契約には至っていません。当社が売主となって新規に販売するものであるため、前の売主が第1期で販売した15戸を改めて「新発売　第1期販売開始」と表示して販売したいと考えていますが、問題あるでしょうか。

表示規約では、新発売という文言は、「新たに造成された宅地、新築の住宅（造成工事又は建築工事完了前のものを含む。）又は一棟リノベーションマンションについて、一般消費者に対し、初めて購入の申込みの勧誘を行うこと（一団の宅地又は建物を数期に区分して販売する場合は、期ごとの勧誘）をいい、その申込みを受けるに際して一定の期間を設ける場合においては、その期間内における勧誘をいう。」（表示規約18①(2)）と規定しています。

ご質問のケースでは、貴社としては、一般消費者に対して初めて販売するものであるため、一見、「新発売」と表示できると思えるかもしれませんが、新発売の意味は、売主ごとに判断されるものではなく、物件自体で判断するものであり、貴社が第1期で販売する15戸は前の売主がすでに販売していたものですから、これに新発売と表示することはできません。

また、新発売との文言を用いず、単に「第1期販売開始」と表示した場合でも、一般消費者は新発売の物件であると誤認するおそれがありますので、「本物件は、○○社が販売していたものを、当社が買い取って新たに販売するものです。」といった旨を説明すべきでしょう。

なお、前の売主が第1期で販売対象としなかった残りの85戸については、一度も販売しておりませんので、新発売と表示することができます。

物件種別を変更することに伴う「新発売」表示

　これまで分譲宅地として販売していた物件を、販売状況がよくないため建築確認を取得し、新築分譲住宅に変更したいと考えています。新たに新築分譲住宅として広告する際に「新発売」と表示してもよいでしようか。

　取引中の物件の種別を変更する、つまり、対象商品が"分譲宅地から新築分譲住宅"という、全く別のものになったわけですから「新発売」と表示しても差し支えありません。

　ただし、分譲宅地として最後に実施した広告の取引条件の有効期限前に新築分譲住宅に変更することは、"有効期限内にもかかわらず宅地としては売りません"ということになるわけですから、有効期限後に実施する必要があります。止むを得ない事由によりどうしても有効期限内に変更する場合には、分譲宅地から新築分譲住宅に変更した旨のお詫びと訂正を分譲宅地として広告していた全ての媒体で行っていただく必要があります。

　一方、「訂正広告をすれば販売方法や取引条件の変更は簡単に行える」等の誤った解釈をなされているのではないかと勘繰りたくなる相談が寄せられることがあります。「いい加減な販売計画を立てても都合が悪ければ訂正広告さえすればいくらでも計画変更ができるのだ」等の考えで、これが意図的に行われる場合は最初の広告と訂正広告をセットで不当表示と判断する場合がありますから、安易な販売計画は立てないでください。

相談事例

一棟リノベーションマンションの「新発売」表示

　６階建ての社宅（築20年）を買い取り、建物の内外装とも大規模にリノベーション工事を実施し、分譲マンションと同じように１住戸ずつ販売する予定です。一般消費者に販売することは初めてなので、「新発売」と表示することは可能でしょうか。

既存の共同住宅全体を改修し、用途や機能を変更して性能を向上させたり、

価値を高めたりしたうえで販売するマンションが増えているようです。2022年9月1日施行の改正表示規約において、「共同住宅等の1棟の建物全体（内装、外装を含む。）を改装又は改修し、マンションとして住戸ごとに取引するものであって、当該工事完了前のもの、若しくは当該工事完了後1年未満のもので、かつ、当該工事完了後居住の用に供されていないもの」を「一棟リノベーションマンション」（表示規則3(11)）と規定し、同時に新発売との文言使用ができるよう表示規約第18条第1項第2号の新発売の意義規定に「一棟リノベーションマンション」が追加されました。

　ご質問の物件は、表示規約で定める「一棟リノベーションマンション」に該当するものと考えられますので、「新発売」と表示することは可能です。

Q57 工事の完了時期はどの時点？

　宅地の造成工事や建物の建築工事の完了とは、どの時点をいうのでしょうか。

　表示規約では、宅地の造成工事の完了とは、「宅地上に建物を直ちに建築することができる状態に至ったことをいい、当該工事の完了に際し、都市計画法その他の法令による工事の完了の検査を受けることが必要とされるときは、その検査に合格したこと」（表示規約18①(5)）と規定し、建物の建築工事の完了とは、「建物をその用途に従い直ちに使用することができる状態に至ったこと」（表示規約18①(6)）と規定しています。

　「宅地上に直ちに建物を建築することができる状態に至った」とは、単に物理的に建物の建築が可能な状態に至っただけでは足りず、その土地上に建築されるべき住宅が住宅として機能する条件が満たされた状態、つまり、上水道や下水の処理施設、電気、ガス等の施設が支障なく利用できる状態に至ったことをいいます。また、宅地造成に際し都市計画法第29条の許可（開発許可）等を受ける必要がある物件の場合は、これに加えて、工事の完了検査に合格して初めて「宅地造成工事が完了」したということができます。

　一方、「建物をその用途に従い直ちに使用することができる状態に至った」

とは、ガス、水道、電気等の施設が整備（使える状態）され、入居者が引越しを行い、特段の支障なく生活できる状態をいいます。

Q58 物件から最も近い駅名以外の駅の名称を物件名称にする場合の留意点

新築分譲マンションの物件名称に駅名をつけたいと考えております。一番近い駅は徒歩４分（320m）のＡ駅ですが、徒歩６分（420m）のところに２路線が走るＢ駅があり、こちらのほうが都心までのアクセスもよく利用者も多いので、Ｂ駅の名称を物件名に使いたいと考えているのですが、最寄駅以外の駅名を物件名称に使うことはできないのでしょうか。

表示規約第19条第１項第２号では、物件の名称の使用基準として「当該物件の最寄りの駅、停留場又は停留所の名称を用いることができる。」と定めています。この「最寄り駅」については一般的には、「物件から一番近い駅」と解されていますが、ご質問のように利用可能駅が複数あり、それぞれ物件からの徒歩所要時間に大きな差がない場合には、いずれの駅の名称も使用できるものとして弾力的に運用しています。

したがって、Ｂ駅の名称を物件名称に使用しても差し支えありません。

ただし、最寄駅までの徒歩所要時間を表示する場合にＡ駅のみを表示すると、物件名称との整合性が合わなくなるので、Ｂ駅までの徒歩所要時間も表示する必要があります。

なお、当該事例をいかなる場合でも準用できるわけではありませんので、ご注意ください。

相談事例

Q 59 販売代理の会社が変わった場合の二重価格表示の取扱い

これまでＡ社が販売代理として広告していたものを、当社がＡ社に代わり販売代理として広告するに当たり、売主と協議し、価格を値下げすることになりました。そこで、Ａ社が広告していた時点の価格を比較対照価格とする二重価格表示を行いたいと考えていますが、広告主である販売代理の会社が変更となっても二重価格表示をすることは可能でしょうか。

　広告主がＡ社から貴社に変更になったとしても、過去の販売価格を比較対照価格とする二重価格表示ができる要件に適合するものであれば、二重価格表示をすることができます。

　また、前の売主から売れ残った住戸を一括購入し、前の売主の価格を値下げして販売する際に、前の売主の価格を比較対照価格とする二重価格表示をしたいというご相談も時折ありますが、この場合も二重価格表示ができる要件に適合するものであれば、二重価格表示をすることができます。ただし、この場合には、新しい売主が過去に値下げ前の価格で販売していた実績がありませんので、広告には、前の売主から買い取って販売するものである旨を併せて表示する必要があります。

Q 60　パンフレットの価格表以外には表示していなかった過去の販売価格を比較対照価格とする二重価格表示の取扱い

　新築分譲マンションの売行きが悪いため、過去の販売価格を比較対照価格とする二重価格表示を実施したいと考えています。価格については、2か月以上前にホームページにおいて「販売戸数／15戸　価格／2,480万円〜5,980万円　最多価格帯3,600万円台（5戸）」と表示し、現在に至っています。今回、価格を改定する4戸は、最低価格の2,480万円と最高価格の5,980万円の間の住戸で、それぞれの価格は表示していませんでした（パンフレットの価格表には全戸の価格を表示）。表示規約の規定を読むと、比較対照価格とする過去の販売価格を「値下げの直前の価格であって値下げ前2か月以上にわたり実際に販売のために公表していた価格」と規定していますので、レンジ内で表示していなかった価格でも公表していた価格に該当するとして二重価格表示をすることは可能でしょうか。

　2か月以上前に公開したホームページにおいて、最低価格、最高価格及び最多価格帯を表示しており、現在販売中の4戸の旧価格が表示されていない（＝表面上、明示されていない。）ため、二重価格表示はできないのではないかと心配されたようですが、このような場合においても二重価格表示ができる要件（表示規則12）に適合すれば、過去の販売価格を比較対照価格とする二重価格表示をすることは可能です。

　表示規則第12条では、一定の要件に適合するとともに、過去の販売価格の販売期間や過去に値下げ前の価格で販売していたことを資料により客観的に明らかにすることができる場合は、二重価格表示ができると規定しておりますので、過去の販売価格が記載されたパンフレットや価格表等の資料を有していれば問題ありません。

「新価格」との表示の取扱い

売れ残った30戸の新築分譲マンションの価格を値下げすることになりました。販売を開始してから約6か月を経過していますので、過去の販売価格を比較対照価格とする二重価格表示ができることは知っていますが、二重価格表示をせずに「新価格 5,000万円〜6,500万円」と表示してもよいでしょうか。

販売を開始してから価格を改定せず2か月以上経過している新築分譲マンションについては、過去の販売価格を比較対照とする二重価格表示をすることは可能ですが、これを行わずに、値下げした価格のみ表示し、それに「新価格」等の文言を併記することも問題ありませんし、「新価格 5,000万円〜6,500万円」という表示は、過去の販売価格を比較対照としていませんので、そもそも二重価格表示とはなりません。

また、新価格という文言に代えて、「改定価格」や「値下げ価格」、「プライスダウン」等の文言を使用しても差し支えありません。

なお、このような表示ができる期間については、具体的に規定していませんが、値下げ後1か月程度にとどめることが望ましいですし、値下げの日も併せて表示したほうがよいでしょう。

媒介契約期間中の二重価格表示

媒介依頼を受けた中古住宅を4,700万円で販売していましたが、なかなか買い手がつかないため、4,500万円に値下げをすることになりました。二重価格表示をしたいと考えていますが、その条件を教えてください。

従来は、値下げ前の価格で3か月以上販売していないと二重価格表示ができませんでしたが、2022年9月1日施行の改正表示規約において、その期間が2か月に短縮されました。

したがって、4,700万円で2か月以上販売していれば、値下げ前の価格を比

較対照価格とする二重価格表示を行うことができます。

礼金の有無により賃料に差をつけることの取扱い

貸主から礼金の有無によって、次のように２通りの賃料を設定し、いずれかを選択できる方法で賃借人を募集してほしいとの依頼を受けました。１つの広告に２通りの賃料を表示することになりますが、表示規約で禁止している不当な二重価格表示に当たらないでしょうか。
【表示案】
① 礼金なしの場合　→ 賃料12万円
② 礼金１か月の場合 → 賃料11万円

２つの取引条件を明示して、どちらかを選択してもらうという表示は、旧賃料と新賃料を表示するなどの、いわゆる二重賃料表示とはならないため、危惧されている不当な二重価格表示には該当しません。

なお、この表示をインターネットで行う場合には、ご承知のとおり賃料欄には１つしか表示できませんので、貴社は①と②、どちらを主たる表示にするかを決めていただく必要があります。①を主として表示するのであれば、賃料欄には「12万円」、礼金欄には「なし」又は「０円」等と表示し、②は備考欄等に「礼金１か月での取引もできます。その場合の賃料は11万円となります。」等と表示してください。

代金全額を現金（キャッシュ）で支払った場合の割引表示の取扱い

売地の販売にあたり、代金全額を現金で支払った場合には10％引きで販売したいと考えていますが、その旨を表示することはできますか。

表示規則第13条において、「一定の条件に適合する取引の相手方に対し、販売価格、賃料等から一定率又は一定額の割引をする場合において、当該条件を明示して、割引率、割引額又は割引後の額を表示する場合」は、表示規約第

相談事例

20条で禁止する不当な二重価格表示に該当しないものとして割引表示を認めています。

　ご質問の取引条件が事実である限り、割引表示ができる要件に該当しますので、広告には、その条件を明示したうえで実施してください。

　なお、「今なら10％引き。詳しくはお問い合わせください。」等の表示では、代金全額を現金で購入という条件を明示したことにはなりませんのでご注意ください。

建物発注者に土地代金を値引きして販売することの取扱い

　土地の購入者が当社に建物の建築を発注してくれた場合には、土地の代金を５％値引きすることを考えています。広告中に「※住宅の建築を当社に発注していただいた場合には、土地代金を５％値引きいたします。建物の発注はお客様の自由であり、土地売買の条件ではありません。」と表示したいのですが、問題はあるでしょうか。

　土地の購入者が、その土地に建築する建物の工事を土地売主である貴社（他の建設業者でも可。）に発注する場合に、土地代金を値引くことは、表示規則第13条で規定する割引表示ができる「一定の条件に適合する取引の相手方」に該当しますので、ご質問のように当該条件を明示していれば、表示規約第20条で禁止する不当な二重価格表示には当たらないため、問題はありません。

インターネット広告における情報更新の必要性（おとり広告）

　インターネット広告で、契約済みの物件が削除されずに掲載されているのを時折見かけますが、表示規約上、問題はないのでしょうか。

　広告媒体のいかんを問わず、契約済みの物件など、取引できない物件を広告することはできません。これは表示規約第21条で禁止する「おとり広告」と

なり、不当表示に該当します。

　表示規約は、このような事態を防止するため、第24条第1項で、「事業者は、継続して物件に関する広告その他の表示をする場合において、当該広告その他の表示の内容に変更があったときは、速やかに修正し、又はその表示を取りやめなければならない。」と規定しています。

　したがって、インターネット広告など継続性がある広告媒体においては、契約済み等の理由により取引ができなくなった物件については速やかに削除する必要があります。

Q67 インターネット広告における分譲物件の情報更新の必要性（おとり広告）

　ホームページに全10戸の新築分譲住宅の広告を掲載（総戸数 10戸　販売戸数 10戸　価格 5,480万円〜5,980万円　交通の利便 ○○駅徒歩9分・10分　建物面積 81.56㎡〜129.33㎡、土地面積 70.67㎡〜90.76㎡ 等）しています。全10戸の規模感をそのまま表示しておきたいので、契約済みの住戸がでたとしてもこの表示のまま掲載し続けても構わないでしょうか。

　分譲物件として広告している場合には、1物件ごとの広告と異なり、一部の住戸が売れたからといって掲載自体は削除せず、全ての住戸が売れるまで広告を続けるものと考えられます。

　しかし、契約済みとなった住戸があるのに、販売戸数や価格、面積等の表示を変更せずにしておくと、取引できない物件を広告していることと同じとなり、おとり広告に該当します。

　このケースの場合、最も安い5,480万円の住戸（土地面積70.67㎡・建物面積90.76㎡）が契約済みとなった場合には販売戸数を9戸に変更し、2番目に安い住戸が仮に5,580万円であれば価格を「5,580万円〜5,980万円」に変更し、面積も同様に変更するという情報の更新作業が必要となります。

　ここ数年、分譲物件における情報更新がおろそかになっている風潮があります。インターネット広告の必要な表示事項である情報公開日と次回の更新予定日の間隔は少なくとも2週間程度とし、この期間内に販売住戸（又は区画）に

契約済みとなった住戸等がでた場合には、この住戸等の情報は削除し、最新の取引状況を反映させたものに修正しなければなりません。

「Ａ電鉄沿線　総戸数　最大！！」との表示

　当社は、Ａ電鉄線のＢ駅から徒歩８分の地点に、総戸数500戸の新築分譲マンションを販売する予定です。大型物件であることを強くアピールしたいと考え、沿線で供給されたマンションの総戸数を調べたところ、当社の物件よりも総戸数が多い物件が５件あることがわかりました。そこで、なんとか当社の物件が「最大規模」だといえないかを検討したところ、①最寄駅から徒歩６分以内であること、②敷地面積が18,000㎡以上であること、③過去６年以内に分譲されたマンションに限ってみると総戸数が最も多い結果となりました。この場合に、「Ａ電鉄沿線　総戸数　最大！！」と広告に表示してよいでしょうか。なお、上記の３つの条件もただし書として表示するつもりです。

　これと同様の表示が行われ、当協議会に「可能であるのなら当社も同じような表示をしたい」との相談が寄せられてきますが、この表示は、当該マンションの総戸数がもっとも多くなるよう恣意的に条件を設定し、不公正な基準によって比較していることから、不当な比較広告として表示規約第22条に違反する表示となります。また、これら３つの条件を併記したとしても不当表示の責任を免れることはできません。

「○○県内不動産業者顧客満足度№.１」との表示

　調査会社から、「当社の実施した調査結果に基づいて、ホームページに『○○県不動産業者顧客満足度№.１』と表示しませんか？」と提案を受けました。調査内容を確認すると、○○県内の不動産事業者のうち、任意で選んだ10社のホームページを100名のモニターに閲覧させ、イメージの良い順に順位付けをしたものとのことでした。このような表示をしても問題ないでしょうか。

　昨今、お尋ねのケースと同様の表示をしている事例が散見されていますが、

このような表示は、表示規約に違反するものです。

「○○県不動産業者顧客満足度№.1」と表示していれば、一般消費者は、○○県内全ての不動産事業者の顧客を対象に調査が行われ、その結果、貴社と取引した顧客の満足度が最も高かったと認識します。ところが、この調査は、○○県内のわずか10社の不動産事業者を対象に、顧客ではない者100名に各社のホームページを閲覧させ、その印象のみで判断しているにすぎないものです。

したがって、このような調査に基づいて、「○○県不動産業者顧客満足度№.1」と表示した場合には、顧客満足度について、実際のものよりも優良であると誤認されるおそれのある表示となり、表示規約第23条第66号で規定する事業者の信用に関する不当表示に該当します。

なお、調査内容を具体的に表示した場合であっても、直ちに消費者の誤認が排除されるとはいえず、不当表示となるおそれがありますのでご注意ください。

相談事例

Q70 「頭金０円で購入可！！」との表示の取扱い

当社が紹介する住宅ローンでは、物件価格の100％まで融資可能なので、「頭金０円で購入可！！」と表示したいのですが、問題ないでしょうか。

具体的な返済例等を含む融資条件を明記したうえであれば、「頭金０円で購入可！！」と表示しても差し支えありません。

ただし、ここで気をつけていただきたいのは、頭金ではなく、「自己資金０円で購入可」等と表示した場合です。頭金とは、購入代金と金融機関からの融資額との差額をいい、自己資金とは、頭金のほか、ローン保証料や登記料その他の契約費用の一切を含んだ額全てをいいますので、頭金を自己資金と表示した場合には、表示規約第23条の不当表示に該当するおそれがありますので、ご注意ください。

Q71 間取り図中の納戸である旨の表示の取扱い

建築基準法上、居室と認められない納戸を有する新築住宅の間取り図に、居室であるか、納戸であるかの別を記載していない間取り図を掲載することは問題がありますか。

居室であるか、納戸であるかの別を記載していない間取り図を掲載した場合、いずれの部屋も居室であると誤認されるおそれがあるため、納戸である旨を記載しないことによる優良誤認となり不当表示に該当します。

納戸を居室として表示するような悪意のある表示はもとより、この場合のように特定の情報を表示しないことによる優良又は有利誤認も不当表示の対象となりますのでご注意ください。

Q72 キャンペーン賃料の表示の取扱い

賃貸住宅の募集に際し、1か月間のキャンペーン期間を設定し、この期間内に契約いただいた方には、当初3か月間の賃料を募集賃料よりも安くしたいと考えています。このキャンペーンの内容をインターネット広告で次のように表示したいと考えていますが、何か問題はあるでしょうか。なお、礼金と敷金の額の算定は募集賃料を基にして算出します。

【表示案】
- 賃料：7万円
- 礼金：1か月
- 敷金：2か月
- 備考：表示の賃料は、3月31日までにご契約いただいた方に対する当初3か月間の賃料です。4か月目以降の賃料は9万円となります。
- 情報公開日：2024年3月1日

賃貸住宅の入居者募集に際しキャンペーン期間を設け、その期間内に契約した場合には一定期間の賃料を募集賃料よりも安くするという取引自体は問題あ

りませんが、賃料欄に割引後の賃料を表示することは問題があります。

通常、一般消費者がインターネット広告で物件検索を行う場合、検索対象となる賃料は、当然、賃料欄に記載されている額が対象となるため、賃料7万円の物件を探している方にとってみれば、賃料欄に記載されている金額が契約期間中支払う賃料であると誤認するおそれがありますので、不当表示に該当します。

備考欄等に実際の募集賃料が9万円である旨を表示していたとしても、この表示をもって一般消費者の誤認を排除することはできません。

また、礼金及び敷金も1か月と表示していますので、当然、その算定根拠も7万円の賃料に基づくものであると誤認することになりますので、これも不当表示に該当します。

したがって、このような広告をする場合の正しい表示方法は、賃料欄には通常賃料である9万円を表示し、備考欄等に「3月31日までにご契約いただいた方は、当初3か月間の賃料は7万円となります。」等と表示すべきでしょう。

Q73 専有面積や徒歩所要時間の改ざん

不動産情報サイト等において、面積を実際よりも広く表示したり、徒歩所要時間を実際よりも短く表示したりしているものが見受けられます。虚偽広告をしている不動産会社にお客さんを奪われているといっても過言ではありません。このような広告は問題ないのでしょうか。

不動産情報サイト等の物件広告について当協議会に寄せられる苦情の中に「専有面積や徒歩所要時間を改ざんしている」というものがあります。例えば、実際の専有面積は19.5㎡であるのに、小数点以下を切り上げて「20㎡」と表示したり、駅までの徒歩所要時間が、実際には6分であるのに「5分」と表示したりしているものなどです。

これは、検索する際の細かな条件に合致させる（専有面積「20㎡以上」の物件、駅から「徒歩5分以内」の物件）ために専有面積や徒歩所要時間を改ざんしているものと考えられます。また、一部のポータルサイト運営会社で行っている、いわゆる「名寄せ」外しの意図も見え隠れしているようです。

このような情報の改ざんは、正しく表示している不動産会社からすると、公

正な競争を著しく阻害されるものですし、その表示を信用して不当に取引に誘引され、最終的に契約・入居した一般消費者からすれば、表示内容とは異なる物件を取引したことになります。事業者間の顧客獲得競争の中で他社との差別化を図り、反響が欲しいという一心で行っているようですが、不動産公正取引協議会では、このような表示を極めて悪質な不当表示として扱い、厳しい措置を講じており、その改ざん内容によっては、実際には存在しない架空物件（おとり広告）としても取り扱っています。このような表示は絶対に行わないようにしてください。

物件の周囲が実際と異なる完成予想図等の掲載

　ホームページに新築住宅の広告を掲載する予定ですが、建物が未完成のため、現地写真の代わりに、下図に示した完成予想図を掲載しようと思っています。物件の周囲が実際と異なる場合、例えば、「完成予想図　図面を基に描きおこしたもので、建物の周囲を含め実際とは異なる場合があります。」等の注釈を入れれば使うことはできますか。

掲載予定の完成予想図　　　　　実際の物件の周囲

　表示規則第9条第23号において、「宅地又は建物のコンピュータグラフィックス、見取図、完成図又は完成予想図は、その旨を明示して用い、当該物件の周囲の状況について表示するときは、現況に反する表示をしないこと。」と規定していますので、物件の周囲が実際とは異なる完成予想図の使用はできません。

　作成された完成予想図は、物件の周囲に建物等があるにもかかわらず、周囲は空地が広がっていると誤認されるおそれがあり、不当表示に該当します。

　このような場合には、次の図のように背景部分を白抜きにして建物だけの表

276

示していただくことにより、掲載することが可能となります。

完成予想図

 電柱や電線を消した写真とCGパースの合成画像の取扱い

　これから販売する新築分譲マンションの前面道路には電柱が数本立っており、見栄えが悪いので、その電柱や電線を消した現地写真とマンションのCGパースを合成した画像を広告に掲載し、その下に「※現地写真に建物完成予想図をCGにより一部修正を加えて合成したものです。実際とは多少異なります。」と表示したいと考えていますが、問題ないでしょうか。

　ご質問の合成画像は、物件の周囲の環境に変更（電柱や電線を消す）を加えており、実際のものよりも優良なものであると誤認されるおそれのある不当表示に該当します。完成予想図等を掲載する場合には、「宅地又は建物のコンピュータグラフィックス、見取図、完成図又は完成予想図は、その旨を明示して用い、当該物件の周囲の状況について表示するときは、現況に反する表示をしないこと。」と表示規則第9条第23号で規定していますので、この基準を遵守して完成予想図を作成し、表示してください。

　なお、実際とは異なる旨を付記したとしても、一般消費者の誤認が排除されるとは認められませんし、不当表示等の表示規約違反も免れることはできませんのでご注意ください。

相談事例

Q 76

再販売時における「○月○日から先着順受付開始」との表示の取扱い

総戸数、販売戸数ともに60戸の分譲マンションの広告をホームページに3か月前に公開し、同日より先着順で申込みを受け付けましたが、20戸しか販売できませんでした。それ以降はホームページを一旦、閉鎖し、友の会の会員や関連会社の従業員等に対しダイレクトメールを数度行い、5戸を販売しましたが、今回、ホームページを再公開し、残り35戸の販売を再開しようと考えています。その際に、「○月○日から先着順受付開始」と大きく表示してもよいでしょうか。

このマンションの販売活動は、販売を開始した3か月前から現在まで継続して行われており、今回、改めてホームページで広告を再開するというのは、ダイレクトメールのほかにホームページにおいても売れ残った住戸を販売するという行為にすぎないものです。特段の販売停止期間を設けていたわけではないのに、「○月○日から先着順受付開始」等と表示すると、新しく販売を始める（新発売）と誤認されるおそれがあり、このような表示は、不動産の発売時期について、実際のものよりも新しいと誤認されるおそれのある不当表示に該当することになります。

なお、販売活動を一時中断していて、新たに販売を再開する場合は「○月○日から○月○日まで販売を中断しておりました。」等と中断していた旨とその期間を明示したうえであれば、「○月○日から先着順受付開始」と表示することはできます。

特段の優先権を付与していないのに「会員優先分譲」と表示することの取扱い

新築マンションの販売に際し、「7月1日から7月15日まで○○友の会会員優先分譲を行います。入会申込み受付期間は7月15日まで（資格条件なし。入会無料）。7月16日から一般向け分譲開始」という方法で販売しようと考えておりますが、問題はないでしょうか。

会員優先分譲というのは、購入者からみると、友の会の会員が会員以外の一般の方よりも先にマンションを購入できることを意味するわけですが、この表示も一見すると、マンションの購入者は○○友の会の会員に限定されているようにみえます。しかし、会員優先分譲期間中に誰でも無条件で会員になることができることになっており、購入しようとする人は当然、全て会員になることになります。

したがって、この場合は、会員優先分譲といっても、会員と会員以外との間において、購入するうえでの資格条件には優劣はなく、また、逆に広告日よりも前に入会していた会員からすると、広告日以降に入会した人と同列に扱われるため、事実上、優先分譲を受けられないことになります。また、友の会会員募集の広告に当たって、会員になれば優先分譲が受けられる旨を表示しながら、このような方法で販売する場合は、友の会の会員募集広告も不当表示となります。

つまり、実際には購入者の資格を制限していないのに、制限しているかのように表示していることになり、表示規約第23条第57号で禁止している「取引の相手方の資格又は数、取引の相手方を決定する方法その他取引に関する制限について、実際のものよりも厳しいと誤認されるおそれのある表示」に該当することとなります。

本来の優先分譲というのは、ある時点ですでに会員となっている人だけに対して、マンション販売をDMや電子メール等の特定少数向けの媒体を用いて告知し、販売した後に一般の方に対して広告し販売するものをいいます。

ここで注意していただきたい点は、この会員優先分譲の販売対象住戸が売れ残った場合に、一般向けの分譲広告で、「新発売」等とのみ表示しますと、実

際には、すでに会員向けに販売しているものなのに、一度も販売したことがない住戸であると誤認されるおそれがあるということです。このような場合は、一般向け分譲広告に「新発売（一般分譲）」等と表示したうえで、「当該物件は、一般分譲に先がけて会員優先分譲いたしておりますので、あらかじめご了承ください。」等と表示する必要があります。この広告で売れ残りが生じ、再度広告する際は、もはや「新発売」という表示はできません。

　なお、販売事務の便宜上、一定の期間を定めて、特定物件の購入希望者の登録を受け、この登録をした者だけに購入申込みの資格を与えるものがありますが、これは、購入手続きの問題であって、ここでいう会員優先分譲ではありません。

納戸を「テレワークルーム」と表示することの取扱い

昨今、在宅勤務で利用するスペースの需要が増えていることから、納戸を「テレワークルーム（納戸）」と表示したいが、問題ないでしょうか。

　建築基準法第２条第４号では、居室を「居住、執務、作業、集会、娯楽その他これらに類する目的のために継続的に使用する室をいう。」と規定していますから、ご質問の「テレワークルーム」は居室に該当します。また、同法では、居室と認められない納戸等の非居室において、居室でなければ認められない用途で利用することを禁止しています。

　したがって、納戸を「テレワークルーム（納戸）」と表示した場合には、建築基準法上、居室として合法的に利用できないにもかかわらず、居室として利用できると誤認されるおそれのある不当表示となり、表示規約に違反することとなります。

　なお、「サービスルーム（納戸）」等と表示しつつ、「テレワークルームとして使えます」等と表示した場合も同様の不当表示になります。

　ちなみに、同様の違反表示として次のような表示があります。

違反表示

- 「書斎（納戸）」
- 「ファミリールーム（納戸）」
- 「ホビールーム（納戸）」

夜間、警備員が常駐しているマンションの管理表示の取扱い

午前９時から午後５時までは管理会社の管理員が勤務しており、午後５時から午前９時までは警備会社派遣の警備員が勤務しています。このような形態の場合でも「24時間管理」と表示してよいでしょうか。

「管理」という文言を使う以上、警備員が管理員と同等の業務を行っていることが条件となります。同様の相談が寄せられていますが、その全ては警備員に管理業務を任せておらず、防犯対策のために夜間、常駐させているとのことでした。

したがって、警備員が管理人と同等の業務を行っていないのに「24時間管理」と表示した場合には不当表示となりますのでご注意ください。

専有面積とトランクルームの合算表示の取扱い

新築分譲マンションの広告を作成中です。１階に全住戸分の専有のトランクルーム（３㎡）があり、２階から７階に住戸（64㎡〜89㎡）があります。このような場合、各住戸の専有面積として、トランクルーム部分の面積を合算して表示しても問題ないでしょうか。

トランクルーム面積を、専有面積に合算して表示したいとのことですが、住戸部分とは離れた場所に位置していますから、これらの面積を合算して記載すべきではありません。それぞれ別々に記載すべきです。

● 専有面積／64㎡〜89㎡（この面積のほかに全住戸、1階に専有のトラン
クルーム3㎡あり）

広告の表示責任

　元付会社から提供された中古マンションの情報に記載のとおり最寄り駅
からの徒歩所要時間を「5分」と表示しましたが、購入者から「5分では
歩けない、実際に計測したら8分かかった」とクレームが入ったので道路
距離を計測したところ、600mであり分数表示にすると8分で購入者の言う
とおりでした。当社は元付会社からの情報を信用して広告したわけですか
ら広告上の責任はないと考えているのですが、実際にはどうなのでしょうか。

　この広告は、実際の徒歩所要時間よりも短く表示していますので、不当表示
に該当します。

　5分と表示した原因は元付会社からの情報が正しくなかったからであり、こ
の情報を信用して広告していることから広告上の責任はないと思われたものと
推察しますが、表示規約はもとより、景品表示法上においても広告表示の責任
は、広告主に故意や過失がなかったとしても広告主が負うことになります（無
過失責任）。

　したがって、他社取扱いの物件情報を基に広告を行う場合には、記載されて
いる内容が表示規約に照らして問題がないか確認し、違反するものがあれば、
これを修正して広告する必要があります。

　なお、マンションやアパートについては、駅等までの徒歩所要時間や道路距
離を計測する際の起点は、2022年9月1日施行の改正表示規約において、敷
地の一番近い地点ではなく、「建物の出入口」に変更されています。中古マン
ションを広告する際に分譲時のパンフレット等に記載の徒歩所要時間をそのま
ま表示してしまうと、当時の分譲会社によっては敷地の一番近い地点から計測
した時間を表示している可能性がありますので、特に媒介依頼を受けた不動産

事業者（元付会社）は、建物の出入口（エントランス）を起点として再計測してください。

Q82 所有権か、普通借地権かを選択できる新築分譲住宅の表示方法

販売戸数８戸の新築分譲住宅を販売するに当たり、土地について所有権か賃借権（普通借地権）かを選択できる販売方法を考えています。さらに、賃借権価格（賃借権設定対価）については、その割合を所有権価格の60％又は70％のどちらかを選択できるようにしたいのですが、価格、借地料その他の表示方法について、どのような点に注意したらよいでしょうか。

土地については、所有権でも賃借権でもよく、かつ、賃借権の場合は、その価格を所有権価格の60％又は70％のどちらかが選択できるわけですから、その旨と３形態の価格を表示することになります。具体的には次のように表示すればよいでしょう。

表示例

〈借地権価格が敷地価格の60％の場合〉
- 土地賃借権付建物価格／2,895万円～3,720万円
- 借地料／13,750円～17,875円（月額）

〈借地権価格が敷地価格の70％の場合〉
- 土地賃借権付建物価格／3,275万円～4,077万円
- 借地料／10,300円～13,390円（月額）

〈所有権の場合〉
- 価格／4,100万円～5,150万円

相談事例

Q83 売買か賃貸かを選択できる取引

中古住宅の媒介依頼を受けていますが、売主から「売却できないときは賃貸でも構わないので賃借人も同時に募集して欲しい。」との依頼がありました。ホームページには中古住宅の売買広告を行っていますが、この依頼内容を表示することは可能でしょうか。可能な場合にはどのように表示を修正すればよいか教えてください。

　まず、このような取引をすることの可否については、全く問題はありません。現在、中古住宅の売買広告をしているわけですが、この広告に、賃貸での取引にも応じる旨等の表示を次の表示例を参考に修正してください。

　なお、この例は、売買をメインとし、賃貸をサブとして表示していますが、この逆でも構いません。

表示例

中古一戸建て
- 価格3,980万円
- ○○線○○駅徒歩10分
- ○○市○○町２丁目
- 土地／130㎡（ほか私道８㎡）
- 建物／105㎡
- 建築年月／2005年10月
- 取引態様／仲介
- 情報登録日／2023年９月１日
- 次回更新予定日／2023年９月10日
    - ※　ご希望により以下の条件で賃貸での取引にも応じます。
        - 賃料／15万円
        - 礼金／１か月
        - 敷金／２か月
        - 家賃保証料（年間）１万円、鍵交換代1.3万円、退去時クリーニン

グ代５万円、損害保険料別途必要。

Q84 ルームシェア物件の表示方法

ルームシェア物件を広告する際に注意する点はありますか。

　ルームシェアとは、一般的には、家族や親族、友人同士ではない他人同士が一つの物件を共同で借り、各居室を１人１人のプライベートスペースとし、キッチン、リビングルーム、風呂、トイレ等を共同で利用する居住形態のものをいいますが、１つの居室に複数人で居住する、いわゆる「相部屋物件」（ドミトリータイプ）もみられます。

　これらルームシェア物件であるのに、広告に、その旨を表示していない場合には、当然、「１人で住める」、「（１人当たりの賃料が記載されていると）安くて広い物件だ」、「表示されている室内の設備等は全て自分専用だ」などと実際のものよりも優良又は有利であると誤認されるおそれがあり、表示規約第23条で禁止する不当表示に該当することになりますから、注意する必要があります。

　ルームシェア物件を、例えばインターネットや住宅専門誌で広告する際には、その旨、同居する人数、性別等を明瞭に記載するほか、別表８又は９で規定する賃貸住宅の必要な表示事項も忘れずに記載してください。

　なお、ポータルサイトで広告する場合には、各サイトが独自の掲載ルールを設けている場合がありますので、これらにも従って表示する必要がありますが、ルームシェア物件の掲載に対応していないサイトもあるようですのでご注意ください。

相談事例

◎女性専用ルームシェア物件　3名募集！

　賃貸マンション　3DK

● 賃料／12万円（1名当たり4万円）

● 管理費／6,000円（1名当たり2,000円）

● 礼金／12万円（1名当たり4万円）

住宅品質確保法に基づくマークの表示

　新築住宅の販売に際し、住宅の品質確保の促進等に関する法律（住宅品質確保法）に基づく「設計住宅性能評価書」の交付を受け、現在「建設住宅性能評価書」の交付の申請中で、物件の引渡し時までには交付を受けられる見込みです。このような場合に、設計住宅性能評価書のマークを広告に掲載するほか、「〇年〇月取得予定」と明記したうえで、建設住宅性能評価書のマークも併せて掲載したいと考えていますが、問題ないでしょうか。

　表示細則第2項において、住宅品質確保法の関連する住宅の品質等に関する不当な表示について定めています（P.389〜参照）。

　設計性能評価は取得済みですのでマークの使用は問題ありませんが、建設住宅性能評価書の交付を受けていない段階でマークを表示することは不当表示に該当します。

　なお、住宅品質確保法第5条第3項は、「何人も、第1項の場合を除き、住宅の性能に関する評価書、住宅の建設工事の請負契約若しくは売買契約に係る契約書又はこれらに添付する書類に、同項の標章又はこれと紛らわしい標章を付してはならない。」と規定し、同法第103条は、これに違反した場合は「1年以下の懲役又は100万円以下の罰金に処する。」としていますから、評価書の交付を受けていないのに、売買契約書等にこれらのマークを付けたり、売買契約書等にこれらのマークを付けたパンフレットやチラシ広告を添付したりした場合には、同条に違反するおそれがありますので、契約に際してもマークの取扱いには十分注意をしてください。

電柱ビラ広告等の屋外広告物の規制

　未だに電柱に貼り付けたビラや立て看板を目にすることがあるのですが、これらの広告については特段の規制はないのでしょうか。

　電柱に貼り付けたビラや立て看板、路上に置いたカラーコーンに貼り付けたビラ等は、屋外広告物として、屋外広告物法及び同法に基づく地方公共団体が定める条例でその掲出が原則として禁止されています。

　屋外広告物とは、「常時又は一定の期間継続して屋外で公衆に表示されるものであつて、看板、立看板、はり紙及びはり札並びに広告塔、広告板、建物その他の工作物等に掲出され、又は表示されたもの並びにこれらに類するもの」をいいます（屋外広告物法2①）。

　ここでいう屋外広告物には、電柱に貼り付けるもののほか、街路灯、街路樹、信号機などに貼り付けたり、針金でくくりつけたり、路上に置いたり、あるいはガードレール等に立てかけたりするものも当然含まれます。

　また、「目的地への案内誘導標識」もこれに該当しますから、新築分譲マンションや新築分譲住宅等の売出しに際しての現地への誘導看板やオープンハウスへの案内板等を掲出することも原則として禁止されています。

　さらに、これらの屋外広告物は軽犯罪法にも違反しますし、掲出する場所によっては、道路法や道路交通法に違反する場合もあります。

　表示規約は、不当な顧客誘引を防止するため、電柱ビラ等についてもその広告表示の内容を規制しているものですが、屋外広告物法は、美観風致の維持と公衆に対する危害の防止を目的としており、その広告の内容にかかわらず掲出すること自体を規制するものです。

　具体的には、広告物等の制限や違反に対する措置等については条例にゆだねられており、地域により規制内容は若干異なりますが、基本的な部分は大差がないようです。

　このような広告は、以前から、おとり広告などその内容も表示規約に違反するものが多く見受けられるのが現状で、街の美観を損ねるばかりでなく、不動

産業界全体の信用を失墜させることにもなっていますので、絶対に行わないようにしていただきたいと思います。

参考【屋外広告物法】

（目的）

第1条　この法律は、良好な景観を形成し、若しくは風致を維持し、又は公衆に対する危害を防止するために、屋外広告物の表示及び屋外広告物を掲出する物件の設置並びにこれらの維持並びに屋外広告業について、必要な規制の基準を定めることを目的とする。

（広告物の表示等の禁止）

第3条　都道府県は、条例で定めるところにより、良好な景観又は風致を維持するために必要があると認めるときは、次に掲げる地域又は場所について、広告物の表示又は掲出物件の設置を禁止することができる。

（以下、略）

（広告物の表示等の制限）

第4条　都道府県は、条例で定めるところにより、良好な景観を形成し、若しくは風致を維持し、又は公衆に対する危害を防止するために必要があると認めるときは、広告物の表示又は掲出物件の設置（前条の規定に基づく条例によりその表示又は設置が禁止されているものを除く。）について、都道府県知事の許可を受けなければならないとすることその他必要な制限をすることができる。

参考【東京都屋外広告物条例】

（禁止物件）

第7条　次に掲げる物件には、広告物を表示し、又は掲出物件を設置してはならない。

(1)　橋（橋台及び橋脚を含む。)、高架道路、高架鉄道及び軌道

(2)　道路標識、信号機及びガードレール

(3)　街路樹及び路傍樹

（以下、略）

2　次に掲げる物件には、はり紙（ポスターを含む。以下同じ。）、はり札等（法第7条第4項前段に規定するはり札等をいう。以下同じ。）、広告旗（同項前段に規定する広告旗をいう。以下同じ。）、又は立看板等（同項前段に規定する立看板等をいう。以下同じ。）を表示し、又は設置してはならない。

(1)　電柱、街路灯柱及び消火栓標識

(2)　アーチの支柱及びアーケードの支柱

（罰金）

第68条　次の各号の一に該当する者は、30万円以下の罰金に処する。

(1)　第6条又は第7条第1項の規定に違反した者（第6条各号に掲げる地域若しくは場所又は第7条第1項各号に掲げる物件にはり紙、はり札等、広告旗又は立看板等を表示し、又は設置した者を除く。）

（以下、略）

（両罰規定）

第70条　法人の代表者又は法人若しくは人の代理人、使用人その他の従業者が、その法人又は人の業務に関して前2条の違反行為をしたときは、行為者を罰するほか、その法人又は人に対しても各本条の刑を科する。

（過料）

第71条　次の各号の一に該当する者は、5万円以下の過料に処する。

(1)　第6条第10号に掲げる地域及び当該地域に設置された物件にはり紙、はり札等、広告旗又は立看板等を表示し、又は設置した広告物の表示者等

（以下、略）

自然死又は不慮の死以外で人が亡くなった物件の表示の取扱い

売主から中古マンションの売却依頼を受けましたが、約3年前に自然死又は不慮の死以外で人が亡くなった物件であることがわかりました。購入者とのトラブルを避けるために、その旨を広告に表示したほうがよいと思うのですが、表示規約上、表示する必要があるのでしょうか。また、表示する必要がある場合、どのように記載すればよいのでしょうか。

　自然死等以外で人が亡くなった物件については、表示規約において表示することを義務づけてはいません。

　宅建業法では、このような物件（自然死等以外、火事等）については、消費者が当該物件を購入するか否かを判断する際に、重要な事項であるとして、同法第47条第1号において、告知義務があると判断されることになると考えられます。

　国土交通省では、2021年10月に「宅地建物取引業者による人の死の告知に関するガイドライン」を策定しているので参考にしていただくとともに、それでも判断が難しい場合には、事前に宅地建物取引業法所管課に確認しておいたほうがよいでしょう。

　実際の広告においては「告知事項有り」、「心理的瑕疵有り」等と表示している例が見受けられますが、これは、広告主である不動産事業者が買主や借主とのトラブルを未然に回避するために自主的に表示しているものと考えられます。

　仮に、広告には表示しなかったとしても、契約締結前のできるだけ早い段階で買主や借主に説明しておくことが望ましいと考えられます。

Q88 不動産専門のポータルサイト以外で物件広告をする際の注意点

不動産を専門に取り扱うポータルサイトではなく、物品の販売サイトや地域情報掲載サイトに賃貸住宅の広告を掲載したいと考えています。何か注意すべき点はありますか。

表示規約では、不動産専門のポータルサイト以外であっても、インターネットを介して閲覧できるご質問のサイトやＳＮＳ、掲示板、ブログ等については全てインターネット広告として扱っています。

したがって、表示規約第８条で定める必要な表示事項（物件概要）を記載することはもちろんのこと、周辺環境等を表示する場合には第15条の表示基準に即して表示、第18条で定める特定用語については合理的根拠なく使用できないこと、第21条で定めるおとり広告や第23条で定める不当表示などはいかなる理由があってもしてはならないなど、ホームページやポータルサイトと同じ規制をしていることをご理解のうえ、利用してください。

なお、不動産専門のポータルサイトでは、サイト運営会社が表示規約に基づき必要な表示事項の入力欄を用意し、それを満たすようフォーマット化されていますが、ご質問の物品販売サイトや地域情報掲載サイトでは、サイト運営会社が必要な表示事項を満たす入力欄を用意しているケースは少ないと思われますので、このようなサイトに掲載する場合には、自らの責任で必要な表示事項を満たすようにしてください。

相談事例

木造（一部を含む。）の共同住宅を「マンション」と表示することの取扱い

　木造5階建て（一部RC造）の賃貸共同住宅を建設し、入居者を募集する予定です。耐火性能や耐震性等、鉄筋コンクリート造の建物と遜色ない仕様となっているので「マンション」と表示しようとしたところ、懇意にしている広告業者から、「不動産広告のルールでは、マンションを『鉄筋コンクリート造りその他堅固な建物』と定義しているので、木造の物件はマンションとして広告できない。」と言われたのですが事実でしょうか。

　表示規則第3条では、表示規約第8条（必要な表示事項）で規定する物件種別のうち、「マンション」の意義を「鉄筋コンクリート造りその他堅固な建物」と規定しており、ご質問の広告会社は、この意義を基にそのようなことを言ったのではないかと思われます。

　しかし、昨今の木造建築の技術の発展には目を見張るものがあり、鉄筋コンクリート造の建物と耐火性や耐震性を比べても遜色のない中高層建築物が建設されていますし、社会環境においても二酸化炭素排出削減が求められている情勢を鑑みれば、このような建物をマンションではないと一般消費者は認識しないと考えられます。例えば、以下の基準を満たしていれば木造であってもマンションと表記してもよいのではないかと考えます。

　①　共同住宅であること（長屋は不可）

　②　地上3階建て以上であること

　③　住宅性能評価制度の以下の等級条件を満たしていること

　　ア　劣化対策等級（構造躯体等）が等級3であること

　　イ　耐震等級（構造躯体の倒壊等防止）が等級3であること

　　ウ　耐火等級（延焼のおそれのある部分（開口部以外））が等級4である。

　　　若しくは耐火構造であること

間仕切りで仕切った部屋の表示の取扱い

　元々出入口が２つある９畳の居室を間仕切り壁で4.5畳ずつに分割された中古住宅の販売依頼を受けました。新築時は９畳の洋室として建築確認を受けていましたので、4.5畳の各部屋を居室としてカウントしてもよいでしょうか。

　部屋の真ん中で仕切った場合に、それぞれが建築基準法上、居室要件を満たすのであれば、居室表示していただいて差し支えありません。

　なお、その間仕切りが「可動式であるか否か」、「天井まで塞ぐ仕切りであるのか否か」等々によっても取扱いが変わるようですので居室表示は慎重にお願いします。

リフォームをすることを条件として販売する中古マンションの表示方法

　建築条件付き土地のように、リフォームの請負契約を締結することを条件とした中古マンションを販売したいと考えていますが、どのように広告すればよいでしょうか。

　広告には、リフォーム工事を行うことが条件である旨、その内容（請負の最低受注金額やリフォーム工事を必須とする箇所等）、リフォームの請負契約を締結すべき期限、条件が成就しなかったときの措置の内容及び請負主の名称（指定する場合）を表示してください。

　なお、リフォーム前の室内写真等の掲載のほか、参考情報として、リフォーム後のＣＧ加工した絵図等の掲載も基本的には問題はないのですが、広告に表示した価格でリフォーム後の状態で取引ができると誤認されないようにＣＧ画像の掲載場所等には注意が必要です。

公正競争規約に違反した場合の営業停止等の処分の有無

公正競争規約に違反したということで営業停止や免許取消しなどの処分を受けるのでしょうか。

不動産業界の公正競争規約には、「不動産の表示に関する公正競争規約」（表示規約）と「不動産業における景品類の提供の制限に関する公正競争規約」（景品規約）の２つがあります。前者は広告表示に関するルールを定めており、後者は景品提供に関するルールを定めているものです。これらは、景品表示法に基づき公正取引委員会及び消費者庁から認定を受けた、いわゆる「不動産業界の自主規制ルール」という位置付けですから、法律ではありません。

不動産事業者が受ける営業停止等の処分は、宅建業法に違反した場合になされるものですから、処分は当該事業者の免許権者である国土交通省や都道府県が実施することになります。

表示規約第21条の「おとり広告」と第23条の「その他の不当表示」は、宅建業法第32条の「誇大広告等の禁止」、表示規約第５条の「広告表示の開始時期の制限」は、宅建業法第33条の「広告の開始時期の制限」と同様の規定が置かれていますから、これら表示規約の規定に違反すると、宅建業法にも違反するおそれが多分にあるといえますので、注意する必要があります。

なお、公正競争規約に違反した場合には、その内容に応じて違約金課徴、厳重警告、警告、注意のいずれかの措置を受けることとなります。

第 4 編

相談事例
（景品規約関係）

② 景品提供企画の相談事例（景品規約関係）

相談事例

規制を受ける行為

　景品提供行為は、その企画をインターネットなどで広告した場合にだけ規制されるのでしょうか。

　景品表示法や景品規約で規制される「景品類の提供行為」とは、「顧客を誘引するための手段として、方法のいかんを問わず」商品又は役務の取引に附随して経済上の利益を提供することをいいますから、景品提供企画について広告したかどうかは関係ありません。

　例えば、分譲マンションのモデルルームや店舗への来訪者に対して、「今なら家具一式プレゼントしますから、お得ですよ。」等とセールスし、取引を勧誘する場合などは、景品類の提供を申し出て顧客を誘引していることになりますので、景品規約の規制を受けることになります。

値引とは

　景品表示法では、同一の対価で同一品又は実質的同一品を附加して取引することは景品類の提供ではなく、値引と扱うと聞いていますが、不動産の場合も同様に考えてよいでしょうか。

　公正取引委員会から通達された「景品類等の指定の告示の運用基準について」（P.439～参照）において、「取引通念上妥当と認められる基準に従い、ある商品又は役務の購入者に対し、同じ対価で、それと同一の商品又は役務を付加して提供すること（実質的に同一の商品又は役務を付加して提供する場合及び複数回の取引を条件として付加して提供する場合を含む。）」と第6項第3号ウで規定し、正常な商慣習に照らして値引と認められる利益であるとしています。

　例えば、「CD3枚買ったらもう1枚進呈」、「背広1着買ったらスペアズボン無料」、「コーヒー5回飲んだらコーヒー1杯無料券をサービス」、「クリーニ

298

ングスタンプ〇〇個でワイシャツ１枚分をサービス」、「当社便〇〇マイル搭乗の方に××行航空券進呈」などがこれに当たるとされています。

ただし、「コーヒー〇回飲んだらジュース１杯無料券をサービス」、「ハンバーガーを買ったらフライドポテト無料」などの場合は実質的な同一商品又は役務の付加には当たらず、景品類の提供に該当するとされています。

また、ある商品・役務の購入者に対し、同じ対価で、それと同一の商品・役務を付加して提供する場合であっても、懸賞による場合又は同一の企画において景品類の提供とを併せて行う場合（例：Ａ商品の購入者に対し、Ａ商品又はＢ商品のいずれかを選択させてこれを付加して提供する場合）も値引ではなく、景品類の提供として取り扱われます。

つまり、ＣＤとかコーヒーのように、取引上その物の個性を問題にしないで、同じ種類の物で代えられる代替物については、同じ対価で数量を増して取引することは値引と認められるとしていますが、土地、芸術品、骨董品等、その物の個性に着目して取引され、他の同じ種類の物で代えることができない不代替物については、同一品の付加という考え方は当てはまらないといえます。

したがって、土地や住宅等が取引の対象となる不動産については、例えば「新築住宅１戸買えばもう１戸進呈」という場合は、値引ではなく、景品類の提供に当たることになります。

相談事例

Q3 設備機器をセレクト方式により提供

当社売主の分譲マンションを販売する際に、住宅関連設備や機器を購入者に選択させる「セレクト方式」を採用したいと考えています。その際、設備等に、例えば３ポイントから50ポイント（１ポイント＝１万円相当）を付けて、200ポイントまで好きな設備を選ばせることは問題はないでしょうか。

住宅関連の設備や機器をセレクト方式により提供することは、景品規則第３条第２項第１号で規定する「電気、ガス、上下水道施設、冷暖房施設、照明設備、厨房設備その他不動産と機能上、構造上直接の関連を有する設備（一定の範囲内で取引の相手方が選択できる場合を含む。）」の、カッコ内の「一定の範

囲内で取引の相手方が選択できる場合」に当たり、不動産又は不動産の取引に附属すると認められる経済上の利益（景品ではないもの）に該当しますので、問題ありません。ただし、提供の相手方を抽選など懸賞の方法で特定する場合や、相手方に景品類の提供であると認識される表現又は方法で提供（例えば、「200万円相当の住宅関連設備機器プレゼント！！」と表示する場合）してしまうと、景品類の提供とみなされますからご注意ください。

もれなく景品をプレゼントするが抽選の方法によって景品に優劣をつける景品提供

　50戸の分譲マンションを半年前から販売していますが、現在20戸が売れ残っています（4,500万円～6,500万円）。販売をより一層加速させるため次のような企画を考えましたが、実施しても問題はないでしょうか。
　　① 　1か月間、景品付販売セールを実施する。
　　② 　この期間内に購入した者全員に対し、景品を提供する。
　　③ 　提供の方法は抽選による。
　　④ 　景品類の種類は以下の20本とする。
　　　ア 　100万円相当の家具を1本（1等）
　　　イ 　50万円相当の家電製品を3本（2等）
　　　ウ 　20万円相当の旅行券を5本（3等）
　　　エ 　5万円相当の商品券を11本（残念賞）

　この企画は、購入者全員が何らかの景品をもらうことができるので、懸賞景品ではなく総付景品に該当し、取引価額の10％又は100万円のいずれか低い額までの景品類を提供できると思う人がいるかもしれませんが、景品類の価額に差（1等から残念賞まで）をつけ、抽選の方法で提供していますから、懸賞景品に該当します。
　したがって、1等から残念賞までのそれぞれの景品類の額を10万円以下にする必要があり、景品類の総額も取引予定総額（20戸全てが売れた場合の代金総額）の2％以内に収めておく必要があります。

賃貸住宅の媒介による契約者に対する抽選方式を用いた景品提供

賃貸住宅の媒介に際して、２か月間のキャンペーン期間を設け契約者の中から抽選で20名に５万円の旅行券を提供するキャンペーンを実施したいと考えているのですが、問題はないでしょうか。

　抽選など懸賞の方法により提供する景品類（懸賞景品）の場合は、１名につき取引価額の20倍又は10万円のいずれか低い額までの提供が可能ですが、提供できる景品類の総額は取引予定総額の２％以内（総額規制）と規定していますから、この両方の規定をクリアする必要があります。

　つまり、５万円の旅行券を抽選で１名に提供する場合でも、売上予定総額が250万円必要となるということです。

　抽選で20名に５万円（計：100万円分）の景品（旅行）を提供するためには、２か月間で5,000万円（100万円÷0.02＝5,000万円）の売上が必要となります。

　この企画の場合は、１名当たり５万円ですから、媒介報酬限度額が2,500円以上（2,500円×20倍＝５万円）となる取引であればよいため、規定の一つはクリアしていると思いますが、２か月間の媒介による取引の売上予定総額が5,000万円を超えないと総額規制に抵触し、景品規約に違反することになりますのでご注意ください。

相談事例

宝くじを抽選でプレゼント

当社売主の分譲マンションの販売に際して、モデルルームへの来場者の中から抽選で100名に1等1億円の宝くじ6,000円分を景品として提供したいと考えています。懸賞による方法で提供できる限度額は10万円までと聞いていますので問題ないと思うのですが、高額当選者が出たときは宝くじの当選額を提供したものとして取り扱われるのでしょうか。

この企画の場合、景品類の価額は宝くじの代金6,000円であり、当選した額ではありません。

宝くじの当選額を提供したものとして取り扱うのは、当選番号が発表されていて当選額が確定している「当選券」を提供する場合であり、それが300万円の当選券の場合には、300万円を提供したものとして取り扱われます。

購入者の中から抽選で200万円をキャッシュバック

新築分譲住宅（全25棟）の販売に際し、購入者の中から抽選で3名に対し200万円をキャッシュバックする企画を考えていますが、問題はないでしょうか。

「景品類とは、顧客を誘引するための手段として、方法のいかんを問わず、事業者が自己の供給する不動産の取引（自己の所有する不動産の賃貸を含む。）に附随して相手方に提供する物品、金銭その他の経済上の利益であって、次に掲げるものをいう。ただし、正常な商慣習に照らして値引又はアフターサービスと認められる経済上の利益及び正常な商慣習に照らして不動産若しくは不動産取引に附属すると認められる経済上の利益は含まない。」と景品規約第2条第3項で規定しています。

しかし、対価の減額又は割り戻し（キャッシュバック）であっても、懸賞による場合、減額又は割り戻した金銭の使途を制限する場合（例：家具家電の購入に使わせる場合）、又は同一の企画において景品類の提供を併せて行う場合

（例：取引の相手方に金銭又は家具家電のいずれかを選択させる場合）は、値引とは認められません。

　したがって、この企画は、購入者の中から抽選で3名に限り200万円をキャッシュバック（現金の割り戻し）したいということですから、値引ではなく、懸賞による景品類の提供に該当し、懸賞景品の限度額である10万円を超えていることから、景品規約に違反しますので実施することはできません。

来場者全員に抽選で景品提供

　マンションのモデルルームへの来場者を対象に、抽選により1等30万円相当の海外旅行、2等2万円相当の自転車を提供し、1等と2等に外れた方すべてに参加賞として1,000円相当の商品券を提供したいと考えています。全員に景品を提供しますので、この企画は、総付景品に該当すると考えてよいでしょうか。

「懸賞による景品類の提供に関する事項の制限の運用基準」（P.460〜参照）において、懸賞の方法に該当するものとして「くじその他偶然性を利用して定める方法」の一つに、「全ての商品に景品類を添付するが、その価額に差等があり、購入の際には相手方がその価額を判別できないようにしておく方法」と第1項第4号で規定していることから、この企画は懸賞景品に該当します。

　したがって、この企画のうち、1等30万円相当の海外旅行は、懸賞景品の限度額を超過（取引価額の20倍又は10万円のいずれか低い価額）するため、景品規約に違反しますので10万円以下で企画してください。

相談事例

来場者全員に福袋プレゼント

　マンションのモデルルームの来場者全員に500円又は1,000円相当の商品が入った「福袋」をプレゼントする企画を考えていましたが、総付景品の限度額は100万円であると聞きましたので、このうち10個の福袋には、1,000円の商品に代えて当社のマンションを購入した場合に使用できる100万円の家具引換券（当社と提携した店舗で使用できるもの）を入れておきたいと考えています。問題はないでしょうか。

　この企画の場合、モデルルームの来場者全員に福袋をプレゼントするので総付景品であると思われたようですが、提供する景品類の価額に差（500円の商品、1,000円の商品又は100万円の家具購入券）があり、いくらの福袋であるかは開けてみるまでわからないことから、懸賞景品の提供手段の一つである「くじその他偶然性を利用」に該当するため、総付景品ではなく懸賞景品になります。

　したがって、この企画において提供できる景品類の限度額は、取引価額の20倍又は10万円のいずれか低い額となりますので、100万円の家具引換券が入った福袋は景品規約に違反することになります。

現金のつかみ取り

　新春キャンペーン企画として、マンションのモデルルームへの来場者先着100名に100円硬貨、購入者全員に1,000円札の現金つかみ取りを実施したいと考えています。この場合、先着順で100名と購入者全員に現金を提供することになりますので、総付景品として最高100万円まで提供できると考えてよいでしょうか。

　現金のつかみ取りは、一見すると総付景品に該当し、100万円まで提供することができると思われたり、現金であるということから値引に該当し、額の制限がないと思われたりするかもしれませんが、人によってつかめる金額が不確定であることから、懸賞景品の提供手段の一つである「くじその他偶然性を利

用」に該当するため、先着順又は購入者全員に実施する場合であっても、懸賞景品として取り扱われます。

したがって、つかみ取りができる現金の上限は、先着順、購入者全員のいずれの場合であっても10万円までとなります。

先着順による景品提供

当社が売主の新築マンション（販売戸数50戸・価格4,000万円～6,300万円）の販売に際し、先着順で3名の契約者に家具や家電をプレゼントしたいのですが、いくらまで提供できるでしょうか。

先着順で景品類を提供する方法は総付景品に該当し、また、貴社は売主であり、自らが提供するということですので、取引価額（物件価格）の10％又は100万円のいずれか低い額の範囲内までの景品類を提供することができます。

したがって、取引価額が1,000万円以上ですから、100万円までの家具や家電をプレゼントすることができます。

相談事例

Q12 250万円相当の太陽光発電システムをプレゼント

当社が売主の3,000万円の新築住宅の販売に際し、エコキャンペーンとして契約者に250万円相当の太陽光発電システムをプレゼントしたいと考えていますが、問題ないでしょうか。

この企画は、総付景品に該当するものの、景品類の額が提供できる限度額（取引価額の10％又は100万円のいずれか低い額）を超過しているため、実施することはできません。

なお、太陽光発電システムは不動産に附属すると認められる経済上の利益に該当しますから、付帯設備として価格に含めて販売すれば景品規約に違反する景品類の提供にはあたりませんので、例えば「新築住宅　価格3,000万円　太陽光発電システム付き」等と景品類の提供であると認識されないように表示す

ればよいでしょう。

Q13 結婚祝金100万円をプレゼント

新築マンションの売買契約を締結した購入者のうち、単身者が入居前までに結婚した場合に結婚祝金として100万円を提供したいと考えていますが、実施しても問題はないでしょうか。

この企画は、購入者が入居日までに結婚するかどうかはわからないという偶然性が支配するところがあるため、一見、懸賞景品に該当するのではないかという疑問が生じます。

しかし、景品を提供する条件としては、結婚するかどうかは本人の意思にかかる要素が強く、結婚しさえすれば誰にでも景品を提供するということですから、懸賞の方法によらないで提供する景品類に該当するものと解されます。

また、100万円という現金を提供する行為は、「値引と認められる経済上の利益」に該当し、総付景品にも該当しませんので、実施しても問題ありません。

なお、現金を提供する場合であっても、その使い道を制限してしまうと景品類に該当します（景品規則1③(1)）。例えば、旅行や引越しの代金として使うことを義務付けた場合は、旅行や引越しサービスそのものを提供することと同じということになるからです。

Q14 賃貸住宅の媒介による契約者に複数の中から好きなものをプレゼント

賃貸住宅の媒介に際して契約者に、
　①　1月分の家賃を無料にする（フリーレント）
　②　一定額までの引越し費用の負担
　③　エアコンの新設
のうち、いずれか1点を選択できるという企画を実施したいと考えていますが可能でしょうか。

　この企画のうち、①は家賃の値引であるため、単体で実施するのであれば問題はないのですが、②及び③は、景品類に該当し、これらと選択させて提供する場合は、景品規則第１条第３項第２号の「景品類と不動産の代金等の減額等とを相手方に選択させるなど、景品類の提供と一連の企画に基づいて代金等の減額等をすること。」に該当し、全てが景品類となります。

　貴社は媒介として取引をするわけですから、提供できる景品類の最高限度額は、媒介報酬限度額（税込）の10%以下となり、景品類の価額がこの限度額を超えてしまっていれば景品規約に違反することになります。

　なお、貸主及び代理として取引する場合の取引価額は、礼金、当月分の家賃・前家賃、管理費等、当該賃貸借契約を締結するために必要な費用の額（敷金等、賃貸借契約満了後に返還される金銭を除きます。）となり、それの10%又は100万円のいずれか低い額まで提供できます。

Q15 購入者全員にキャッシュバック、家具・家電及びギフトカードを提供

　売れ残り住戸（5,500万円〜6,000万円）の販売促進のため、購入者全員に景品類等を提供する企画を考えています。広告代理店から現金を提供したり、家具や家電製品を付けたりすることは景品類の提供には該当せず、総付景品の限度額（取引価額の10%又は100万円のいずれか低い額）を超えても問題ないと聞きましたので、購入者全員に300万円の現金をキャッシュバックするほか200万円相当の家具・家電製品（ダイニングセット、ソファー、ベッド、エアコン、照明器具等）が付いた状態で販売し、さらに、100万円分のクレジット会社のギフトカードを提供することを企画しました。
　ホームページに
　「成約者には600万円相当の３大特典付！！
　特典１：300万円キャッシュバック
　特典２：200万円相当の家具・家電付き
　特典３：〇〇ギフトカード100万円分プレゼント」
　と表示したいと考えていますが、問題ないでしょうか。

特典１の300万円キャッシュバックについては、景品規則第１条第２項第１

号に規定する「不動産の代金等を減額すること。」に該当し、懸賞の方法により提供する場合を除き、景品類の提供であると認識される表現又は方法で提供する場合であっても、値引と認められる経済上の利益の提供であり、景品類には該当しませんので問題はありません。

　また、特典2の「家具・家電付き」と称して、家具や家電製品があらかじめ付属されているものとして取引することについても、正常な商慣習に照らして不動産若しくは不動産の取引に附属すると認められる経済上の利益の提供であり、景品類には該当しないため問題ありません。

　しかし、現金の提供とは異なり、ことさら景品類の提供であると認識される表現又は方法で提供する場合は、景品類の提供とみなされます。

　この企画では、「3大特典付！！」等と表示したいとのことですが、このような表示は、景品類の提供であると認識される表現又は方法で提供する場合に該当し、特典2と3を合計すると300万円の景品類を提供することとなるため、総付景品の限度額を超えることになり、景品規約に違反します。

　したがって、特典2と3を変更して特典1に組み込み、600万円のキャッシュバックにするか、特典2を取り止めるか、又は特典2と3とを合わせて100万円以下にする必要があります。

Q 16　媒介業者が提供する場合の限度額

　最近、ポータルサイトに掲載されている新築住宅の仲介広告において、物件の購入者に対して、家具や家電、ギフト券等のプレゼント企画を表示しているのをよく見かけます。ある会社の広告では、2,000万円程度の新築住宅の売主業者が購入者に100万円相当の家具をプレゼントする旨が表示されていました。そこで、当社でも、仲介で扱っている新築分譲住宅（価格2,000万円～3,500万円）の広告に、「住宅購入応援キャンペーン！！30万円相当の家具・家電プレゼント！！」と表示したいと考えていますが、問題ないでしょうか。

　景品規約では、媒介業者が提供する景品類の限度額を媒介報酬限度額（購入者から得られる法定上限額。売主からも得られる場合であっても合算はできま

せん。）の10％又は100万円のいずれか低い額の範囲内と規定しています（景品規約3①(2)及び景品規則5(3)）。

この企画の場合、物件価格は2,000万円から3,500万円とのことですから、媒介報酬限度額は物件価格の消費税額を考慮しないとしても726,000円から1,121,000円となり、提供できる景品類の上限は、この10％である72,600円から112,100円となりますので、この企画は限度額を超過しているため実施することはできません。

なお、売主又は代理、あるいは、媒介業者が売主と共同して購入者に景品類を提供する場合の限度額は、物件価格の10％又は100万円のいずれか低い額の範囲内となりますので、貴社が見かけた「2,000万円程度の新築住宅の売主業者が購入者に100万円相当の家具をプレゼントする企画」は問題ないことになります。

Q17 懸賞景品と総付景品を併用する場合の提供限度額

　住宅フェアの開催に際して、来場者やフェア期間中の契約者に次の方法で景品を提供したいと考えていますが、問題ないでしょうか。なお、期間中に販売する物件は全て当社が売主となります。
　①　来場者の中から抽選で30名に1万円から10万円の商品券を提供
　②　前記①の30名を含む来場者が契約した場合、全員に100万円分の家具家電を提供

まず、①の抽選の方法で提供する景品類（懸賞景品）の限度額は、取引価額の20倍又は10万円のいずれか低い額までであり、かつ、提供できる景品類の総額は取引予定総額の2％以内とされています。したがって、①の企画は売買ですので、まず問題ありません（景品規約3(1)）。

次に、②の契約者全員に提供する景品類（総付景品）の限度額は、取引価額の10％又は100万円のいずれか低い額までとなっています（景品規約3(2)）。「取引価額」とは、事業者自らが売主又は代理の場合は、不動産の価格（税込）そのものとなり、貴社は売主ですから100万円までの景品類を提供することができますので、これも問題ありません。

また、この企画のように同一の事業者が懸賞景品と総付景品を併用する場合には、それぞれの限度額の範囲内まで提供できます（景品規則7②(1)）から、来場者が抽選で当選し、1万円から10万円の景品類の提供を受け、さらに、その当選者が物件を購入して100万円の景品類の提供を受ける場合の景品類の合計額の上限は110万円（10万円＋100万円）となります。

Q18 現金を契約者全員にプレゼントするほか抽選でもプレゼント

　現金のプレゼントは表現方法のいかんにかかわらず、値引とみなされ景品類には該当しないと聞いています。そこで、当社の売れ残り物件の販売に際し、次のような現金プレゼントの企画を考えましたが、問題ないでしょうか。

「○○マンション竣工記念キャンペーン
特典1　キャンペーン期間中にご契約された方には、もれなく200万円の現金プレゼント！！
特典2　ダブルプレゼント！　さらにキャンペーン期間中に契約された方の中から抽選で1名様に50万円の現金プレゼント！！」

　景品規約第2条第3項において、「正常な商慣習に照らして値引又はアフターサービスと認められる経済上の利益及び正常な商慣習に照らして不動産若しくは不動産の取引に附属すると認められる経済上の利益」は景品類に該当しないと規定し、景品規則第4条において、値引、アフターサービス及び不動産の取引に附属するものであっても、①「提供の相手方を懸賞の方法により特定する場合」、②「相手方に景品類の提供であると認識される表現又は方法で提供する場合（第1条第2項第1号及び第2号に規定する経済上の利益を提供する場合を除く。）」は景品類の提供とみなすと規定しています。

　前記②の規定のカッコ内の意味は、不動産の代金等を減額すること又は不動産の割賦販売をする場合において、無利息とすることについては、「特典」、「プレゼント」等の景品類の提供であると認識される表現又は方法で提供する場合であっても、景品類の提供とみなさないということです。

　また、前記①の懸賞の方法によって値引を受けられる者を選ぶ場合は、景品類の提供として取り扱われ、提供できる限度額は10万円になります。

　ところで、現金をプレゼントする行為は形を変えた値引ですから、「不動産の代金等を減額すること。」に該当するものとして扱っています。

　したがって、この企画の特典1については、値引とみなされるものですから問題ありませんが、特典2については、抽選により提供の相手方を特定していますので、前記①の懸賞の方法により提供する場合に該当し、景品類の提供とみなされますから、懸賞景品の限度額（取引価額の20倍又は10万円のいずれか低い価額）の規定に違反するものです。

取引価額とは

　不動産取引の場合、提供できる景品類の最高限度額の算定基礎となる取引価額とは何を指すのでしょうか。媒介の場合は、物件価格か、媒介報酬額のどちらが取引価額となるのでしょうか。

　取引価額は、景品類の提供を行う宅建業者の取引態様の別、及び売買か賃貸かの別によって異なります。

　まず、売買の場合ですが、宅建業者が売主又はその代理人として景品類を提供する場合は、取引対象物件の売買代金の額（販売価格）が取引価額となります。

　媒介を行う宅建業者が景品類を提供する場合は、その宅建業者が購入者から受けることができる媒介報酬限度額が取引価額となります。この場合、実際の取引において、結果として媒介報酬限度額を下回る報酬（例えば、1％）を受けたとしても、媒介報酬限度額を取引価額として景品類を提供しても差し支えありません。

　なお、媒介業者と売主の共同企画により景品類を提供する場合は、物件の販売価格を取引価額として取り扱うこととしています。

　次に、賃貸の場合ですが、宅建業者が貸主又はその代理人として景品類を提供する場合は、当該賃貸借契約を締結するために必要な費用の額（名目のいか

んを問わず、敷金など賃貸借契約満了後に返還される金銭を除きます。）が取引価額となります。例えば、家賃10万円、敷金２か月、礼金２か月の取引の場合は、家賃10万円と礼金２か月分を合算した30万円が取引価額となります。

　また、賃貸借契約締結前に、一定期間契約を継続した後、賃借人に景品類を提供する旨を告知した場合（例えば、契約後半年経過後に景品類を提供する等）は、賃貸借契約を締結するために必要な費用の額に加え、当該期間内に賃借人が支払った賃料等の総額が取引価額となります。ただし、土地の賃貸借で権利金など権利設定の対価として支払われる金銭であって返還されないものの授受があるものについては、当該権利金の額としています。

　媒介業者が景品類を提供する場合は、売買と同様、媒介報酬限度額が取引価額となります。

　なお、媒介業者と貸主による共同企画で景品類を提供する場合は、貸主の場合の取引価額によります。

【取引価額（景品規約施行規則第５条関係)】

取　引　態　様　等		取　引　価　額
①	**売買等で売主又は代理の場合**	**物件価格**
②　賃貸	**貸主又は代理の場合で賃貸住宅等の場合**	・賃貸借契約を締結するために必要な費用の額（敷金など賃貸借契約満了後に返還される金銭を除く。） ・契約締結前に、一定期間契約を継続した後、賃借人に景品類を提供する旨を告知した場合は、上記費用に加え、当該期間内に賃借人が支払った賃料等の総額
	貸主又は代理の場合で借地権付物件の場合	権利金など返還されない金銭の授受があるものは、当該権利金の額（保証金、敷金など賃貸借契約満了後に返還される金銭を除く。）
③	**媒介の場合**	媒介報酬限度額（ただし、売主、貸主等と共同して行う場合はそれぞれ上記による。）

消費税額と取引価額

取引価額には消費税額は含まれるのでしょうか。

　消費税はコストの一部ですから、取引価額には、当然、消費税額を含んだ額となります。また、提供する景品類の価額も消費税額を含んだものとなります。

　例えば、2,500万円の新築住宅（土地価格1,500万円・建物価格1,000万円）を売主事業者が販売する場合は、消費税込みの価格は2,600万円ですので、これが取引価額となりますし、市場価格が本体30万円・消費税額３万円のものを景品類として提供する場合には33万円が景品類の額となります。

賃貸アパートに一定期間入居後に景品類を提供する場合の取引価額の考え方

**　当社が所有する複数の賃貸アパートへの入居促進のため、入居１年後に２万円のギフト券をプレゼントすることを企画し、その旨を入居者募集広告に表示したいと考えていますが、問題はないでしょうか。なお、賃料は５万円から８万円、礼金、敷金はいずれも１か月分です。前家賃やその他の費用はありません。**

相談事例

　景品規約では、契約者等にもれなく景品類を提供する場合の限度額を取引価額の10％又は100万円のいずれか低い額の範囲内と規定し（景品規約３①(2)）、貸主が提供する場合の取引価額を施行規則において、「賃貸借契約を締結するために必要な費用の額（名目のいかんを問わず賃貸借契約満了後に返還される金銭は除きます。)」（景品規則５(2)）と規定していますが、契約締結前に、一定期間契約を継続した後に契約者に景品類を提供する旨を告知し、この期間を経過した後に景品類を提供する場合は、前述の費用に当該期間内に契約者が支払った費用を加えてもよいとしています（景品規則５(2)ただし書）。

　この企画は、入居者募集に際し、入居１年後に２万円のギフト券を提供する

旨を告知したうえで、1年経過後にギフト券を提供するとのことですから、契約締結に必要な費用に1年間の総賃料を加えたものが取引価額となります。

したがって、賃料が一番安い5万円の場合であっても、契約締結に必要な費用として前家賃5万円と礼金5万円に1年間の総賃料60万円（5万円×12か月）を加えた70万円が取引価額となり、景品提供の限度額は、この10％又は100万円のいずれか低い額ですから、7万円までの景品類の提供が可能となるため、この企画を実施しても問題はありません。

仕入れ価格の考え方

分譲マンションの購入者に家具をプレゼントしたいと考えています。当社が家具店から仕入れた価格が100万円であれば、100万円の景品類を提供したこととしてよいのでしょうか。

景品規則第7条は、「…景品類の価額の算定は、景品類の提供に係る取引の相手方がそれを通常購入する場合の価格により行う。」と規定しています。つまり、一般消費者がその家具を通常の方法で購入する場合の価格（いわゆる市価）ということです。仕入れた家具の市価が仮に120万円であるものを30セット購入（仕入れる）することにより、100万円で仕入れられたとしても120万円の家具を提供したこととなり、景品規約に違反する企画となります。

Q 23 広告主である媒介業者が景品類を売主と共同で提供し、さらに、単独で提供する場合の限度額

当社は媒介として4,000万円の新築住宅を広告していますが、購入者に景品提供を考えています。売主と共同で提供する場合は100万円まで、当社単独で提供する場合は138,600円（媒介報酬限度額の10％又は100万円の低いほう。消費税を考慮しなかった場合）までの景品類の提供ができると理解していますが、次の2つのケースは問題ないでしょうか。
① 共同で提供する景品類が80万円だった場合、これに追加して100万円との差額の20万円分の景品類を当社単独で提供する
② 共同で提供する景品が100万円だった場合、これに追加して138,600円分の景品類を当社単独で提供する

　景品規約では、住宅の購入者にもれなく景品類を提供する場合の景品類の限度額を取引価額（売主は物件価格、媒介業者は媒介報酬限度額（ただし、売主と共同して行う場合には物件価格））の10％又は100万円のいずれか低い額の範囲内と規定しています（景品規約3①(2)）。

　売主と共同で提供する場合は100万円まで、媒介事業者が単独で提供する場合は138,600円までとなりますので、貴社の認識は正しいことになります。

　まず、①の企画については、貴社と売主が共同で提供する景品類の限度額まで20万円の余りがあるからといってこれを貴社が媒介の立場で流用できるわけではなく、単独で景品類を提供した際の限度額である138,600円までしか提供できません。

　したがって、①の企画は景品規約違反となります。

　次に、②の企画については、貴社と売主が共同で提供する100万円分と、貴社単独で提供する138,600円分の提供であるため、これらを併用しても、一見、共同も単独もそれぞれ限度額を超えていないため問題がないようにみえます。

　しかし、景品規約では、同一の取引に附随して2以上の景品類が提供される場合で、他の事業者と共同しないで景品類を追加した場合は、追加した事業者についてこれらを合算した額が景品提供額となる（景品規則7②(3)）と規定し

ており、共同か単独かを問わず、同一取引に附随して2以上の景品類を提供した場合には、その合計額が提供限度額内に収まっていなければいけないと規定しています。

　したがって、②の企画は提供額が1,138,600円となり、総付景品の提供限度額である100万円を超えるため、景品規約違反となります。つまり、「単独景品がその限度額を超えず」、「共同景品と単独景品の合算額が限度額を超えない」という2つの条件を満たす必要があるということになります。

　よって、ご質問の企画は、共同景品は861,400円以下、単独景品は138,600円以下であれば問題がないということになります。

Q24 売主と販売代理会社でそれぞれ100万円の景品提供

当社で分譲中のマンション（3,000万円〜4,000万円）の購入者全員に景品を提供したいと考えています。売主は当社で、販売代理はB社です。この場合、売主と販売代理会社がそれぞれ100万円、合計200万円の景品を提供することは可能でしょうか。

　懸賞の方法によらないで提供する景品（総付景品）の場合は、取引価額の10％又は100万円のいずれか低い額までの景品提供が可能です。お尋ねの場合はそれぞれの会社はこの規定の範囲内で景品類を提供していますから、一見問題ないようにもみえます。

　しかし、景品規則第7条第2項は、「同一の取引に附随して2以上の景品類が提供される場合の景品類の価額について」の算定基準を定めており、同項第2号は、「他の事業者と共同して行う場合は、別々の企画によるときでも、共同した事業者のそれぞれについて、これらを合算した額とする。」と規定しています。

　したがって、この企画の場合、それぞれの事業者が100万円しか提供していませんが、この規定によりそれぞれの事業者が200万円を提供したものとして取り扱われることになりますので、2社合算して100万円以内に変更する必要があります。

建築条件付土地販売における景品提供限度額

建築条件付土地（土地価格900万円〜1,500万円・5区画）を売主として販売していますが、売行きが芳しくないため、契約成立時に景品を提供する企画を考えています。建築条件付土地取引で提供できる景品類の限度額はいくらでしょうか。

建築条件付土地の場合、①土地の取引については、景品規約の適用を受け、②建物の建築請負契約による取引については、景品表示法（一般ルール）の適用を受けることになります。

したがって、建築条件付土地取引において提供できる景品類の限度額は、前記①についての景品規約による提供限度額と、前記②についての一般ルールの提供限度額との合計額になります。

つまり、土地価格900万円の区画であれば、景品規約による総付景品の景品類の提供限度額は、取引価額の10％又は100万円のいずれか低い価額の範囲内ですから、土地価格の10％に当たる90万円が提供限度額となり、建物の請負代金が仮に1,500万円であれば、一般ルールによる総付景品の景品類の提供限度額は、取引価額の20％以内ですから、請負代金の20％に当たる300万円が提供限度額となり、これらの合計額である390万円が景品類の提供限度額ということになります。

複数の売主が共同で懸賞景品を提供（共同懸賞）

多棟構成の大型新築分譲マンションを当社のほか7社で開発し、共同売主として分譲する予定です。8社の共同企画として販売センターへの来場者に抽選で景品を提供する場合、共同懸賞として1等に30万円の商品を提供しても問題ないでしょうか。

景品規約では、共同懸賞について、「懸賞による景品類の提供に関する事項の制限」（P.459〜参照）の第4項に定めるところによると規定し、同告示第4項では、次の①から③のいずれかのケースに該当する場合に、懸賞により景

相談事例

品類を提供するときは、共同懸賞として、その提供限度額を30万円とし、景品類の総額を取引予定総額の３％以内とすると規定しています。

① 一定の地域における小売業者又はサービス業者の相当多数が共同して行う場合

② 一の商店街に属する小売業者又はサービス業者の相当多数が共同して行う場合。ただし、中元、年末等の時期において、年３回を限度とし、かつ、年間通算して70日の期間内で行う場合に限る。

③ 一定の地域において一定の種類の事業を行う事業者の相当多数が共同して行う場合

「一定の地域」とは、市区町村の区域であり、「相当多数」とは過半数であるとされています。

したがって、ご質問の企画は、これらのいずれのケースにも該当しませんから、共同懸賞には該当せず、通常の懸賞景品に該当するため、提供限度額を10万円とし、景品類の提供総額を取引予定総額の２％以内にする必要があります（景品規約３①(1)）。

Q 27 新築住宅と自動車のセット販売

当社売主の新築住宅の販売に際して、普通乗用車○○をセットにして販売したいと考えています。この場合に「新築住宅 5,000万円と普通乗用車○○ 300万円をセットで5,100万円で販売します！」と広告に表示したいと考えていますが、問題ないでしょうか。

この販売方法は、いわゆる「セット販売」と呼ばれるものですが、セット販売の取扱いについては、「景品類等の指定の告示の運用基準について」（P.439〜参照）第４項の「取引に附随して」の第５号アにおいて「商品又は役務を２つ以上組み合わせて販売していることが明らかな場合」は、景品類の提供の該当要件である取引附随性はなく（セット価格がそれぞれの合計額より安くなっても値引と解します。）、原則として、景品類の提供には該当しないものとされています。

したがって、このような販売方法は、実施していただいても問題はないので

すが、「提供の相手方を懸賞の方法により特定する場合」や「相手方に景品類の提供であると認識される表現又は方法で提供する場合」（景品規則4）には、景品類の提供として取り扱われます。例えば、「新築住宅を購入していただいた方には、300万円の普通乗用車○○をプレゼント！」等と表示する場合は、景品類の提供とみなされますのでご注意ください。

Q28 友の会の会員に対する景品提供（オープン懸賞）

一定期間内にホームページを通して新規に友の会会員になった方及び既存の会員を対象に、抽選で1名に200万円相当の家電製品をプレゼントする企画を考えていますが、問題ないでしょうか。なお、会費は不要です。

ホームページ上で新規に友の会の会員登録をした人に対する景品提供については、会費を徴収せず、かつ、不動産の取引を条件としたり、店舗等への来場を条件としていませんから、「取引附随性」はなく、景品規約の適用はありません。

また、すでに会員登録をしている人に対する景品提供については、過去に貴社の物件を購入したり、店舗等に来場しているケースも考えられますので、一見、「取引附随性」があり、懸賞景品に該当すると思われる方もいらっしゃるかもしれませんが、こちらも会費を徴収しておらず、今回の企画に当たり、不動産の取引を条件としたり、店舗等への来場を条件としていませんから、「取引附随性」はないと認められることから、これも景品規約の適用はないことになります。

したがって、今回の企画は、取引附随性がないため、景品類の提供に際して上限がない、いわゆる「オープン懸賞」（P.211参照）に該当しますので実施しても問題ありません。

相談事例

Q 29 アンケート回答者に対する現金の提供（オープン懸賞）

> ホームページ上で住まいに関するアンケートを行い、回答した方の中から抽選で50名（1名に50万円、2名に30万円、47名に1万円）に現金を提供する企画を実施しようと考えていますが、問題はないでしょうか。また、回答者全員には販売中又は販売予定の新築分譲マンションの資料を送る予定です。

ホームページを見た者がアンケートに回答のうえ、誰でも応募できるため、景品提供の該当要件である取引附随性がなく、景品規約の適用はありません。いわゆる「オープン懸賞」（P.211参照）に該当しますので、この企画を実施しても問題はありません。

また、回答者全員に販売中又は販売予定の物件資料を送ることも問題ありません。

Q 30 モニター報酬として毎月5万円を3年間（総額180万円）提供

> 当社が売主の新築分譲マンションの販売状況が思わしくないので、残住戸10戸を値下げして販売することを考えていますが、価格自体を下げる代わりに、毎月5万円を3年間提供することを考えています。そこで、モニターキャンペーンと称して、「毎月5万円を3年間提供！総額180万円プレゼント！※購入者はモニターとして毎月1回（3年間）「住み心地」についてのご感想やご意見をメールにてお聞かせいただきます。」と記載した広告を行うことは問題がありますか。

モニターに対する報酬は一種の労働に対する対価とみなされ、景品類に該当しませんから景品規約の規制を受けません。

しかし、このキャンペーンの内容は、毎月1回、住み心地についての感想や意見をメールで回答するという程度の労働に対して毎月5万円を提供するというものであり、1か月の仕事内容に相応する対価の程度を超えていますから、

モニター報酬として実施することは適当ではありません。

　実体は「キャッシュバック」といえますから、景品規則第1条第2項第1号の「不動産の代金等を減額すること。」に該当し、提供する相手方を懸賞の方法により決定する場合を除き、その表現又は方法にかかわらず値引と認められ、景品類には該当しません。

　しかしながら、ご質問の表示のままでは、適正な企画及び表示とは言い難いことから、キャッシュバックの企画に変更することを強く推奨します。

相談事例

321

参考資料

参考資料　目次

参考資料

不動産の表示に関する公正競争規約

（平成17年11月10日 公正取引委員会告示第23号）

最終変更：令和４年２月21日

同年９月１日施行

目　次

参考資料

第1章　総　　則

第1節　目　　的

（目　　的）

第1条　この公正競争規約（以下「規約」という。）は、不当景品類及び不当表示防止法（昭和37年法律第134号）第31条第1項の規定に基づき、不動産の取引について行う表示に関する事項を定めることにより、不当な顧客の誘引を防止し、一般消費者による自主的かつ合理的な選択及び事業者間の公正な競争を確保することを目的とする。

第2節　会員の責務

（事業者の責務）

第2条　事業者は、不動産広告の社会性にかんがみ、深くその責任を自覚し、この規約を遵守することはもとより、社会的・経済的諸事情の変化に即応しつつ、常により適正な広告その他の表示をするよう努めなければならない。

（広告会社等の責務）

第3条　事業者から広告制作の依頼を受けた広告会社等は、不動産広告の社会性にかんがみ、深くその社会的な責任を認識し、この規約の趣旨にのっとり、一般消費者の適正な選択に資する広告を制作するよう努めなければならない。

第3節　用語の定義

（用語の定義）

第4条　この規約において「不動産」とは、土地及び建物をいう。

2　この規約において「宅地」とは、宅地建物取引業法（昭和27年法律第176号。以下「宅建業法」という。）第2条第1号に定めるものをいう。

3　この規約において「建物」とは、土地に定着し、屋根及び周壁を有する工作物であって、主として居住の用に供されるものをいい、賃貸マンション、

328

賃貸アパートその他の貸室等建物の一部を含むものとする。

4 この規約において「事業者」とは、宅建業法第３条第１項の免許を受けて宅地建物取引業を営む者であって、第25条第１項に規定する公正取引協議会の構成団体に所属するもの及びこの規約に個別に参加するものをいう。

5 この規約において「表示」とは、顧客を誘引するための手段として事業者が不動産（以下第９章までにおいて「物件」という。）の内容又は取引条件その他取引（事業者自らが貸借の当事者となって行う取引を含む。以下同じ。）に関する事項について行う広告その他の表示（以下「広告表示」という。）であって、次に掲げるものをいう。

(1) インターネットによる広告表示

(2) チラシ、ビラ、パンフレット、小冊子、説明書面、電子記録媒体その他これらに類似する物による広告表示（ダイレクトメール、ファクシミリ等によるものを含む。）及び口頭による広告表示（電話によるものを含む。）

(3) ポスター、看板（デジタルサイネージ、プラカード及び建物又は電車、自動車等に記載されたものを含む。）、のぼり、垂れ幕、ネオン・サイン、アドバルーンその他これらに類似する物による広告及び陳列物又は実演による表示

(4) 新聞紙、雑誌その他の出版物、放送（有線電気通信設備又は拡声機による放送を含む。）、映写、演劇又は電光による広告

(5) 物件自体による表示及びモデル・ルームその他これらに類似する物による表示

6 この規約において、次に掲げる用語の意義は、それぞれ当該各号に定めるところによる。

(1) **建築条件付土地** 自己の所有する土地を取引するに当たり、自己と土地購入者との間において、自己又は自己の指定する建設業を営む者（建設業者）との間に、当該土地に建築する建物について一定期間内に建築請負契約が成立することを条件として取引される土地をいう（建築請負契約の相手方となる者を制限しない場合を含む。）。

(2) **自由設計型マンション企画** 特定の土地を前提とするマンション建築の基本計画を示して当該計画について一般消費者の意見を聴取し、これを反

映させた実施計画を確定し、第５条に規定する広告表示の開始の要件を満たした後に、売買契約をする方式によるマンションの建築企画をいう。

⑶　**予告広告**　販売区画数若しくは販売戸数が２以上の分譲宅地、新築分譲住宅、新築分譲マンション若しくは一棟リノベーションマンション、又は、賃貸戸数が２以上の新築賃貸マンション若しくは新築賃貸アパートであって、価格又は賃料が確定していないため、直ちに取引することができない物件について、規則に規定する表示媒体を用いて、その本広告（第８条に規定する必要な表示事項を全て表示して物件の取引の申込みを勧誘するための広告表示をいう。）に先立ち、その取引開始時期をあらかじめ告知する広告表示をいう。

⑷　**副次的表示**　分譲宅地、新築分譲住宅、新築分譲マンション又は一棟リノベーションマンションに関する広告表示であって、一の広告物において、主として取引しようとする物件の広告表示に付加して行う他の物件に関する広告表示をいう。

⑸　**シリーズ広告**　販売区画数若しくは販売戸数が２以上の分譲宅地、新築分譲住宅、新築分譲マンション若しくは一棟リノベーションマンション、又は、賃貸戸数が２以上の新築賃貸マンション若しくは新築賃貸アパートに関する広告表示であって、一の企画に基づき、１年以内に、順次、連続して４回以上又は６か月以内に３回以上にわたって行う一連の広告表示をいう。

⑹　**比較広告**　自己の供給する物件又は役務について、これと競争関係にある特定の物件等を比較対象物件等として示し（暗示的に示す場合を含む。）、物件等の内容又は取引条件について、客観的に測定又は評価することによって比較する広告表示をいう。

⑺　**最多価格帯**　売買に係る物件の価格を100万円刻みでみたときに最も物件数が多い価格帯又は価格が著しく高額である等これによることが適当でないと認められる場合において、任意に区分した価格帯でみたときに物件数が最も多い価格帯をいう。

⑻　**開発面積**　開発区域の総面積をいう。

⑼　**総区画数**　開発区域内の全ての予定区画数をいう。

330

(10) **総戸数** 新築分譲住宅においては、開発区域内に建築される住宅（建築予定の住宅を含む。）の戸数をいい、新築分譲マンション又は一棟リノベーションマンションにおいては、現に取引しようとする全ての建物の一棟ごとの住戸の戸数をいう。

(11) **販売区画数** 販売しようとする分譲宅地の区画数をいう。

(12) **販売戸数** 販売しようとする新築分譲住宅の戸数又は新築分譲マンション若しくは一棟リノベーションマンションの住戸の戸数をいう。

(13) **賃貸戸数** 賃貸しようとする新築賃貸マンション又は新築賃貸アパートの住戸の数をいう。

第2章 広告表示の開始時期の制限

（広告表示の開始時期の制限）

第5条 事業者は、宅地の造成又は建物の建築に関する工事の完了前においては、宅建業法第33条に規定する許可等の処分があった後でなければ、当該工事に係る宅地又は建物の内容又は取引条件その他取引に関する広告表示をしてはならない。

第3章 建築条件付土地取引における建物の設計プランに関する表示及び自由設計型マンション企画に関する広告表示

（建築条件付土地取引に関する広告表示中に表示される建物の設計プランに関する表示）

第6条 前条の規定は、建築条件付土地取引に関する広告表示中に表示される建物の設計プランに関する表示については、次に掲げる全ての要件を満たすものに限り、適用しない。

(1) 次の事項について、見やすい場所に、見やすい大きさ、見やすい色彩の文字により、分かりやすい表現で表示していること。

　ア 取引の対象が建築条件付土地である旨

　イ 建築請負契約を締結すべき期限（土地購入者が表示された建物の設計

参考資料

プランを採用するか否かを問わず、土地購入者が自己の希望する建物の設計協議をするために必要な相当の期間を経過した日以降に設定される期限）

ウ　建築条件が成就しない場合においては、土地売買契約は、解除され、かつ、土地購入者から受領した金銭は、名目のいかんにかかわらず、全て遅滞なく返還する旨

エ　表示に係る建物の設計プランについて、次に掲げる事項

(ｱ)　当該プランは、土地の購入者の設計プランの参考に資するための一例であって、当該プランを採用するか否かは土地購入者の自由な判断に委ねられている旨

(ｲ)　当該プランに係る建物の建築代金並びにこれ以外に必要となる費用の内容及びその額

(2)　土地取引に係る第8条に規定する必要な表示事項を満たしていること。

（自由設計型マンション企画に関する表示）

第7条　第5条の規定は、自由設計型マンション企画に関する表示であって、次に掲げる全ての要件を満たすものについては、適用しない。

(1)　次の事項について、見やすい場所に、見やすい大きさ、見やすい色彩の文字により、分かりやすい表現で表示していること。

ア　当該企画に係る基本計画である旨及び基本計画の性格

イ　当該企画の実現に至るまでの手順

ウ　当該企画に関する意見聴取のための説明会等の開催時期及び場所

エ　意見聴取に応じた一般消費者に対し、当該企画に基づく物件その他の物件の取引を拘束するものではなく、また、これらの取引において何ら特別の取扱いをするものではない旨

オ　当該企画の実施に際しては、宅建業法第33条に規定する許可等の処分を受ける必要がある旨及び未だ受けていない旨

(2)　当該企画に係る基本計画について、建ぺい率・容積率の制限の範囲内において建築可能な限度を示すための透視図並びに一般消費者の意見を求める基礎となる外観図及び平面スケッチを示す場合においては、一般消費者の意見を聴取する場合の手がかりとして示すものであって、具体的な実施

計画の内容を示すものではない旨を、これらの表示に接する位置に明示していること。

(3) 当該企画のコンセプトに関する説明及び前号に規定する図面等を除き、建物の具体的な設計プランを表示していないこと。

第4章　必要な表示事項

第1節　必要な表示事項

（必要な表示事項）

第8条　事業者は、規則で定める表示媒体を用いて物件の表示をするときは、規則で定める物件の種別ごとに、次に掲げる事項について、規則で定めるところにより、見やすい場所に、見やすい大きさ、見やすい色彩の文字により、分かりやすい表現で明瞭に表示しなければならない。

(1) 広告主に関する事項

(2) 物件の所在地、規模、形質その他の内容に関する事項

(3) 物件の価格その他の取引条件に関する事項

(4) 物件の交通その他の利便及び環境に関する事項

(5) 前各号に掲げるもののほか、規則で定める事項

第2節　予告広告・副次的表示・シリーズ広告における特例

（予告広告における特例）

第9条　予告広告にあっては、前条の規定にかかわらず、規則で定めるところにより、同条に規定する必要な表示事項の一部を省略することができる。

2　予告広告を行う場合においては、当該予告広告に係る物件の取引開始前に、次の各号に掲げるいずれかの方法により本広告を行わなければならない。

(1) 当該予告広告を行った媒体と同一の媒体を用い、かつ、当該予告広告を行った地域と同一又はより広域の地域において実施する方法

(2) インターネット広告により実施する方法

参考資料

3　前項第２号の方法により本広告を行うときは、当該予告広告において、イ
ンターネットサイト名（アドレスを含む。）及び掲載予定時期を明示しなけ
ればならない。

4　予告広告においては、予告広告である旨、販売予定時期その他規則で定め
る事項を、見やすい場所に、見やすい大きさ、見やすい色彩の文字により、
分かりやすい表現で明瞭に表示しなければならない。

（副次的表示における特例）

第10条　副次的表示は、第８条の規定にかかわらず、規則で定めるところに
より、同条に規定する必要な表示事項の一部を省略することができる。

（シリーズ広告における特例）

第11条　シリーズ広告は、第８条の規定の適用に当たっては、次の各号に掲げ
る全ての要件を満たす場合に限り、その一連の広告表示をもって、一の広告
表示とみなす。

⑴　新聞、雑誌又はインターネットによる広告であること。

⑵　シリーズ広告中の最後に行う広告（以下「最終広告」という。）において、
第８条に規定する必要な表示事項を表示していること。

⑶　各回の広告において、次の事項を、見やすい場所に、見やすい大きさ、
見やすい色彩の文字により、分かりやすい表現で明瞭に表示していること。

　　ア　シリーズ広告である旨

　　イ　当該シリーズ広告における広告の回数

　　ウ　シリーズ広告中における当該広告の順位

　　エ　次回の広告の掲載予定日（最終広告を除く。）

　　オ　契約又は予約の申込みに応じない旨及び名目のいかんにかかわらず申
込みの順位の確保に関する措置を講じない旨（最終広告を除く。）

⑷　第５条に規定する広告表示の開始の要件を満たしていること。

第３節　必要な表示事項の適用除外

（必要な表示事項の適用除外）

第12条　次の各号に掲げる広告表示については、第８条の規定を適用しない。

ただし、物件の内容又は取引条件を併せて表示するものを除く。

⑴　分譲宅地、新築分譲住宅、新築分譲マンション又は一棟リノベーションマンションの販売に先立ち、当該物件の名称を募集するため又は名称を考案するための手掛かりとして当該物件のおおむねの所在地（都道府県、郡、市区町村、字又は街区番号まで）、物件種別、おおむねの規模及び開発理念のみを表示する広告

⑵　物件情報展示会その他の催事の開催場所、開催時期、又は常設の営業所の場所を案内する広告表示であって、展示している物件数、当該物件の種別及び価格の幅のみを表示するもの

⑶　住宅友の会その他の顧客を構成員とする組織の会員を募集する広告表示であって、現に取引している物件又は将来取引しようとする物件について、その物件の種別、販売（賃貸を含む。以下同じ。）中であるか販売予定であるかの別及び最寄駅のみを表示するもの

⑷　企業広告の構成要素として現に取引している物件又は将来取引しようとする物件の広告表示であって、その物件の種別、販売中であるか販売予定であるかの別及び最寄駅のみを表示するもの（当該広告の主旨が特定の物件の予告その他取引に関する広告表示と認められるものを除く。）

第５章　特定事項等の明示義務

第１節　特定事項の明示義務

（特定事項の明示義務）

第13条　事業者は、一般消費者が通常予期することができない物件の地勢、形質、立地、環境等に関する事項又は取引の相手方に著しく不利な取引条件であって、規則で定める事項については、賃貸住宅を除き、それぞれその定めるところにより、見やすい場所に、見やすい大きさ、見やすい色彩の文字により、分かりやすい表現で明瞭に表示しなければならない。

第2節　記事広告における「広告である旨」の明示義務

（記事広告における「広告である旨」の明示義務）

第14条　事業者は、記事広告（編集記事形式の広告表示）にあっては、当該広告表示中に広告である旨を、規則で定めるところにより、見やすい場所に、見やすい大きさ、見やすい色彩の文字により、分かりやすい表現で明瞭に表示しなければならない。

第6章　表示基準

第1節　物件の内容・取引条件等に係る表示基準

（物件の内容・取引条件等に係る表示基準）

第15条　事業者は、次に掲げる事項について表示するときは、規則で定めるところにより表示しなければならない。

(1)　取引態様

(2)　物件の所在地

(3)　交通の利便性

(4)　各種施設までの距離又は所要時間

(5)　団地の規模

(6)　面積

(7)　物件の形質

(8)　写真・絵図

(9)　設備・施設等

(10)　生活関連施設

(11)　価格・賃料

(12)　住宅ローン等

第2節　節税効果等の表示基準

（節税効果等の表示基準）

第16条　事業者は、リース方式によるマンション等について、節税効果（給与所得者等が不動産所得を得ることとなった場合等に、税法上認められた方法により、課税総所得金額を減少させ、税負担を軽減すること。）又は当該マンション等に係る賃料収入の確実性等について表示するときは、規則で定めるところにより表示しなければならない。

第3節　入札及び競り売りの方法による場合の表示基準

（入札及び競り売りの方法による場合の表示基準）

第17条　事業者は、入札又は競り売りの方法により取引する場合は、規則で定めるところにより表示しなければならない。

第7章　特定用語等の使用基準

第1節　特定用語の使用基準

（特定用語の使用基準）

第18条　事業者は、次に掲げる用語又はこれらの用語に類する用語を用いて表示するときは、それぞれ当該各号に定める意義に即して使用しなければならない。

⑴　**新　築**　建築工事完了後1年未満であって、居住の用に供されたことがないものをいう。

⑵　**新発売**　新たに造成された宅地、新築の住宅（造成工事又は建築工事完了前のものを含む。）又は一棟リノベーションマンションについて、一般消費者に対し、初めて購入の申込みの勧誘を行うこと（一団の宅地又は建物を数期に区分して販売する場合は、期ごとの勧誘）をいい、その申込みを受けるに際して一定の期間を設ける場合においては、その期間内におけ

337

る勧誘をいう。

(3)　**ダイニング・キッチン（ＤＫ）**　台所と食堂の機能が1室に併存している部屋をいい、住宅（マンションにあっては、住戸。次号において同じ。）の居室（寝室）数に応じ、その用途に従って使用するために必要な広さ、形状及び機能を有するものをいう。

(4)　**リビング・ダイニング・キッチン（ＬＤＫ）**　居間と台所と食堂の機能が1室に併存する部屋をいい、住宅の居室（寝室）数に応じ、その用途に従って使用するために必要な広さ、形状及び機能を有するものをいう。

(5)　**宅地の造成工事の完了**　宅地上に建物を直ちに建築することができる状態に至ったことをいい、当該工事の完了に際し、都市計画法（昭和43年法律第100号）その他の法令による工事の完了の検査を受けることが必要とされるときは、その検査に合格したことをいう。

(6)　**建物の建築工事の完了**　建物をその用途に従い直ちに使用することができる状態に至ったことをいう。

2　事業者は、次に掲げる用語を用いて表示するときは、それぞれ当該表示内容を裏付ける合理的な根拠を示す資料を現に有している場合を除き、当該用語を使用してはならない。この場合において、第1号及び第2号に定める用語については、当該表示内容の根拠となる事実を併せて表示する場合に限り使用することができる。

(1)　物件の形質その他の内容又は価格その他の取引条件に関する事項について、「最高」、「最高級」、「極」、「特級」等、最上級を意味する用語

(2)　物件の価格又は賃料等について、「買得」、「掘出」、「土地値」、「格安」、「投売り」、「破格」、「特安」、「激安」、「バーゲンセール」、「安値」等、著しく安いという印象を与える用語

(3)　物件の形質その他の内容又は役務の内容について、「完全」、「完ぺき」、「絶対」、「万全」等、全く欠けるところがないこと又は全く手落ちがないことを意味する用語

(4)　物件の形質その他の内容、価格その他の取引条件又は事業者の属性に関する事項について、「日本一」、「日本初」、「業界一」、「超」、「当社だけ」、「他に類を見ない」、「抜群」等、競争事業者の供給するもの又は競争事業

者よりも優位に立つことを意味する用語

(5) 物件について、「特選」、「厳選」等、一定の基準により選別されたことを意味する用語

(6) 物件について、「完売」等、著しく人気が高く、売行きがよいという印象を与える用語

第2節　物件の名称の使用基準

（物件の名称の使用基準）

第19条　物件の名称として地名等を用いる場合において、当該物件が所在する市区町村内の町若しくは字の名称又は地理上の名称を用いる場合を除いては、次の各号に定めるところによるものとする。

(1) 当該物件の所在地において、慣例として用いられている地名又は歴史上の地名がある場合は、当該地名を用いることができる。

(2) 当該物件の最寄りの駅、停留場又は停留所の名称を用いることができる。

(3) 当該物件が公園、庭園、旧跡その他の施設又は海（海岸）、湖沼若しくは河川の岸若しくは堤防から直線距離で300メートル以内に所在している場合は、これらの名称を用いることができる。

(4) 当該物件から直線距離で50メートル以内に所在する街道その他の道路の名称（坂名を含む。）を用いることができる。

2　別荘地（別荘又はリゾートマンションを含む。）にあっては、前項に掲げるところによるほか、次の各号に定めるところによることができる。

(1) 当該物件が自然公園法（昭和32年法律第161号）による自然公園の区域内に所在する場合は、当該自然公園の名称を用いることできる。

(2) 当該物件がその最寄りの駅から直線距離で5,000メートル以内に所在している場合は、その最寄りの駅の名称を用いることができる。ただし、当該物件がその最寄りの駅から同じく5,000メートルを超える地点に所在する場合は、併せてその距離を明記する場合に限り、その最寄りの駅の名称を用いることができる。

(3) 当該物件が地勢及び地形上、山、山脈、山塊等の一部に位置している場

合は、当該山、山脈、山塊等の名称を用いることができる。

(4) 当該物件が海（海岸）、湖沼又は河川の岸又は堤防から直線距離で1,000メートル以内に所在している場合は、当該海（海岸）、湖沼又は河川の名称を用いることができる。

(5) 当該物件が温泉地、名勝、旧跡等から直線距離で1,000メートル以内に所在している場合は、その温泉地、名勝、旧跡等の名称を用いることができる。

第8章　不当表示の禁止

第1節　不当な二重価格表示

（不当な二重価格表示）

第20条　事業者は、物件の価格、賃料又は役務の対価について、二重価格表示（実際に販売する価格（以下「実売価格」という。）にこれよりも高い価格（以下「比較対照価格」という。）を併記する等の方法により、実売価格に比較対照価格を付すことをいう。）をする場合において、事実に相違する広告表示又は実際のもの若しくは競争事業者に係るものよりも有利であると誤認されるおそれのある広告表示をしてはならない。

第2節　おとり広告

（おとり広告）

第21条　事業者は、次に掲げる広告表示をしてはならない。

(1) 物件が存在しないため、実際には取引することができない物件に関する表示

(2) 物件は存在するが、実際には取引の対象となり得ない物件に関する表示

(3) 物件は存在するが、実際には取引する意思がない物件に関する表示

第3節　不当な比較広告

（不当な比較広告）

第22条　事業者は、比較広告において、次に掲げる広告表示をしてはならない。

⑴　実証されていない、又は実証することができない事項を挙げて比較する表示

⑵　一般消費者の物件等の選択にとって重要でない事項を重要であるかのように強調して比較するもの及び比較する物件等を恣意的に選び出すなど不公正な基準によって比較する表示

⑶　一般消費者に対する具体的な情報ではなく、単に競争事業者又はその物件等を誹謗し又は中傷する表示

第4節　その他の不当表示

（その他の不当表示）

第23条　事業者は、次に掲げる広告表示をしてはならない。

〔取引態様〕

⑴　取引態様について、事実に相違する表示又は実際のもの若しくは競争事業者に係るものよりも優良若しくは有利であると誤認されるおそれのある表示

〔物件の所在地〕

⑵　物件の所在地について、実際のものよりも優良であると誤認されるおそれのある表示

〔交通の利便性〕

⑶　電車、バス等の交通機関を利用する場合の利便性について、実際のものよりも優良であると誤認されるおそれのある表示

⑷　電車、バス等の交通機関又は自動車若しくは自転車による場合の所要時間について、実際のものよりも短いと誤認されるおそれのある表示

⑸　徒歩による場合の所要時間について、実際のものよりも短いと誤認されるおそれのある表示

〔各種施設までの距離〕

(6)　物件の所在地から駅その他の施設までの距離について、実際のものよりも短いと誤認されるおそれのある表示

〔団地の規模〕

(7)　団地の開発規模について、実際のものよりも優良であると誤認されるおそれのある表示

〔面　積〕

(8)　物件の面積について、実際のものよりも広いと誤認されるおそれのある表示

〔建物の間取り・用途〕

(9)　建物の間取りについて、実際のものよりも優良であると誤認されるおそれのある表示

(10)　建築基準法（昭和25年法律第201号）上の居室に該当しない部屋について、居室であると誤認されるおそれのある表示

(11)　店舗向き、住宅向きその他物件の用途・利用方法について、実際のものよりも優良又は有利であると誤認されるおそれのある表示

〔物件の形質〕

(12)　土地の地目又は形質、地勢、土壌等について、実際のものよりも優良であると誤認されるおそれのある表示

(13)　土壌の改良の内容又は程度について、実際のものよりも優良であると誤認されるおそれのある表示

(14)　宅地の造成工事の内容について、実際のものよりも優良であると誤認されるおそれのある表示

(15)　宅地の造成材料又は建物の建築材料若しくは造作について、実際のものよりも優良であると誤認されるおそれのある表示

(16)　建物の構造について、実際のものよりも優良であると誤認されるおそれのある表示

(17)　建物の建築工事の内容について、実際のものよりも優良であると誤認されるおそれのある表示

(18)　建物の建築経過年数又は建築年月について、実際のものよりも経過年数

が短い又は建築年月が新しいと誤認されるおそれのある表示

⒆　建物の保温・断熱性、遮音性、健康・安全性その他の居住性能について、実際のものよりも優良であると誤認されるおそれのある表示

⒇　建物の毀損又は汚損の程度について、実際のものよりも軽微であると誤認されるおそれのある表示

㉑　増築、改築又は造作の取替えをした建物について、当該建物の全部又は取引しようとする部分が新築したものであると誤認されるおそれのある表示

㉒　租税特別措置法（昭和32年法律第26号）による優良な宅地又は住宅の供給に寄与する旨の認定に関する事項について表示することにより、物件の内容について、実際のものよりも優良であると誤認されるおそれのある表示

㉓　建物について、住宅の品質確保の促進等に関する法律（平成11年法律第81号）の規定に基づく住宅性能評価、住宅型式性能認定又は型式住宅部分等製造業者の認証に関する事項について、実際のものよりも優良であると誤認されるおそれのある表示

㉔　宅地、建物、これらに付属する施設、造成工事、建築工事等に関する等級その他の規格・格付けについて、実際のものよりも優良であると誤認されるおそれのある表示

㉕　温泉でないものについて、温泉であると誤認されるおそれのある表示

㉖　入浴に際して加温を必要とする温泉について、加温を必要とする旨を表示しないこと等により、当該温泉が入浴に適する温度以上の温泉であると誤認されるおそれのある表示

㉗　温泉源から採取した温泉を給湯管によらずに供給するもの（源泉から湧出する温泉を直接利用するものを除く。）について、給湯管によるものであると誤認されるおそれのある表示

㉘　特定の区画の土地又は住宅にのみ該当する設備、仕様等について、全ての物件に該当すると誤認されるおそれのある表示

〔利用の制限〕

㉙　土地の区画、形質の変更に関する都市計画法、自然公園法その他の法

律による制限に係る事項について、実際のものよりも緩やかであると誤認されるおそれのある表示

(30) 建ぺい率その他建物の建築に関する建築基準法、都市計画法その他の法律による制限に係る事項について、事実に相違する表示又は実際のものよりも緩やかであると誤認されるおそれのある表示

(31) 第三者の所有権、地上権、地役権、賃借権、入会権その他物件の利用を制限する権利の内容に関する事項について、実際のものよりも取引の相手方に有利であると誤認されるおそれのある表示

〔設備・生活関連施設〕

(32) 建物に付属する設備について、実際のものよりも優良であると誤認されるおそれのある表示

(33) 団地内又は物件内の施設について、実際のものよりも優良であると誤認されるおそれのある表示

(34) 道路の構造、幅員及び舗装の状況等について、実際のものよりも優良であると誤認されるおそれのある表示

(35) 学校、病院、官公署その他の公共・公益施設又はデパート、商店その他の商業施設若しくは生活施設の利用の便宜について、実際のものよりも優良であると誤認されるおそれのある表示

(36) 共有制リゾート会員権に係る譲渡対象物件固有の施設、相互利用施設、附帯施設又は提携施設の規模その他の内容について、実際のものよりも優良であると誤認されるおそれのある表示

(37) 共有制リゾート会員権に係る施設、相互利用施設、附帯施設又は提携施設の利用可能日数、利用可能時期、利用料金等利用権の内容について、実際のものよりも優良又は有利であると誤認されるおそれのある表示

〔環境等〕

(38) 物件の採光、通風、日照、眺望等について、実際のものよりも優良であると誤認されるおそれのある表示

(39) 物件の周囲の静寂さ、快適さ等について、実際のものよりも優良であると誤認されるおそれのある表示

(40) 物件の方位その他立地条件について、実際のものよりも優良であると

誤認されるおそれのある表示

⑷1 前2号に規定するもののほか、物件の周辺環境について、実際のものよりも優良であると誤認されるおそれのある表示

〔写真・絵図〕

⑷2 モデル・ルーム又は写真、動画、コンピュータグラフィックス、見取図、完成図若しくは完成予想図による表示であって、物件の規模、形状、構造等について、事実に相違する表示又は実際のものよりも優良であると誤認されるおそれのある表示

⑷3 物件からの眺望若しくは景観又は物件を中心とした眺望若しくは景観を示す写真、動画、絵図又はコンピュータグラフィックスによる表示であって、事実に相違する表示又は実際のものよりも優良であると誤認されるおそれのある表示

〔価格・料金〕

⑷4 物件の価格、賃料又はその他の費用について、実際のものよりも安いと誤認されるおそれのある表示

⑷5 媒介報酬又は代理報酬の額について、実際のもの又は競争事業者に係るものよりも有利であると誤認されるおそれのある表示

⑷6 建物（土地付き建物を含む。以下同じ。）の価格について、消費税が含まれていないのに、含まれていると誤認されるおそれのある表示

⑷7 権利金、礼金、敷金、保証金、償却費等の額について、実際のものよりも少ないと誤認されるおそれのある表示

⑷8 管理費、維持費、修繕積立金又は共益費について、実際のもの又は競争事業者に係るものよりも有利であると誤認されるおそれのある表示

⑷9 給水、排水、ガス、電気等を利用するための施設若しくはその工事に必要とされる費用の額又はその負担条件について、実際のものよりも有利であると誤認されるおそれのある表示

⑸0 建物の設計変更若しくは附帯工事の内容又はその対価について、実際のものよりも優良又は有利であると誤認されるおそれのある表示

〔価格以外の取引条件〕

⑸1 価格、賃料、権利金等の支払条件について、実際のものよりも有利で

あると誤認されるおそれのある表示

⑸2 手付金等の保全措置について、実際のものよりも有利であると誤認されるおそれのある表示

⑸3 物件の所有権、賃借権その他の権利の設定、移転等に関する登記について、実際のものよりも有利であると誤認されるおそれのある表示

⑸4 物件の引渡しの条件として、頭金（住宅ローン等の信用供与を受けることができる金銭の額と物件価額との差額）等の支払を条件としている場合において、頭金の額を下回る手付金等の支払のみで、物件の引渡しを受けることができるものであると誤認されるおそれのある表示

⑸5 取引の相手方が取得する所有権その他の権利の内容について、事実に相違する表示又は実際のものよりも有利であると誤認されるおそれのある表示

⑸6 物件への案内の条件、契約手続の条件その他の取引条件について、実際のものよりも有利であると誤認されるおそれのある表示

⑸7 取引の相手方の資格又は数、取引の相手方を決定する方法その他の取引に関する制限について、実際のものよりも厳しいと誤認されるおそれのある表示

〔融資等の条件〕

⑸8 割賦販売又は不動産ローンの条件について、実際のものよりも有利であると誤認されるおそれのある表示

⑸9 ローン提携販売を行うものではないのに、ローン提携販売と誤認されるおそれのある表示

⑹0 公的機関の融資に係る条件について、実際のものよりも有利であると誤認されるおそれのある表示

〔事業者の信用〕

⑹1 国、地方公共団体又はこれらと関係がある事業者が取引の主体となっていると誤認されるおそれのある表示

⑹2 信用があると一般に認められている事業者が取引の主体となっていると誤認されるおそれのある表示

⑹3 国、地方公共団体等が事業者と共同し又は事業者を後援していると誤

認されるおそれのある表示

⑷　信用があると一般に認められている事業者の商号又は商標と同一又は類似の商号又は商標を用い、事業者の信用について、実際のものよりも優良又は有利であると誤認されるおそれのある表示

⑸　第三者の推せん又は後援を受けていないのに、受けていると誤認されるおそれのある表示

⑹　自己の経歴、営業種目、取引先、事業所、事業規模、経営状況、所属団体その他信用に関する事項について、実際のものよりも優良であると誤認されるおそれのある表示

⑺　競争事業者の取引に係る物件について、事実に反する表示をすることにより、自己の取引に係る物件がその事業者のものよりも優良又は有利であると誤認されるおそれのある表示

⑻　競争事業者の経歴、営業種目、取引先、事業所、事業規模、経営状況その他信用に関する事項について、信用を害するおそれのある表示

〔その他の事項〕

⑼　新発売でない物件について、新発売であると誤認されるおそれのある表示

⑽　物件について、完売していないのに完売したと誤認されるおそれのある表示

⑾　物件の沿革等について、実際のものよりも優良であると誤認されるおそれのある表示

⑿　競売又は公売に付されたことのある物件の取引に際し、その旨をことさら強調することにより、取引の相手方に有利であると誤認されるおそれのある表示

⒀　略語若しくは外国語の使用又は事実の一部のみを表示するなどにより、物件の内容、取引条件等について実際のものよりも優良又は有利であると誤認されるおそれのある表示

⒁　共有制リゾート会員権を購入することが投資又は利殖の手段として有利であると誤認されるおそれのある表示

⒂　前各号に掲げるもののほか、物件の取引について、実際のものよりも

参考資料

優良又は有利であると誤認されるおそれのある表示

2　事業者は、前項に掲げるもののほか、物件の取引に関する事項について、事実に相違する表示であって、不当に顧客を誘引し、一般消費者による自主的かつ合理的な選択及び事業者間の公正な競争を阻害するおそれがあると認められる広告表示をしてはならない。

第9章　表示内容の変更等の公示

（表示の修正・取りやめ及び取引の変更等の公示）

第24条　事業者は、継続して物件に関する広告その他の表示をする場合において、当該広告その他の表示の内容に変更があったときは、速やかに修正し、又はその表示を取りやめなければならない。

2　事業者は、物件に関する広告その他の表示を行った後、やむを得ない事情により当該表示に係る物件の取引を変更し、延期し又は中止したときは、速やかにその旨を公示しなければならない。

第10章　公正取引協議会及び不動産公正取引協議会連合会

第1節　組織、地区及び事業

（組織及び事業）

第25条　この規約を円滑、かつ、効果的に実施するため、一般社団法人北海道不動産公正取引協議会、東北地区不動産公正取引協議会、公益社団法人首都圏不動産公正取引協議会、北陸不動産公正取引協議会、東海不動産公正取引協議会、公益社団法人近畿地区不動産公正取引協議会、中国地区不動産公正取引協議会、四国地区不動産公正取引協議会及び一般社団法人九州不動産公正取引協議会（以下これらを「公正取引協議会」という。）並びに不動産公正取引協議会連合会を設置する。

2　公正取引協議会は、地区内に事務所を有する事業者又は事業者の団体をもって構成する。不動産取引に関する表示に関与する者及びこれらの者の団

体は、公正取引協議会に賛助者として参加することができる。

3　前項の公正取引協議会の地区は、次のとおりとする。

(1)　一般社団法人北海道不動産公正取引協議会

北海道の区域

(2)　東北地区不動産公正取引協議会

青森県、岩手県、宮城県、秋田県、山形県及び福島県の区域

(3)　公益社団法人首都圏不動産公正取引協議会

茨城県、栃木県、群馬県、埼玉県、千葉県、東京都、神奈川県、新潟県、山梨県及び長野県の区域

(4)　北陸不動産公正取引協議会

富山県、石川県及び福井県の区域

(5)　東海不動産公正取引協議会

岐阜県、静岡県、愛知県及び三重県の区域

(6)　公益社団法人近畿地区不動産公正取引協議会

滋賀県、京都府、大阪府、兵庫県、奈良県及び和歌山県の区域

(7)　中国地区不動産公正取引協議会

鳥取県、島根県、岡山県、広島県及び山口県の区域

(8)　四国地区不動産公正取引協議会

徳島県、香川県、愛媛県及び高知県の区域

(9)　一般社団法人九州不動産公正取引協議会

福岡県、佐賀県、長崎県、熊本県、大分県、宮崎県、鹿児島県及び沖縄県の区域

4　公正取引協議会は、次の事業を行う。

(1)　この規約の周知徹底に関すること。

(2)　この規約に関する相談に応じ、又はこの規約の適用を受ける事業者の指導に関すること。

(3)　この規約の規定に違反する疑いのある事実の調査及びこの規約を運用するために必要な資料を収集するための実態調査に関すること。

(4)　この規約の規定に違反する事業者に対する措置に関すること。

(5)　不当景品類及び不当表示防止法その他公正取引に関する法令の普及及び

参考資料

違反の防止に関すること。

(6) 関係官公庁及び関係団体との連絡に関すること。

(7) 不動産取引に関する表示の適正化に関して研究すること。

(8) 一般消費者からの苦情処理に関すること。

(9) その他必要と認められること。

5 不動産公正取引協議会連合会は、公正取引協議会をもって構成する。

6 不動産公正取引協議会連合会は、次の事業を行う。

(1) 第4項各号（第3号の事実の調査及び第4号の措置を除く。）に掲げる事業並びに同項の公正取引協議会の事業に関する指導、助言及び協力に関すること。

(2) この規約の解釈及び運用の統一に関すること。

(3) インターネットによる広告表示の進展に伴う表示の適正化に関すること。

(4) 公正取引委員会及び消費者庁長官に対する認定及び承認の申請並びに届出に関すること。

第2節　違反に対する調査

（違反に対する調査）

第26条　公正取引協議会は、第5条から第23条までの規定に違反する事実があると思料するときは、その事実について必要な調査を行うため、当該事業者若しくは参考人を招致し、これらの者に資料の提出、報告若しくは意見を求め、又は当該事業者の事務所その他の事業を行う場所に立ち入ることができる。

2 公正取引協議会は、規則に定めるところにより、この規約に参加する事業者の団体に対し、前項に規定する調査を委託することができる。

3 この規約に参加する事業者は、前2項の調査に協力しなければならない。

4 公正取引協議会は、前項の規定に違反する事業者に対し、当該調査に協力するよう警告することができる。

5 第1項の調査の手続は、規則で定めるところによる。

6 第1項の調査を行う者は、その身分を示す証票を携帯し、関係者に提示し

なければならない。

7　前項に規定する者の選任手続は、規則で定めるところによる。

第3節　違反に対する措置

（違反に対する措置）

第27条　公正取引協議会は、第5条及び第8条から第23条までの規定に違反する行為があると認めるときは、当該違反行為を行った事業者に対し、当該違反行為を排除するために必要な措置を直ちに採るべきこと並びに第5条及び第8条から第23条までの規定に違反する行為を再び行ってはならないことを警告し、又は50万円以下の違約金を課すことができる。

2　事業者は、前項に規定する警告を受けたときは、当該警告の内容である措置を直ちに実施し、又は当該警告の内容に反する行為を行ってはならない。

3　公正取引協議会は、事業者が前項の規定に違反していると認めるときは、当該事業者に対し、500万円以下の違約金を課し、公正取引協議会の構成員である資格を停止し、除名処分をし、又は消費者庁長官に対し、必要な措置を講ずるよう求めることができる。

4　公正取引協議会は、第1項及び前項に規定する措置（警告を除く。）を採ろうとするときは、当該事業者に対し、あらかじめ期日及び場所を指定し、並びに事案の要旨及び規約の適用条項を示して事情聴取をしなければならない。事情聴取に際しては、当該事業者に、意見を述べ、及び証拠を提出する機会が与えられなければならない。

5　公正取引協議会は、事業者が正当な理由なく事情聴取の期日に出席せず、かつ、再度指定した事情聴取の期日にも出席しない場合は、前項の規定にかかわらず、事情聴取を経ないで措置を講ずることができる。

6　公正取引協議会は、事業者が前条第4項の警告に従っていないと認めるときは、当該事業者に対し、50万円以下の違約金を課すことができる。

7　公正取引協議会は、事業者が第5条及び第8条から第23条までの規定に違反する行為を行った場合において、当該事業者が所属する団体による指導その他の措置を講ずることが適当であると認めるときは、当該団体に対し、

参考資料

必要な措置を講ずるよう求めることができる。

8　公正取引協議会は、第1項、第3項又は第6項の規定による措置を講じたときは、その旨を文書をもって遅滞なく消費者庁長官に報告するものとする。

（措置に対する異議の申立て）

第28条　前条第1項に基づく警告又は違約金、前条第3項に基づく違約金、資格停止又は除名処分若しくは前条第6項に基づく違約金の措置を受けた事業者が、これらの措置に対し異議がある場合は、これらの措置に係る文書の送付があった日から10日以内に、公正取引協議会に対し、文書により異議の申立てをすることができる。

2　前項に規定する期間内に異議の申立てがなかった場合は、当該事業者は異議の申立てをすることができない。

3　公正取引協議会は、第1項の異議の申立てがあった場合は、当該事業者に追加の主張及び立証の機会を与え、これに基づき審理を行うものとする。

4　公正取引協議会は、前項の審理を行った結果を当該事業者に速やかに通知するものとする。

（措置内容等の公表）

第29条　公正取引協議会は、第27条第1項及び第3項の規定に基づく措置を採った場合において、当該違反行為の及ぼす影響の程度等を勘案の上、特に必要があると認められるときは、違反事業者名、違反行為の概要及び措置の内容を公表することができる。

第11章　雑則

（規則の制定）

第30条　不動産公正取引協議会連合会は、この規約の実施に関する規則を定めることができる。

2　前項の規則を定め又は変更しようとするときは、公正取引委員会及び消費者庁長官の承認を受けるものとする。

　附　則
1　この規約の変更は、平成18年1月4日から施行する。
2　この規約の施行前に事業者がした行為については、なお従前の例による。
　附　則
　この規約の変更は、消費者庁及び消費者委員会設置法（平成21年法律第48号）の施行日（平成21年9月1日）から施行する。
　附　則
　この規約の変更は、公正取引委員会及び消費者庁長官の認定の告示があった日（平成24年5月31日）から施行する。
　附　則
　この規約の変更は、公正取引委員会及び消費者庁長官の認定の告示があった日（平成25年4月25日）から施行する。
　附　則
　この規約の変更は、平成28年4月1日から施行する。
　附　則
　この規約の変更は、令和4年9月1日から施行する。ただし、第29条第1項及び第2項を削除する変更は、公正取引委員会及び消費者庁長官の認定の告示があった日から施行する。

参考資料

不動産の表示に関する公正競争規約施行規則

（平成14年12月26日 公正取引委員会承認第199号）

最終変更：令和4年2月18日

同年9月1日施行

目 次

第1章　用語の定義

（用語の定義）

第1条　この規則において使用する用語であって、不動産の表示に関する公正
　　競争規約（「以下「規約」という。）で使用する用語と同一のものは、これと
　　同一の意義に使用するものとする。

第2章　必要な表示事項

第1節　表示媒体

（表示媒体）

第2条　規約第8条（必要な表示事項）に規定する規則で定める表示媒体は、
　　次に掲げる区分によるものとし、それぞれの意義は、当該各号に定めるとこ
　　ろによる。

⑴　**インターネット広告**　インターネットによる広告表示をいう。

⑵　**新聞・雑誌広告**　新聞又は雑誌に掲載される広告表示を総称し、広告表
　　示の位置、大きさ等によって次のとおり細分する。

　ア　**新聞記事下広告**　新聞の記事の下に掲載される広告表示をいい、全面
　　広告を含むものとする。

　イ　**住宅専門雑誌記事中広告**　住宅情報専門誌の記事面に掲載される広告
　　表示であって、横5分の1ページ以上の大きさのものをいい、口絵、目
　　次、表紙及び全ページ広告を含むものとする。

　ウ　**その他の新聞・雑誌広告**　ア及びイに掲げるものを除き、新聞又は雑
　　誌に掲載される広告表示をいう。

⑶　**新聞折込チラシ等**　新聞に折り込まれ、又はその他の方法により配布さ
　　れるチラシ又は掲出されるビラ等（店頭ビラを除く。）による広告表示を
　　いう。

⑷　**パンフレット等**　パンフレット、小冊子、電子記録媒体その他これらに
　　類似する広告表示をいう。

参考資料

（物件の種別）

第3条　規約第8条（必要な表示事項）に規定する物件の種別は、次に掲げる区分によるものとし、それぞれの意義は、当該各号に定めるところによる。

(1)　**分譲宅地**　一団の土地を複数の区画に区分けして、その区画ごとに売買し又は借地権（転借地権を含む。）を設定若しくは移転する住宅用地をいう。

(2)　**現況有姿分譲地**　主として一団の土地を一定面積以上の区画に区分けして売買する山林、原野等の土地であって、分譲宅地及び売地以外のものをいう。

(3)　**売　地**　区分けしないで売買される住宅用地等をいう。

(4)　**貸　地**　区分けしないで借地権（転借地権を含む。）を設定又は移転する住宅用地等をいう。

(5)　**新築分譲住宅**　一団の土地を複数の区画に区分けしてその区画ごとに建築され、構造及び設備ともに独立した新築の一棟の住宅であって、売買するものをいう。

(6)　**新築住宅**　建物の構造及び設備ともに独立した新築の一棟の住宅をいう。

(7)　**中古住宅**　建築後1年以上経過し、又は居住の用に供されたことがある一戸建て住宅であって、売買するものをいう。

(8)　**マンション**　鉄筋コンクリート造りその他堅固な建物であって、一棟の建物が、共用部分を除き、構造上、数個の部分（以下「住戸」という。）に区画され、各部分がそれぞれ独立して居住の用に供されるものをいう。

(9)　**新築分譲マンション**　新築のマンションであって、住戸ごとに売買するものをいう。

(10)　**中古マンション**　建築後1年以上経過し、又は居住の用に供されたことがあるマンションであって、住戸ごとに、売買するものをいう。

(11)　**一棟リノベーションマンション**　共同住宅等の1棟の建物全体（内装、外装を含む。）を改装又は改修し、マンションとして住戸ごとに取引するものであって、当該工事完了前のもの、若しくは当該工事完了後1年未満のもので、かつ、当該工事完了後居住の用に供されていないものをいう。

⑿　**新築賃貸マンション**　新築のマンションであって、住戸ごとに、賃貸するものをいう。

⒀　**中古賃貸マンション**　建築後１年以上経過し、又は居住の用に供されたことがあるマンションであって、住戸ごとに、賃貸するものをいう。

⒁　**貸　　家**　一戸建て住宅であって、賃貸するものをいう。

⒂　**新築賃貸アパート**　マンション以外の新築の建物であって、住戸ごとに、賃貸するものをいう。

⒃　**中古賃貸アパート**　マンション以外の建物であり、建築後１年以上経過し、又は居住の用に供されたことがある建物であって、住戸ごとに、賃貸するものをいう。

⒄　**一棟売りマンション・アパート**　マンション又はアパートであって、その建物を一括して売買するものをいう。

⒅　**小規模団地**　販売区画数又は販売戸数が２以上10未満のものをいう。

⒆　**共有制リゾートクラブ会員権**　主として会員が利用する目的で宿泊施設等のリゾート施設の全部又は一部の所有権を共有するものをいう。

第３節　必要な表示事項

（必要な表示事項）

第４条　規約第８条（必要な表示事項）に規定する必要な表示事項は、前条に掲げる区分による物件の種別ごとに、それぞれの種別に対応する別表１から別表10の表示媒体欄に「○」及び「●」の記号を付した事項とする。ただし、小規模団地にあっては、別表１、別表４及び別表６中「○」の記号を付した事項のうち、「☆」の記号を付した事項を除いた事項とする。

2　別表１（分譲宅地）、別表４（新築分譲住宅）又は別表６（新築分譲マンション・一棟リノベーションマンション）に基づく表示事項をパンフレット等に表示する場合において、次の各号の一に該当する場合には、前項に定める事項のほか、それぞれ各号に定める事項とする。

⑴　日照その他物件の環境条件に影響を及ぼすおそれのある建物の建築計画又は宅地の造成計画であって自己に係るもの又は自己が知り得たものがあ

参考資料

る場合には、その旨及びその規模

(2)　公表された道路建設計画、鉄道建設計画その他の都市計画がある場合において、静寂さその他物件の環境条件に影響を及ぼすおそれがあるときは、その計画が存在する旨

(3)　団地全体の見取図、区画配置図等を表示する場合において、当該団地内（団地を数期に分けて分譲するときは、当該期に販売する一団の区画内及びこれに隣接する土地）に他人の所有に係る土地があるときは、その旨及びその位置

第4節　予告広告・副次的表示における特例

（予告広告に係る必要な表示事項）

第5条　規約第9条（予告広告における特例）第1項に規定する予告広告において省略することができる表示事項は、別表1、別表4、別表6及び別表8中「●」の記号を付した事項とする。

2　規約第9条第4項の規則で定める必要な表示事項は、次に掲げる事項とする。

(1)　予告広告である旨

(2)　価格若しくは賃料（入札・競り売りの方法による場合は、最低売却価格又は最低取引賃料）が未定である旨又は予定最低価格（賃料）、予定最高価格（賃料）及び予定最多価格帯（販売戸数又は販売区画数が10未満の場合は省略可）

(3)　販売予定時期又は取引開始予定時期

(4)　本広告を行い取引を開始するまでは、契約又は予約の申込みに一切応じない旨及び申込みの順位の確保に関する措置を講じない旨

(5)　予告広告をする時点において、販売区画、販売戸数又は賃貸戸数が確定していない場合は、次にかかげる事項を明示すること。

　ア　販売区画数、販売戸数又は賃貸戸数が未定である旨

　イ　物件の取引内容及び取引条件は、全ての予定販売区画、予定販売戸数又は予定賃貸戸数を基に表示している旨及びその区画数又は戸数

　ウ　当該予告広告以降に行う本広告において販売区画数、販売戸数又は賃

　　貸戸数を明示する旨

3　前項第1号の表示は、目立つ場所に14ポイント以上の大きさの文字で表示し、同項第3号及び第4号の表示は、同項第1号の表示に近接する場所に表示する。

（副次的表示）

第6条　規約第10条（副次的表示における特例）に規定する副次的表示において省略することができる表示事項は、別表1、別表4及び別表6中「○」の記号を付した事項のうち、「☆」の記号を付した事項とする。

第3章　特定事項の明示義務

（特定事項の明示義務）

第7条　規約第13条（特定事項の明示義務）に規定する規則で定める「特定事項」は、次の各号に掲げる事項とし、それぞれ当該各号に定めるところにより表示する。

⑴　建築条件付土地の取引については、当該取引の対象が土地である旨並びに当該条件の内容及び当該条件が成就しなかったときの措置の内容を明示して表示すること。

⑵　建築基準法第42条第2項の規定により道路とみなされる部分（セットバックを要する部分）を含む土地については、その旨を表示し、セットバックを要する部分の面積がおおむね10パーセント以上である場合は、併せてその面積を明示すること。

⑶　道路法（昭和27年法律第180号）第18条第1項の規定により道路区域が決定され、又は都市計画法第20条第1項の告示が行われた都市計画施設の区域に係る土地についてはその旨を明示すること。

⑷　建築基準法第42条に規定する道路に2メートル以上接していない土地については、「再建築不可」又は「建築不可」と明示すること。ただし、建築する建物が同法第43条第2項各号の規定に該当することとなる場合には、この限りでない。

⑸　建築基準法第40条の規定に基づく地方公共団体の条例により附加され

参考資料

359

た敷地の形態に対する制限に適合しない土地については、「再建築不可」又は「建築不可」と明示すること。

(6) 都市計画法第7条に規定する市街化調整区域に所在する土地については、「市街化調整区域。宅地の造成及び建物の建築はできません。」と明示すること（新聞折込チラシ等及びパンフレット等の場合には16ポイント以上の大きさの文字を用いること。）。

ただし、同法第29条に規定する開発許可を受けているもの、同法第33条の要件に適合し、第34条第1項第11号又は第12号に該当するもの、並びに、同法施行令（昭和44年政令第158号）第36条第1項第1号及び第2号の要件に適合し、第3号ロ又はハに該当するものを除く。また、これらのいずれかに該当する場合には、住宅等を建築するための条件を明示すること。

(7) 土地取引において、当該土地上に古家、廃屋等が存在するときは、その旨を明示すること。

(8) 路地状部分のみで道路に接する土地であって、その路地状部分の面積が当該土地面積のおおむね30パーセント以上を占めるときは、路地状部分を含む旨及び路地状部分の割合又は面積を明示すること。

(9) 傾斜地を含む土地であって、傾斜地の割合が当該土地面積のおおむね30パーセント以上を占める場合（マンション及び別荘地等を除く。）は、傾斜地を含む旨及び傾斜地の割合又は面積を明示すること。ただし、傾斜地の割合が30パーセント以上を占めるか否かにかかわらず、傾斜地を含むことにより、当該土地の有効な利用が著しく阻害される場合（マンションを除く。）は、その旨及び傾斜地の割合又は面積を明示すること。

(10) 土地の有効な利用が阻害される著しい不整形画地及び区画の地盤面が2段以上に分かれている等の著しく特異な地勢の土地については、その旨を明示すること。

(11) 土地が擁壁によっておおわれないがけの上又はがけの下にあるときは、その旨を明示すること。この場合において、当該土地に建築（再建築）するに当たり、制限が加えられているときは、その内容を明示すること。

(12) 土地の全部又は一部が高圧電線路下にあるときは、その旨及びそのおおむねの面積を表示すること。この場合において、建物その他の工作物の建

築が禁止されているときは、併せてその旨を明示すること。

⒀　地下鉄の線路を敷設する場合等において、土地の全部又は一部の地下の範囲を定めた地上権が設定されているときは、その旨を表示すること。この場合において、地上権の行使のために土地の利用に制限が加えられているときは、併せてその旨を明示すること。

⒁　建築工事に着手した後に、同工事を相当の期間にわたり中断していた新築住宅又は新築分譲マンションについては、建築工事に着手した時期及び中断していた期間を明示すること。

⒂　沼沢地、湿原又は泥炭地等については、その旨を明示すること。

⒃　国土利用計画法（昭和49年法律第92号）による許可又は事前届出を必要とする場合は、その旨を明示して表示すること。

第4章　見やすい大きさの文字による表示

（見やすい大きさの文字による表示）

第8条　規約に規定する「見やすい大きさの文字」とは、原則として7ポイント以上の大きさの文字による表示をいう。

第5章　表示基準

第1節　物件の内容・取引条件等に係る表示基準

（物件の内容・取引条件等に係る表示基準）

第9条　規約第15条（物件の内容・取引条件等に係る表示基準）各号に規定する事項について表示するときは、次の各号に定めるところにより表示する。

　〔取引態様〕

(1)　取引態様は、「売主」、「貸主」、「代理」又は「媒介」（「仲介」）の別をこれらの用語を用いて表示すること。

　〔物件の所在地〕

(2)　物件の所在地は、都道府県、郡、市区町村、町又は字及び地番（別表3、

別表5、別表7及び別表9における地番を除く。）を表示すること。ただし、パンフレット等を除き都道府県及び郡は省略することができる。また、別表8においては、住居表示により表示することができる。

〔交通の利便性〕

(3)　交通の利便については、公共交通機関を利用することが通例である場合には、次の基準により表示すること。

　　ア　鉄道、都市モノレール又は路面電車（以下「鉄道等」という。）の最寄りの駅又は停留場（以下「最寄駅等」という。）の名称及び物件から最寄駅等までの徒歩所要時間を明示して表示すること。

　　イ　鉄道等の最寄駅等からバスを利用するときは、最寄駅等の名称、物件から最寄りのバスの停留所までの徒歩所要時間、同停留所から最寄駅等までのバス所要時間を明示して表示すること。この場合において、停留所の名称を省略することができる。

　　ウ　バスのみを利用するときは、最寄りのバスの停留所の名称及び物件から同停留所までの徒歩所要時間を明示して表示すること。

(4)　電車、バス等の交通機関の所要時間は、次の基準により表示すること。

　　ア　起点及び着点とする鉄道、都市モノレールの駅若しくは路面電車の停留場（以下「駅等」という。）又はバスの停留所の名称を明示すること。この場合において、物件から最寄駅等までバスを利用する場合であって、物件の最寄りの停留所から最寄駅等までのバスの所要時間を表示するときは、停留所の名称を省略することができる。

　　イ　特急、急行等の種別を明示すること。

　　ウ　朝の通勤ラッシュ時の所要時間を明示すること。この場合において、平常時の所要時間をその旨を明示して併記することができる。

　　エ　乗換えを要するときは、その旨を明示し、ウの所要時間には乗り換えにおおむね要する時間を含めること。

(5)　公共交通機関は、現に利用できるものを表示し、特定の時期にのみ利用できるものは、その利用できる時期を明示して表示すること。ただし、新設の路線については、路線の新設に係る国土交通大臣の許可処分又はバス会社等との間に成立している協定の内容を明示して表示することができる。

(6)　新設予定の駅等又はバスの停留所は、当該路線の運行主体が公表したものに限り、その新設予定時期を明示して表示することができる。

〔各種施設までの距離又は所要時間〕

(7)　道路距離又は所要時間を表示するときは、起点及び着点を明示して表示すること（他の規定により当該表示を省略することができることとされている場合を除く。）。

なお、道路距離又は所要時間を算出する際の物件の起点は、物件の区画のうち駅その他施設に最も近い地点（マンション及びアパートにあっては、建物の出入口）とし、駅その他の施設の着点は、その施設の出入口（施設の利用時間内において常時利用できるものに限る。）とする。

(8)　団地（一団の宅地又は建物をいう。以下同じ。）と駅その他の施設との間の道路距離又は所要時間は、取引する区画のうちそれぞれの施設ごとにその施設から最も近い区画（マンション及びアパートにあっては、その施設から最も近い建物の出入口）を起点として算出した数値とともに、その施設から最も遠い区画（マンション及びアパートにあっては、その施設から最も遠い建物の出入口）を起点として算出した数値も表示すること。

(9)　徒歩による所要時間は、道路距離80メートルにつき1分間を要するものとして算出した数値を表示すること。この場合において、1分未満の端数が生じたときは、1分として算出すること。

(10)　自動車による所要時間は、道路距離を明示して、走行に通常要する時間を表示すること。この場合において、表示された時間が有料道路（橋を含む。）の通行を含む場合のものであるときは、その旨を明示すること。ただし、その道路が高速自動車国道であって、周知のものであるときは、有料である旨の表示を省略することができる。

(11)　自転車による所要時間は、道路距離を明示して、走行に通常要する時間を表示すること。

〔団地の規模〕

(12)　開発区域を工区に分けて工区ごとに開発許可を受け、当該開発許可に係る工区内の宅地又は建物について表示をするときは、開発区域全体の規模及びその開発計画の概要を表示すること。この場合において、全体計画中

363

に開発許可を受けていない部分を含むときは、その旨を明示すること。

〔面　積〕

⒀　面積は、メートル法により表示すること。この場合において1平方メートル未満の数値は、切り捨てて表示することができる。

⒁　土地の面積は、水平投影面積を表示すること。この場合において、取引する全ての区画の面積を表示すること。ただし、パンフレット等の媒体を除き、最小土地面積及び最大土地面積のみで表示することができる。

⒂　建物の面積（マンションにあっては、専有面積）は、延べ面積を表示し、これに車庫、地下室等（地下居室は除く。）の面積を含むときは、その旨及びその面積を表示すること。この場合において、取引する全ての建物の面積を表示すること。ただし、新築分譲住宅、新築分譲マンション、一棟リノベーションマンション、新築賃貸マンション、新築賃貸アパート、共有制リゾートクラブ会員権については、パンフレット等の媒体を除き、最小建物面積及び最大建物面積のみで表示することができる。

⒃　住宅の居室等の広さを畳数で表示する場合においては、畳1枚当たりの広さは1.62平方メートル（各室の壁心面積を畳数で除した数値）以上の広さがあるという意味で用いること。

〔物件の形質〕

⒄　採光及び換気のための窓その他の開口部の面積の当該室の床面積に対する割合が建築基準法第28条の規定に適合していないため、同法において居室と認められない納戸その他の部分については、その旨を「納戸」等と表示すること。

⒅　遮音、断熱等を目的とした建築部材自体の性能を表示する場合において、実際の住宅内における遮音、断熱性能等がその構造等から当該部材自体の性能とは異なる可能性がある場合には、その旨を表示すること。

⒆　地目は、登記簿に記載されているものを表示すること。この場合において、現況の地目と異なるときは、現況の地目を併記すること。

⒇　宅地の造成材料又は建物の建築材料について、これを強調して表示するときは、その材料が使用されている部位を明示すること。

(21)　建物を増築、改築、改装又は改修したことを表示する場合は、その内

容及び時期を明示すること。

〔写真・絵図〕

⑵　宅地又は建物の写真又は動画は、取引するものを表示すること。ただし、取引する建物が建築工事の完了前である等その建物の写真又は動画を用いることができない事情がある場合においては、取引する建物を施工する者が過去に施工した建物であり、かつ、次に掲げるものに限り、他の建物の写真又は動画を用いることができる。この場合においては、当該写真又は動画が他の建物である旨及びアに該当する場合は、取引する建物と異なる部位を、写真の場合は写真に接する位置に、動画の場合は画像中に明示すること。

　ア　建物の外観は、取引する建物と構造、階数、仕様が同一であって、規模、形状、色等が類似するもの。ただし、当該写真又は動画を大きく掲載するなど、取引する建物であると誤認されるおそれのある表示をしてはならない。

　イ　建物の内部は、写される部分の規模、仕様、形状等が同一のもの。

⑵　宅地又は建物のコンピュータグラフィックス、見取図、完成図又は完成予想図は、その旨を明示して用い、当該物件の周囲の状況について表示するときは、現況に反する表示をしないこと。

〔設備・施設等〕

⑵　上水道（給水）は、公営水道、私営水道又は井戸の別を表示すること。

⑵　ガスは、都市ガス又はプロパンガスの別を明示して表示すること。

⑵　温泉法（昭和23年法律第125号）による温泉については、次に掲げる事項を明示して表示すること。

　ア　温泉に加温したものについては、その旨

　イ　温泉に加水したものについては、その旨

　ウ　温泉源から採取した温泉を給湯管によらずに供給する場合（運び湯の場合）は、その旨

　エ　共同浴場を設置する場合において、循環装置又は循環ろ過装置を使用する場合は、その旨

⑵　団地内又は物件内のプール、テニスコート、スポーツジム、シアター

ルーム等の共用施設について表示するときは、それらの施設の内容、運営主体、利用条件及び整備予定時期を明示すること。

⑵⑻　都市計画法第29条の開発許可を受けて開発される団地に設置することが当該開発許可の内容となっている公共・公益施設及び生活利便施設又は当該団地に地方公共団体が設置に関し事業決定している公共・公益施設は、その整備予定時期を明示して表示することができる。

〔生活関連施設〕

⑵⑼　前号の公共・公益施設以外の学校、病院、官公署、公園その他の公共・公益施設は、次に掲げるところにより表示すること。

　ア　現に利用できるものを表示すること。

　イ　物件からの道路距離又は徒歩所要時間を明示すること。

　ウ　その施設の名称を表示すること。ただし、公立学校及び官公署の場合は、パンフレットを除き、省略することができる。

⑶⑴　前号アの規定にかかわらず、学校については、学校の設置について必要とされる許可等の処分を受けているもの又は国若しくは地方公共団体が事業決定しているものにあっては、現に利用できるものと併せて表示する場合に限り、その整備予定時期を明示して表示することができる。また、学校以外の施設については、都市計画法第11条に規定する都市施設であって、同法第20条第1項に規定する告示があったものに限り、その内容を明示して表示することができる。

⑶⑴　デパート、スーパーマーケット、コンビニエンスストア、商店等の商業施設は、現に利用できるものを物件からの道路距離又は徒歩所要時間を明示して表示すること。ただし、工事中である等その施設が将来確実に利用できると認められるものにあっては、その整備予定時期を明示して表示することができる。

⑶⑵　地方公共団体等の地域振興計画、再開発計画又は都市計画等の内容は、当該計画の実施主体者がその整備予定時期を公表したものに限り、表示することができる。この場合においては、当該計画に係る施設等については、その整備予定時期及び表示の時点において当該計画が実施手続のどの段階にあるかを明示して表示すること。

⑶　国若しくは地方公共団体が新設する道路であって、道路法第18条の規定による告示が行われた道路その他の道路又は高速道路株式会社法第1条に規定する株式会社若しくは地方道路公社等が新設する道路であって、その建設について許認可を受け又は工事実施計画書について認可を受けた新設予定道路に限り、表示することができる。この場合においては、その整備予定時期及び表示の時点において当該計画がその実施手続のどの段階にあるかを明示して表示すること。

〔価格・賃料〕

㉞　土地の価格については、上下水道施設・都市ガス供給施設の設置のための費用その他宅地造成に係る費用（これらの費用に消費税及び地方消費税（以下「消費税等」という。）が課されるときは、その額を含む。）を含めて表示すること。

㉟　土地の価格については、1区画当たりの価格を表示すること。ただし、1区画当たりの土地面積を明らかにし、これを基礎として算出する場合に限り、1平方メートル当たりの価格で表示することができる。

㊱　前号の場合において、取引する全ての区画の価格を表示すること。ただし、分譲宅地の価格については、パンフレット等の媒体を除き、1区画当たりの最低価格、最高価格及び最多価格帯並びにその価格帯に属する販売区画数のみで表示することができる。また、この場合において、販売区画数が10未満であるときは、最多価格帯の表示を省略することができる。

㊲　現況有姿分譲地の価格については、分割可能最小面積を明示して、1平方メートル当たりの価格を表示すること。この場合において、1平方メートル当たりの価格が異なる土地があるときは、それぞれの面積を明示して、最低価格及び最高価格を表示すること。

㊳　住宅（マンションにあっては、住戸）の価格については、1戸当たりの価格（敷地の価格（当該敷地が借地であるときは、その借地権の価格）及び建物（電気、上下水道及び都市ガス供給施設のための費用等を含む。）に係る消費税等の額を含む。以下同じ。）を表示すること。

㊴　前号の場合において、取引する全ての住戸の価格を表示すること。た

参考資料

だし、新築分譲住宅、新築分譲マンション及び一棟リノベーションマンションの価格については、パンフレット等の媒体を除き1戸当たりの最低価格、最高価格及び最多価格帯並びにその価格帯に属する住宅又は住戸の戸数のみで表示することができる。また、この場合において、販売戸数が10戸未満であるときは、最多価格帯の表示を省略することができる。

(40) 賃貸される住宅（マンション又はアパートにあっては、住戸）の賃料については、取引する全ての住戸の1か月当たりの賃料を表示すること。ただし、新築賃貸マンション又は新築賃貸アパートの賃料については、パンフレット等の媒体を除き、1住戸当たりの最低賃料及び最高賃料のみで表示することができる。

(41) 管理費（マンションの事務を処理し、設備その他共用部分の維持及び管理をするために必要とされる費用をいい、共用部分の公租公課等を含み、修繕積立金を含まない。）については、1戸当たりの月額（予定額であるときは、その旨）を表示すること。ただし、住戸により管理費の額が異なる場合において、その全ての住宅の管理費を示すことが困難であるときは、最低額及び最高額のみで表示することができる。

(42) 共益費（借家人が共同して使用又は利用する設備又は施設の運営及び維持に関する費用をいう。）については、1戸当たりの月額（予定額であるときは、その旨）を表示すること。ただし、住戸により共益費の額が異なる場合において、その全ての住宅の共益費を示すことが困難であるときは、最低額及び最高額のみで表示することができる。

(43) 修繕積立金については、1戸当たりの月額（予定額であるときは、その旨）を表示すること。ただし、住戸により修繕積立金の額が異なる場合において、その全ての住宅の修繕積立金を示すことが困難であるときは、最低額及び最高額のみで表示することができる。

〔住宅ローン等〕

(44) 住宅ローン（銀行その他の金融機関が行う物件の購入資金及びこれらの購入に付帯して必要とされる費用に係る金銭の貸借）については、次に掲げる事項を明示して表示すること。

　　ア　金融機関の名称若しくは商号又は都市銀行、地方銀行、信用金庫等の

種類

イ　借入金の利率及び利息を徴する方式（固定金利型、固定金利指定型、変動金利型、上限金利付変動金利型等の種別）又は返済例（借入金、返済期間、利率等の返済例に係る前提条件を併記すること。また、ボーナス併用払のときは、1か月当たりの返済額の表示に続けて、ボーナス時に加算される返済額を明示すること。）

(45)　割賦販売（代金の全部又は一部について、不動産の引渡後1年以上の期間にわたり、かつ、2回以上に分割して受領することを条件として販売することをいう。以下同じ。）については、次に掲げる事項を明示して表示すること。

ア　割賦販売である旨

イ　割賦限度額

ウ　利息の料率（実質年率）

エ　支払期間及び回数

オ　割賦販売に係る信用調査費その他の費用を必要とするときは、その旨及びその額

(46)　購入した物件を賃貸した場合における「利回り」の表示については、当該物件の1年間の予定賃料収入の当該物件の取得対価に対する割合であるという意味で用い、次に掲げる事項を明示して表示すること。

ア　当該物件の1年間の予定賃料収入の当該物件の取得対価に対する割合である旨

イ　予定賃料収入が確実に得られることを保証するものではない旨

ウ　「利回り」は、公租公課その他当該物件を維持するために必要な費用の控除前のものである旨

参考資料

第2節　節税効果等の表示基準

（節税効果等の表示基準）

第10条　規約第16条（節税効果等の表示基準）に規定する節税効果等につい
て表示するときは、次の各号に定めるところにより表示する。

(1)　節税効果があるのは不動産所得が赤字となる場合であり、同所得が黒字
となる場合には納税額が増加する旨を表示すること。

(2)　不動産所得に係る必要経費が減少した場合は、節税効果も減少する旨を
表示すること。

(3)　具体的な計算例を表示する場合は、当該物件を購入した年度（初年度）
の次の年度以降のものを表示すること。ただし、次年度以降の計算例と併
せて表示し、かつ、初年度の節税額を強調しないときに限り、初年度の計
算例を表示することができる。

2　規約第16条（節税効果等の表示基準）に規定する賃料収入の確実性等に
ついて表示するときは、次に掲げるところにより表示する。

(1)　購入者が当該物件による賃料収入等を得ることができない場合には、そ
の売主又はその指定する者（以下「売主等」という。）が賃料収入を保証
する旨を表示するときは、その保証主体、保証の内容、保証期間その他の
条件を明示すること。

(2)　購入者の希望により、売主等が購入者から当該物件を転貸目的で賃借し、
賃料を支払うことを条件としている場合においてその旨の表示をするとき
は、売主等と購入者との賃貸借契約について、次に掲げる事項を明示する
こと。

　　ア　権利金、礼金等の支払の要否及び支払を必要とする場合は、その額

　　イ　敷金、保証金等の支払の要否及び支払を必要とする場合は、その額

　　ウ　賃料（月額）

　　エ　賃料のほかに、管理費の支払の要否

　　オ　賃借期間

　　カ　賃貸借契約の更新及び賃料の改定に関する事項

　　キ　その他の重要な条件

3 前2項の場合において、次に掲げる広告表示は、当該広告表示を裏付ける合理的な根拠を示す資料を現に有している場合を除き、表示してはならない。

(1) 将来にわたって、当該物件が賃貸市場における商品価値を確実に保持するかのような表示

(2) 将来にわたって、確実に安定した賃料収入が確保されるかのような表示

(3) 将来において、当該物件の資産価値が確実に増大するかのような表示

第3節 入札及び競り売りの方法による場合の表示基準

(入札及び競り売りの方法による場合の表示基準)

第11条 規約第17条(入札及び競り売りの方法による場合の表示基準)に規定する入札又は競り売りの方法による場合の表示は、第4条に規定する必要な表示事項を表示するほか、次の各号に掲げる場合に応じ、それぞれ当該各号に定めるところにより表示する。

(1) 入札の方法による場合は、次に掲げる事項を明示して表示する。

　　ア　入札を行う旨

　　イ　入札参加手続の概要

　　ウ　入札の期日又は期間

　　エ　最低売却価格又は最低取引賃料

　　オ　入札物件の概要及び現地確認方法

(2) 競り売りの方法による場合は、次に掲げる事項を明示して表示する。

　　ア　競り売りを行う旨及び競り上げ又は競り下げの別

　　イ　競り売り参加手続の概要

　　ウ　競り売りの期日又は期間

　　エ　競り上げ又は競り下げの場合における表示事項

　　　(ア)　競り上げの場合、最低売却価格又は最低取引賃料

　　　(イ)　競り下げの場合、競り開始価格又は賃料、最低成立価格があるときは、その旨及び競りが不成立の場合においては、最低成立価格を公開する旨

　　オ　競り売りが不成立の場合において、競り売り参加者のうち最も高い取

引希望価格を申し出た者にその後の価格交渉権を与える場合には、その旨

カ　競り売り物件の概要及び現地確認方法

第6章　誤認されるおそれのある二重価格表示

（過去の販売価格を比較対照価格とする二重価格表示）

第12条　過去の販売価格を比較対照価格とする二重価格表示は、次に掲げる要件の全てに適合し、かつ、実際に、当該期間、当該価格で販売していたことを資料により客観的に明らかにすることができる場合を除き、規約第20条において禁止する不当な二重価格表示に該当するものとする。

⑴　過去の販売価格の公表日及び値下げした日を明示すること。

⑵　比較対照価格に用いる過去の販売価格は、値下げの直前の価格であって、値下げ前2か月以上にわたり実際に販売のために公表していた価格であること。

⑶　値下げの日から6か月以内に表示するものであること。

⑷　過去の販売価格の公表日から二重価格表示を実施する日まで物件の価値に同一性が認められるものであること。

⑸　土地（現況有姿分譲地を除く。）又は建物（共有制リゾートクラブ会員権を除く。）について行う表示であること。

（割引表示）

第13条　一定の条件に適合する取引の相手方に対し、販売価格、賃料等から一定率又は一定額の割引をする場合において、当該条件を明示して、割引率、割引額又は割引後の額を表示する場合を除き、規約第20条において禁止される不当な二重価格表示に該当するものとする。

第7章　実施細則等

（実施細則等の制定）

第14条　不動産公正取引協議会連合会は、規約を施行するため実施細則を定

めることができる。

2　前項の実施細則を定め又は変更しようとするときは、公正取引委員会及び
消費者庁長官の事前確認を受けるものとする。

3　公正取引協議会は、地区内における不動産取引の状況に照らして特に必要
があると認めるときは、実施細則の運用基準を定めることができる。この場
合においては、不動産公正取引協議会連合会を経由して公正取引委員会及び
消費者庁長官に届け出るものとする。

　　附　　則
　この規則の変更は、平成18年1月4日から施行する。
　　附　　則
　この施行規則の変更は、消費者庁及び消費者委員会設置法（平成21年法律
第48号）の施行日（平成21年9月1日）から施行する。
　　附　　則
　この規則の変更は、規約の変更について公正取引委員会及び消費者庁長官の
認定の告示があった日（平成24年5月31日）から施行する。
　　附　　則
　この規則の変更は、公正取引委員会及び消費者庁長官の承認があった日（平
成27年12月4日）から施行し、平成27年4月1日から適用する。
　　附　　則
　この施行規則の変更は、令和4年9月1日から施行する。

参考資料

別表1　分譲宅地（小規模団地を含み、販売区画数が1区画のものを除く。）

事　　項	インターネット広告	パンフレット等	新聞折込チラシ等／新聞記事下広告／住宅専門雑誌記事中広告	その他の新聞・雑誌広告
1　広告主の名称又は商号	○	○	○	○
2　広告主の事務所の所在地	○	○	○	○
3　広告主の事務所（宅建業法施行規則第15条の5の2の施設を含む。）の電話番号	○	○	○	○
4　広告主の宅建業法による免許証番号	○	○	○	○
5　広告主の所属団体名及び公正取引協議会加盟事業者である旨	○	○	○	○
6　広告主の取引態様（売主、代理、媒介（仲介）の別）	○	○	○	○
7　広告主と売主とが異なる場合は、売主の名称又は商号及び免許証番号	○☆	○	○☆	
8　売主と事業主（宅地造成事業の主体者）とが異なる場合は、事業主の名称又は商号		○		
9　物件の所在地（パンフレット等の媒体を除き、小規模団地及び副次的表示にあっては地番を省略することができる。）	○	○	○	○
10　交通の利便（公共交通機関がない場合には、記載しないことができる。）	○	○	○	○
11　開発面積	○☆	○	○☆	
12　総区画数	○	○	○☆	
13　販売区画数	●	●	●	●
14　土地面積及び私道負担面積（パンフレット等の媒体を除き、最小面積及び最大面積のみで表示することができる。）	○	○	○	○
15　地目及び用途地域（注1）	○	○	○	○
16　建ぺい率及び容積率（容積率の制限があるときは、制限の内容）	○	○		
17　宅建業法第33条に規定する許可等の処分の番号（パンフレット等の媒体を除き、造成工事が完了済みの場合は省略することができる。）	○	○		
18　道路の幅員	○	○		
19　主たる設備等の概要	●	●		
20　工事の完了予定年月（パンフレット等の媒体を除き、造成工事が完了済みの場合は省略することができる。）	○	○		
21　① 価格（パンフレット等の媒体を除き、最低価格、最高価格並びに最多価格帯及びその区画数のみで表示することができる。）	●	●	●	●
21　② 上下水道施設、都市ガス供給施設等以外の施設であって、共用施設又は特別の施設について負担金等があるときはその旨及びその額並びにこれらの維持・管理費を必要とするときはその旨及びその額	●	●	●	●
22　① 借地の場合はその旨	○	○	○	○
22　② 当該借地権の種類、内容、借地期間並びに保証金、敷金を必要とするときはその旨及びその額	●	●	●	●
22　③ 1か月当たりの借地料	●	●	●	●
23　取引条件の有効期限	●	●	●	
24　情報公開日（又は直前の更新日）及び次回の更新予定日	●			

（注）　1　市街化調整区域の土地にあっては、用途地域に代えて市街化調整区域である旨を明示するほか、都市計画法第34条第1項第11号又は第12号、同法施行令第36条第1項第3号ロ又はハのいずれかに該当するものについては、住宅等を建築するための許可条件を記載すること。
　　　　2　パンフレット等には、規則第4条第2項各号に定めるいわゆるデメリット事項を記載すること。
　　　　3　予告広告においては、規則第5条第2項に定める事項を記載すること。
　　　　4　「●」の事項は、予告広告において省略することができる。
　　　　5　「○」に「☆」が付された事項は、小規模団地及び副次的表示において省略することができる。

別表2　現況有姿分譲地

事　　項 \ 媒　体	インターネット広告	パンフレット等	新聞折込チラシ等／新聞記事下広告／住宅専門雑誌記事中広告	その他の新聞・雑誌広告
1	広告主の名称又は商号	○	○	○	○
2	広告主の事務所の所在地	○	○	○	
3	広告主の事務所（宅建業法施行規則第15条の5の2の施設を含む。）の電話番号	○	○	○	
4	広告主の宅建業法による免許証番号	○	○	○	
5	広告主の所属団体名及び公正取引協議会加盟事業者である旨	○	○		
6	広告主の取引態様（売主、代理、媒介（仲介）の別）	○	○	○	
7	広告主と売主とが異なる場合は、売主の名称又は商号及び免許証番号		○		
8	物件の所在地	○	○	○	○
9	交通の利便（公共交通機関がない場合には、記載しないことができる。）	○	○	○	○
10	総区画数		○	○	
11	販売区画数	○	○	○	○
12	総面積及び販売総面積	○	○	○	
13	土地面積又は分割可能最小面積並びに通路負担があるときはその旨及びその面積	○	○	○	
14	地目及び市街化区域内の土地については用途地域	○	○	○	
15	「この土地は、現況有姿分譲地ですから、住宅等を建築して生活するために必要とされる施設はありません」という文言（新聞折込チラシ等及びパンフレット等の場合は16ポイント以上の大きさの文字で記載すること。）	○	○	○	
16	市街化調整区域内の土地であるときは、「市街化調整区域。宅地の造成及び建物の建築はできません」という文言（新聞折込チラシ等及びパンフレット等の場合は16ポイント以上の大きさの文字で記載すること。）	○	○	○	
17	都市計画法その他の法令に基づく制限で、宅建業法施行令第3条に定めるものに関する事項	○	○	○	
18	価格（最低価格・最高価格）	○	○	○	
19	価格のほかに、測量費、境界石等の費用を要するときは、その旨及びその額	○	○	○	○
20	取引条件の有効期限		○	○	
21	情報公開日（又は直前の更新日）及び次回の更新予定日	○			

別表3　売地・貸地・分譲宅地で販売区画数が1区画のもの

事　　項			インターネット広告	新聞折込チラシ等	新聞・雑誌広告
1	広告主の名称又は商号		○	○	○
2	広告主の事務所の所在地		○	○	
3	広告主の事務所（宅建業法施行規則第15条の5の2の施設を含む。）の電話番号		○	○	○
4	広告主の宅建業法による免許証番号		○	○	
5	広告主の所属団体名及び公正取引協議会加盟事業者である旨		○	○	
6	広告主の取引態様（売主、代理、媒介（仲介）の別）		○	○	
7	物件の所在地（町又は字の名称まで）		○	○	
8	交通の利便（公共交通機関がない場合には、記載しないことができる。）		○	○	
9	土地面積及び私道負担面積		○	○	○
10	地目及び用途地域（注）		○	○	
11	建ぺい率及び容積率（容積率の制限があるときは、制限の内容）		○	○	
12	都市計画法その他の法令に基づく制限で、宅建業法施行令第3条に定めるものに関する事項		○	○	○
13	①	価格	○	○	○
	②	上下水道施設、都市ガス供給施設等以外の施設であって、共用施設又は特別の施設について負担金等があるときはその旨及びその額並びにこれらの維持・管理費を必要とするときはその旨及びその額			
14	①	借地の場合はその旨	○	○	○
	②	当該借地権の種類、内容、借地期間並びに保証金、敷金を必要とするときはその旨及びその額			
	③	1か月当たりの借地料			
15	取引条件の有効期限			○	
16	情報公開日（又は直前の更新日）及び次回の更新予定日		○		

（注）　市街化調整区域の土地にあっては、用途地域に代えて市街化調整区域である旨を明示するほか、都市計画法第34条第1項第11号又は第12号、同法施行令第36条第1項第3号ロ又はハのいずれかに該当するものについては、住宅等を建築するための許可条件を記載すること。

別表４　新築分譲住宅（小規模団地を含み、販売戸数が１戸のものを除く。）

事　　項	インターネット広告	パンフレット等	新聞折込チラシ等新聞記事下広告住宅専門雑誌記事中広告	その他の新聞・雑誌広告
1　広告主の名称又は商号	○	○	○	○
2　広告主の事務所の所在地	○	○	○	
3　広告主の事務所（宅建業法施行規則第15条の５の２の施設を含む。）の電話番号	○	○	○	
4　広告主の宅建業法による免許証番号	○	○	○	
5　広告主の所属団体名及び公正取引協議会加盟事業者である旨	○	○	○	
6　広告主の取引態様（売主、代理、媒介（仲介）の別）	○	○	○	○
7　広告主と売主とが異なる場合は、売主の名称又は商号及び免許証番号	○☆		○☆	
8　売主と事業主（宅地造成事業又は建物建築事業の主体者）とが異なる場合は、事業主の名称又は商号		○		
9　物件の所在地（パンフレット等の媒体を除き、小規模団地及び副次的表示にあっては、地番を省略することができる。）	○	○	○	
10　交通の利便（公共交通機関がない場合には、記載しないことができる。）	○	○	○	
11　総戸数	○	○	○☆	
12　販売戸数	●	●	●	●
13　土地面積及び私道負担面積（パンフレット等の媒体を除き、最小面積及び最大面積のみで表示することができる。）	○	○	○	
14　用途地域	○	○	○	
15　建物面積（パンフレット等の媒体を除き、最小面積及び最大面積のみで表示することができる。）	○	○	○	
16　建物の主たる部分の構造	○	○	○☆	
17　連棟式建物であるときは、その旨	○	○	○	
18　宅建業法第33条に規定する許可等の処分の番号（パンフレット等の媒体を除き、建築工事が完了済みの場合は省略することができる。）	○	○	○	
19　建物の建築年月（建築工事が完了していない場合は、工事の完了予定年月）	○	○	○	
20　引渡し可能年月	○	○		
21　主たる設備等の概要	●	○	●	
22　道路の幅員	○	○	○☆	
23　①　価格（パンフレット等の媒体を除き、最低価格、最高価格並びに最多価格帯及びその戸数のみで表示することができる。）				
23　②　上下水道施設、都市ガス供給施設等以外の施設であって、共用施設又は特別の施設について負担金等があるときはその旨及びその額並びにこれらの維持・管理費を必要とするときはその旨及びその額	●	●	●	●
24　①　借地の場合はその旨	○	○	○	○
24　②　当該借地権の種類、内容、借地期間並びに保証金、敷金を必要とするときはその旨及びその額	●	●	●	●
24　③　1か月当たりの借地料				
25　取引条件の有効期限	●	●	●	
26　情報公開日（又は直前の更新日）及び次回の更新予定日	●			

（注）　1　パンフレット等には、規則第４条第２項各号に定めるいわゆるデメリット事項を記載すること。
　　　　2　予告広告においては、規則第５条第２項に定める事項を記載すること。
　　　　3　「●」の事項は、予告広告において省略することができる。
　　　　4　「○」に「☆」が付された事項は、小規模団地及び副次的表示において省略することができる。

参考資料

別表5　新築住宅・中古住宅・新築分譲住宅で販売戸数が１戸のもの又は一棟売り
　　　　マンション・アパート

事　　項	インターネット広告	新聞折込チラシ等	新聞・雑誌広告
1　広告主の名称又は商号	○	○	○
2　広告主の事務所の所在地	○	○	
3　広告主の事務所（宅建業法施行規則第15条の5の2の施設を含む。）の電話番号	○	○	○
4　広告主の宅建業法による免許証番号	○	○	
5　広告主の所属団体名及び公正取引協議会加盟事業者である旨	○		
6　広告主の取引態様（売主、代理、媒介（仲介）の別）	○	○	
7　物件の所在地（町又は字の名称まで）	○	○	
8　交通の利便（公共交通機関がない場合には、記載しないことができる。）	○	○	
9　土地面積及び私道負担面積	○	○	
10　建物面積	○	○	
11　連棟式建物であるときは、その旨	○	○	
12　宅建業法第33条に規定する許可等の処分の番号（建築工事が完了済みの場合は省略可）	○	○	
13　建物の建築年月（建築工事が完了していない場合は、工事の完了予定年月）	○	○	
14　引渡し可能年月	○		
15　①　価格	○	○	○
15　②　上下水道施設、都市ガス供給施設等以外の施設であって、共用施設又は特別の施設について負担金等があるときはその旨及びその額並びにこれらの維持・管理費を必要とするときはその旨及びその額	○	○	○
16　①　借地の場合はその旨	○	○	○
16　②　当該借地権の種類、内容、借地期間並びに保証金、敷金を必要とするときはその旨及びその額	○	○	○
16　③　1か月当たりの借地料	○	○	○
17　①　1棟売りマンション・アパートの場合は、その旨	○	○	○
17　②　1棟売りマンション・アパートの場合は、建物内の住戸数、各住戸の専有面積（最小面積及び最大面積）、建物の主たる部分の構造及び階数	○	○	
18　取引条件の有効期限		○	
19　情報公開日（又は直前の更新日）及び次回の更新予定日	○		

別表6　新築分譲マンション・一棟リノベーションマンション（小規模団地を含み、販売戸数が１戸のものを除く。）

事項	インターネット広告	パンフレット等	新聞折込チラシ等・新聞記事下広告・住宅専門雑誌記事中広告	その他の新聞・雑誌広告
1　広告主の名称又は商号	○	○	○	○
2　広告主の事務所の所在地	○	○	○	
3　広告主の事務所（宅建業法施行規則第15条の5の2の施設を含む。）の電話番号	○	○	○	
4　広告主の宅建業法による免許証番号	○	○	○	
5　広告主の所属団体名及び公正取引協議会加盟事業者である旨	○	○	○	
6　広告主の取引態様（売主、代理、媒介（仲介）の別）	○	○	○	○
7　広告主と売主とが異なる場合は、売主の名称又は商号及び免許証番号	○☆	○	○☆	
8　新築分譲マンションの場合は、施工会社の名称又は商号		○		
9　売主と事業主（宅地造成事業又は建物建築事業の主体者）とが異なる場合は、事業主の名称又は商号		○		
10　物件の所在地（パンフレット等の媒体を除き、小規模団地及び副次的表示にあっては、地番を省略することができる。）	○		○	○
11　交通の利便（公共交通機関がない場合には、記載しないことができる。）	○	○	○	○
12　総戸数	○	○	○☆	
13　販売戸数	●	●	●	●
14　敷地面積	○	○	○	
15　用途地域	○	○	○	
16　建物の主たる部分の構造及び階数	○	○	○	
17　専有面積（パンフレット等の媒体を除き、最小面積及び最大面積のみで表示することができる。）	○	○	○	
18　バルコニー面積	○	○		
19　専有面積が壁心面積である旨及び登記面積はこれより少ない旨	○	○		
20　管理形態	○	○	○	
21　管理員の勤務形態	●	●	●	
22　宅建業法第33条に規定する許可等の処分の番号（パンフレット等の媒体を除き、建築工事又は規則第3条第11号に定める工事が完了済みの場合は省略することができる。）	○		○	
23　建物の建築年月（建築工事が完了していない新築分譲マンションの場合は、工事の完了予定年月）	○	○	○	
24　一棟リノベーションマンションの場合は、その旨、規則第3条第11号に定める工事の内容及び当該工事の完了年月（当該工事が完了していない場合は、完了予定年月）	○	○	○	○
25　引渡し可能年月	○	○		
26　主たる設備等の概要及び設備等の利用について条件があるときは、その条件の内容（敷地外駐車場についてはその旨及び将来の取扱い）	●	○	●	
27　① 価格（パンフレット等の媒体を除き、最低価格、最高価格並びに最多価格帯及びその戸数のみで表示することができる。）	●	●	●	●
27　② 上下水道施設、都市ガス供給施設等以外の施設であって、共用施設又は特別の施設について負担金等があるときはその旨及びその額	●	●	●	●
28　① 借地の場合はその旨	○	○	○	○
28　② 当該借地権の種類、内容、借地期間並びに保証金、敷金を必要とするときはその旨及びその額	●	●	●	●
29　建物の配置図及び方位		○		
30　管理費及び修繕積立金等	●	●	●	●
31　取引条件の有効期限	●	●	●	
32　情報公開日（又は直前の更新日）及び次回の更新予定日	●	●	●	

（注）　1　パンフレット等には、規則第4条第2項各号に定めるいわゆるデメリット事項を記載すること。
　　　　2　予告広告においては、規則第5条第2項に定める事項を記載すること。
　　　　3　【●】の事項は、予告広告において省略することができる。
　　　　4　「○」に「☆」が付された事項は、小規模団地及び副次的表示において省略することができる。

参考資料

別表７　中古マンション・新築分譲マンションで販売戸数が１戸のもの

事　　　項 \ 媒　　体	インターネット広告	新聞折込チラシ等	新聞・雑誌広告
1　広告主の名称又は商号	○	○	○
2　広告主の事務所の所在地	○	○	
3　広告主の事務所（宅建業法施行規則第15条の５の２の施設を含む。）の電話番号	○	○	○
4　広告主の宅建業法による免許証番号	○	○	
5　広告主の所属団体名及び公正取引協議会加盟事業者である旨	○	○	
6　広告主の取引態様（売主、代理、媒介（仲介）の別）	○	○	
7　物件の所在地（町又は字の名称まで）	○	○	
8　交通の利便（公共交通機関がない場合には、記載しないことができる。）	○	○	
9　階数及び当該物件が存在する階	○	○	
10　専有面積	○	○	
11　バルコニー面積	○	○	
12　建物の建築年月（建築工事が完了していない新築分譲マンションの場合は、工事の完了予定年月）	○	○	○
13　引渡し可能年月	○		
14　① 価格 ② 上下水道施設、都市ガス供給施設等以外の施設であって、共用施設又は特別の施設について負担金等があるときはその旨及びその額	○	○	○
15　借地の場合はその旨及び当該借地権の種類、内容、借地期間並びに保証金、敷金を必要とするときはその旨及びその額	○	○	○
16　管理費及び修繕積立金等	○	○	○
17　管理形態及び管理員の勤務形態	○	○	
18　取引条件の有効期限		○	
19　情報公開日（又は直前の更新日）及び次回の更新予定日	○		

別表8　新築賃貸マンション・新築賃貸アパート（賃貸戸数が１戸のものを除く。）

事　項	インターネット広告	パンフレット等	新聞折込チラシ等・新聞記事下広告・住宅専門雑誌記事中広告	その他の新聞・雑誌広告
1　広告主の名称又は商号	○	○	○	○
2　広告主の事務所の所在地	○	○	○	
3　広告主の事務所（宅建業法施行規則第15条の５の２の施設を含む。）の電話番号	○	○	○	○
4　広告主の宅建業法による免許証番号	○	○	○	
5　広告主の所属団体名及び公正取引協議会加盟事業者である旨	○	○		
6　広告主の取引態様（貸主、代理、媒介（仲介）の別）	○	○	○	○
7　物件の所在地番又は住居表示	○	○	○	○
8　交通の利便（公共交通機関がない場合には、記載しないことができる。）	○	○	○	○
9　賃貸戸数	●	●	●	●
10　専有面積（パンフレット等の媒体を除き、最小面積及び最大面積のみで表示することができる。）	○	○	○	○
11　建物の主たる部分の構造及び階数（インターネット広告、パンフレット等の媒体を除き、賃貸戸数が10未満の場合は省略することができる。）	○	○	○	
12　建物の建築年月（建築工事が完了していない場合は、工事の完了予定年月）	○	○	○	○
13　入居可能時期	○			
14　賃料（パンフレット等の媒体を除き、最低賃料及び最高賃料のみで表示することができる。）	●	●	●	●
15　礼金等を必要とするときはその旨及びその額	●	●	●	●
16　敷金、保証金等を必要とするときは、その旨及びその額（償却をする場合は、その旨及びその額又はその割合）	●	●	●	●
17　住宅総合保険等の損害保険料等を必要とするときはその旨	○	○	○	○
18　家賃保証会社等と契約することを条件とするときはその旨及びその額	●	●	●	●
19　管理費又は共益費等	●	●	●	●
20　駐車場、倉庫等の設備の利用条件（敷地外の駐車場についてはその旨及び将来の取扱い）		●	●	
21　定期建物賃貸借であるときはその旨	○	○	○	○
22　契約期間（普通賃貸借で契約期間が２年以上のものを除く。）	○	○	○	○
23　取引条件の有効期限		●	●	
24　情報公開日（又は直前の更新日）及び次回の更新予定日	●			

（注）　1　当初の契約時からその期間満了時までに、事項番号14から20以外の費用を必要とするときは、その費用及びその額を記載すること。
　　　　2　予告広告においては、規則第５条第２項に定める事項を記載すること。
　　　　3　「●」の事項は、予告広告において省略することができる。

参考資料

別表9　中古賃貸マンション・貸家・中古賃貸アパート・新築賃貸マンション又は
　　　　新築賃貸アパートで賃貸戸数が１戸のもの

事　　項	インターネット広告	新聞折込チラシ等	新聞・雑誌広告
1 広告主の名称又は商号	○	○	○
2 広告主の事務所の所在地	○	○	
3 広告主の事務所（宅建業法施行規則第15条の5の2の施設を含む。）の電話番号	○	○	○
4 広告主の宅建業法による免許証番号	○		
5 広告主の所属団体名及び公正取引協議会加盟事業者である旨	○		
6 広告主の取引態様（貸主、代理、媒介（仲介）の別）	○		
7 物件の所在地（町又は字の名称まで）	○		
8 交通の利便（公共交通機関がない場合には、記載しないことができる。）	○		
9 建物の主たる部分の構造、階数及び当該物件が存在する階	○		
10 建物面積又は専有面積	○		
11 建物の建築年月（建築工事が完了していない場合は、工事の完了予定年月）	○	○	○
12 入居可能時期	○		
13 賃料	○		
14 礼金等を必要とするときはその旨及びその額	○		
15 敷金、保証金等を必要とするときは、その旨及びその額（償却をする場合は、その旨及びその額又はその割合）	○	○	
16 住宅総合保険等の損害保険料等を必要とするときはその旨	○		
17 家賃保証会社等と契約することを条件とするときはその旨及びその額	○		
18 管理費又は共益費等	○		○
19 定期建物賃貸借であるときはその旨	○		
20 契約期間（普通賃貸借で契約期間が２年以上のものを除く。）	○		○
21 取引条件の有効期限		○	
22 情報公開日（又は直前の更新日）及び次回の更新予定日	○		

（注）　当初の契約時からその期間満了時までに、事項番号13から18以外の費用を必要とす
　　　るときは、その費目及びその額を記載すること。

別表10　**共有制リゾートクラブ会員権**

事　項	インターネット広告	パンフレット等	新聞折込チラシ等／新聞記事下広告／住宅専門雑誌記事中広告	その他の新聞・雑誌広告
1　広告主の名称又は商号	○	○	○	○
2　広告主の事務所の所在地	○	○	○	
3　広告主の事務所（宅建業法施行規則第15条の5の2の施設を含む。）の電話番号	○	○	○	
4　広告主の宅建業法による免許証番号	○	○	○	
5　広告主の所属団体名及び公正取引協議会加盟事業者である旨	○	○	○	
6　広告主の取引態様（売主、代理、媒介（仲介）の別）	○	○	○	
7　広告主と売主とが異なる場合は、売主の名称又は商号及び免許証番号	○	○	○	
8　売主と事業主（宅地造成事業又は建物建築事業の主体者）とが異なる場合は、事業主の名称又は商号		○		
9　物件の所在地	○	○	○	○
10　交通の利便（公共交通機関がない場合には、記載しないことができる。）	○	○	○	
11　敷地面積	○	○	○	
12　借地の場合はその旨	○	○	○	
13　当該借地権の種類、内容、借地期間並びに保証金、敷金を必要とするときはその旨及びその額		○		
14　建築面積及び延べ面積		○		
15　専有面積	○	○	○	
16　建物の主たる部分の構造及び階数	○	○	○	
17　宅建業法第33条に規定する許可等の処分の番号（パンフレット等の媒体を除き、建築工事が完了済みの場合は省略することができる。）	○	○	○	
18　会員権の種類（共有制、合有制等の別等）	○	○	○	
19　会員権の価格（入会金等を含む総額）	○	○	○	
20　会員権の価格の内訳（預り金等返還するものについては返還条件）	○	○	○	
21　会費・管理費等の額	○	○	○	
22　会員資格に制限があるときはその旨	○	○	○	
23　会員権の譲渡又は退会の可否及びその条件		○		
24　会員権の総口数及び今回募集口数	○	○	○	
25　総客室数及び1室当たりの口数	○	○	○	
26　建築年月（建築工事が完了していない場合は、工事の完了予定年月）	○	○	○	
27　①　施設の利用開始時期	○	○	○	○
27　②　施設の利用料金	○	○	○	○
27　③　施設の予約調整方法	○	○	○	
27　④　施設の利用の制限		○		
27　⑤　1口当たりの年間利用可能日数	○	○	○	
28　付帯施設（譲渡対象物件以外のレストラン、売店、大浴場、レジャー施設等当該施設において会員が利用できる施設をいう。）の概要及びその利用条件（有料であることが明らかなものを除く。）	○	○	○	
29　会員権の売主と施設の運営主体とが異なる場合は、運営主体の名称		○		
30　相互利用施設（譲渡対象物件及び付帯施設以外で会員相互の施設相互利用契約に基づいて会員が利用できる施設をいう。）の有無	○	○	○	
31　相互利用施設の数及びその利用条件		○		
32　会員以外の者がクラブ施設を利用することができる場合はその旨		○		
33　施設を運用するときは、その旨とその内容		○		
34　取引条件の有効期限	○		○	
35　情報公開日（又は直前の更新日）及び次回の更新予定日	○			

(注)　提携施設（共有制リゾートクラブの運営主体が、他のリゾート施設運営業者と提携して、会員に当該業者の保有又は管理しているリゾート施設を一般より有利な条件で利用させることを目的とした施設提携契約を締結している施設をいう。）について表示するときは、その利用条件の概要を記載すること。

参考資料

施工会社の名称又は商号の表示例等（別表4及び別表6関連）

　表示規約施行規則第4条で規定する「別表6」の新築分譲マンション・一棟リノベーションマンション（小規模団地を含み、販売戸数が1戸のものを除く。）の事項8「新築分譲マンションの場合は、施工会社の名称又は商号」及び新築分譲住宅にあって、施工会社の名称又は商号を表示する場合で、かつ、一括下請人により施工されるものである場合の「施工会社の名称又は商号」の表示例等は、下記のとおりとする。

記

1　新築分譲マンションが単独又は共同の施工会社により施工されるものである場合

　単独又は共同で施工されるものである場合は、「施工」、「建設」、「請負」等の分かりやすい用語に併せて、その施工会社の名称又は商号を明りょうに表示するものとする。

　　　表示例①　施工（建設、請負）○○建設株式会社

　　　表示例②　共同施工（建設、請負）△△組・◇◇建設

2　新築分譲マンションが一括下請負人により施工されるものである場合

　発注者の書面による承諾を得て、元請負人による下請負人に対する一括下請負により施工されるものである場合は、建設業法で用いられている「元請負人及び一括下請負人」の用語に併せて、複数の施工会社の名称又は商号を明りょうに表示するものとし、元請負人又は一括下請負人の一方の名称又は商号しか表示しない場合は、必要表示事項不記載及び不当表示として取り扱うこととする。

　　　表示例①　施工／元請負人：○○建設　一括下請負人：△△組

　　　表示例②　元請負人：○○建設（施工）　一括下請負人：△△組（施工）

　なお、施行規則第2条第4号に規定する「パンフレット等」においては、「建設業法第22条第3項に基づく元請負人による下請負人に対する一括下請負による施工である旨」を上記表示例に併せて明りょうに付記するものとする。

3　新築分譲住宅にあって、施工会社の名称又は商号を表示する場合で、かつ、一括下請負人により施工されるものである場合の取り扱い

　表示規約施行規則第4条で規定する「別表4」の新築分譲住宅（小規模団地を含み、販売戸数が1戸のものを除く。）において、「施工会社の名称又は商号」を必要な表示事項としてはいないが、施工会社の名称又は商号を表示する場合で、かつ、当該施工が発注者の書面による承諾を得て、元請負人による下請負人に対する一括下請負によりなされるものである場合は、上記2（新築分譲マンションが一括下請負人により施工されるものである場合）の表示例及びなお書きに準拠して、複数の施工会社の名称又は商号等を表示するものとし、元請負人又は一括下請負人の一方の名称又は商号しか記載しない場合は、不当表示に該当するものとして取り扱うこととする。

DK・LDKの広さ（畳数）の目安となる指導基準

平成23年11月11日

1　DK又はLDKの適正な広告表示

　広告表示においてDK又はLDKとの表示を用いるときに、表示規約の要件（居室（寝室）数に応じ、その用途に従って使用するために必要な広さ・形状・機能を有するもの。）を備えているのであれば、単に「2DK」、「3LDK」等と表示すればよい。

　さらに、形状や機能がどのようなものであるか解るよう積極的に間取り図などを表示し、これに各部屋の畳数を付記することが望ましい。

2　DK又はLDKの最低必要な広さの目安

　事業者（広告会社などを含む。）が、DK又はLDKとの表示を用いるときには、実際のそれぞれの広さはまちまちであるとしても、次表に記載する居室（寝室）数に応じて最低必要な広さ（畳数）の目安（下限）を定め、これをもって指導基準とする。

最低必要な広さ（畳数）の目安（下限）

居室（寝室）数	DK	LDK
1部屋	4.5畳	8畳
2部屋以上	6畳以上	10畳以上

　なお、一畳当たりの広さは、1.62平方メートル（各室の壁心面積を畳数で除した数値）以上をいう（表示規約施行規則第9条第16号）。

　また、この基準は、あくまでも建物が取引される際に、DK又はLDKという表示を行う場合の表示のあり方を示すものであり、不動産事業者が建築する建物のDK又はLDKの広さ、形状及び機能に関する基準を定めたものではない。

（参考）表示規約第18条（特定用語の使用基準）第1項第3号及び第4号

(3)　**ダイニング・キッチン（DK）**　台所と食堂の機能が1室に併存している部屋をいい、住宅（マンションにあっては、住戸。次号において同じ。）の居室（寝室）数に応じ、その用途に従って使用するために必要な広さ、形状及

び機能を有するものをいう。

(4) **リビング・ダイニング・キッチン（LDK）** 居間と台所と食堂の機能が1室に併存する部屋をいい、住宅の居室（寝室）数に応じ、その用途に従って使用するために必要な広さ、形状及び機能を有するものをいう。

不動産の表示に関する公正競争規約実施細則

（平成14年12月26日公正取引委員会事前承認）

1　特定人に対する面接調査等の取り扱い

(1)　特定の物件の開発企画の参考とするために行う特定人に対する面接調査又は通信調査（以下「面接調査等」という。）であって、次に掲げる事項を、分かりやすい表現で明りょうに表示しているものについては、特定の開発予定地を明示してその開発構想を示す場合であっても、宅地の造成工事又は建物の建築工事完了前の物件の取引に関する広告表示としては取り扱わないものとする。

　ア　市場調査である旨

　イ　面接調査等の対象となっている開発計画等を実施する場合には、宅建業法第33条に規定する許可等の処分を受ける必要がある旨及びその許可等の処分をいまだ受けていないこと並びに将来その許可等の処分を受けられるとは限らない旨

　ウ　面接調査等の主体者が当該調査に係る開発計画等を実施することを保証するものではない旨

　エ　面接調査等に係る開発計画等を実施することとなった場合においても、当該調査に協力した者に対して当該計画に係る物件の取引について何ら特別の取扱いをするものではない旨

(2)　前号に規定する「面接調査等」と称して、建築確認を受けないまま新築分譲マンション等の取引に関する広告表示を行っているものが見受けられるが、これは規約第5条（広告表示の開始時期の制限）の規定に違反するものである。

　　このような同条の規定に違反する広告表示が行われる背景には、前号の規定の趣旨が、「宅建業法第33条に規定する許可等の処分」を受けていない「宅地の造成又は建物の建築工事の完了前の物件についての予告広告」を認めたものとの誤解がある。

　　そもそも前号の規定の趣旨は、消費者の価値観が多様化に伴い、住生活に

388

おける豊かさが強く希求されてる今日、物件の開発企画に際しては、消費者ニーズを適確に把握する必要が高まってきているため、市場調査の一環として消費者の意見を聴く途を開くことにあり、広告表示開始の制限を満たしていない物件の予告広告を認めたものではない。

　具体的には、事業者が取得した開発用地等を基礎として、消費者に戸建住宅又は集合住宅等の住宅形式その他の開発構想の概要を示し、面接調査（通信調査を含む。）により、その構想についての意見を聴くことは、前号に掲げる事項について、同号に定める方法により表示しているものに限り、特定の土地を想定する前提とした開発構想を示すものであっても、広告表示開始時期の制限に違反しないものとして取り扱うこととしたものである。

　なお、同号に規定する「面接調査等」等の解釈を誤って、広告表示開始時期の制限に違反する結果となる広告を行うおそれが強いため、これを実施しようとする場合には、最寄りの不動産公正取引協議会に対し、事前に時間的余裕をもって相談することが望ましい。

➡P.231相談事例（表示規約関係）Q15 参照

2　住宅の品質確保の促進等に関する法律の関連する住宅の品質等に関する不当な表示

　住宅又はその部分の品質等に関する次に掲げる表示は、不動産の表示に関する公正競争規約第23条第1項第16号、第17号、第19号又は第24号の規定に違反する不当表示に該当するものとして取り扱うものとする。

(1)　住宅の品質確保の促進等に関する法律（平成11年法律第81号）の規定に基づく設計住宅性能評価書、建設住宅性能評価書、住宅型式性能認定書又は特別評価方法認定書（以下「住宅性能評価書等」という。）の交付を受けていないのに、これらの交付を受けたものであると誤認されるおそれのある表示（同法に規定する日本住宅性能表示基準に基づいて行った、同法に規定する指定住宅性能評価機関によらない自己による住宅の性能評価に関する表示であって、その旨が当該表示と同一視野に入る近接した場所に明りょうに記載されていないものを含む。）

(2)　日本住宅性能表示基準に基づいて行った、指定住宅性能評価機関によらない自己による住宅の性能評価に関する表示であって、実際のものよりも優良

参考資料

389

であると誤認されるおそれのある表示

(3)　住宅性能評価書等に記載された内容に比して優良であると誤認されるおそれのある表示

(4)　日本住宅性能表示基準に従って表示すべき事項以外の事項について、同基準に従って表示すべき事項に係るものであると誤認されるおそれのある表示

(5)　日本住宅性能表示基準に従って表示すべき事項について、同基準に定める表示の方法以外の方法により表示する場合に、同基準に定める表示の方法によるものであると誤認されるおそれのある表示

(6)　住宅性能評価書等に基づく住宅性能評価に関する表示又はこれらを連想させる表示であって、当該表示の内容が契約内容とならないおそれがあるのに、それらが必ず契約内容となるものであると誤認されるおそれのある表示（顧客の選択、指示等に基づく設計変更、不可抗力その他事業者の責めに帰すべき事由以外の理由により契約内容とならないおそれがある場合は、「当該表示の内容が契約内容とならないおそれがある」場合に含まれない。）

3　第2項各号に該当する違反例

【第1号本文の違反例】

住宅性能評価書等の交付を受けていないのに、「品質確保法に基づく日本住宅性能表示基準による住宅性能評価書の取得済み」と表示する場合

【第1号括弧内の違反例】

指定住宅性能評価機関によらない自己による住宅性能評価であるのに、その旨を明示せず、「品質確保法に基づく日本住宅性能表示基準による耐震等級3を達成」等とのみ表示する場合又は自己評価である旨を広告物の隅等に記載するなどあたかも指定住宅性能評価機関による評価書を受けているかのように誤認されるおそれがある場合

【第2号の違反例】

自己評価によっても全項目とも最低等級と評価されるものであったのに、「品質確保法に基づく日本住宅性能表示基準による自己評価では、すべての項目において最高等級を実現しました。」と表示する場合

【第3号の違反例】

住宅性能評価書等の交付を受けてはいるが、評価書に記載された等級は1であるのに、「品質確保法に基づく日本住宅性能表示基準による耐震等級3を達成」と表示する場合

【第4号の違反例】

「健康維持性能」という項目が日本住宅性能表示基準には存在しないのに、「品質確保法に基づく日本住宅性能表示基準による健康維持性能最高等級3を達成」と表示する場合

【第5号の違反例】

日本住宅性能表示基準の等級には「特優」という等級はないのに、「品質確保法に基づく日本住宅性能表示基準による耐震等級「特優」を達成」と表示する場合

【第6号の違反例】

住宅性能評価書等には音環境について、全方位とも3と記載してはあるが、引渡し後のトラブルを避けるため、当初から、契約内容とする意思がないものであるのに、「品質確保法に基づく日本住宅性能表示基準による音環境性能は全方位最高等級3を実現」と表示する場合

参考資料

「おとり広告」の規制概要及びインターネット広告の留意事項
（おとり広告ガイドライン）

2019年11月1日
不動産公正取引協議会連合会

I 「おとり広告」の規制概要

1 不動産の表示に関する公正競争規約違反となる「おとり広告」

不動産の表示に関する公正競争規約（以下「表示規約」という。）第21条（おとり広告）では、不動産事業者は次に掲げる広告をしてはならないと規定している。

⑴ **物件が存在しないため、実際には取引することができない物件に関する表示**

⑵ **物件は存在するが、実際には取引の対象となり得ない物件に関する表示**

⑶ **物件は存在するが、実際には取引する意思がない物件に関する表示**

なお、「おとり広告」に関しては、公正取引委員会が昭和55年公取委告示第14号として指定している「不動産のおとり広告に関する表示」がある。この告示は、原則、当連合会会員の不動産公正取引協議会（以下「会員協議会」という。）に加盟する不動産事業者であるか否かにかかわらず、不動産事業者のすべてに適用されるが、表示規約と規定振りに若干の相違があるものの内容は同一である。

2 「おとり広告」の態様（例示）

「おとり広告」がいかなる態様のものかは、公正取引委員会が定めた「『不動産のおとり広告に関する表示』の運用基準」（昭和55年6月事務局長通達第9号）に例示されているので、これを表示規約に援用して示すと次のとおりである。

⑴ **「物件が存在しない」場合の例示（表示規約第21条第1号）**

　ア　広告に表示した物件が広告に表示している所在地に存在しない場合

　イ　広告に表示している物件が実際に販売又は賃貸しようとする不動産とその内容、形態、取引条件等において同一性を認めがたい場合

⑵ **「実際には取引の対象となり得ない」場合の例示（表示規約第21条第2号）**

　ア　広告に表示した物件が成約済みの不動産又は処分を委託されていない

他人の不動産である場合

　イ　広告に表示した物件に重大な瑕疵があるため、そのままでは当該物件が取引することができないものであることが明らかな場合（瑕疵があること及びその内容が明瞭に記載されている場合を除く。）

(3)　**「実際には取引する意思がない」場合の例示（表示規約第21条第3号）**

　ア　合理的な理由がないのに広告に表示した物件に案内することを拒否する場合

　イ　広告に表示した物件に関する難点をことさら指摘する等して当該物件の取引に応ずることなく顧客に他の物件を勧める場合

3　インターネット上の「おとり広告」

　インターネット上の広告（ホームページ又は不動産情報サイト事業者が運営する不動産情報サイト等に掲載するもの）も、表示規約第4条にいう「表示」に当たる。したがって、不動産事業者がインターネット上で、前記1及び2のような実際には取引することができない物件の広告を行えば、表示規約第21条に違反する「おとり広告」となる。

Ⅱ　インターネット広告の留意事項

　不動産事業者が「おとり広告」の未然防止を図るためには、前記Ⅰの「規制概要」を理解するとともに、以下に例示する「おとり広告の具体的な態様」と「発生原因」について、それぞれ留意し、「定期的な情報更新の重要性」を認識する必要がある。

1　インターネット上の「おとり広告の具体的な態様」

　会員協議会が表示規約違反として措置したおとり広告の具体的な態様は、以下のとおりである。

(1)　**適切な更新を怠ったために、掲載途中から取引不可能になった例**

　新規に広告を掲載した時点では、取引することができる物件であったが、掲載後に契約済みとなった物件を削除することなく更新を繰り返す等、適切な更新（削除）を怠ったために、実際には取引することができない物件となっていたもの。

(2)　**当初から契約済みであった物件を新規に掲載していた例**

(3)　架空物件を掲載していた例

　　まったく架空の物件や既に契約済みの物件をもとに、賃料又は価格を安くし、面積を広くし、間取り図を改ざんするなどした物件を掲載したことから、実際には存在しない物件であったもの。

(4)　取引する意思がない物件を掲載していた例

　　相場に比べて安い賃料又は価格で掲載し、一般消費者からの問い合わせも相当数あるにもかかわらず契約に至っておらず、また、契約しない合理的な理由もなかったもの。

2　発生原因

(1)　インターネット広告に対する不動産事業者の認識が希薄なこと

　　インターネット広告は、情報の更新が容易であるという特性があること等から、一般消費者は、常に取引できる物件が掲載されていると認識するのが一般的であることから、不動産事業者は、これらを理解して物件の広告を行う必要がある。

(2)　不動産事業者が管理能力を超えた多数の物件を広告していること

　　「おとり広告」となった事案では、これを少人数でしかも管理能力を超えた多数の物件を広告していたこと、これらの管理をアルバイト等に任せっきりにしていて責任者によるチェックを怠っていたことなどを挙げることができる。広告に際しては、適正な物件数の掲載と責任者による管理が必要不可欠である。

(3)　新規掲載時又は更新時に物件の取引状況等の確認を怠っていること

　　不動産事業者は、前記(1)に記載した一般消費者の認識を理解すれば、取引状況等の確認を怠り、契約済みの物件を新規に掲載したり、契約済みとなっているのに削除せず、広告を継続するといったことがあってはならないことを肝に銘ずる必要がある。

3　定期的な情報更新の重要性

　　前記2の「発生原因」を踏まえると、定期的な情報更新は極めて重要であることから、不動産事業者は、その更新する期間を最長でも2週間とし、この期間内に契約済みとなったことが判明した物件は、当該期間が到達する前であってもすみやかに削除することを徹底する必要がある。

4 「情報登録日又は直前の更新日及び次回の更新予定日」の表示

　表示規約では、インターネット広告の必要な表示事項として「情報登録日又は直前の更新日及び次回の更新予定日」の表示を義務付けているが、この事項を表示していないケースや、表示していたとしても、広告の下部に小さな文字で表示しているなど明瞭性に欠けるケースも多く見受けられる。

　この事項は、広告がいつの時点の情報に基づき表示されたものなのか、次にこの情報がいつ更新される予定なのかを明らかにするものであり、一般消費者、不動産事業者双方にとって極めて重要な事項の一つである。

　これを踏まえると、この事項は、広告の上部等の見やすい位置に、見やすい大きさの文字で明瞭に記載する必要がある。

以上

参考資料

（平成15年1月14日 公正取引委員会告示第3号）

最終変更：平成25年4月25日

（目　的）

第1条　この公正競争規約（以下「規約」という。）は、不動産の取引に附随して不当な景品類を提供する行為の制限を実施することにより、不動産業における不当な顧客の誘引を防止し、一般消費者による自主的かつ合理的な選択及び事業者間の公正な競争を確保することを目的とする。

（定　義）

第2条　この規約において「不動産」とは、土地及び建物（居住の用に供さないものを除く。）をいう。

2　この規約において「事業者」とは、宅地建物取引業法（昭和27年法律第176号）第3条第1項の免許を受けて宅地建物取引業を営む者をいう。

3　この規約において「景品類」とは、顧客を誘引するための手段として、方法のいかんを問わず、事業者が自己の供給する不動産の取引（自己の所有する不動産の賃貸を含む。）に附随して相手方に提供する物品、金銭その他の経済上の利益であって、次に掲げるものをいう。ただし、正常な商慣習に照らして値引又はアフターサービスと認められる経済上の利益及び正常な商慣習に照らして不動産若しくは不動産の取引に附属すると認められる経済上の利益は含まない。

(1)　物品及び土地、建物その他の工作物

(2)　金銭、金券、預金証書、当せん金附証票及び公社債、株券、商品券その他の有価証券

(3)　きょう応（映画、演劇、スポーツ、旅行その他の催物等への招待又は優待を含む。）

(4)　便益、労務その他の役務

（一般消費者に対する景品類の提供の制限）

第3条 事業者は、一般消費者に対し、次に掲げる範囲を超えて景品類を提供してはならない。

⑴ 懸賞により提供する景品類にあっては、取引価額の20倍又は10万円のいずれか低い価額の範囲。ただし、この場合において提供できる景品類の総額は、当該懸賞に係る取引予定総額の100分の2以内とする。

⑵ 懸賞によらないで提供する景品類にあっては、取引価額の10分の1又は100万円のいずれか低い価額の範囲

2 次に掲げる経済上の利益については、景品類に該当する場合であっても、懸賞によらないで提供するときは、前項の規定を適用しない。

⑴ 不動産の取引又は使用のため必要な物品、便益その他の経済上の利益であって、正常な商慣習に照らして適当と認められるもの

⑵ 開店披露、創業記念等の行事に際して提供する物品又はサービスであって、正常な商慣習に照らして適当と認められるもの

3 第1項第1号の規定にかかわらず、「懸賞による景品類の提供に関する事項の制限」（昭和52年3月1日公正取引委員会告示第3号）第4項の規定（共同懸賞）に該当する景品類の提供については、同項の定めるところによるものとする。

4 事業者は、一般消費者に対し、旅行、視察会その他名目のいかんを問わず、旅行先において不動産の取引の勧誘をする旨を明示しないで、宿泊旅行等への招待又は優待をしてはならない。

（公正取引協議会及び公正取引協議会連合会の事業）

第4条 一般社団法人北海道不動産公正取引協議会、東北地区不動産公正取引協議会、公益社団法人首都圏不動産公正取引協議会、北陸不動産公正取引協議会、東海不動産公正取引協議会、公益社団法人近畿地区不動産公正取引協議会、中国地区不動産公正取引協議会、四国地区不動産公正取引協議会及び一般社団法人九州不動産公正取引協議会（以下これらを「公正取引協議会」という。）は、この規約の目的を達成するため、次の事業を行う。

⑴ この規約の周知徹底に関すること。

⑵ この規約に関する相談に応じ、又はこの規約の適用を受ける事業者の指

導に関すること。

(3)　この規約の規定に違反する疑いのある事実の調査及びこの規約を運用するために必要な資料を収集するための実態調査に関すること。

(4)　この規約の規定に違反する事業者に対する措置に関すること。

(5)　不当景品類及び不当表示防止法その他公正取引に関する法令の普及及び違反の防止に関すること。

(6)　関係官公庁及び関係団体との連絡に関すること。

(7)　不動産取引の公正化に関して研究すること。

(8)　一般消費者からの苦情処理に関すること。

(9)　その他必要と認められること。

2　不動産公正取引協議会連合会は、この規約の目的を達成するため、次の事業を行う。

(1)　前項各号（第3号の事実の調査及び第4号を除く。）に掲げる事業並びに同項の公正取引協議会の事業に関する指導、助言及び協力に関すること。

(2)　この規約の解釈及び運用の統一に関すること。

(3)　消費者庁長官及び公正取引委員会に対する認定及び承認の申請並びに届出に関すること。

（違反に対する調査）

第5条　公正取引協議会は、第3条の規定に違反する事実があると思料するときは、その事実について必要な調査を行うため、当該事業者若しくは参考人を招致し、これらの者に資料の提出、報告若しくは意見を求め、又は当該事業者の事務所その他の事業を行う場所に立ち入ることができる。

2　事業者は、前項の調査に協力しなければならない。

3　公正取引協議会は、前項の規定に違反する事業者に対し、当該調査に協力するよう警告することができる。

4　第1項の調査の手続及び調査を行う者の選任手続は、規則に定めるところによる。

5　第1項の調査を行う者は、その身分を示す証票を携帯し、関係者に提示しなければならない。

（違反に対する措置）

第6条　公正取引協議会は、第3条の規定に違反する行為があると認めるときは、当該事業者に対し、当該違反行為を直ちに中止すること若しくは当該違反行為を排除するために必要な措置を直ちに採るべきこと若しくは第3条の規定に違反する行為を再び行ってはならないことを警告し、又は50万円以下の違約金を課することができる。

2　事業者は、前項に規定する警告を受けたときは、当該警告の内容である措置を直ちに実施し、又は当該警告の内容に反する行為を行ってはならない。

3　公正取引協議会は、事業者が前項の規定に違反していると認めるときは、当該事業者に対し、300万円以下の違約金を課し、公正取引協議会の構成員である資格を停止し、若しくは除名し、又は消費者庁長官に対し、不当景品類及び不当表示防止法（昭和37年法律第134号）の規定に従い適当な措置を講ずるよう求めることができる。

4　公正取引協議会は、第1項及び前項に規定する措置（警告を除く。）を採ろうとするときは、当該事業者に対し、あらかじめ期日及び場所を指定して、事情聴取をしなければならない。事情聴取に際しては、当該事業者に、意見を述べ、及び証拠を提出する機会が与えられなければならない。

5　公正取引協議会は、前条第3項の警告をした場合において、その警告を受けた事業者がその警告に従わないときは、当該事業者に対し、30万円以下の違約金を課することができる。

6　公正取引協議会は、第1項、第3項及び前項の規定による措置を講じたときは、その旨及びその措置の内容を遅滞なく文書をもって消費者庁長官に報告するものとする。

（措置に対する異議の申立て）

第6条の2　前条第1項に基づく警告又は違約金、前条第3項に基づく違約金、資格停止又は除名処分若しくは前条第5項に基づく違約金の措置を受けた事業者が、これらの措置に対し異議がある場合は、これらの措置に係る文書の送付があった日から10日以内に、公正取引協議会に対し、文書により異議の申立てをすることができる。

2　前項に規定する期間内に異議の申立てがなかった場合は、当該事業者は異

議の申立てをすることができない。

3　公正取引協議会は、第１項の異議の申立てがあった場合は、当該事業者に追加の主張及び立証の機会を与え、これに基づき審理を行うものとする。

4　公正取引協議会は、前項の審理を行った結果を当該事業者に速やかに通知するものとする。

（措置内容等の公表）

第６条の３　公正取引協議会は、第６条第１項又は第３項の規定に基づく措置を採った場合において、当該違反行為の及ぼす影響の程度等を勘案の上、特に必要があると認められるときは、違反事業者名、違反行為の概要及び措置の内容を公表することができる。

（規則の制定）

第７条　不動産公正取引協議会連合会は、この規約の実施に関する規則を定めることができる。

2　前項の規則を定め又は変更しようとするときは、消費者庁長官及び公正取引委員会の承認を受けるものとする。

　附　　則

　この規約の変更は、消費者庁及び消費者委員会設置法（平成21年法律第48号）の施行日（平成21年９月１日）から施行する。

　附　　則

　この規約の変更は、公正取引委員会及び消費者庁長官の認定の告示があった日（平成25年４月25日）から施行する。

不動産業における景品類の提供の制限に関する公正競争規約施行規則

（平成14年12月26日 公正取引委員会承認第199号）

最終変更：令和元年11月13日

（値引と認められる経済上の利益）

第1条　不動産業における景品類の提供の制限に関する公正競争規約（以下「規約」という。）第2条第3項ただし書に規定する「正常な商慣習に照らして値引と認められる経済上の利益」とは、事業者が取引の相手方に対し、不動産の売買代金、借賃、媒介報酬等（以下「代金等」という。）を減額し、又は割り戻すこと等をいう。

2　前項に規定する値引と認められる経済上の利益に該当するものを例示すれば次のとおりである。

⑴　不動産の代金等を減額すること。

⑵　不動産の割賦販売をする場合において、無利息とすること。

⑶　2以上の不動産又は不動産と密接な関連を有する物品等を合わせて販売する場合において、それぞれの価格の合計額から一定額を減額し、又は一定率を割引すること。

⑷　取引の対象となる不動産の品質等を高めること。

⑸　価格交渉過程において不動産の代金等の減額に代えて住宅機器その他住宅に関連する物品等を付加又は提供すること。

⑹　その他これらに類似するものであって、不当に顧客を誘引するおそれのないもの。

3　第1項に規定する値引と認められないものを例示すれば次のとおりである。

⑴　不動産の代金等を減額し、又は割り戻す場合であっても、その金銭の使途を制限すること。

⑵　景品類と不動産の代金等の減額等とを相手方に選択させるなど、景品類の提供と一連の企画に基づいて代金等の減額等をすること。

(3) 電気料、水道料又はガス料等を一定期間にわたって負担すること。

(4) その他これらに類似するものであって、不当に顧客を誘引するおそれの
あるもの。

（アフターサービスと認められる経済上の利益）

第２条 規約第２条第３項ただし書に規定する「正常な商慣習に照らしてアフ
ターサービスと認められる経済上の利益」とは、不動産の補修点検その他不
動産の取引若しくは使用のため必要な物品又は便益その他のサービスをいう。

2 前項に規定するアフターサービスと認められる経済上の利益に該当するも
のを例示すれば次のとおりである。

(1) 補修（部材等の交換を含む。）、点検等を行うこと。

(2) 宅地建物取引業法に基づいて提供する便益その他の経済上の利益

(3) その他これらに類似するものであって、不当に顧客を誘引するおそれの
ないもの。

3 第１項に規定するアフターサービスと認められないものを例示すれば次の
とおりである。

(1) 住宅の増改築費を提供すること。

(2) その他これらに類似するものであって、不当に顧客を誘引するおそれの
あるもの。

（不動産又はその取引に附属すると認められる経済上の利益）

第３条 規約第２条第３項ただし書に規定する「正常な商慣習に照らして不動
産若しくは不動産の取引に附属すると認められる経済上の利益」とは、不動
産と構造上若しくは機能上密接な関連を有するもの若しくは用途上不可分の
関係にある設備その他のもの、又は不動産と一体となって直接不動産の機能
若しくは効用を高めるためのもの並びに媒介業務等に密接な関連を有する便
益をいう。

2 前項に規定する不動産又は不動産の取引に附属すると認められる経済上の
利益に該当するものを例示すれば次のとおりである。

(1) 電気、ガス、上下水道施設、冷暖房施設、照明設備、厨房設備その他不
動産と機能上、構造上直接の関連を有する設備（一定の範囲内で取引の相
手方が選択できる場合を含む。）

(2)　畳、建具その他の造作

(3)　造り付けの家具等

(4)　別荘等の効用を高めるため、これと一体として開発されたゴルフ場その他のレジャー施設等の利用権を当該別荘等の購入者に与えること。

(5)　不動産の所在地までの案内のための費用であって、妥当な範囲内のもの。

(6)　不動産取引に関する法律、税務その他の相談に応ずること。

(7)　その他これらに類似するものであって、不当に顧客を誘引するおそれのないもの。

3　第1項に規定する不動産又は不動産の取引に附属すると認められないものを例示すれば次のとおりである。

(1)　宝飾品、旅行、オートバイ、自動車その他不動産と直接関連のない物品等。

(2)　他人の供給する商品又は役務についての購入費を負担すること。

(3)　その他これらに類似するものであって、不当に顧客を誘引するおそれのあるもの。

（景品類の提供とみなす場合）

第4条　第1条第2項、第2条第2項及び前条第2項に規定する経済上の利益を提供する場合であっても、次に掲げる場合は景品類の提供とみなすものとする。

(1)　提供の相手方を懸賞の方法により特定する場合

(2)　相手方に景品類の提供であると認識される表現又は方法で提供する場合（第1条第2項第1号及び第2号に規定する経済上の利益を提供する場合を除く。）

（取引価額）

第5条　規約第3条に規定する取引価額は次の各号に掲げるところによる。

(1)　事業者自らが当事者（代理して取引を行う場合を含む。）となって不動産の売買又は交換を行う場合（媒介を行う事業者と共同して行う場合を含む。）は、当該不動産の売買代金若しくは交換に係る不動産の価額とする。

(2)　事業者自らが当事者（代理して取引を行う場合を含む。）となって不動産を賃貸する場合（媒介を行う事業者と共同して行う場合を含む。）は、当該賃貸借契約を締結するために必要な費用の額（名目のいかんを問わず

賃貸借契約満了後に返還される金銭を除く。）とする。また、当該賃貸借契約を締結する前に、一定期間契約を継続した後に賃借人に景品類を提供する旨告知して、当該一定期間経過後に景品類を提供する場合は、この費用に、当該契約締結から一定期間に当該賃借人が支払うべき費用を加えることとする。

　　　ただし、土地の賃貸借で権利金（権利金その他いかなる名義をもってするかを問わず権利設定の対価として支払われる金銭であって返還されないものをいう。）の授受があるものについては、当該権利金の額とする。

⑶　事業者が不動産の売買、交換又は賃貸借の媒介を行う場合は、媒介に際して受けることができる報酬の額とする。

（不動産の販売等のため必要な物品、便益等の提供）

第6条　規約第3条第2項第1号に規定する経済上の利益に該当するものを例示すれば次のとおりである。

⑴　交通不便な場所にある不動産の販売に際し、公共交通機関が整備されるまでの間における最寄駅までの送迎をすること又はこれに準ずると認められる便益を提供すること。

⑵　ローン提携販売をする場合において、利子補給をすること。

⑶　家具、照明器具その他住宅に密接な関連を有する備品等の割引購入をあっせんすること。

⑷　不動産の引渡し又は所有権の移転若しくは抵当権の設定のための費用を負担すること。

⑸　火災保険、住宅保険等の損害保険料を負担すること。

⑹　管理費を負担すること。

⑺　自己の供給する不動産又は不動産の取引において用いられる割引券その他割引を約する証票（特定の不動産又は役務と引き換えることにしか用いることができないものを除く。）

⑻　自己の供給する不動産又は不動産の取引及び他の事業者の供給する商品又は役務の取引に共通して用いられるものであって同額の割引を約する証票（同率の割引を約するものを除く。）。

⑼　その他これらに類似するものであって、不当に顧客を誘引するおそれの

ないもの。

2 規約第３条第２項各号に規定する経済上の利益を提供する場合において、その提供の相手方を限定し、又は当該経済上の利益が著しい特典であるかのように強調するような広告は、行ってはならないものとする。

（景品類の価額の算定基準）

第７条 規約第３条に規定する景品類の価額の算定は、景品類の提供に係る取引の相手方がそれを通常購入する場合の価格により行う。

2 同一の取引に附随して２以上の景品類が提供される場合の景品類の価額については、懸賞により提供するものと懸賞によらないで提供するものとを区別して、それぞれ次に掲げるところによる。

⑴ 同一の事業者が行う場合は、別々の企画によるときでも、これらを合算した額とする。

⑵ 他の事業者と共同して行う場合は、別々の企画によるときでも、共同した事業者のそれぞれについて、これらを合算した額とする。

⑶ 他の事業者と共同しないで、景品類を追加した場合は、追加した事業者について、これらを合算した額とする。

（運用基準の制定）

第８条 不動産公正取引協議会連合会は、規約を施行するため運用基準を定めることができる。

2 前項の運用基準を定め又は変更しようとするときは、消費者庁長官及び公正取引委員会の事前確認を受けるものとする。

附　則

この規則の変更は、公正取引委員会の承認があった日（平成18年12月12日）から施行する。

附　則

この施行規則の変更は、消費者庁及び消費者委員会設置法（平成21年法律第48号）の施行日（平成21年９月１日）から施行する。

附　則

1 この施行規則の変更は、公正取引委員会及び消費者庁長官の承認があった

参考資料

日（令和元年11月13日）から施行する。

2　この施行規則の変更の施行の日前に事業者が行った景品類の提供については、なお従前の例による。

【資　料】

1　一般消費者に対する景品類の提供の制限（景品規約第3条関係）

景品類の提供の方法	景品類の最高限度額
①　一般懸賞景品（来場者、購入者等に抽選等で提供する場合）	取引価額の20倍又は10万円のいずれか低い価額 （取引予定総額の2％以内）
②　総付景品（購入者全員に、又は先着順で提供する場合）	取引価額の10％又は100万円のいずれか低い価額
③　共同懸賞景品（多数の事業者が共同して実施する年末大売出し等で抽選等で提供する場合）	30万円 （取引予定総額の3％以内）
④　取引の勧誘をする旨を明示しないで行う旅行等への招待、優待	0円（禁止）

2　取引価額（景品規約施行規則第5条関係）

取　引　態　様　等		取　引　価　額
①　売買等で売主又は代理の場合		物件価格
② 賃貸	貸主又は代理の場合で賃貸住宅等の場合	・賃貸借契約を締結するために必要な費用の額（敷金など賃貸借契約満了後に返還される金銭を除く。） ・契約締結前に、一定期間契約を継続した後、賃借人に景品類を提供する旨を告知した場合は、上記費用に加え、当該期間内に賃借人が支払った賃料等の総額
	貸主又は代理の場合で借地権付物件の場合	権利金など返還されない金銭の授受があるものは、当該権利金の額（保証金、敷金など賃貸借契約満了後に返還される金銭を除く。）
③　媒介の場合		媒介報酬限度額（ただし、売主、貸主等と共同して行う場合はそれぞれ上記による。）

違反調査及び措置の手続等に関する規則

（平成14年12月26日 公正取引委員会承認第199号）

最終変更：平成21年9月1日

（趣　旨）

第1条　不動産の表示に関する公正競争規約（以下「表示規約」という。）及び不動産業における景品類の提供の制限に関する公正競争規約（以下「景品規約」という。）に規定する違反行為に係る調査及び措置の手続等については、表示規約及び景品規約に定めるもののほか、この規則の定めるところによる。

（調査の開始）

第2条　公正取引協議会は、表示規約又は景品規約に違反する疑いのある事実に接したときは、調査を開始するものとする。

（調査員の任命等）

第3条　表示規約第26条第1項又は景品規約第5条第1項の規定に基づく調査を行う者（以下「調査員」という。）は、公正取引協議会が別に定めるところにより、公正取引協議会の会長が任命する。

2　表示規約第26条第6項及び景品規約第5条第5項に規定する身分を示す証票は、別記様式のとおりとする。

（調査報告書の作成）

第4条　調査員は、表示規約第26条第1項又は景品規約第5条第1項の規定に基づく調査を行ったときは、速やかに、その結果を記載した調査報告書を作成しなければならない。

（調査委託に基づく調査結果の報告）

第5条　表示規約第25条第2項に規定する事業者の団体は、表示規約第26条第2項の規定による調査の委託を受けたときは、遅滞なく、文書をもって調査の結果を公正取引協議会に報告しなければならない。

（事情聴取の通知等）

第6条　公正取引協議会は、表示規約第27条第4項及び景品規約第6条第4

項に規定する事情聴取をしようとするときは、当該事業者に対し、事情聴取の期日の7日前までに次の各号に掲げる事項を記載した文書をもって、その旨を通知するものとする。

⑴　事情聴取の期日

⑵　事情聴取の場所

⑶　事案の要旨

⑷　規約の適用

2　事情聴取は、公正取引協議会が別に定めるところにより、公正取引協議会の会長、専門委員会の長又はこれらの指定する者が主宰する。

3　事情聴取の主宰者は、事情聴取における秩序を維持するため、必要な措置を採ることができる。

4　事情聴取の主宰者は、必要があると認めるときは、利害関係人、学識経験者、関係行政庁又は第5条の事業者の団体に対し、事情聴取において意見を述べることを求めることができる。

5　事情聴取の主宰者は、必要があると認めるときは、事情聴取の期日を延期し、又は続行することができる。

（事情聴取結果の報告）

第7条　事情聴取の主宰者は、公正取引協議会が別に定めるところにより、陳述された意見の要旨その他必要な事項を理事会又は次条の専門委員会等に報告しなければならない。

（措置の決定等）

第8条　表示規約第26条第4項並びに第27条第1項、第3項及び第6項並びに景品規約第5条第3項並びに第6条第1項、第3項及び第5項に規定する警告、違約金又は措置の請求は、公正取引協議会の理事会において決定する。ただし、理事会は、公正取引協議会が別に定めるところにより、これらの決定を専門委員会等に行わせることができる。

2　第5条の事業者の団体は、表示規約第27条第7項の規定により必要な措置を講ずるよう求められたときは、必要な措置を講じた上、遅滞なく、文書をもってその措置の内容等を公正取引協議会に報告しなければならない。

（細則の制定等）

第9条 公正取引協議会は、この規則に定めるもののほか、違反調査及び措置に関する手続の細目その他必要な事項を定めることができる。

2　前項の必要な事項を定め又は変更しようとするときは、消費者庁長官及び公正取引委員会の事前確認を受けるものとする。この場合においては、不動産公正取引協議会連合会を経由して行うものとする。

　　附　　則

この規則は、平成18年1月4日から施行する。

　　附　　則

この規則の変更は、消費者庁及び消費者委員会設置法（平成21年法律第48号）の施行日（平成21年9月1日）から施行する。

〈第 3 条第 2 項の証票の様式〉

（表）

第　　　号

調　査　員　証

　下記の者は、不当景品類及び不当表示防止法第31条第 1 項の規定に基づき認定を受けた「不動産の表示に関する公正競争規約」第26条第 1 項及び「不動産業における景品類の提供の制限に関する公正競争規約」第 5 条第 1 項の規定による調査員であることを証明する。

氏　名

写真貼付

　　　　　　　　　〇〇不動産公正取引協議会
　　　　　　　　　　会　長　　　　　印
年　月　日交付（　年間有効）

（裏）

公正競争規約（抜すい）

不動産の表示に関する公正競争規約
第26条第 1 項　公正取引協議会は、第 5 条から第23条までの規定に違反する事実があると思料するときは、その事実について必要な調査を行うため、当該事業者若しくは参考人を招致し、これらの者に資料の提出、報告若しくは意見を求め、又は当該事業者の事務所その他の事業を行う場所に立ち入ることができる。

不動産業における景品類の提供の制限に関する公正競争規約
第 5 条第 1 項　公正取引協議会は、第 3 条の規定に違反する事実があると思料するときは、その事実について必要な調査を行うため、当該事業者若しくは参考人を招致し、これらの者に資料の提出、報告若しくは意見を求め、又は当該事業者の事務所その他の事業を行う場所に立ち入ることができる。

不当景品類及び不当表示防止法

（昭和37年法律第134号）

第1章　総　則

（目的）

第1条　この法律は、商品及び役務の取引に関連する不当な景品類及び表示による顧客の誘引を防止するため、一般消費者による自主的かつ合理的な選択を阻害するおそれのある行為の制限及び禁止について定めることにより、一般消費者の利益を保護することを目的とする。

（定義）

第2条　この法律で「事業者」とは、商業、工業、金融業その他の事業を行う者をいい、当該事業を行う者の利益のためにする行為を行う役員、従業員、代理人その他の者は、次項及び第31条の規定の適用については、これを当該事業者とみなす。

2　この法律で「事業者団体」とは、事業者としての共通の利益を増進することを主たる目的とする二以上の事業者の結合体又はその連合体をいい、次に掲げる形態のものを含む。ただし、二以上の事業者の結合体又はその連合体であつて、資本又は構成事業者（事業者団体の構成員である事業者をいう。第40条において同じ。）の出資を有し、営利を目的として商業、工業、金融業その他の事業を営むことを主たる目的とし、かつ、現にその事業を営んでいるものを含まないものとする。

　(1)　二以上の事業者が社員（社員に準ずるものを含む。）である一般社団法人その他の社団

　(2)　二以上の事業者が理事又は管理人の任免、業務の執行又はその存立を支配している一般財団法人その他の財団

　(3)　二以上の事業者を組合員とする組合又は契約による二以上の事業者の結合体

411

3　この法律で「景品類」とは、顧客を誘引するための手段として、その方法が直接的であるか間接的であるかを問わず、くじの方法によるかどうかを問わず、事業者が自己の供給する商品又は役務の取引（不動産に関する取引を含む。以下同じ。）に付随して相手方に提供する物品、金銭その他の経済上の利益であつて、内閣総理大臣が指定するものをいう。

4　この法律で「表示」とは、顧客を誘引するための手段として、事業者が自己の供給する商品又は役務の内容又は取引条件その他これらの取引に関する事項について行う広告その他の表示であつて、内閣総理大臣が指定するものをいう。

（景品類及び表示の指定に関する公聴会等及び告示）

第3条　内閣総理大臣は、前条第3項若しくは第4項の規定による指定をし、又はその変更若しくは廃止をしようとするときは、内閣府令で定めるところにより、公聴会を開き、関係事業者及び一般の意見を求めるとともに、消費者委員会の意見を聴かなければならない。

2　前項に規定する指定並びにその変更及び廃止は、告示によつて行うものとする。

第2章　景品類及び表示に関する規制

第1節　景品類の制限及び禁止並びに不当な表示の禁止

（景品類の制限及び禁止）

第4条　内閣総理大臣は、不当な顧客の誘引を防止し、一般消費者による自主的かつ合理的な選択を確保するため必要があると認めるときは、景品類の価額の最高額若しくは総額、種類若しくは提供の方法その他景品類の提供に関する事項を制限し、又は景品類の提供を禁止することができる。

（不当な表示の禁止）

第5条　事業者は、自己の供給する商品又は役務の取引について、次の各号のいずれかに該当する表示をしてはならない。

⑴　商品又は役務の品質、規格その他の内容について、一般消費者に対し、

実際のものよりも著しく優良であると示し、又は事実に相違して当該事業者と同種若しくは類似の商品若しくは役務を供給している他の事業者に係るものよりも著しく優良であると示す表示であつて、不当に顧客を誘引し、一般消費者による自主的かつ合理的な選択を阻害するおそれがあると認められるもの

(2) 商品又は役務の価格その他の取引条件について、実際のもの又は当該事業者と同種若しくは類似の商品若しくは役務を供給している他の事業者に係るものよりも取引の相手方に著しく有利であると一般消費者に誤認される表示であつて、不当に顧客を誘引し、一般消費者による自主的かつ合理的な選択を阻害するおそれがあると認められるもの

(3) 前2号に掲げるもののほか、商品又は役務の取引に関する事項について一般消費者に誤認されるおそれがある表示であつて、不当に顧客を誘引し、一般消費者による自主的かつ合理的な選択を阻害するおそれがあると認めて内閣総理大臣が指定するもの

（景品類の制限及び禁止並びに不当な表示の禁止に係る指定に関する公聴会等及び告示）

第6条　内閣総理大臣は、第4条の規定による制限若しくは禁止若しくは前条第3号の規定による指定をし、又はこれらの変更若しくは廃止をしようとするときは、内閣府令で定めるところにより、公聴会を開き、関係事業者及び一般の意見を求めるとともに、消費者委員会の意見を聴かなければならない。

2　前項に規定する制限及び禁止並びに指定並びにこれらの変更及び廃止は、告示によつて行うものとする。

第2節　措置命令

第7条　内閣総理大臣は、第4条の規定による制限若しくは禁止又は第5条の規定に違反する行為があるときは、当該事業者に対し、その行為の差止め若しくはその行為が再び行われることを防止するために必要な事項又はこれらの実施に関連する公示その他必要な事項を命ずることができる。その命令は、当該違反行為が既になくなつている場合においても、次に掲げる者に対し、

することができる。

⑴　当該違反行為をした事業者

⑵　当該違反行為をした事業者が法人である場合において、当該法人が合併
　により消滅したときにおける合併後存続し、又は合併により設立された法人

⑶　当該違反行為をした事業者が法人である場合において、当該法人から分
　割により当該違反行為に係る事業の全部又は一部を承継した法人

⑷　当該違反行為をした事業者から当該違反行為に係る事業の全部又は一部
　を譲り受けた事業者

2　内閣総理大臣は、前項の規定による命令に関し（以下「措置命令」とい
　う。）、事業者がした表示が第5条第1号に該当するか否かを判断するため必
　要があると認めるときは、当該表示をした事業者に対し、期間を定めて、当
　該表示の裏付けとなる合理的な根拠を示す資料の提出を求めることができる。
　この場合において、当該事業者が当該資料を提出しないときは、同項の規定
　の適用については、当該表示は同号に該当する表示とみなす。

3　措置命令は、措置命令書の謄本を送達して行う。

第3節　課徴金

（課徴金納付命令）

第8条　事業者が、第5条の規定に違反する行為（同条第3号に該当する表示
　に係るものを除く。以下「課徴金対象行為」という。）をしたときは、内閣
　総理大臣は、当該事業者に対し、当該課徴金対象行為に係る課徴金対象期間
　に取引をした当該課徴金対象行為に係る商品又は役務の政令で定める方法に
　より算定した売上額に100分の3を乗じて得た額に相当する額の課徴金を国
　庫に納付することを命じなければならない。ただし、当該事業者が当該課徴
　金対象行為をした期間を通じて当該課徴金対象行為に係る表示が次の各号の
　いずれかに該当することを知らず、かつ、知らないことにつき相当の注意を
　怠つた者でないと認められるとき、又はその額が150万円未満であるときは、
　その納付を命ずることができない。

⑴　商品又は役務の品質、規格その他の内容について、実際のものよりも著

しく優良であること又は事実に相違して当該事業者と同種若しくは類似の商品若しくは役務を供給している他の事業者に係るものよりも著しく優良であることを示す表示

(2)　商品又は役務の価格その他の取引条件について、実際のものよりも取引の相手方に著しく有利であること又は事実に相違して当該事業者と同種若しくは類似の商品若しくは役務を供給している他の事業者に係るものよりも取引の相手方に著しく有利であることを示す表示

2　前項に規定する「課徴金対象期間」とは、課徴金対象行為をした期間（課徴金対象行為をやめた後そのやめた日から６月を経過する日（同日前に、当該事業者が当該課徴金対象行為に係る表示が不当に顧客を誘引し、一般消費者による自主的かつ合理的な選択を阻害するおそれを解消するための措置として内閣府令で定める措置をとつたときは、その日）までの間に当該事業者が当該課徴金対象行為に係る商品又は役務の取引をしたときは、当該課徴金対象行為をやめてから最後に当該取引をした日までの期間を加えた期間とし、当該期間が３年を超えるときは、当該期間の末日から遡つて３年間とする。）をいう。

3　内閣総理大臣は、第１項の規定による命令（以下「課徴金納付命令」という。）に関し、事業者がした表示が第５条第１号に該当するか否かを判断するため必要があると認めるときは、当該表示をした事業者に対し、期間を定めて、当該表示の裏付けとなる合理的な根拠を示す資料の提出を求めることができる。この場合において、当該事業者が当該資料を提出しないときは、同項の規定の適用については、当該表示は同号に該当する表示と推定する。

4　第１項の規定により課徴金の納付を命ずる場合において、当該事業者が当該課徴金対象行為に係る課徴金の計算の基礎となるべき事実について第25条第１項の規定による報告を求められたにもかかわらずその報告をしないときは、内閣総理大臣は、当該事業者に係る課徴金対象期間のうち当該事実の報告がされず課徴金の計算の基礎となるべき事実を把握することができない期間における第１項に定める売上額を、当該事業者又は当該課徴金対象行為に係る商品若しくは役務を供給する他の事業者若しくは当該商品若しくは役務の供給を受ける他の事業者から入手した資料その他の資料を用いて、内閣

府令で定める合理的な方法により推計して、課徴金の納付を命ずることができる。

5　事業者が、基準日から遡り10年以内に、課徴金納付命令（当該課徴金納付命令が確定している場合に限る。）を受けたことがあり、かつ、当該課徴金納付命令の日以後において課徴金対象行為をしていた者であるときにおける第1項の規定の適用については、同項中「100分の3」とあるのは、「100分の4.5」とする。

6　前項に規定する「基準日」とは、同項に規定する課徴金対象行為に係る事案について、次に掲げる行為が行われた日のうち最も早い日をいう。

⑴　報告徴収等（第25条第1項の規定による報告の徴収、帳簿書類その他の物件の提出の命令、立入検査又は質問をいう。第12条第4項において同じ。）

⑵　第3項の規定による資料の提出の求め

⑶　第15条第1項の規定による通知

（課徴金対象行為に該当する事実の報告による課徴金の額の減額）

第9条　前条第1項（同条第5項の規定により読み替えて適用する場合を含む。以下この節において同じ。）の場合において、内閣総理大臣は、当該事業者が課徴金対象行為に該当する事実を内閣府令で定めるところにより内閣総理大臣に報告したときは、同条第1項の規定により計算した課徴金の額に100分の50を乗じて得た額を当該課徴金の額から減額するものとする。ただし、その報告が、当該課徴金対象行為についての調査があつたことにより当該課徴金対象行為について課徴金納付命令があるべきことを予知してされたものであるときは、この限りでない。

（返金措置の実施による課徴金の額の減額等）

第10条　第15条第1項の規定による通知を受けた者は、第8条第2項に規定する課徴金対象期間において当該商品又は役務の取引を行つた一般消費者であつて政令で定めるところにより特定されているものからの申出があつた場合に、当該申出をした一般消費者の取引に係る商品又は役務の政令で定める方法により算定した購入額に100分の3を乗じて得た額以上の金銭（資金決済に関する法律（平成21年法律第59号）第3条第7項に規定する第三者型

発行者が発行する同条第1項第1号の前払式支払手段その他内閣府令で定めるものであつて、金銭と同様に通常使用することができるものとして内閣府令で定める基準に適合するもの（以下この項において「金銭以外の支払手段」という。）を含む。以下この条及び次条第2項において同じ。）を交付する措置（金銭以外の支払手段を交付する措置にあつては、当該金銭以外の支払手段の交付を承諾した者に対し行うものに限る。以下この条及び次条において「返金措置」という。）を実施しようとするときは、内閣府令で定めるところにより、その実施しようとする返金措置（以下この条において「実施予定返金措置」という。）に関する計画（以下この条において「実施予定返金措置計画」という。）を作成し、これを第15条第1項に規定する弁明書の提出期限までに内閣総理大臣に提出して、その認定を受けることができる。

2　実施予定返金措置計画には、次に掲げる事項を記載しなければならない。

⑴　実施予定返金措置の内容及び実施期間

⑵　実施予定返金措置の対象となる者が当該実施予定返金措置の内容を把握するための周知の方法に関する事項

⑶　実施予定返金措置の実施に必要な資金の額及びその調達方法

3　実施予定返金措置計画には、第1項の認定の申請前に既に実施した返金措置の対象となつた者の氏名又は名称、その者に対して交付した金銭の額及びその計算方法その他の当該申請前に実施した返金措置に関する事項として内閣府令で定めるものを記載することができる。

4　第1項の認定の申請をした者は、当該申請後これに対する処分を受けるまでの間に返金措置を実施したときは、遅滞なく、内閣府令で定めるところにより、当該返金措置の対象となつた者の氏名又は名称、その者に対して交付した金銭の額及びその計算方法その他の当該返金措置に関する事項として内閣府令で定めるものについて、内閣総理大臣に報告しなければならない。

5　内閣総理大臣は、第1項の認定の申請があつた場合において、その実施予定返金措置計画が次の各号のいずれにも適合すると認める場合でなければ、その認定をしてはならない。

⑴　当該実施予定返金措置計画に係る実施予定返金措置が円滑かつ確実に実施されると見込まれるものであること。

参考資料

⑵　当該実施予定返金措置計画に係る実施予定返金措置の対象となる者（当該実施予定返金措置計画に第３項に規定する事項が記載されている場合又は前項の規定による報告がされている場合にあつては、当該記載又は報告に係る返金措置が実施された者を含む。）のうち特定の者について不当に差別的でないものであること。

⑶　当該実施予定返金措置計画に記載されている第２項第１号に規定する実施期間が、当該課徴金対象行為による一般消費者の被害の回復を促進するため相当と認められる期間として内閣府令で定める期間内に終了するものであること。

6　第１項の認定を受けた者（以下この条及び次条において「認定事業者」という。）は、当該認定に係る実施予定返金措置計画を変更しようとするときは、内閣府令で定めるところにより、内閣総理大臣の認定を受けなければならない。

7　第５項の規定は、前項の認定について準用する。

8　内閣総理大臣は、認定事業者による返金措置が第１項の認定を受けた実施予定返金措置計画（第６項の規定による変更の認定があつたときは、その変更後のもの。次条第１項及び第２項において「認定実施予定返金措置計画」という。）に適合して実施されていないと認めるときは、第１項の認定（第６項の規定による変更の認定を含む。次項及び第10項ただし書において単に「認定」という。）を取り消さなければならない。

9　内閣総理大臣は、認定をしたとき又は前項の規定により認定を取り消したときは、速やかに、これらの処分の対象者に対し、文書をもつてその旨を通知するものとする。

10　内閣総理大臣は、第１項の認定をしたときは、第８条第１項の規定にかかわらず、次条第１項に規定する報告の期限までの間は、認定事業者に対し、課徴金の納付を命ずることができない。ただし、第８条の規定により認定を取り消した場合には、この限りでない。

第11条　認定事業者（前条第８項の規定により同条第１項の認定（同条第６項の規定による変更の認定を含む。）を取り消されたものを除く。第３項において同じ。）は、同条第１項の認定後に実施された認定実施予定返金措置計画に係る返金措置の結果について、当該認定実施予定返金措置計画に記載さ

れている同条第2項第1号に規定する実施期間の経過後1週間以内に、内閣府令で定めるところにより、内閣総理大臣に報告しなければならない。

2　内閣総理大臣は、第8条第1項の場合において、前項の規定による報告に基づき、前条第1項の認定後に実施された返金措置が認定実施予定返金措置計画に適合して実施されたと認めるときは、当該返金措置（当該認定実施予定返金措置計画に同条第3項に規定する事項が記載されている場合又は同条第4項の規定による報告がされている場合にあつては、当該記載又は報告に係る返金措置を含む。）において交付された金銭の額として内閣府令で定めるところにより計算した額を第8条第1項若しくは第4項又は第9条の規定により計算した課徴金の額から減額するものとする。この場合において、当該内閣府令で定めるところにより計算した額を当該課徴金の額から減額した額が零を下回るときは、当該額は、零とする。

3　内閣総理大臣は、前項の規定により計算した課徴金の額が1万円未満となつたときは、第8条第1項の規定にかかわらず、認定事業者に対し、課徴金の納付を命じないものとする。この場合において、内閣総理大臣は、速やかに、当該認定事業者に対し、文書をもつてその旨を通知するものとする。

（課徴金の納付義務等）

第12条　課徴金納付命令を受けた者は、第8条第1項若しくは第4項、第9条又は前条第2項の規定により計算した課徴金を納付しなければならない。

2　第8条第1項若しくは第4項、第9条又は前条第2項の規定により計算した課徴金の額に1万円未満の端数があるときは、その端数は、切り捨てる。

3　課徴金対象行為をした事業者が法人である場合において、当該法人が合併により消滅したときは、当該法人がした課徴金対象行為は、合併後存続し、又は合併により設立された法人がした課徴金対象行為とみなして、第8条から前条まで並びに前2項及び次項の規定を適用する。

4　課徴金対象行為をした事業者が法人である場合において、当該法人が当該課徴金対象行為に係る事案について報告徴収等が最初に行われた日（当該報告徴収等が行われなかつたときは、当該法人が当該課徴金対象行為について第15条第1項の規定による通知を受けた日。以下この項において「調査開始日」という。）以後においてその一若しくは二以上の子会社等（事業者の

参考資料

子会社若しくは親会社（会社を子会社とする他の会社をいう。以下この項において同じ。）又は当該事業者と親会社が同一である他の会社をいう。以下この項において同じ。）に対して当該課徴金対象行為に係る事業の全部を譲渡し、又は当該法人（会社に限る。）が当該課徴金対象行為に係る事案についての調査開始日以後においてその一若しくは二以上の子会社等に対して分割により当該課徴金対象行為に係る事業の全部を承継させ、かつ、合併以外の事由により消滅したときは、当該法人がした課徴金対象行為は、当該事業の全部若しくは一部を譲り受け、又は分割により当該事業の全部若しくは一部を承継した子会社等（以下この項において「特定事業承継子会社等」という。）がした課徴金対象行為とみなして、第8条から前条まで及び前3項の規定を適用する。この場合において、当該特定事業承継子会社等が二以上あるときは、第8条第1項中「当該事業者に対し」とあるのは「特定事業承継子会社等（第12条第4項に規定する特定事業承継子会社等をいう。以下この項において同じ。）に対し、この項の規定による命令を受けた他の特定事業承継子会社等と連帯して」と、第1項中「受けた者は、第8条第1項」とあるのは「受けた特定事業承継子会社等（第4項に規定する特定事業承継子会社等をいう。以下この項において同じ。）は、第8条第1項の規定による命令を受けた他の特定事業承継子会社等と連帯して、同項」とする。

5　前項に規定する「子会社」とは、会社がその総株主（総社員を含む。以下この項において同じ。）の議決権（株主総会において決議をすることができる事項の全部につき議決権を行使することができない株式についての議決権を除き、会社法（平成17年法律第86号）第879条第3項の規定により議決権を有するものとみなされる株式についての議決権を含む。以下この項において同じ。）の過半数を有する他の会社をいう。この場合において、会社及びその一若しくは二以上の子会社又は会社の一若しくは二以上の子会社がその総株主の議決権の過半数を有する他の会社は、当該会社の子会社とみなす。

6　第3項及び第4項の場合において、第8条第2項から第6項まで及び第9条から前条までの規定の適用に関し必要な事項は、政令で定める。

7　課徴金対象行為をやめた日から5年を経過したときは、内閣総理大臣は、当該課徴金対象行為に係る課徴金の納付を命ずることができない。

（課徴金納付命令に対する弁明の機会の付与）

第13条　内閣総理大臣は、課徴金納付命令をしようとするときは、当該課徴金納付命令の名宛人となるべき者に対し、弁明の機会を与えなければならない。

（弁明の機会の付与の方式）

第14条　弁明は、内閣総理大臣が口頭ですることを認めたときを除き、弁明を記載した書面（次条第1項において「弁明書」という。）を提出してするものとする。

2　弁明をするときは、証拠書類又は証拠物を提出することができる。

（弁明の機会の付与の通知の方式）

第15条　内閣総理大臣は、弁明書の提出期限（口頭による弁明の機会の付与を行う場合には、その日時）までに相当な期間をおいて、課徴金納付命令の名宛人となるべき者に対し、次に掲げる事項を書面により通知しなければならない。

⑴　納付を命じようとする課徴金の額

⑵　課徴金の計算の基礎及び当該課徴金に係る課徴金対象行為

⑶　弁明書の提出先及び提出期限（口頭による弁明の機会の付与を行う場合には、その旨並びに出頭すべき日時及び場所）

2　内閣総理大臣は、課徴金納付命令の名宛人となるべき者の所在が判明しない場合においては、前項の規定による通知を、その者の氏名（法人にあつては、その名称及び代表者の氏名）、同項第3号に掲げる事項及び内閣総理大臣が同項各号に掲げる事項を記載した書面をいつでもその者に交付する旨（以下この項において「公示事項」という。）を内閣府令で定める方法により不特定多数の者が閲覧することができる状態に置くとともに、公示事項が記載された書面を消費者庁の掲示場に掲示し、又は公示事項を消費者庁の事務所に設置した電子計算機の映像面に表示したものを閲覧することができる状態に置く措置をとることによつて行うことができる。この場合においては、当該措置をとった日から2週間を経過したときに、当該通知がその者に到達したものとみなす。

（代理人）

第16条　前条第1項の規定による通知を受けた者（同条第2項後段の規定に

より当該通知が到達したものとみなされる者を含む。次項及び第4項において「当事者」という。）は、代理人を選任することができる。

2　代理人は、各自、当事者のために、弁明に関する一切の行為をすることができる。

3　代理人の資格は、書面で証明しなければならない。

4　代理人がその資格を失つたときは、当該代理人を選任した当事者は、書面でその旨を内閣総理大臣に届け出なければならない。

（課徴金納付命令の方式等）

第17条　課徴金納付命令は、文書によつて行い、課徴金納付命令書には、納付すべき課徴金の額、課徴金の計算の基礎及び当該課徴金に係る課徴金対象行為並びに納期限を記載しなければならない。

2　課徴金納付命令は、その名宛人に課徴金納付命令書の謄本を送達することによつて、その効力を生ずる。

3　第1項の課徴金の納期限は、課徴金納付命令書の謄本を発する日から7月を経過した日とする。

（納付の督促）

第18条　内閣総理大臣は、課徴金をその納期限までに納付しない者があるときは、督促状により期限を指定してその納付を督促しなければならない。

2　内閣総理大臣は、前項の規定による督促をしたときは、その督促に係る課徴金の額につき年14.5パーセントの割合で、納期限の翌日からその納付の日までの日数により計算した延滞金を徴収することができる。ただし、延滞金の額が1,000円未満であるときは、この限りでない。

3　前項の規定により計算した延滞金の額に100円未満の端数があるときは、その端数は、切り捨てる。

（課徴金納付命令の執行）

第19条　前条第1項の規定により督促を受けた者がその指定する期限までにその納付すべき金額を納付しないときは、内閣総理大臣の命令で、課徴金納付命令を執行する。この命令は、執行力のある債務名義と同一の効力を有する。

2　課徴金納付命令の執行は、民事執行法（昭和54年法律第4号）その他強制執行の手続に関する法令の規定に従つてする。

3　内閣総理大臣は、課徴金納付命令の執行に関して必要があると認めるときは、公務所又は公私の団体に照会して必要な事項の報告を求めることができる。

（課徴金等の請求権）

第20条　破産法（平成16年法律第75号）、民事再生法（平成11年法律第225号）、会社更生法（平成14年法律第154号）及び金融機関等の更生手続の特例等に関する法律（平成8年法律第95号）の規定の適用については、課徴金納付命令に係る課徴金の請求権及び第18条第2項の規定による延滞金の請求権は、過料の請求権とみなす。

（行政手続法の適用除外）

第21条　内閣総理大臣がする課徴金納付命令その他のこの節の規定による処分については、行政手続法（平成5年法律第88号）第3章の規定は、適用しない。ただし、第10条第8項の規定に係る同法第12条及び第14条の規定の適用については、この限りでない。

第4節　景品類の提供及び表示の管理上の措置

（事業者が講ずべき景品類の提供及び表示の管理上の措置）

第22条　事業者は、自己の供給する商品又は役務の取引について、景品類の提供又は表示により不当に顧客を誘引し、一般消費者による自主的かつ合理的な選択を阻害することのないよう、景品類の価額の最高額、総額その他の景品類の提供に関する事項及び商品又は役務の品質、規格その他の内容に係る表示に関する事項を適正に管理するために必要な体制の整備その他の必要な措置を講じなければならない。

2　内閣総理大臣は、前項の規定に基づき事業者が講ずべき措置に関して、その適切かつ有効な実施を図るために必要な指針（以下この条において単に「指針」という。）を定めるものとする。

3　内閣総理大臣は、指針を定めようとするときは、あらかじめ、事業者の事業を所管する大臣及び公正取引委員会に協議するとともに、消費者委員会の意見を聴かなければならない。

4　内閣総理大臣は、指針を定めたときは、遅滞なく、これを公表するものと

参考資料

する。

5　前2項の規定は、指針の変更について準用する。

（指導及び助言）

第23条　内閣総理大臣は、前条第1項の規定に基づき事業者が講ずべき措置
に関して、その適切かつ有効な実施を図るため必要があると認めるときは、
当該事業者に対し、その措置について必要な指導及び助言をすることができる。

（勧告及び公表）

第24条　内閣総理大臣は、事業者が正当な理由がなくて第22条第1項の規定
に基づき事業者が講ずべき措置を講じていないと認めるときは、当該事業者
に対し、景品類の提供又は表示の管理上必要な措置を講ずべき旨の勧告をす
ることができる。

2　内閣総理大臣は、前項の規定による勧告を行つた場合において当該事業者
がその勧告に従わないときは、その旨を公表することができる。

第5節　報告の徴収及び立入検査等

第25条　内閣総理大臣は、この法律を施行するため必要があると認めるときは、
当該事業者若しくはその者とその事業に関して関係のある事業者に対し、そ
の業務若しくは財産に関して報告をさせ、若しくは帳簿書類その他の物件の
提出を命じ、又はその職員に、当該事業者若しくはその者とその事業に関し
て関係のある事業者の事務所、事業所その他その事業を行う場所に立ち入り、
帳簿書類その他の物件を検査させ、若しくは関係者に質問させることができる。

2　前項の規定により立入検査をする職員は、その身分を示す証明書を携帯し、
関係者に提示しなければならない。

3　第1項の規定による権限は、犯罪捜査のために認められたものと解釈して
はならない。

第6節　是正措置計画の認定等

（継続中の違反被疑行為に係る通知）

第26条　内閣総理大臣は、第4条の規定による制限若しくは禁止又は第5条の規定に違反する行為があると疑うに足りる事実がある場合において、その疑いの理由となつた行為について、一般消費者による自主的かつ合理的な商品及び役務の選択を確保する上で必要があると認めるときは、当該疑いの理由となつた行為をしている者に対し、次に掲げる事項を書面により通知することができる。ただし、措置命令に係る行政手続法第30条の規定による通知又は第15条第1項の規定による通知をした後は、この限りでない。

(1)　当該疑いの理由となつた行為の概要

(2)　違反する疑いのある法令の条項

(3)　次条第1項の規定による認定の申請をすることができる旨

（是正措置計画に係る認定の申請等）

第27条　前条の規定による通知を受けた者は、疑いの理由となつた行為及びその影響を是正するために必要な措置を自ら策定し、実施しようとするときは、内閣府令で定めるところにより、その実施しようとする措置（以下この条及び第29条第1項第1号において「是正措置」という。）に関する計画（以下この条及び同号において「是正措置計画」という。）を作成し、これを当該通知を受けた日から60日以内に内閣総理大臣に提出して、その認定を申請することができる。

2　是正措置計画には、次に掲げる事項を記載しなければならない。

(1)　是正措置の内容

(2)　是正措置の実施期限

(3)　その他内閣府令で定める事項

3　内閣総理大臣は、第1項の規定による認定の申請があつた場合において、その是正措置計画が次の各号のいずれにも適合すると認めるときは、その認定をするものとする。

(1)　是正措置が疑いの理由となつた行為及びその影響を是正するために十分なものであること。

⑵　是正措置が確実に実施されると見込まれるものであること。

4　前項の認定は、文書によつて行わなければならない。

5　第3項の認定は、その名宛人に認定書の謄本を送達することによつて、その効力を生ずる。

6　内閣総理大臣は、第1項の規定による認定の申請があつた場合において、その是正措置計画が第3項各号のいずれかに適合しないと認めるときは、これを却下しなければならない。

7　第4項及び第5項の規定は、前項の規定による処分について準用する。この場合において、第5項中「認定書」とあるのは、「不認定書」と読み替えるものとする。

8　第3項の認定を受けた者は、当該認定に係る是正措置計画を変更しようとするときは、内閣府令で定めるところにより、内閣総理大臣の認定を受けなければならない。

9　第3項から第7項までの規定は、前項の変更の認定について準用する。

　（是正措置計画に係る認定の効果）

第28条　第7条第1項及び第8条第1項の規定は、内閣総理大臣が前条第3項の認定（同条第8項の変更の認定を含む。次条において同じ。）をした場合における当該認定に係る疑いの理由となつた行為については、適用しない。ただし、次条第1項の規定による当該認定の取消しがあつた場合は、この限りでない。

　（是正措置計画に係る認定の取消し等）

第29条　内閣総理大臣は、次の各号のいずれかに該当するときは、第27条第3項の認定を取り消さなければならない。

　⑴　第27条第3項の認定を受けた是正措置計画に従つて是正措置が実施されていないと認めるとき

　⑵　第27条第3項の認定を受けた者が虚偽又は不正の事実に基づいて当該認定を受けたことが判明したとき。

2　第27条第4項及び第5項の規定は、前項の規定による同条第3項の認定の取消しについて準用する。この場合において、同条第5項中「認定書」とあるのは、「取消書」と読み替えるものとする。

3　第１項の規定による第27条第３項の認定の取消しがあつた場合において、当該取消しが第12条第７項に規定する期間の満了する日の２年前の日以後にあつたときは、当該認定に係る疑いの理由となつた行為に対する課徴金納付命令は、同項の規定にかかわらず、当該取消しの日から２年間においても、することができる。

（既往の違反被疑行為に係る通知）

第30条　内閣総理大臣は、第４条の規定による制限若しくは禁止又は第５条の規定に違反する行為があると疑うに足りる事実が既になくなつている場合においても、その疑いの理由となつた行為について、一般消費者による自主的かつ合理的な商品及び役務の選択を確保する上で必要があると認めるときは、第１号に掲げる者に対し、第２号に掲げる事項を書面により通知することができる。ただし、措置命令に係る行政手続法第30条の規定による通知又は第15条第１項の規定による通知をした後は、この限りでない。

⑴　次に掲げる者

　イ　当該疑いの理由となつた行為をした者

　ロ　当該疑いの理由となつた行為をした者が法人である場合において、当該法人が合併により消滅したときにおける合併後存続し、又は合併により設立された法人

　ハ　当該疑いの理由となつた行為をした者が法人である場合において、当該法人から分割により当該疑いの理由となつた行為に係る事業の全部又は一部を承継した法人

　ニ　当該疑いの理由となつた行為をした者から当該疑いの理由となつた行為に係る事業の全部又は一部を譲り受けた者

⑵　次に掲げる事項

　イ　当該疑いの理由となつた行為の概要

　ロ　違反する疑いのあつた法令の条項

　ハ　次条第１項の規定による認定の申請をすることができる旨

（影響是正措置計画に係る認定の申請等）

第31条　前条の規定による通知を受けた者は、疑いの理由となつた行為による影響を是正するために必要な措置を自ら策定し、実施しようとするときは、

内閣府令で定めるところにより、その実施しようとする措置（以下この条及び第33条第1項第1号において「影響是正措置」という。）に関する計画（以下この条及び同号において「影響是正措置計画」という。）を作成し、これを当該通知を受けた日から60日以内に内閣総理大臣に提出して、その認定を申請することができる。

2 影響是正措置計画には、次に掲げる事項を記載しなければならない。

(1) 影響是正措置の内容

(2) 影響是正措置の実施期限

(3) その他内閣府令で定める事項

3 内閣総理大臣は、第1項の規定による認定の申請があつた場合において、その影響是正措置計画が次の各号のいずれにも適合すると認めるときは、その認定をするものとする。

(1) 影響是正措置が疑いの理由となつた行為による影響を是正するために十分なものであること。

(2) 影響是正措置が確実に実施されると見込まれるものであること。

4 第27条第4項及び第5項の規定は、前項の認定について準用する。

5 内閣総理大臣は、第1項の規定による認定の申請があつた場合において、その影響是正措置計画が第3項各号のいずれかに適合しないと認めるときは、これを却下しなければならない。

6 第27条第4項及び第5項の規定は、前項の規定による処分について準用する。この場合において、同条第5項中「認定書」とあるのは、「不認定書」と読み替えるものとする。

7 第3項の認定を受けた者は、当該認定に係る影響是正措置計画を変更しようとするときは、内閣府令で定めるところにより、内閣総理大臣の認定を受けなければならない。

8 第3項から第6項までの規定は、前項の変更の認定について準用する。

（影響是正措置計画に係る認定の効果）

第32条 第7条第1項及び第8条第1項の規定は、内閣総理大臣が前条第3項の認定（同条第7項の変更の認定を含む。次条において同じ。）をした場合における当該認定に係る疑いの理由となつた行為については、適用しない。

ただし、次条第1項の規定による当該認定の取消しがあつた場合は、この限りでない。

（影響是正措置計画に係る認定の取消し等）

第33条 内閣総理大臣は、次の各号のいずれかに該当するときは、第31条第3項の認定を取り消さなければならない。

⑴ 第31条第3項の認定を受けた影響是正措置計画に従つて影響是正措置が実施されていないと認めるとき。

⑵ 第31条第3項の認定を受けた者が虚偽又は不正の事実に基づいて当該認定を受けたことが判明したとき。

2 第27条第4項及び第5項の規定は、前項の規定による第31条第3項の認定の取消しについて準用する。この場合において、第27条第5項中「認定書」とあるのは、「取消書」と読み替えるものとする。

3 第1項の規定による第31条第3項の認定の取消しがあつた場合において、当該取消しが第12条第7項に規定する期間の満了する日の2年前の日以後にあつたときは、当該認定に係る疑いの理由となつた行為に対する課徴金納付命令は、同項の規定にかかわらず、当該取消しの日から2年間においても、することができる。

第3章　適格消費者団体の差止請求等

（差止請求権等）

第34条 消費者契約法（平成12年法律第61号）第2条第4項に規定する適格消費者団体（以下「適格消費者団体」という。）は、事業者が、不特定かつ多数の一般消費者に対して次の各号に掲げる行為を現に行い又は行うおそれがあるときは、当該事業者に対し、当該行為の停止若しくは予防又は当該行為が当該各号に規定する表示をしたものである旨の周知その他の当該行為の停止若しくは予防に必要な措置をとることを請求することができる。

⑴ 商品又は役務の品質、規格その他の内容について、実際のもの又は当該事業者と同種若しくは類似の商品若しくは役務を供給している他の事業者に係るものよりも著しく優良であると誤認される表示をすること。

429

⑵　商品又は役務の価格その他の取引条件について、実際のもの又は当該事業者と同種若しくは類似の商品若しくは役務を供給している他の事業者に係るものよりも取引の相手方に著しく有利であると誤認される表示をすること。

2　消費者安全法（平成21年法律第50号）第11条の７第１項に規定する消費生活協力団体及び消費生活協力員は、事業者が不特定かつ多数の一般消費者に対して前項各号に掲げる行為を現に行い又は行うおそれがある旨の情報を得たときは、適格消費者団体が同項の規定による請求をする権利を適切に行使するために必要な限度において、当該適格消費者団体に対し、当該情報を提供することができる。

3　前項の規定により情報の提供を受けた適格消費者団体は、当該情報を第１項の規定による請求をする権利の適切な行使の用に供する目的以外の目的のために利用し、又は提供してはならない。

（資料開示要請等）

第35条　適格消費者団体は、事業者が現にする表示が前条第１項第１号に規定する表示に該当すると疑うに足りる相当な理由があるときは、内閣府令で定めるところにより、当該事業者に対し、その理由を示して、当該事業者のする表示の裏付けとなる合理的な根拠を示す資料を開示するよう要請することができる。

2　事業者は、前項の資料に営業秘密（不正競争防止法（平成５年法律第47号）第２条第６項に規定する営業秘密をいう。）が含まれる場合その他の正当な理由がある場合を除き、前項の規定による要請に応じるよう努めなければならない。

第４章　協定又は規約

（協定又は規約）

第36条　事業者又は事業者団体は、内閣府令で定めるところにより、景品類又は表示に関する事項について、内閣総理大臣及び公正取引委員会の認定を受けて、不当な顧客の誘引を防止し、一般消費者による自主的かつ合理的な

選択及び事業者間の公正な競争を確保するための協定又は規約を締結し、又は設定することができる。これを変更しようとするときも、同様とする。

2　内閣総理大臣及び公正取引委員会は、前項の協定又は規約が次の各号のいずれにも適合すると認める場合でなければ、同項の認定をしてはならない。

　⑴　不当な顧客の誘引を防止し、一般消費者による自主的かつ合理的な選択及び事業者間の公正な競争を確保するために適切なものであること。

　⑵　一般消費者及び関連事業者の利益を不当に害するおそれがないこと。

　⑶　不当に差別的でないこと。

　⑷　当該協定若しくは規約に参加し、又は当該協定若しくは規約から脱退することを不当に制限しないこと。

3　内閣総理大臣及び公正取引委員会は、第1項の認定を受けた協定又は規約が前項各号のいずれかに適合するものでなくなつたと認めるときは、当該認定を取り消さなければならない。

4　内閣総理大臣及び公正取引委員会は、第1項又は前項の規定による処分をしたときは、内閣府令で定めるところにより、告示しなければならない。

5　私的独占の禁止及び公正取引の確保に関する法律（昭和22年法律第54号）第7条第1項及び第2項（同法第8条の2第2項及び第20条第2項において準用する場合を含む。）、第8条の2第1項及び第3項、第20条第1項、第70条の4第1項並びに第74条の規定は、第1項の認定を受けた協定又は規約及びこれらに基づいてする事業者又は事業者団体の行為には、適用しない。

（協議）

第37条　内閣総理大臣は、前条第1項及び第4項に規定する内閣府令を定めようとするときは、あらかじめ、公正取引委員会に協議しなければならない。

第5章　雑則

（権限の委任等）

第38条　内閣総理大臣は、この法律による権限（政令で定めるものを除く。）を消費者庁長官に委任する。

2　消費者庁長官は、政令で定めるところにより、前項の規定により委任され

た権限の一部を公正取引委員会に委任することができる。

3　消費者庁長官は、緊急かつ重点的に不当な景品類及び表示に対処する必要があることその他の政令で定める事情があるため、事業者に対し、措置命令、課徴金納付命令又は第24条第1項の規定による勧告を効果的に行う上で必要があると認めるときは、政令で定めるところにより、第1項の規定により委任された権限（第25条第1項の規定による権限に限る。）を当該事業者の事業を所管する大臣又は金融庁長官に委任することができる。

4　公正取引委員会、事業者の事業を所管する大臣又は金融庁長官は、前2項の規定により委任された権限を行使したときは、政令で定めるところにより、その結果について消費者庁長官に報告するものとする。

5　事業者の事業を所管する大臣は、政令で定めるところにより、第3項の規定により委任された権限及び前項の規定による権限について、その全部又は一部を地方支分部局の長に委任することができる。

6　金融庁長官は、政令で定めるところにより、第3項の規定により委任された権限及び第4項の規定による権限（次項において「金融庁長官権限」と総称する。）について、その一部を証券取引等監視委員会に委任することができる。

7　金融庁長官は、政令で定めるところにより、金融庁長官権限（前項の規定により証券取引等監視委員会に委任されたものを除く。）の一部を財務局長又は財務支局長に委任することができる。

8　証券取引等監視委員会は、政令で定めるところにより、第6項の規定により委任された権限の一部を財務局長又は財務支局長に委任することができる。

9　前項の規定により財務局長又は財務支局長に委任された権限に係る事務に関しては、証券取引等監視委員会が財務局長又は財務支局長を指揮監督する。

10　第6項の場合において、証券取引等監視委員会が行う報告又は物件の提出の命令（第8項の規定により財務局長又は財務支局長が行う場合を含む。）についての審査請求は、証券取引等監視委員会に対してのみ行うことができる。

11　第1項の規定により消費者庁長官に委任された権限に属する事務の一部は、政令で定めるところにより、都道府県知事が行うこととすることができる。

（内閣府令への委任等）

第39条　この法律に定めるもののほか、この法律を実施するため必要な事項は、内閣府令で定める。

2　第37条の規定は、内閣総理大臣が前項に規定する内閣府令（第36条第1項の協定又は規約について定めるものに限る。）を定めようとする場合について準用する。

（関係者相互の連携）

第40条　内閣総理大臣、関係行政機関の長（当該行政機関が合議制の機関である場合にあつては、当該行政機関）、関係地方公共団体の長、独立行政法人国民生活センターの長その他の関係者は、不当な景品類及び表示による顧客の誘引を防止して一般消費者の利益を保護するため、必要な情報交換を行うことその他相互の密接な連携の確保に努めるものとする。

（外国執行当局への情報提供）

第41条　内閣総理大臣は、この法律に相当する外国の法令を執行する外国の当局（次項及び第3項において「外国執行当局」という。）に対し、その職務（この法律に規定する職務に相当するものに限る。次項において同じ。）の遂行に資すると認める情報の提供を行うことができる。

2　前項の規定による情報の提供については、当該情報が当該外国執行当局の職務の遂行以外に使用されず、かつ、次項の同意がなければ外国の刑事事件の捜査（その対象たる犯罪事実が特定された後のものに限る。）又は審判（同項において「捜査等」という。）に使用されないよう適切な措置がとられなければならない。

3　内閣総理大臣は、外国執行当局からの要請があつたときは、次の各号のいずれかに該当する場合を除き、第1項の規定により提供した情報を当該要請に係る外国（第3号において「要請国」という。）の刑事事件の捜査等に使用することについて同意をすることができる。

⑴　当該要請に係る刑事事件の捜査等の対象とされている犯罪が政治犯罪であるとき、又は当該要請が政治犯罪について捜査等を行う目的で行われたものと認められるとき。

⑵　当該要請に係る刑事事件の捜査等の対象とされている犯罪に係る行為が

日本国内において行われたとした場合において、その行為が日本国の法令によれば罪に当たるものでないとき。

(3) 日本国が行う同種の要請に応ずる旨の要請国の保証がないとき。

4　内閣総理大臣は、前項の同意をする場合においては、あらかじめ、同項第1号及び第2号に該当しないことについて法務大臣の確認を、同項第3号に該当しないことについて外務大臣の確認を、それぞれ受けなければならない。

（送達書類）

第42条　送達すべき書類は、この法律に規定するもののほか、内閣府令で定める。

（送達に関する民事訴訟法の準用）

第43条　書類の送達については、民事訴訟法（平成8年法律第109号）第99条、第101条、第103条、第105条、第106条、第107条第1項（第1号に係る部分に限る。次条第1項第2号において同じ。）及び第3項、第108条並びに第109条の規定を準用する。この場合において、同法第99条第1項中「執行官」とあり、及び同法第107条第1項中「裁判所書記官」とあるのは「消費者庁の職員」と、同項中「最高裁判所規則」とあるのは「内閣府令」と、同法第108条中「裁判長」とあり、及び同法第109条中「裁判所」とあるのは「内閣総理大臣」と読み替えるものとする。

（公示送達）

第44条　内閣総理大臣は、次に掲げる場合には、公示送達をすることができる。

(1) 送達を受けるべき者の住所、居所その他送達をすべき場所が知れない場合

(2) 前条において読み替えて準用する民事訴訟法第107条第1項の規定により送達をすることができない場合

(3) 外国においてすべき送達について、前条において読み替えて準用する民事訴訟法第108条の規定によることができず、又はこれによつても送達をすることができないと認めるべき場合

(4) 前条において読み替えて準用する民事訴訟法第108条の規定により外国の管轄官庁に嘱託を発した後6月を経過してもその送達を証する書面の送付がない場合

2　公示送達は、送達すべき書類を送達を受けるべき者にいつでも交付すべき旨を内閣府令で定める方法により不特定多数の者が閲覧することができる状態に置くとともに、その旨が記載された書面を消費者庁の掲示場に掲示し、又はその旨を消費者庁の事務所に設置した電子計算機の映像面に表示したものを閲覧することができる状態に置く措置をとることにより行う。

3　公示送達は、前項の規定による措置をとつた日から2週間を経過することによつて、その効力を生ずる。

4　外国においてすべき送達についてした公示送達にあつては、前項の期間は、6週間とする。

（電子情報処理組織の使用）

第45条　消費者庁の職員が、情報通信技術を活用した行政の推進等に関する法律（平成14年法律第151号）第3条第9号に規定する処分通知等であつてこの法律又は内閣府令の規定により書類を送達して行うこととしているものに関する事務を、情報通信技術を活用した行政の推進等に関する法律第7条第1項の規定により同法第6条第1項に規定する電子情報処理組織を使用して行つたときは、第43条において読み替えて準用する民事訴訟法第109条の規定による送達に関する事項を記載した書面の作成及び提出に代えて、当該事項を当該電子情報処理組織を使用して消費者庁の使用に係る電子計算機（入出力装置を含む。）に備えられたファイルに記録しなければならない。

第6章　罰則

第46条　措置命令に違反したときは、当該違反行為をした者は、2年以下の懲役又は300万円以下の罰金に処する。

2　前項の罪を犯した者には、情状により、懲役及び罰金を併科することができる。

第47条　第25条第1項の規定による報告若しくは物件の提出をせず、若しくは虚偽の報告若しくは虚偽の物件の提出をし、又は同項の規定による検査を拒み、妨げ、若しくは忌避し、若しくは同項の規定による質問に対して答弁をせず、若しくは虚偽の答弁をしたときは、当該違反行為をした者は、1年

参考資料

以下の懲役又は300万円以下の罰金に処する。

第48条　次の各号のいずれかに該当する場合には、当該違反行為をした者は、100万円以下の罰金に処する。

⑴　自己の供給する商品又は役務の取引における当該商品又は役務の品質、規格その他の内容について、実際のもの又は当該事業者と同種若しくは類似の商品若しくは役務を供給している他の事業者に係るものよりも著しく優良であると一般消費者を誤認させるような表示をしたとき。

⑵　自己の供給する商品又は役務の取引における当該商品又は役務の価格その他の取引条件について、実際のもの又は当該事業者と同種若しくは類似の商品若しくは役務を供給している他の事業者に係るものよりも取引の相手方に著しく有利であると一般消費者を誤認させるような表示をしたとき。

第49条　法人の代表者又は法人若しくは人の代理人、使用人その他の従業者が、その法人又は人の業務又は財産に関して、次の各号に掲げる規定の違反行為をしたときは、行為者を罰するほか、その法人又は人に対しても、当該各号に定める罰金刑を科する。

⑴　第46条第1項　3億円以下の罰金刑

⑵　前2条　各本条の罰金刑

2　法人でない団体の代表者、管理人、代理人、使用人その他の従業者がその団体の業務又は財産に関して、前項各号に掲げる規定の違反行為をしたときは、行為者を罰するほか、その団体に対しても、当該各号に定める罰金刑を科する。

3　前項の場合においては、代表者又は管理人が、その訴訟行為につきその団体を代表するほか、法人を被告人又は被疑者とする場合の訴訟行為に関する刑事訴訟法（昭和23年法律第131号）の規定を準用する。

第50条　第46条第1項の違反があつた場合においては、その違反の計画を知り、その防止に必要な措置を講ぜず、又はその違反行為を知り、その是正に必要な措置を講じなかつた当該法人（当該法人で事業者団体に該当するものを除く。）の代表者に対しても、同項の罰金刑を科する。

第51条　第46条第1項の違反があつた場合においては、その違反の計画を知り、その防止に必要な措置を講ぜず、又はその違反行為を知り、その是正に必要

な措置を講じなかつた当該事業者団体の理事その他の役員若しくは管理人又はその構成事業者（事業者の利益のためにする行為を行う役員、従業員、代理人その他の者が構成事業者である場合には、当該事業者を含む。）に対しても、それぞれ同項の罰金刑を科する。

2　前項の規定は、同項に規定する事業者団体の理事その他の役員若しくは管理人又はその構成事業者が法人その他の団体である場合においては、当該団体の理事その他の役員又は管理人に、これを適用する。

第52条　第34条第３項の規定に違反して、情報を同項に定める目的以外の目的のために利用し、又は提供した適格消費者団体は、30万円以下の過料に処する。

附　　則　（令和５年５月17日法律第29号）　抄

（施行期日）

第１条　この法律は、公布の日から起算して一年六月を超えない範囲内において政令で定める日から施行する。ただし、次の各号に掲げる規定は、当該各号に定める日から施行する。（ただし書以下、略）

参考資料

不当景品類及び不当表示防止法第2条の規定により景品類及び表示を指定する件

（昭和37年6月30日 公正取引委員会告示第3号）

最終改正：平成21年8月28日 公正取引委員会告示第13号

　不当景品類及び不当表示防止法（昭和37年法律第134号）第2条の規定により、景品類及び表示を次のように指定する。

1　不当景品類及び不当表示防止法（以下「法」という。）第2条第3項に規定する景品類とは、顧客を誘引するための手段として、方法のいかんを問わず、事業者が自己の供給する商品又は役務の取引に附随して相手方に提供する物品、金銭その他の経済上の利益であつて、次に掲げるものをいう。ただし、正常な商慣習に照らして値引又はアフターサービスと認められる経済上の利益及び正常な商慣習に照らして当該取引に係る商品又は役務に附属すると認められる経済上の利益は、含まない。

(1)　物品及び土地、建物その他の工作物

(2)　金銭、金券、預金証書、当せん金附証票及び公社債、株券、商品券その他の有価証券

(3)　きょう応（映画、演劇、スポーツ、旅行その他の催物等への招待又は優待を含む。）

(4)　便益、労務その他の役務

2　法第2条第4項に規定する表示とは、顧客を誘引するための手段として、事業者が自己の供給する商品又は役務の取引に関する事項について行う広告その他の表示であつて、次に掲げるものをいう。

(1)　商品、容器又は包装による広告その他の表示及びこれらに添付した物による広告その他の表示

(2)　見本、チラシ、パンフレット、説明書面その他これらに類似する物による広告その他の表示（ダイレクトメール、ファクシミリ等によるものを含む。）及び口頭による広告その他の表示（電話によるものを含む。）

(3)　ポスター、看板（プラカード及び建物又は電車、自動車等に記載された
　　ものを含む。）、ネオン・サイン、アドバルーン、その他これらに類似する
　　物による広告及び陳列物又は実演による広告

(4)　新聞紙、雑誌その他の出版物、放送（有線電気通信設備又は拡声機によ
　　る放送を含む。）、映写、演劇又は電光による広告

(5)　情報処理の用に供する機器による広告その他の表示（インターネット、
　　パソコン通信等によるものを含む。）

景品類等の指定の告示の運用基準について

（昭和52年４月１日 事務局長通達第７号）

最終改正：平成26年12月１日 消費者庁長官決定

　景品類等の指定の告示（昭和37年公正取引委員会告示第３号）の運用基準
を次のとおり定めたので、これによられたい。

景品類等の指定の告示の運用基準

１　「顧客を誘引するための手段として」について

(1)　提供者の主観的意図やその企画の名目のいかんを問わず、客観的に顧客
　　誘引のための手段になっているかどうかによって判断する。したがって、
　　例えば、親ぼく、儀礼、謝恩等のため、自己の供給する商品の容器の回収
　　促進のため又は自己の供給する商品に関する市場調査のアンケート用紙の
　　回収促進のための金品の提供であっても、「顧客を誘引するための手段と
　　して」の提供と認められることがある。

(2)　新たな顧客の誘引に限らず、取引の継続又は取引量の増大を誘引するた
　　めの手段も、「顧客を誘引するための手段」に含まれる。

２　「事業者」について

(1)　営利を目的としない協同組合、共済組合等であっても、商品又は役務を

供給する事業については、事業者に当たる。

(2)　学校法人、宗教法人等であっても、収益事業（私立学校法第26条等に定める収益事業をいう。）を行う場合は、その収益事業については、事業者に当たる。

(3)　学校法人、宗教法人等又は地方公共団体その他の公的機関等が一般の事業者の私的な経済活動に類似する事業を行う場合は、その事業については、一般の事業者に準じて扱う。

(4)　事業者団体が構成事業者の供給する商品又は役務の取引に附随して不当な景品類の提供を企画し、実施させた場合には、その景品類提供を行った構成事業者に対して景品表示法が適用される。

3　「自己の供給する商品又は役務の取引」について

(1)　「自己の供給する商品又は役務の取引」には、自己が製造し、又は販売する商品についての、最終需要者に至るまでのすべての流通段階における取引が含まれる。

(2)　販売のほか、賃貸、交換等も、「取引」に含まれる。

(3)　銀行と預金者との関係、クレジット会社とカードを利用する消費者との関係等も、「取引」に含まれる。

(4)　自己が商品等の供給を受ける取引（例えば、古本の買入れ）は、「取引」に含まれない。

(5)　商品（甲）を原材料として製造された商品（乙）の取引は、商品（甲）がその製造工程において変質し、商品（甲）と商品（乙）とが別種の商品と認められるようになった場合は、商品（甲）の供給業者にとって、「自己の供給する商品の取引」に当たらない。ただし、商品（乙）の原材料として商品（甲）の用いられていることが、商品（乙）の需要者に明らかである場合（例えば、コーラ飲料の原液の供給業者が、その原液を使用したびん詰コーラ飲料について景品類の提供を行う場合）は、商品（乙）の取引は、商品（甲）の供給業者にとっても、「自己の供給する商品の取引」に当たる。

4　「取引に附随して」について

(1)　取引を条件として他の経済上の利益を提供する場合は、「取引に附随」

する提供に当たる。

(2)　取引を条件としない場合であっても、経済上の利益の提供が、次のように取引の相手方を主たる対象として行われるときは、「取引に附随」する提供に当たる（取引に附随しない提供方法を併用していても同様である。）。

　ア　商品の容器包装に経済上の利益を提供する企画の内容を告知している場合（例　商品の容器包装にクイズを出題する等応募の内容を記載している場合）

　イ　商品又は役務を購入することにより、経済上の利益の提供を受けることが可能又は容易になる場合（例　商品を購入しなければ解答やそのヒントが分からない場合、商品のラベルの模様を模写させる等のクイズを新聞広告に出題し、回答者に対して提供する場合）

　ウ　小売業者又はサービス業者が、自己の店舗への入店者に対し経済上の利益を提供する場合（他の事業者が行う経済上の利益の提供の企画であっても、自己が当該他の事業者に対して協賛、後援等の特定の協力関係にあって共同して経済上の利益を提供していると認められる場合又は他の事業者をして経済上の利益を提供させていると認められる場合もこれに当たる。）

　エ　次のような自己と特定の関連がある小売業者又はサービス業者の店舗への入店者に対し提供する場合

　　①　自己が資本の過半を拠出している小売業者又はサービス業者

　　②　自己とフランチャイズ契約を締結しているフランチャイジー

　　③　その小売業者又はサービス業者の店舗への入店者の大部分が、自己の供給する商品又は役務の取引の相手方であると認められる場合（例　元売業者と系列ガソリンスタンド）

(3)　取引の勧誘に際して、相手方に、金品、招待券等を供与するような場合は、「取引に附随」する提供に当たる。

(4)　正常な商慣習に照らして取引の本来の内容をなすと認められる経済上の利益の提供は、「取引に附随」する提供に当たらない（例　宝くじの当せん金、パチンコの景品、喫茶店のコーヒーに添えられる砂糖・クリーム）。

(5)　ある取引において2つ以上の商品又は役務が提供される場合であっても、

次のアからウまでのいずれかに該当するときは、原則として、「取引に附随」する提供に当たらない。ただし、懸賞により提供する場合（例　「○○が当たる」）及び取引の相手方に景品類であると認識されるような仕方で提供するような場合（例　「○○プレゼント」、「××を買えば○○が付いてくる」、「○○無料」）は、「取引に附随」する提供に当たる。

　ア　商品又は役務を2つ以上組み合わせて販売していることが明らかな場合（例　「ハンバーガーとドリンクをセットで○○円」、「ゴルフのクラブ、バッグ等の用品一式で○○円」、美容院の「カット（シャンプー、ブロー付き）○○円」、しょう油とサラダ油の詰め合わせ）

　イ　商品又は役務を2つ以上組み合わせて販売することが商慣習となっている場合（例　乗用車とスペアタイヤ）

　ウ　商品又は役務が2つ以上組み合わされたことにより独自の機能、効用を持つ1つの商品又は役務になっている場合（例　玩菓、パック旅行）

(6)　広告において一般消費者に対し経済上の利益の提供を申し出る企画が取引に附随するものと認められない場合は、応募者の中にたまたま当該事業者の供給する商品又は役務の購入者が含まれるときであっても、その者に対する提供は、「取引に附随」する提供に当たらない。

(7)　自己の供給する商品又は役務の購入者を紹介してくれた人に対する謝礼は、「取引に附随」する提供に当たらない（紹介者を当該商品又は役務の購入者に限定する場合を除く。）。

5　「物品、金銭その他の経済上の利益」について

(1)　事業者が、そのための特段の出費を要しないで提供できる物品等であっても、又は市販されていない物品等であっても、提供を受ける者の側からみて、通常、経済的対価を支払って取得すると認められるものは、「経済上の利益」に含まれる。ただし、経済的対価を支払って取得すると認められないもの（例　表彰状、表彰盾、表彰バッジ、トロフィー等のように相手方の名誉を表するもの）は、「経済上の利益」に含まれない。

(2)　商品又は役務を通常の価格よりも安く購入できる利益も、「経済上の利益」に含まれる。

(3)　取引の相手方に提供する経済上の利益であっても、仕事の報酬等と認め

られる金品の提供は、景品類の提供に当たらない（例　企業がその商品の購入者の中から応募したモニターに対して支払うその仕事に相応する報酬）。

6　「正常な商慣習に照らして値引と認められる経済上の利益」について

(1)　「値引と認められる経済上の利益」に当たるか否かについては、当該取引の内容、その経済上の利益の内容及び提供の方法等を勘案し、公正な競争秩序の観点から判断する。

(2)　これに関し、公正競争規約が設定されている業種については、当該公正競争規約の定めるところを参酌する。

(3)　次のような場合は、原則として、「正常な商慣習に照らして値引と認められる経済上の利益」に当たる。

ア　取引通念上妥当と認められる基準に従い、取引の相手方に対し、支払うべき対価を減額すること（複数回の取引を条件として対価を減額する場合を含む。）（例　「×個以上買う方には、○○円引き」、「背広を買う方には、その場でコート○○％引き」、「×××円お買上げごとに、次回の買物で○○円の割引」、「×回御利用していただいたら、次回○○円割引」）。

イ　取引通念上妥当と認められる基準に従い、取引の相手方に対し、支払った代金について割戻しをすること（複数回の取引を条件として割り戻す場合を含む。）（例　「レシート合計金額の○％割戻し」、「商品シール○枚ためて送付すれば○○円キャッシュバック」）。

ウ　取引通念上妥当と認められる基準に従い、ある商品又は役務の購入者に対し、同じ対価で、それと同一の商品又は役務を付加して提供すること（実質的に同一の商品又は役務を付加して提供する場合及び複数回の取引を条件として付加して提供する場合を含む（例　「ＣＤ３枚買ったらもう１枚進呈」、「背広１着買ったらスペアズボン無料」、「コーヒー５回飲んだらコーヒー１杯無料券をサービス」、「クリーニングスタンプ○○個でワイシャツ１枚分をサービス」、「当社便○○マイル搭乗の方に××行航空券進呈」）。）。ただし、「コーヒー○回飲んだらジュース１杯無料券をサービス」、「ハンバーガーを買ったらフライドポテト無料」等の場合は実質的な同一商品又は役務の付加には当たらない。

443

(4) 次のような場合は、「値引と認められる経済上の利益」に当たらない。

 ア 対価の減額又は割戻しであっても、懸賞による場合、減額し若しくは割り戻した金銭の使途を制限する場合（例　旅行費用に充当させる場合）又は同一の企画において景品類の提供とを併せて行う場合（例　取引の相手方に金銭又は招待旅行のいずれかを選択させる場合）

 イ ある商品又は役務の購入者に対し、同じ対価で、それと同一の商品又は役務を付加して提供する場合であっても、懸賞による場合又は同一の企画において景品類の提供とを併せて行う場合（例　A商品の購入者に対し、A商品又はB商品のいずれかを選択させてこれを付加して提供する場合）

7 **「正常な商慣習に照らしてアフターサービスと認められる経済上の利益」について**

(1) この「アフターサービスと認められる経済上の利益」に当たるか否かについては、当該商品又は役務の特徴、そのサービスの内容、必要性、当該取引の約定の内容等を勘案し、公正な競争秩序の観点から判断する。

(2) これに関し、公正競争規約が設定されている業種については、当該公正競争規約の定めるところを参酌する。

8 **「正常な商慣習に照らして当該取引に係る商品又は役務に附属すると認められる経済上の利益」について**

(1) この「商品又は役務に附属すると認められる経済上の利益」に当たるか否かについては、当該商品又は役務の特徴、その経済上の利益の内容等を勘案し、公正な競争秩序の観点から判断する。

(2) これに関し、公正競争規約が設定されている業種については、当該公正競争規約の定めるところを参酌する。

(3) 商品の内容物の保護又は品質の保全に必要な限度内の容器包装は、景品類に当たらない。

景品類の価額の算定基準について

（昭和53年11月30日 事務局長通達第9号）

　公正取引委員会の決定に基づき、景品類の価額の算定基準を次のとおり定めたので、以後これによられたい。

　なお、「景品類の価額の算定基準および商店街における共同懸賞について」（昭和47年12月19日公取監第773号事務局長通達）は廃止する。

1　景品類の価額の算定は、次による。

　(1)　景品類と同じものが市販されている場合は、景品類の提供を受ける者が、それを通常購入するときの価格による。

　(2)　景品類と同じものが市販されていない場合は、景品類を提供する者が、それを入手した価格、類似品の市価等を勘案して、景品類の提供を受ける者が、それを通常購入することとしたときの価格を算定し、その価格による。

2　海外旅行への招待又は優待を景品類として提供する場合の価額の算定も1によるが、具体的には次による。

　(1)　その旅行が、あらかじめ旅行地、日数、宿泊施設、観光サービス等を一定して旅行業者がパンフレット、チラシ等を用いて一般に販売しているもの（以下「セット旅行」という。）である場合又はその旅行がセット旅行ではないが、それと同一内容のセット旅行が他にある場合は、そのセット旅行の価格による。

　(2)　その旅行がセット旅行ではなく、かつ、その旅行と同一内容のセット旅行が他にない場合は、その旅行を提供する者がそれを入手した価格、類似内容のセット旅行の価格等を勘案して、景品類の価額を算定し、その価格による。

参考資料

445

比較広告に関する景品表示法上の考え方

(昭和62年4月21日 公正取引委員会事務局)
改正 平成28年4月1日消費者庁

はじめに

(1) 比較広告に関しては、昭和61年6月、その景品表示法上の基本的な考え方を、以下のように明らかにしている。

　ア　景品表示法第4条[1]は、自己の供給する商品の内容や取引条件について、競争事業者のものよりも、著しく優良又は有利であると一般消費者に誤認される表示を不当表示として禁止しているが、競争事業者の商品との比較そのものについて禁止し、制限するものではない。

　イ　望ましい比較広告は、一般消費者が商品を選択するに当たって、同種の商品の品質や取引条件についての特徴を適切に比較し得るための具体的情報を提供するものである。したがって、例えば、次のような比較広告は、商品の特徴を適切に比較することを妨げ、一般消費者の適正な商品選択を阻害し、不当表示に該当するおそれがある。

　　　①　実証されていない、又は実証され得ない事項を挙げて比較するもの

　　　②　一般消費者の商品選択にとって重要でない事項を重要であるかのように強調して比較するもの及び比較する商品を恣意的に選び出すなど不公正な基準によって比較するもの

　　　③　一般消費者に対する具体的な情報提供ではなく、単に競争事業者又はその商品を中傷し又はひぼうするもの

(2)　我が国においてはこれまで比較広告が余り行われていないが、このような状況において、比較広告が適正に行われるためには、取りあえず景品表示法上問題とならない場合の考え方を示すことが適当である。したがって、当面の措置として、基本的に景品表示法上問題とならない比較広告の要件を挙げ、同法に違反する比較広告の未然防止を図ることとした。

(3)　今後、各広告主は、比較広告を行う場合には、以下の事項を参酌して、適正に行うことが必要である。

446

1．対象とする比較広告の範囲

　　以下の事項において、比較広告とは、自己の供給する商品又は役務（以下「商品等」という。）について、これと競争関係にある特定の商品等を比較対象商品等として示し（暗示的に示す場合を含む。）、商品等の内容又は取引条件に関して、客観的に測定又は評価することによって比較する広告をいう。

　　これ以外の形態により比較する広告については、個々の事例ごとに、以下の事項の趣旨を参酌して、景品表示法上の適否を判断することとする。

2．基本的考え方

(1)　景品表示法による規制の趣旨

　　景品表示法第5条は、自己の供給する商品等の内容や取引条件について、実際のもの又は競争事業者のものよりも、著しく優良であると示す又は著しく有利であると一般消費者に誤認される表示を不当表示として禁止している。

(2)　適正な比較広告の要件

　　したがって、比較広告が不当表示とならないようにするためには、一般消費者にこのような誤認を与えないようにする必要がある。

　　このためには、次の三つの要件をすべて満たす必要がある。

　　　①　比較広告で主張する内容が客観的に実証されていること
　　　②　実証されている数値や事実を正確かつ適正に引用すること
　　　③　比較の方法が公正であること

3．比較広告で主張する内容が客観的に実証されていること

　　客観的に実証されている数値や事実を摘示して比較する場合には、通常、一般消費者が誤認することはないので、不当表示とはならない。

（参考）表示している内容が、明らかに空想上のものであって、一般消費者にとって実在しないことが明らかな場合には、一般消費者がそのような事実が存在すると誤認することはないので、不当表示とはならない。

「客観的に実証されている」というためには、以下の事項を考慮する必要が

1　平成28年4月1日以降は第5条。

ある。

(1) 実証が必要な事項の範囲

　　実証が必要な事項の範囲は、比較広告で主張する事項の範囲である。

　　例えば、「某市で調査した結果、Ａ商品よりＢ商品の方が優秀であった。」
という比較広告を行う場合には、

　　① 　某市において、Ａ商品とＢ商品との優秀性に関する調査が行われてい
　　　　ること

　　② 　主張するような調査結果が出ていること

　が必要である。

(2) 実証の方法および程度

　　実証は、比較する商品等の特性について確立された方法（例えば、自動車
の燃費効率については、10モード法）がある場合には当該確立された方法
によって、それがない場合には社会通念上及び経験則上妥当と考えられる方
法（例えば、無作為抽出法で相当数のサンプルを選んで、作為が生じないよ
うに考慮して行う調査方法）によって、主張しようとする事実が存在すると
認識できる程度まで、行われている必要がある。

　　「社会通念上及び経験則上妥当と考えられる方法」及び「主張しようとす
る事実が存在すると認識できる程度」が具体的にどのようなものであるかに
ついては、比較する商品等の特性、広告の影響の範囲及び程度等を勘案して
判断する。

　　例えば、一般に、自社製品と他社製品に対する消費者のし好の程度につい
て、相当広い地域で比較広告を行う場合には、相当数のサンプルを選んで
行った調査で実証されている必要がある。これに対して、中小企業者が、味
噌のような低額の商品について、一部の地域に限定して比較広告を行うよう
な場合には、比較的少ない数のサンプルを選んで行った調査で足りる。

　　また、公的機関が公表している数値や事実及び比較対象商品等を供給する
事業者がパンフレット等で公表し、かつ、客観的に信頼できると認められる
数値や事実については、当該数値や事実を実証されているものとして取り扱
うことができる。

448

(3)　調査機関

　　調査を行った機関が広告主とは関係のない第三者（例えば、国公立の試験研究機関等の公的機関、中立的な立場で調査、研究を行う民間機関等）である場合には、その調査は客観的なものであると考えられるので、このような調査結果を用いることが望ましい。ただし、広告主と関係のない第三者の行ったものでなくとも、その実証方法等が妥当なものである限り、これを比較広告の根拠として用いることができる。

４．実証されている数値や事実を正確かつ適正に引用すること

　　客観的に実証されている数値や事実を正確かつ適正に引用する場合には、通常、一般消費者が誤認することはないので、不当表示とはならない。

　　「正確かつ適正に引用する」というためには、以下の事項を考慮する必要がある。

(1)　調査結果の引用の方法

　ア　実証されている事実の範囲内で引用すること

　　　例えば、実証の根拠となる調査が一定の限られた条件の下で行われている場合には、当該限られた条件の下での比較として引用する必要がある。

　　　これに対して、限られた条件の下での調査結果であるにもかかわらず、すべての条件の下でも適用されるものであるかのように引用する場合（例えば、温暖地用のエンジンオイルの性能に関する比較広告において、温暖地での比較実験の結果のみを根拠に、自社製品が国内のすべての地域において優秀であると主張するような場合）には、主張する事実（この例では、国内のすべての地域における自社製品の優秀性）についてまでは実証がないこととなるので、不当表示となるおそれがある。

　イ　調査結果の一部を引用する場合には、調査結果の趣旨に沿って引用すること

　　　例えば、各社の製品について、多数の項目にわたって比較テストをしている調査結果の一部を引用する場合に、自己の判断で、いくつかの項目を恣意的に取り上げ、その評価を点数化し、平均値を求めるという方法等を用いることにより、当該調査結果の本来の趣旨とは異なる形で引用し、自

社製品の優秀性を主張することは、不当表示となるおそれがある。

(2) 調査方法に関するデータの表示

　ある調査結果を引用して比較する場合には、一般消費者が調査結果を正確に認識することができるようにするため、調査機関、調査時点、調査場所等の調査方法に関するデータを広告中に表示することが適当である。ただし、調査方法を適切に説明できる限り、広告スペース等の関係から、これらのデータを表示しないとしても特に問題ない。

　しかしながら、調査機関や調査時点等をあえて表示せず、調査の客観性や調査時点等について一般消費者に誤認を生じさせることとなるような場合には、不当表示となるおそれがある。

　例えば、「調査結果によれば、100人中60人がA商品よりB商品の方が使い心地がよいと言った。」という広告において、調査機関、調査時点、調査場所等についてはあえて表示せず、むしろ「近時における権威ある調査によれば」等とあたかも第三者機関が最近行った調査であるかのような文言を用いているが、実際には、自社で行った調査であったり、相当以前に行った調査であったような場合には、不当表示となるおそれがある。

5．比較の方法が公正であること

　比較の方法が公正である場合には、通常、一般消費者が誤認することはないので、不当表示とならない。

　「比較の方法が公正である」というためには、以下の事項を考慮する必要がある。

(1) 表示事項（比較項目）の選択基準

　一般に、どのような事項について比較したとしても特に問題ない。

　しかしながら、特定の事項について比較し、それが商品等の全体の機能、効用等に余り影響がないにもかかわらず、あたかも商品等の全体の機能、効用等が優良であるかのように強調するような場合には、不当表示となるおそれがある。

　例えば、自社製品が瑣末な改良が行われているものにすぎないにもかかわらず、従来の他社製品と比べ、画期的な新製品であるかのように表示するよ

うな場合には、不当表示となるおそれがある。

(2)　比較の対象となる商品等の選択基準

　一般に、比較の対象として、競争関係にあるどのような商品等を選択しても特に問題ない。

　しかしながら、社会通念上又は取引通念上、同等のものとして認識されていないものと比較し、あたかも同等のものとの比較であるかのように表示する場合には、不当表示となるおそれがある。

　例えば、自社のデラックス・タイプの自動車の内装の豪華さについて比較広告する場合において、他社製品のスタンダード・タイプのものの内装と比較し、特にグレイドが異なることについて触れず、あたかも同一グレイドのもの同士の比較であるかのように表示することは、不当表示となるおそれがある。

　また、製造又は販売が中止されている商品等と比較しているにもかかわらず、あたかも現在製造又は販売されている商品等との比較であるかのように表示することも、不当表示となるおそれがある。

　例えば、自社の新製品と他社の既に製造が中止されている旧型製品を比較し、特に旧型製品との比較であることについて触れず、あたかも新製品同士の比較であるかのように表示することは、不当表示となるおそれがある。

(3)　短所の表示

　一般に、ある事項について比較する場合、これに付随する他の短所を表示しなかったとしても特に問題ない。

　しかしながら、表示を義務付けられており、又は通常表示されている事項であって、主張する長所と不離一体の関係にある短所について、これを殊更表示しなかったり、明りょうに表示しなかったりするような場合には、商品全体の機能、効用等について一般消費者に誤認を与えるので、不当表示となるおそれがある。

　例えば、土地の価格を比較する場合において、自社が販売する土地には高圧電線が架設されているため安価であるという事情があるにもかかわらず、これについて特に触れないようなときには、不当表示となるおそれがある。

6．中傷、ひぼうにわたる比較広告

　　一般に、中傷、ひぼうとは、商品等に関する具体的な情報を提供するためのものではなく、単に競争事業者又はその商品等を陥れるため、殊更その欠点を指摘するものをいう。

　　このような中傷、ひぼうとなる比較広告のうち事実に反するものは、一般消費者に誤認を与える場合には、不当表示となるおそれがある。

　　また、事実に基づくものであっても、信用失墜、人身攻撃にわたるもの等で、広告全体の趣旨からみて、あたかも比較対象商品等が実際のものより著しく劣っているかのような印象を一般消費者に与えるような場合にも、不当表示となるおそれがある。

　　さらに、場合によっては刑法等他の法律で問題となることや、倫理上の問題、品位にかかわる問題を惹起することもあるので、注意する必要がある。

7．公正取引協議会等各種の団体、マスメディアにおける自主規制

　　以上の事項は、比較広告に関する景品表示法上の一般原則である。

　　しかしながら、個々の商品等の特性、広告の影響の範囲や程度等を考慮した、比較広告に関する正常な商慣習が確立され、適正な比較広告が行われるようにするためには、公正取引協議会等の団体において、以上の事項を踏まえた比較広告についての自主規制基準が作成され、公正取引協議会等の自主規制機関によって、適切に運用されることが適当である。

　　また、広告を取り扱うマスメディアにおいて、比較広告に関する適正な自主規制が個々に行われることも重要である。

8．その他の問題

　　景品表示法上問題のない比較広告であっても、その表示内容、調査結果の引用の方法や対象商品等の種類によっては、著作権法等によって、禁止されることがあることに注意する必要がある。

不動産のおとり広告に関する表示

（昭和55年4月12日 公正取引委員会告示第14号）

　不当景品類及び不当表示防止法（昭和37年法律第134号）第4条第3号※の規定により、不動産のおとり広告に関する表示を次のように指定し、昭和55年7月1日から施行する。

※現行法では、第5条第3号

　自己の供給する不動産の取引に顧客を誘引する手段として行う次の各号の一に掲げる表示
1　取引の申出に係る不動産が存在しないため、実際には取引することができない不動産についての表示
2　取引の申出に係る不動産は存在するが、実際には取引の対象となり得ない不動産についての表示
3　取引の申出に係る不動産は存在するが、実際には取引する意思がない不動産についての表示
　備　考
　この告示で「不動産」とは、土地及び建物をいう。

「不動産のおとり広告に関する表示」の運用基準

（昭和55年6月9日 事務局長通達第9号）

　公正取引委員会の決定に基づき、「不動産のおとり広告に関する表示」（昭和55年公正取引委員会告示第14号）の運用基準を次のように定めたので、これによられたい。

公正取引委員会事務局長から各地方事務所長、沖縄総合事務局長、各都道府県知事宛

1　告示第1号の「取引の申出に係る不動産が存在しない」場合についてこれを例示すると次のとおりである。
　⑴　広告、ビラ等に表示した物件が広告、ビラ等に表示している所在地に存在しない場合
　⑵　広告、ビラ等に表示している物件が実際に販売しようとする不動産とその内容、形態、取引条件等において同一性を認めがたい場合
2　告示第2号の「実際には取引の対象となり得ない」場合についてこれを例示すると次のとおりである。
　⑴　表示した物件が売却済の不動産又は処分を委託されていない他人の不動産である場合
　⑵　表示した物件に重大な瑕疵があるため、そのままでは当該物件が取引することができないものであることが明らかな場合（当該物件に瑕疵があること及びその内容が明瞭に記載されている場合を除く。）
3　告示第3号の「実際には取引する意思がない」場合についてこれを例示すると次のとおりである。
　⑴　顧客に対し、広告、ビラ等に表示した物件に合理的な理由がないのに案内することを拒否する場合
　⑵　表示した物件に関する難点をことさらに指摘する等して当該物件の取引に応ずることなく顧客に他の物件を勧める場合

一般消費者に対する景品類の提供に関する事項の制限

（昭和52年３月１日 公正取引委員会告示第５号）

最終改正：平成28年４月１日 内閣府告示第123号

　不当景品類及び不当表示防止法（昭和37年法律第134号）第３条の規定に基づき、一般消費者に対する景品類の提供に関する事項の制限を次のように定め、昭和52年４月１日から施行する。

一般消費者に対する景品類の提供に関する事項の制限

1　一般消費者に対して懸賞（「懸賞による景品類の提供に関する事項の制限」（昭和52年公正取引委員会告示第３号）第１項に規定する懸賞をいう。）によらないで提供する景品類の価額は、景品類の提供に係る取引の価額の10分の２の金額（当該金額が200円未満の場合にあつては、200円）の範囲内であつて、正常な商慣習に照らして適当と認められる限度を超えてはならない。

2　次に掲げる経済上の利益については、景品類に該当する場合であつても、前項の規定を適用しない。

　(1)　商品の販売若しくは使用のため又は役務の提供のため必要な物品又はサービスであつて、正常な商慣習に照らして適当と認められるもの

　(2)　見本その他宣伝用の物品又はサービスであつて、正常な商慣習に照らして適当と認められるもの

　(3)　自己の供給する商品又は役務の取引において用いられる割引券その他割引を約する証票であつて、正常な商慣習に照らして適当と認められるもの

　(4)　開店披露、創業記念等の行事に際して提供する物品又はサービスであつて、正常な商慣習に照らして適当と認められるもの

備　考

不当景品類及び不当表示防止法第４条の規定に基づく特定の種類の事業にお

参考資料

ける景品類の提供に関する事項の制限の告示で定める事項については、当該告示の定めるところによる。

「一般消費者に対する景品類の提供に関する事項の制限」の運用基準について

（昭和52年4月1日 事務局長通達第6号）

最終改正：平成8年2月16日 事務局長通達第1号

　公正取引委員会の決定に基づき、「一般消費者に対する景品類の提供に関する事項の制限」（昭和52年公正取引委員会告示第5号）の運用基準を次のとおり定めたので、これによられたい。

　　「一般消費者に対する景品類の提供に関する事項の制限」の運用基準

1　告示第1項の「景品類の提供に係る取引の価額」について
　⑴　購入者を対象とし、購入額に応じて景品類を提供する場合は、当該購入額を「取引の価額」とする。
　⑵　購入者を対象とするが購入額の多少を問わないで景品類を提供する場合の「取引の価額」は、原則として、100円とする。ただし、当該景品類提供の対象商品又は役務の取引の価額のうちの最低のものが明らかに100円を下回つていると認められるときは、当該最低のものを「取引の価額」とすることとし、当該景品類提供の対象商品又は役務について通常行われる取引の価額のうちの最低のものが100円を超えると認められるときは、当該最低のものを「取引の価額」とすることができる。
　⑶　購入を条件とせずに、店舗への入店者に対して景品類を提供する場合の「取引の価額」は、原則として、100円とする。ただし、当該店舗において通常行われる取引の価額のうち最低のものが100円を超えると認められるときは、当該最低のものを「取引の価額」とすることができる。この場合において、特定の種類の商品又は役務についてダイレクトメールを送り、

それに応じて来店した顧客に対して景品類を提供する等の方法によるため、景品類提供に係る対象商品をその特定の種類の商品又は役務に限定していると認められるときはその商品又は役務の価額を「取引の価額」として取り扱う。

⑷　景品類の限度額の算定に係る「取引の価額」は、景品類の提供者が小売業者又はサービス業者である場合は対象商品又は役務の実際の取引価格を、製造業者又は卸売業者である場合は景品類提供の実施地域における対象商品又は役務の通常の取引価格を基準とする。

⑸　同一の取引に付随して２以上の景品類提供が行われる場合については、次による。

　ア　同一の事業者が行う場合は、別々の企画によるときであっても、これらを合算した額の景品類を提供したことになる。

　イ　他の事業者と共同して行う場合は、別々の企画によるときであっても、共同した事業者が、それぞれ、これらを合算した額の景品類を提供したことになる。

　ウ　他の事業者と共同しないで景品類を追加した場合は、追加した事業者が、これらを合算した額の景品類を提供したことになる。

2　告示第２項第１号の「商品の販売若しくは使用のため又は役務の提供のため必要な物品又はサービス」について

　当該物品又はサービスの特徴、その必要性の程度、当該物品又はサービスが通常別に対価を支払って購入されるものであるか否か、関連業種におけるその物品又はサービスの提供の実態等を勘案し、公正な競争秩序の観点から判断する（例えば、重量家具の配送、講習の教材、交通の不便な場所にある旅館の送迎サービス、ポータブルラジオの電池、劇場内で配布する筋書等を書いたパンフレット等で、適当な限度内のものは、原則として、告示第２項第１号に当たる。）。

3　告示第２項第２号の「見本その他宣伝用の物品又はサービス」について

⑴　見本等の内容、その提供の方法、その必要性の程度、関連業種における見本等の提供の実態を勘案し、公正な競争秩序の観点から判断する。

⑵　自己の供給する商品又は役務について、その内容、特徴、風味、品質等

457

を試食、試用等によって知らせ、購買を促すために提供する物品又はサービスで、適当な限度のものは、原則として、告示第２項第２号に当たる（例　食品や日用品の小型の見本・試供品、食品売場の試食品、化粧品売場におけるメイクアップサービス、スポーツスクールの１日無料体験。商品又は役務そのものを提供する場合には、最小取引単位のものであって、試食、試用等のためのものである旨が明確に表示されていなければならない。）。

(3)　事業者名を広告するために提供する物品又はサービスで、適当な限度のものは原則として、告示第２項第２号に当たる（例　社名入りのカレンダーやメモ帳）。

(4)　他の事業者の依頼を受けてその事業者が供給する見本その他宣伝用の物品又はサービスを配布するものである場合も、原則として、告示第２項第２号に当たる。

4　告示第２項第３号の「自己の供給する商品又は役務の取引において用いられる割引券その他割引を約する証票」について

(1)　「証票」の提供の方法、割引の程度又は方法、関連業種における割引の実態等を勘案し、公正な競争秩序の観点から判断する。

(2)　「証票」には、金額を示して取引の対価の支払いに充当される金額証（特定の商品又は役務と引き換えることにしか用いることのできないものを除く。）並びに自己の供給する商品又は役務の取引及び他の事業者の供給する商品又は役務の取引に共通して用いられるものであって、同額の割引を約する証票を含む。

5　公正競争規約との関係について

本告示で規定する景品類の提供に関する事項について、本告示及び運用基準の範囲内で公正競争規約が設定された場合には、本告示の運用に当たつて、その定めるところを参酌する。

懸賞による景品類の提供に関する事項の制限

（昭和52年３月１日 公正取引委員会告示第３号）

最終改正：平成８年２月16日 公正取引委員会告示第１号

　不当景品類及び不当表示防止法（昭和37年法律第134号）第３条の規定に基づき、懸賞による景品類の提供に関する事項の制限（昭和37年公正取引委員会告示第５号）の全部を次のように改正する。

懸賞による景品類の提供に関する事項の制限

1　この告示において「懸賞」とは、次に掲げる方法によつて景品類の提供の相手方又は提供する景品類の価額を定めることをいう。
(1)　くじその他偶然性を利用して定める方法
(2)　特定の行為の優劣又は正誤によつて定める方法
2　懸賞により提供する景品類の最高額は、懸賞に係る取引の価額の20倍の金額（当該金額が10万円を超える場合にあっては、10万円）を超えてはならない。
3　懸賞により提供する景品類の総額は、当該懸賞に係る取引の予定総額の100分の２を超えてはならない。
4　前２項の規定にかかわらず、次の各号に掲げる場合において、懸賞により景品類を提供するときは、景品類の最高額は30万円を超えない額、景品類の総額は懸賞に係る取引の予定総額の100分の３を超えない額とすることができる。ただし、他の事業者の参加を不当に制限する場合は、この限りでない。
(1)　一定の地域における小売業者又はサービス業者の相当多数が共同して行う場合
(2)　一の商店街に属する小売業者又はサービス業者の相当多数が共同して行う場合。ただし、中元、年末等の時期において、年３回を限度とし、かつ、年間通算して70日の期間内で行なう場合に限る。

(3) 一定の地域において一定の種類の事業を行う事業者の相当多数が共同して行う場合

5 前3項の規定にかかわらず、2以上の種類の文字、絵、符号等を表示した符票のうち、異なる種類の符票の特定の組合せを提示させる方法を用いた懸賞による景品類の提供は、してはならない。

「懸賞による景品類の提供に関する事項の制限」の運用基準

平成24年6月28日 消費者庁長官通達第1号

1 「懸賞による景品類の提供に関する事項の制限」（昭和52年公正取引委員会告示第3号。以下「告示」という。）第1項第1号の「くじその他偶然性を利用して定める方法」についてこれを例示すると、次のとおりである。
(1) 抽せん券を用いる方法
(2) レシート、商品の容器包装等を抽せん券として用いる方法
(3) 商品のうち、一部のものにのみ景品類を添付し、購入の際には相手方がいずれに添付されているかを判別できないようにしておく方法
(4) 全ての商品に景品類を添付するが、その価額に差等があり、購入の際には相手方がその価額を判別できないようにしておく方法
(5) いわゆる宝探し、じゃんけん等による方法

2 告示第1項第2号の「特定の行為の優劣又は正誤によって定める方法」についてこれを例示すると、次のとおりである。
(1) 応募の際一般に明らかでない事項（例 その年の十大ニュース）について予想を募集し、その回答の優劣又は正誤によって定める方法
(2) キャッチフレーズ、写真、商品の改良の工夫等を募集し、その優劣によって定める方法
(3) パズル、クイズ等の解答を募集し、その正誤によって定める方法
(4) ボーリング、魚釣り、〇〇コンテストその他の競技、演技又は遊技等の

優劣によって定める方法（ただし、セールスコンテスト、陳列コンテスト等相手方事業者の取引高その他取引の状況に関する優劣によって定める方法は含まれない。）

3　先着順について

　来店又は申込みの先着順によって定めることは、「懸賞」に該当しない（「一般消費者に対する景品類の提供に関する事項の制限」その他の告示の規制を受けることがある。）。

4　告示第5項（カード合わせ）について

(1)　次のような場合は、告示第5項のカード合わせの方法に当たる。

　　携帯電話端末やパソコン端末などを通じてインターネット上で提供されるゲームの中で、ゲームの利用者に対し、ゲーム上で使用することができるアイテム等を、偶然性を利用して提供するアイテム等の種類が決まる方法によって有料で提供する場合であって、特定の2以上の異なる種類のアイテム等を揃えた利用者に対し、例えばゲーム上で敵と戦うキャラクターや、プレーヤーの分身となるキャラクター（いわゆる「アバター」と呼ばれるもの）が仮想空間上で住む部屋を飾るためのアイテムなど、ゲーム上で使用することができるアイテム等その他の経済上の利益を提供するとき。

(2)　次のような場合は、告示第5項のカード合わせの方法に当たらない。

　　ア　異なる種類の符票の特定の組合せの提示を求めるが、取引の相手方が商品を購入する際の選択によりその組合せを完成できる場合（カード合わせ以外の懸賞にも当たらないが、「一般消費者に対する景品類の提供に関する事項の制限」その他の告示の規制を受けることがある。）

　　イ　1点券、2点券、5点券というように、異なる点数の表示されている符票を与え、合計が一定の点数に達すると、点数に応じて景品類を提供する場合（カード合わせには当たらないが、購入の際には、何点の券が入っているかが分からないようになっている場合は、懸賞の方法に当たる（本運用基準第1項(4)参照）。これが分かるようになっている場合は、「一般消費者に対する景品類の提供に関する事項の制限」その他の告示の規制を受けることがある。）

　　ウ　符票の種類は2以上であるが、異種類の符票の組合せではなく、同種

類の符票を一定個数提示すれば景品類を提供する場合（カード合わせには当たらないが、購入の際にはいずれの種類の符票が入っているかが分からないようになっている場合は、懸賞の方法に当たる（本運用基準第１項(3)参照）。これが分かるようになっている場合は、「一般消費者に対する景品類の提供に関する事項の制限」その他の告示の規制を受けることがある。）

5　告示第２項の「懸賞に係る取引の価額」について

(1)　「一般消費者に対する景品類の提供に関する事項の制限」の運用基準第１項(1)から(4)までは、懸賞に係る取引の場合に準用する。

(2)　同一の取引に付随して２以上の懸賞による景品類提供が行われる場合については、次による。

　ア　同一の事業者が行う場合は、別々の企画によるときであっても、これらを合算した額の景品類を提供したことになる。

　イ　他の事業者と共同して行う場合は、別々の企画によるときであっても、それぞれ、共同した事業者がこれらの額を合算した額の景品類を提供したことになる。

　ウ　他の事業者と共同しないで、その懸賞の当選者に対して更に懸賞によって景品類を追加した場合は、追加した事業者がこれらを合算した額の景品類を提供したことになる。

6　懸賞により提供する景品類の限度について

懸賞に係る一の取引について、同一の企画で数回の景品類獲得の機会を与える場合であっても、その取引について定められている制限額を超えて景品類を提供してはならない（例えば、１枚の抽せん券により抽せんを行って景品類を提供し、同一の抽せん券により更に抽せんを行って景品類を提供する場合にあっては、これらを合算した額が制限額を超えてはならない。）。

7　告示第３項及び第４項の「懸賞に係る取引の予定総額」について

懸賞販売実施期間中における対象商品の売上予定総額とする。

8　告示第４項第１号及び第３号の「一定の地域」について

(1)　小売業者又はサービス業者の行う告示第４項第１号又は第３号の共同懸賞については、その店舗又は営業施設の所在する市町村（東京都にあって

は、特別区又は市町村）の区域を「一定の地域」として取り扱う。

　一の市町村（東京都にあっては、特別区又は市町村）の区域よりも狭い地域における小売業者又はサービス業者の相当多数が共同する場合には、その業種及びその地域における競争の状況等を勘案して判断する。

⑵　小売業者及びサービス業者以外の事業者の行う共同懸賞については、同種類の商品をその懸賞販売の実施地域において供給している事業者の相当多数が参加する場合は、告示第４項第３号に当たる。

9　告示第４項第２号の共同懸賞について

　商店街振興組合法の規定に基づき設立された商店街振興組合が主催して行う懸賞は、第４項第２号の共同懸賞に当たるものとして取り扱う。

10　告示第４項の「相当多数」について

　共同懸賞の参加者がその地域における「小売業者又はサービス業者」又は「一定の種類の事業を行う事業者」の過半数であり、かつ、通常共同懸賞に参加する者の大部分である場合は、「相当多数」に当たるものとして取り扱う。

11　告示第４項第３号の「一定の種類の事業」について

　日本標準産業分類の細分類として掲げられている種類の事業（例　1011　清涼飲料、7821　理容業、8043　ゴルフ場）は、原則として、「一定の種類の事業」に当たるものとして取り扱うが、これにより難い場合は、当該業種及び関連業種における競争の状況等を勘案して判断する。

12　共同懸賞への参加の不当な制限について

　次のような場合は、告示第４項ただし書の規定により、同項の規定による懸賞販売を行うことができない。

⑴　共同懸賞への参加資格を売上高等によって限定し、又は特定の事業者団体の加入者、特定の事業者の取引先等に限定する場合

⑵　懸賞の実施に要する経費の負担、宣伝の方法、抽せん券の配分等について一部の者に対し不利な取扱いをし、実際上共同懸賞に参加できないようにする場合

参考資料

不動産業における一般消費者に対する景品類の提供に関する事項の制限

（平成９年４月25日 公正取引委員会告示第37号）

　不動産の売買、交換若しくは賃貸又は不動産の売買、交換若しくは賃貸の代理若しくは媒介を業とする者は、一般消費者に対し、次に掲げる範囲を超えて景品類を提供してはならない。

⑴　懸賞により提供する景品類にあっては、「懸賞による景品類の提供に関する事項の制限」（昭和52年公正取引委員会告示第３号）の範囲

⑵　懸賞によらないで提供する景品類にあっては、景品類の提供に係る取引の価額の10分の１又は100万円のいずれか低い金額の範囲

備　考

　この告示で「不動産」とは、土地及び建物をいう。

一般消費者が事業者の表示であることを判別することが困難である表示

令和 5 年 3 月28日 内閣府告示第19号

　不当景品類及び不当表示防止法（昭和37年法律第134号）第 5 条第 3 号の規定に基づき、一般消費者が事業者の表示であることを判別することが困難である表示を次のように指定し、令和 5 年10月 1 日から施行する。

　　一般消費者が事業者の表示であることを判別することが困難である表示

　事業者が自己の供給する商品又は役務の取引について行う表示であって、一般消費者が当該表示であることを判別することが困難であると認められるもの

「一般消費者が事業者の表示であることを判別することが困難である表示」の運用基準

令和 5 年 3 月28日 消費者庁長官決定

　消費者庁長官の決定に基づき、「一般消費者が事業者の表示であることを判別することが困難である表示」（令和 5 年内閣府告示第19号）の運用基準を次のとおり定めたので、これによられたい。

「一般消費者が事業者の表示であることを判別することが困難である表示」の運用基準

第 1 　「一般消費者が事業者の表示であることを判別することが困難である表示」の規制趣旨

「一般消費者が事業者の表示であることを判別することが困難である表示」（令

和5年内閣府告示第19号）とは、事業者が自己の供給する商品又は役務の取引について行う表示（以下、「事業者の表示」という。）であるにもかかわらず、事業者の表示であることを明瞭にしないことなどにより、一般消費者が事業者の表示であることを判別することが困難となる表示である。

　一般消費者は、事業者の表示であると認識すれば、表示内容に、ある程度の誇張・誇大が含まれることはあり得ると考え、商品選択の上でそのことを考慮に入れる一方、実際には事業者の表示であるにもかかわらず、第三者の表示であると誤認する場合、その表示内容にある程度の誇張・誇大が含まれることはあり得ると考えないことになり、この点において、一般消費者の商品選択における自主的かつ合理的な選択が阻害されるおそれがある。

　そのため、告示は、一般消費者に事業者の表示ではないと誤認される、又は誤認されるおそれがある表示を、不当に顧客を誘引し、一般消費者による自主的かつ合理的な選択を阻害するおそれがある不当な表示として規制するものである。事業者は、自らが供給する商品又は役務についての表示を行うに当たっては、一般消費者に、事業者の表示であるにもかかわらず、第三者による表示であるかのような誤認を与えないようにする必要がある。

　なお、上記のとおり、告示は、事業者の表示であるにもかかわらず、第三者の表示であると一般消費者に誤認される場合を規制するものであることから、告示が対象とするのは、事業者の表示であるにもかかわらず、第三者の表示のように見えるものである。したがって、事業者の表示であることが一般消費者にとって明瞭である又は社会通念上明らかであるものは、告示の対象となるものではなく、告示は、そのようなものについての事業者の自由な広告・宣伝活動を阻害するものではない。

（注）　告示は、不当景品類及び不当表示防止法（以下「景品表示法」という。）第5条第3号の規定に基づくものであり、告示においても景品表示法に規定される定義が前提となる。告示の対象となるのは、景品表示法第2条第1項に規定する「事業者」が行う同条第4項に規定する「表示」である。したがって、事業者でない者が行う行為については、何ら告示の対象となるものではない。なお、事業者の表示であるにもかかわらず、第三者の表示であると一般消費者に誤認されないようにするためには、事業者が第三

466

者の表示において、事業者の表示であることを明瞭にしなければならない
ことの結果として、第三者の表示に対しても一定の制約が事実上課せられ
ることとなるが、かかる制約は、一般消費者の商品選択における自主的か
つ合理的な選択を確保するという景品表示法の目的達成の観点から行われ
るものであり、第三者の自由な表現活動を不当に制約しようとするもので
はない。

第2　告示の「事業者が自己の供給する商品又は役務の取引について行う表示」についての考え方

　告示の対象となるのは、外形上第三者の表示のように見えるものが事業者の
表示に該当することが前提となる。

　景品表示法は、第5条において、事業者の表示の内容について、一般消費者
に誤認を与える表示を不当表示として規制するものであるところ、外形上第三
者の表示のように見えるものが、事業者の表示に該当するとされるのは、事業
者が表示内容の決定に関与したと認められる、つまり、客観的な状況に基づき、
第三者の自主的な意思による表示内容と認められない場合である。

　なお、告示の対象となる事業者の表示において、景品表示法第5条第1号、
第2号又は第3号の規定に基づく他の告示の規定に該当する表示がある場合に
は、これらの表示が景品表示法第5条違反とされる。

　また、他法令の適用がある場合であっても、事業者が表示内容の決定に関与
したとされる実態があるものについては、他法令だけでなく、告示の対象とな
る（例えば、特定商取引に関する法律における連鎖販売取引）。

参考資料

1　事業者が表示内容の決定に関与したとされるものについて

(1)　事業者が自ら行う表示について

　ア　事業者が自ら行う表示には、事業者が自ら表示しているにもかかわらず
　　第三者が表示しているかのように誤認させる表示、例えば、事業者と一定
　　の関係性を有し、事業者と一体と認められる従業員や、事業者の子会社等
　　の従業員が行った事業者の商品又は役務に関する表示も含まれる。

　イ　「事業者と一定の関係性を有し、事業者と一体と認められる従業員や、

事業者の子会社等の従業員が行った事業者の商品又は役務に関する表示」が事業者の表示に該当するかについては、例えば、従業員の事業者内における地位、立場、権限、担当業務、表示目的等の実態を踏まえて、事業者が表示内容の決定に関与したかについて総合的に考慮し判断する。その判断に当たっては、例えば、以下のような場合が考えられる。

(ア) 「事業者と一定の関係性を有し、事業者と一体と認められる従業員や、事業者の子会社等の従業員が行った事業者の商品又は役務に関する表示」が事業者の表示に該当するものとしては、商品又は役務の販売を促進することが必要とされる地位や立場にある者（例えば、販売や開発に係る役員、管理職、担当チームの一員等）が、当該商品又は役務の販売を促進するための表示（例えば、商品又は役務の画像や文章を投稿し一般消費者の当該商品又は役務の認知を向上させようとする表示、自社製品と競合する他社の製品を誹謗中傷し、自社製品の品質・性能の優良さについて言及する表示）を行う場合（他の者に指示をして表示を行わせる場合を含む。）。

(イ) 「事業者と一定の関係性を有し、事業者と一体と認められる従業員や、事業者の子会社等の従業員が行った事業者の商品又は役務に関する表示」が事業者の表示に該当しないものとしては、商品又は役務を販売する事業者の従業員や当該事業者の子会社等の従業員ではあるものの、当該商品又は役務の販売を促進することが必要とされる地位や立場にはない者が、当該商品又は役務に関して一般消費者でも知り得る情報を使うなどし、当該商品又は役務の販売を促進する目的ではない表示を行う場合。

(2) 事業者が第三者をして行わせる表示について

ア 事業者が第三者をして行わせる表示が事業者の表示となるのは、事業者が第三者の表示内容の決定に関与している場合であって、例えば、以下のような場合が考えられる。

(ア) 事業者が第三者に対して当該第三者のSNS（ソーシャルネットワーキングサービス）上や口コミサイト上等に自らの商品又は役務に係る表示をさせる場合。

(イ) ＥＣ（電子商取引）サイトに出店する事業者が、いわゆるブローカー

（レビュー等をＳＮＳ等において募集する者）や自らの商品の購入者に依頼して、購入した商品について、当該ＥＣサイトのレビューを通じて表示させる場合。

(ウ)　事業者がアフィリエイトプログラムを用いた表示を行う際に、アフィリエイターに委託して、自らの商品又は役務について表示させる場合。

（注）　「アフィリエイトプログラム」とは、インターネットを用いた広告手法の一つである（以下広告される商品又は役務を供給する事業者を「広告主」と、広告を掲載するウェブサイトを「アフィリエイトサイト」と、アフィリエイトサイトを運営する者を「アフィリエイター」という。）。アフィリエイトプログラムのビジネスモデルは、比較サイト、ポイントサイト、ブログその他のウェブサイトの運営者等が当該サイト等に当該運営者等以外の者が供給する商品又は役務のバナー広告、商品画像リンク及びテキストリンク等を掲載し、当該サイト等を閲覧した者がバナー広告、商品画像リンク及びテキストリンク等をクリックしたり、バナー広告、商品画像リンク及びテキストリンク等を通じて広告主のサイトにアクセスして広告主の商品又は役務を購入したり、購入の申込みを行ったりした場合等、あらかじめ定められた条件に従って、アフィリエイターに対して広告主から成功報酬が支払われるものであるとされている。

(エ)　事業者が他の事業者に依頼して、プラットフォーム上の口コミ投稿を通じて、自らの競合事業者の商品又は役務について、自らの商品又は役務と比較した、低い評価を表示させる場合。

イ　事業者が第三者に対してある内容の表示を行うよう明示的に依頼・指示していない場合であっても、事業者と第三者との間に事業者が第三者の表示内容を決定できる程度の関係性があり、客観的な状況に基づき、第三者の表示内容について、事業者と第三者との間に第三者の自主的な意思による表示内容とは認められない関係性がある場合には、事業者が表示内容の決定に関与した表示とされ、事業者の表示となる。

　「客観的な状況に基づき、第三者の表示内容について、事業者と第三者との間に第三者の自主的な意思による表示内容とは認められない関係性が

ある」かどうかの判断に当たっては、事業者と第三者との間の具体的なやり取りの態様や内容（例えば、メール、口頭、送付状等の内容）、事業者が第三者の表示に対して提供する対価の内容、その主な提供理由（例えば、宣伝する目的であるかどうか。）、事業者と第三者の関係性の状況（例えば、過去に事業者が第三者の表示に対して対価を提供していた関係性がある場合に、その関係性がどの程度続いていたのか、今後、第三者の表示に対して対価を提供する関係性がどの程度続くのか。）等の実態も踏まえて総合的に考慮し判断する。

（注） 事業者が第三者の表示に対して支払う対価については、金銭又は物品に限らず、その他の経済上の利益（例えば、イベント招待等のきょう応）など、対価性を有する一切のものが含まれる。

　事業者が第三者に対してある内容の表示を行うよう明示的に依頼・指示していない場合であっても、事業者の表示とされる場合としては、例えば、以下のような場合が考えられる。

⑺　事業者が第三者に対してSNSを通じた表示を行うことを依頼しつつ、自らの商品又は役務について表示してもらうことを目的に、当該商品又は役務を無償で提供し、その提供を受けた当該第三者が当該事業者の方針や内容に沿った表示を行うなど、客観的な状況に基づき、当該表示内容が当該第三者の自主的な意思によるものとは認められない場合。

⑻　事業者が第三者に対して自らの商品又は役務について表示することが、当該第三者に経済上の利益をもたらすことを言外から感じさせたり（例えば、事業者が第三者との取引には明示的に言及しないものの、当該第三者以外との取引の内容に言及することによって、遠回しに当該第三者に自らとの今後の取引の実現可能性を想起させること。）、言動から推認させたりする（例えば、事業者が第三者に対してSNSへの投稿を明示的に依頼しないものの、当該第三者が投稿すれば自らとの今後の取引の実現可能性に言及すること。）などの結果として、当該第三者が当該事業者の商品又は役務についての表示を行うなど、客観的な状況に基づき、当該表示内容が当該第三者の自主的な意思によるものとは認められない場合。

2　事業者が表示内容の決定に関与したとされないものについて

　　事業者が第三者の表示に関与したとしても、客観的な状況に基づき、第三者の自主的な意思による表示内容と認められるものであれば、事業者の表示には当たらない。

　具体的には、次のとおりである。

(1)　第三者が自らの嗜好等により、特定の商品又は役務について行う表示であって、客観的な状況に基づき、第三者の自主的な意思による表示内容と認められる場合は、通常、事業者が表示内容の決定に関与したとはいえないことから、事業者の表示とはならない。

　　「客観的な状況に基づき、第三者の自主的な意思による表示内容と認められる場合」を判断するに当たっては、第三者と事業者との間で表示内容について情報のやり取りが直接又は間接的に一切行われていないか、事業者から第三者に対し、表示内容に関する依頼や指示があるか、第三者の表示の前後において、事業者が第三者の表示内容に対して対価を既に提供しているか、過去に対価を提供した関係性がどの程度続いていたのか、あるいは今後提供することが決まっているか、今後対価を提供する関係性がどの程度続くのかなど、事業者と第三者との間に事業者が第三者の表示内容を決定できる程度の関係性があるか否かによって判断する。また、「事業者と第三者との間に事業者が第三者の表示内容を決定できる程度の関係性があるか否か」の判断に当たっては、表示の対象となった商品又は役務の特性等（例えば、特定の季節のみに販売数量が増える商品であるか。）の事情を考慮する。

　　上記の事情を踏まえ、「客観的な状況に基づき、第三者の自主的な意思による表示内容と認められる場合」、つまり、事業者の表示とならない場合としては、例えば、以下のような場合が考えられる。

ア　第三者が事業者の商品又は役務について、ＳＮＳ等に当該第三者の自主的な意思に基づく内容として表示（複数回の表示も含む。）を行う場合。

イ　事業者が第三者に対して自らの商品又は役務を無償で提供し、ＳＮＳ等を通じた表示を行うことを依頼するものの、当該第三者が自主的な意思に基づく内容として表示を行う場合。

ウ　アフィリエイターの表示であっても、事業者と当該アフィリエイターと

471

の間で当該表示に係る情報のやり取りが直接又は間接的に一切行われていないなど、アフィリエイトプログラムを利用した広告主による広告とは認められない実態にある表示を行う場合。

エ　ＥＣサイトに出店する事業者の商品を購入する第三者が、自主的な意思に基づく内容として当該ＥＣサイトのレビュー機能を通じて、当該事業者の商品等の表示を行う場合。

オ　ＥＣサイトに出店する事業者が自らの商品の購入者に対して当該ＥＣサイトのレビュー機能による投稿に対する謝礼として、次回割引クーポン等を配布する場合であっても、当該事業者（当該事業者から委託を受けた仲介事業者を含む。）と当該購入者との間で、当該購入者の投稿（表示）内容について情報のやり取りが直接又は間接的に一切行われておらず、客観的な状況に基づき、当該購入者が自主的な意思により投稿（表示）内容を決定したと認められる投稿（表示）を行う場合。

（注）　なお、商品の購入者の投稿（表示）内容について情報のやり取りが直接又は間接的に一切行われておらず、客観的な状況に基づき、当該購入者が自主的な意思により投稿（表示）内容を決定したと認められる場合に、例えば、当該購入者の投稿（表示）内容に誤記があり、当該商品を販売する事業者等の社会的評価を低下させるようなおそれがあるため、当該事業者が当該購入者に対して投稿（表示）内容の修正を依頼したとしても、それだけをもって、当該購入者の表示が当該事業者の表示とされるものではない。

カ　第三者が、事業者がＳＮＳ上で行うキャンペーンや懸賞に応募するために、当該第三者の自主的な意思に基づく内容として当該ＳＮＳ等に表示を行う場合。

キ　事業者が自社のウェブサイトの一部において、第三者が行う表示を利用する場合であっても、当該第三者の表示を恣意的に抽出すること（例えば、第三者のＳＮＳの投稿から事業者の評判を向上させる意見のみを抽出しているにもかかわらず、そのことが一般消費者に判別困難な方法で表示すること。）なく、また、当該第三者の表示内容に変更を加えること（例えば、第三者のＳＮＳの投稿には事業者の商品等の良い点、悪い点の両方が記載

してあるにもかかわらず、その一方のみの意見を取り上げ、もう一方の意見がないかのように表示すること。）なく、そのまま引用する場合。
（注）　ただし、上記キについては、客観的な状況に基づき、事業者のウェブサイトの一部について第三者の自主的な意思による表示内容と認められる場合は、当該ウェブサイトの一部のみをもって当該事業者の表示とされないことを示すものであって、当該ウェブサイトの一部を含めたウェブサイト全体が当該事業者の表示とされることは当然にあり得る。なお、この場合、当該ウェブサイト全体は、通常、当該事業者の表示であることが明らかであるといえる。

ク　事業者が不特定の第三者に対して試供品等の配布を行った結果、当該不特定の第三者が自主的な意思に基づく内容として表示を行う場合。

ケ　事業者が特定の第三者（例えば、事業者が供給する商品又は役務について会員制（一定の登録者に対して一定の便益を付与する制度等）を設けている場合における会員）に対して試供品等の配布を行った結果、当該特定の第三者が自主的な意思に基づく内容として表示を行う場合。

コ　事業者が表示内容を決定できる程度の関係性にない第三者に対して表示を行わせることを目的としていない商品又は役務の提供（例えば、単なるプレゼント）をした結果、当該第三者が自主的な意思に基づく内容として表示を行う場合。

(2)　新聞・雑誌発行、放送等を業とする媒体事業者（インターネット上で営む者も含む。）が自主的な意思で企画、編集、制作した表示については、通常、事業者が表示内容の決定に関与したといえないことから、事業者の表示とはならない。

ア　媒体事業者が自主的な意思で企画、編集、制作した表示には、正常な商慣習における取材活動に基づく記事の配信、書評の掲載、番組放送（事業者の協力を得て制作される番組放送も含む。）等が含まれる。

イ　ただし、媒体事業者の表示であっても、事業者が表示内容の決定に関与したとされる場合は、事業者の表示となる。この判断の際には、正常な商慣習を超えた取材活動等である実態（対価の多寡に限らず、これまでの取引実態と比較して、事業者が媒体事業者に対して通常考えられる範囲の取

473

材協力費を大きく超えるような金銭等の提供、通常考えられる範囲を超えた謝礼の支払等が行われる場合）にあるかどうかが考慮要素となる。

第3　告示の「一般消費者が当該表示であることを判別することが困難である」についての考え方

　告示は、事業者の表示であるにもかかわらず、第三者の表示であると一般消費者に誤認される場合を規制するものであることから、「一般消費者が当該表示であることを判別することが困難である」かどうかに当たっては、一般消費者にとって事業者の表示であることが明瞭となっているかどうか、逆にいえば、第三者の表示であると一般消費者に誤認されないかどうかを表示内容全体から判断することになる。

1　一般消費者にとって事業者の表示であることが明瞭となっていないものについて

　　一般消費者にとって事業者の表示であることが明瞭となっていないものとしては、事業者の表示であることが記載されていないものと事業者の表示であることが不明瞭な方法で記載されているものに分けられる。

(1)　事業者の表示であることが記載されていないものについて

　　事業者の表示であることが記載されていないものとしては、例えば、以下のような場合が考えられる。

ア　事業者の表示であることが全く記載されていない場合。

イ　事業者がアフィリエイトプログラムを用いた表示を行う際に、アフィリエイトサイトに当該事業者の表示であることを記載していない場合。

　　（注）　複数の商品又は役務の価格情報や内容等を比較するアフィリエイトサイトにおいては、アフィリエイトサイト自体が一般消費者にとって事業者の表示であることが明瞭となっている限り、一般消費者が第三者の表示であると誤認することはないことから、掲載されている全ての商品又は役務について、それぞれ当該事業者の表示であることを記載する必要はない。

(2)　事業者の表示であることが不明瞭な方法で記載されているものについて

　事業者の表示であることが不明瞭な方法で記載されているものとしては、例えば、以下のような場合が考えられる。

ア　事業者の表示である旨について、部分的な表示しかしていない場合。

イ　文章の冒頭に「広告」と記載しているにもかかわらず、文中に「これは第三者として感想を記載しています。」と事業者の表示であるかどうかが分かりにくい表示をする場合。あるいは、文章の冒頭に「これは第三者としての感想を記載しています。」と記載しているにもかかわらず、文中に「広告」と記載し、事業者の表示であるかどうかが分かりにくい表示をする場合。

ウ　動画において事業者の表示である旨の表示を行う際に、一般消費者が認識できないほど短い時間において当該事業者の表示であることを示す場合（長時間の動画においては、例えば、冒頭以外（動画の中間、末尾）にのみ同表示をするなど、一般消費者が認識しにくい箇所のみに表示を行う場合も含む。）。

エ　一般消費者が事業者の表示であることを認識できない文言を使用する場合。

オ　事業者の表示であることを一般消費者が視認しにくい表示の末尾の位置に表示する場合。

カ　事業者の表示である旨を周囲の文字と比較して小さく表示した結果、一般消費者が認識しにくい表示となった場合。

キ　事業者の表示である旨を、文章で表示しているものの、一般消費者が認識しにくいような表示（例えば、長文による表示、周囲の文字の大きさよりも小さい表示、他の文字より薄い色を使用した結果、一般消費者が認識しにくい表示）となる場合。

ク　事業者の表示であることを他の情報に紛れ込ませる場合（例えば、ＳＮＳの投稿において、大量のハッシュタグ（ＳＮＳにおいて特定の話題を示すための記号をいう。「＃」が用いられる。）を付した文章の記載の中に当該事業者の表示である旨の表示を埋もれさせる場合）。

参考資料

2 一般消費者にとって事業者の表示であることが明瞭となっているものについて

(1) 一般消費者にとって事業者の表示であることが明瞭となっていると認められるためには、一般消費者にとって、表示内容全体から、事業者の表示であることが分かりやすい表示となっている必要がある。例えば、以下の場合が考えられる。

　ア 「広告」、「宣伝」、「プロモーション」、「ＰＲ」といった文言による表示を行う場合。

　　（注） ただし、これらの文言を使用していたとしても、表示内容全体から一般消費者にとって事業者の表示であることが明瞭となっていると認められない場合もある。

　イ 「A社から商品の提供を受けて投稿している」といったような文章による表示を行う場合。

(2) 前記第１のとおり、事業者の表示であることが一般消費者にとって明瞭である又は社会通念上明らかであるものは、告示の対象となるものではない。例えば、以下のような場合が考えられる。

　ア 放送におけるCMのように広告と番組が切り離されている表示を行う場合。

　イ 事業者の協力を得て制作される番組放送や映画等において当該事業者の名称等をエンドロール等を通じて表示を行う場合。

　ウ 新聞紙の広告欄のように「広告」等と記載されている表示を行う場合。

　エ 商品又は役務の紹介自体が目的である雑誌その他の出版物における表示を行う場合。

　オ 事業者自身のウェブサイト（例えば、特定の商品又は役務を特集するなど、期間限定で一般消費者に表示されるウェブサイトも含む。）における表示を行う場合。

　　(ｱ) ただし、事業者自身のウェブサイトであっても、ウェブサイトを構成する特定のページにおいて当該事業者の表示ではないと一般消費者に誤認されるおそれがあるような場合（例えば、媒体上で、専門家や一般消費者等の第三者の客観的な意見として表示をしているように見えるものの、実際には、事業者が当該第三者に依頼・指示をして特定の内容の表

示をさせた場合や、そもそも事業者が作成し、第三者に何らの依頼すら
していない場合）には、第三者の表示は、当該事業者の表示であること
を明瞭に表示しなければならない。

(イ)　事業者が第三者に依頼・指示をしてある内容の表示をさせた場合にお
ける当該事業者の表示である旨の表示としては、例えば、「弊社から〇
〇先生に依頼をし、頂いたコメントを編集して掲載しています。」といっ
た表示をすることが考えられる。

カ　事業者自身のSNSのアカウントを通じた表示を行う場合。

キ　社会的な立場・職業等（例えば、観光大使等）から、一般消費者にとっ
て事業者の依頼を受けて当該事業者の表示を行うことが社会通念上明らか
な者を通じて、当該事業者が表示を行う場合。

第4　その他

　デジタル領域における表示は、技術の進歩等の変化が速く、現時点では想定
しきれない新たな手法が将来的には生じることが考えられるため、取引の実態
や社会経済情勢の変化に合わせて、事業者等における予見可能性を確保できる
よう、運用基準の明確化を図っていくこととする。

参考資料

事業者が講ずべき景品類の提供及び表示の管理上の措置についての指針（抄）

（平成26年11月14日内閣府告示第276号）

（改正　平成28年4月1日内閣府告示第125号）

改正　令和4年6月29日内閣府告示第74号

第1　はじめに

本指針は、不当景品類及び不当表示防止法（昭和37年法律第134号。以下「景品表示法」という。）第26条第1項に規定する事業者が景品表示法で規制される不当な景品類及び表示による顧客の誘引を防止するために講ずべき措置に関して、同条第2項の規定に基づき事業者が適切かつ有効な実施を図るために必要な事項について定めるものである。

第2　基本的な考え方

1　必要な措置が求められる事業者

景品表示法第26条第1項は、それぞれの事業者内部において、景品表示法第4条の規定に基づく告示に違反する景品類の提供及び景品表示法第5条に違反する表示（以下「不当表示等」という。）を未然に防止するために必要な措置を講じることを求めるものである。すなわち、景品類の提供若しくは自己の供給する商品又は役務についての一般消費者向けの表示（以下「表示等」という。）をする事業者に対して必要な措置を講じることを求めるものであり、例えば、当該事業者と取引関係はあるが、表示等を行っていない事業者（以下「取引関係事業者」という。）（注1）に対して措置を求めるものではない。

しかし、取引関係事業者が、当該表示等を行う事業者から当該表示等の作成を委ねられる場合には、当該表示等を行う事業者は、自らの措置の実効性が確保できるよう、取引関係事業者に対し、自らの措置についての理解を求め、取引関係事業者が作成する表示等が不当表示等に該当することのないよう指示することが求められる。

　なお、自己の供給する商品又は役務について一般消費者に対する表示を行っていない事業者（広告媒体事業者等）であっても、例えば、当該事業者が、商品又は役務を一般消費者に供給している他の事業者と共同して商品又は役務を一般消費者に供給していると認められる場合は、景品表示法の適用を受けることから、このような場合には、景品表示法第26条第1項の規定に基づき必要な措置を講じることが求められることに留意しなければならない。
（注1）ここでいう「取引関係事業者」における「事業者」とは景品表示法
　　第2条第1項に規定する「事業者」のことである。

2　事業者が講ずべき措置の規模や業態等による相違

　景品表示法の対象となる事業者は、その規模や業態、取り扱う商品又は役務の内容、取引の態様等が様々である。各事業者は、その規模や業態、取り扱う商品又は役務の内容、取引の態様等に応じて、不当表示等を未然に防止するために必要な措置を講じることとなる。したがって、各事業者によって、必要な措置の内容は異なることとなるが、事業者の組織が大規模かつ複雑になれば、不当表示等を未然に防止するために、例えば、表示等に関する情報の共有において、より多くの措置が必要となる場合があることに留意しなければならない。他方、小規模企業者やその他の中小企業者においては、その規模や業態等に応じて、不当表示等を未然に防止するために十分な措置を講じていれば、必ずしも大企業と同等の措置が求められる訳ではない。

　なお、従来から景品表示法や景品表示法第31条第1項の規定に基づく協定又は規約（以下「公正競争規約」という。）を遵守するために必要な措置を講じている事業者にとっては、本指針によって、新たに、特段の措置を講じることが求められるものではない。

3　別添記載の具体的事例についての注意点

　本指針において、別添に記載した事例は、事業者の理解を助けることを目的に参考として示したものであり、当該事例と同じ措置ではなくても、不当表示等を未然に防止するための必要な措置として適切なものであれば、景品表示法第26条第1項の規定に基づく措置を講じていると判断されることとなる。また、

本指針の中で挙げられた事例は、景品表示法第26条第1項の規定に基づく必要な措置を網羅するものではないことに留意しなければならない。

第3　用語の説明

1　必要な措置

　景品表示法第26条第1項に規定する「必要な措置」とは、事業者が景品表示法を遵守するために必要な措置を包括的に表現したものであり、「景品類の価額の最高額、総額その他の景品類の提供に関する事項及び商品又は役務の品質、規格その他の内容に係る表示に関する事項を適正に管理するために必要な体制の整備」は事業者が講ずべき「必要な措置」の一例である。必要な措置とは、例えば、景品類の提供について、それが違法とならないかどうかを判断する上で必要な事項を確認することや、商品又は役務の提供について実際のもの又は事実に相違して当該事業者と同種若しくは類似の商品若しくは役務を供給している他の事業者に係るものよりも著しく優良又は有利であると示す表示等に当たらないかどうかを確認することのほか、確認した事項を適正に管理するための措置を講じることである。

2　正当な理由

　景品表示法第28条第1項に規定する「正当な理由」とは、専ら一般消費者の利益の保護の見地から判断されるものであって、単に一般消費者の利益の保護とは直接関係しない事業経営上又は取引上の観点だけからみて合理性又は必要性があるに過ぎない場合などは、正当な理由があるとはいえない。

　正当な理由がある場合とは、例えば、事業者が表示等の管理上の措置として表示等の根拠となる資料等を保管していたが、災害等の不可抗力によってそれらが失われた場合などである。

第4　事業者が講ずべき表示等の管理上の措置の内容

　表示等の管理上の措置として、事業者は、その規模（注2）や業態、取り扱う商品又は役務の内容、取引の態様等に応じ、必要かつ適切な範囲で、次に示す事項に沿うような具体的な措置を講ずる必要がある。

　なお、本指針で例示されているもの以外にも不当表示等を防止する措置は存在するところ、事業者がそれぞれの業務内容や社内体制に応じて、必要と考える独自の措置を講じることも重要である。

（注２）例えば、後記５に関して、個人事業主等の小規模企業者やその他の中小企業者においては、その規模等に応じて、代表者が表示等を管理している場合には、代表者をその担当者と定めることも可能である。

1　景品表示法の考え方の周知・啓発

　事業者は、不当表示等の防止のため、景品表示法の考え方について、表示等に関係している自社の役員及び従業員（注３）（以下「関係従業員等」という。）にその職務に応じた周知・啓発を行うこと。

　また、一般的に事業者が行う表示等の作成に当該事業者以外の複数の事業者が関係する場合、そうでない場合に比べて、景品表示法の考え方を関係者間で共有することが困難になり、結果的に不当表示等が生じる可能性が高くなることも踏まえ、事業者が表示等の作成を他の事業者に委ねる場合、当該他の事業者に対しても、その業務に応じた周知・啓発を行うこと。

　なお、周知・啓発を行うに当たっては、例えば、一般消費者にとって、表示等が商品又は役務を購入するかどうかを判断する重要な要素となること、その商品又は役務について最も多くの情報・知識を有している事業者が正しい表示を行うことが、一般消費者の利益を保護することになるばかりか、最終的にはその事業者や業界全体の利益となることを十分理解する必要がある。

（注３）表示等の内容を決定する又は管理する役員及び従業員のほか、決定された表示内容に基づき一般消費者に対する表示（商品説明、セールストーク等）を行うことが想定される者を含む。

2　法令遵守の方針等の明確化

　事業者は、不当表示等の防止のため、自社の景品表示法を含む法令遵守の方針や法令遵守のためにとるべき手順等を明確化すること。

　また、一般的に事業者が行う表示等の作成に当該事業者以外の複数の事業者が関係する場合、そうでない場合に比べて、法令遵守の方針等を関係者間で共

参考資料

481

有することが困難になり、結果的に不当表示等が生じる可能性が高くなること
も踏まえ、事業者が表示等の作成を他の事業者に委ねる場合、当該他の事業者
に対しても、その業務に応じて法令遵守の方針や法令遵守のためにとるべき手
順等を明確化すること。

　なお、本事項は、必ずしも不当表示等を防止する目的に特化した法令遵守の
方針等を、一般的な法令遵守の方針等とは別に明確化することを求めるもので
はない。また、例えば、個人事業主等の小規模企業者やその他の中小企業者に
おいては、その規模等に応じて、社内規程等を明文化しなくても法令遵守の方
針等を個々の従業員（従業員を雇用していない代表者一人の事業者にあっては
当該代表者）が認識することで足りることもある。

3　表示等に関する情報の確認

　事業者は、

(1)　景品類を提供しようとする場合、違法とならない景品類の価額の最高額・
　総額・種類・提供の方法等を、

(2)　とりわけ、商品又は役務の長所や要点を一般消費者に訴求するために、そ
　の内容等について積極的に表示を行う場合には、当該表示の根拠となる情報
　を確認すること。

　この「確認」がなされたといえるかどうかは、表示等の内容、その検証の容
易性、当該事業者が払った注意の内容・方法等によって個別具体的に判断され
ることとなる。例えば、小売業者が商品の内容等について積極的に表示を行う
場合には、直接の仕入れ先に対する確認や、商品自体の表示の確認など、事業
者が当然把握し得る範囲の情報を表示内容等に応じて適切に確認することは通
常求められるが、全ての場合について、商品の流通過程を遡って調査を行うこ
とや商品の鑑定・検査等を行うことまでを求められるものではない。

　なお、事業者の業態等に応じて、例えば、小売業のように商品を提供する段
階における情報の確認のみで足りる場合や、飲食業のように、提供する料理を
企画する段階、その材料を調達する段階、加工（製造）する段階及び実際に提
供する段階に至るまでの複数の段階における情報の確認を組み合わせて実施す
ることが必要となる場合や、アフィリエイトプログラム（注４）を利用した広

告を行うような業態では、当該広告を利用する事業者がアフィリエイター等の作成する表示等を確認することが必要となる場合があることに留意する必要がある。

（注４）　「アフィリエイトプログラム」とは、インターネットを用いた広告手法の一つである（以下広告される商品又は役務を供給する事業者を「広告主」と、広告を掲載するウェブサイトを「アフィリエイトサイト」と、アフィリエイトサイトを運営する者を「アフィリエイター」という。）。アフィリエイトプログラムのビジネスモデルは、比較サイト、ポイントサイト、ブログその他のウェブサイトの運営者等が当該サイト等に当該運営者等以外の者が供給する商品又は役務のバナー広告、商品画像リンク及びテキストリンク等を掲載し、当該サイト等を閲覧した者がバナー広告、商品画像リンク及びテキストリンク等をクリックしたり、バナー広告、商品画像リンク及びテキストリンク等を通じて広告主のサイトにアクセスして広告主の商品又は役務を購入したり、購入の申込みを行ったりした場合等、あらかじめ定められた条件に従って、アフィリエイターに対して、広告主から成功報酬が支払われるものであるとされている（注５）。

（注５）　アフィリエイターが自らのアフィリエイトサイトに単にアフィリエイトプログラムを利用した広告を行う事業者のウェブサイトのＵＲＬを添付するだけなど、当該事業者の商品又は役務の内容や取引条件についての詳細な表示を行わないようなアフィリエイトプログラムを利用した広告については、通常、不当表示等が発生することはないと考えられる。また、アフィリエイターの表示であっても、広告主とアフィリエイターとの間で当該表示に係る情報のやり取りが一切行われていないなど、アフィリエイトプログラムを利用した広告主による広告とは認められない実態にあるものについては、通常、広告主が表示内容の決定に関与したとされることはないと考えられる。

4　表示等に関する情報の共有

　事業者は、その規模等に応じ、前記３のとおり確認した情報を、当該表示等に関係する各組織部門が不当表示等を防止する上で必要に応じて共有し確認で

きるようにすること。

　また、事業者が表示等の作成を他の事業者に委ねる場合、当該他の事業者に対しても同様の対応を行うこと。

　不当表示等は、企画・調達・生産・製造・加工を行う部門と実際に表示等を行う営業・広報部門等との間における情報共有が希薄であることや、複数の者による確認が行われていないことや、表示等の作成に自社以外の複数の事業者が関係する場合における関係者間の連携不足・情報共有が希薄であること等により発生する場合がある。このため、情報の共有を行うに当たっては、このような原因や背景を十分に踏まえた対応を行うことが重要である。

　なお、個人事業主等の小規模企業者やその他の中小企業者においては、その規模等に応じて、代表者が表示等を管理している場合には、代表者が表示等に関する情報を把握していることで足りる。

5　表示等を管理するための担当者等を定めること

　事業者は、表示等に関する事項を適正に管理するため、表示等を管理する担当者又は担当部門（以下「表示等管理担当者」という。）をあらかじめ定めること（注6及び注7）。

　表示等管理担当者を定めるに際しては、以下の事項を満たすこと。

(1)　表示等管理担当者が自社の表示等に関して監視・監督権限を有していること。

(2)　表示等の作成を他の事業者に委ねる場合は、表示等管理担当者が当該他の事業者が作成する表示等に関して指示・確認権限を有していること。

(3)　表示等管理担当者が複数存在する場合、それぞれの権限又は所掌が明確であること。

(4)　表示等管理担当者となる者が、例えば、景品表示法の研修を受けるなど、景品表示法に関する一定の知識の習得に努めていること。

(5)　表示等管理担当者を社内等（表示等の作成を他の事業者に委ねる場合は当該他の事業者も含む。）において周知する方法が確立していること。

　なお、仮に、景品表示法に違反する事実が認められた場合、景品表示法第28条第1項の規定に基づく勧告等の対象となるのは、あくまで事業者であり、表示等管理担当者がその対象となるものではない。

（注６）　例えば、個人事業主等の小規模企業者やその他の中小企業者におい
ては、その規模等に応じて、代表者が表示等を管理している場合には、代
表者をその担当者と定めることも可能である。

（注７）　表示等管理担当者は、必ずしも専任の担当者又は担当部門である必
要はなく、例えば、一般的な法令遵守等の担当者又は担当部門がその業務
の一環として表示等の管理を行うことが可能な場合には、それらの担当者
又は担当部門を表示等管理担当者に指定することで足りる。

6　表示等の根拠となる情報を事後的に確認するために必要な措置を採ること

事業者は、前記３のとおり確認した表示等に関する情報を、表示等の対象と
なる商品又は役務が一般消費者に供給され得ると合理的に考えられる期間、事
後的に確認するために、例えば、資料の保管等必要な措置を採ること。また、
表示等の作成を他の事業者に委ねる場合であっても同様の措置を採ること。

7　不当な表示等が明らかになった場合における迅速かつ適切な対応

事業者は、特定の商品又は役務に景品表示法違反又はそのおそれがある事案
が発生した場合、その事案に対処するため、次の措置を講じること。

(1)　当該事案に係る事実関係を迅速かつ正確に確認すること。

(2)　前記(1)における事実確認に即して、不当表示等による一般消費者の誤認排
除を迅速かつ適正に行うこと。

(3)　再発防止に向けた措置を講じること。

また、上記の措置は、事業者が表示等の作成を他の事業者に委ねた場合の表
示等において当該事案が発生した場合も含む。

なお、不当表示等による一般消費者の誤認の排除に当たっては、不当表示等
を単に是正するだけでは、既に不当に誘引された一般消費者の誤認がなくなっ
たことにはならずに、当該商品又は役務に不当表示等があった事実を一般消費
者に認知させるなどの措置が求められる場合があることを理解する必要がある。

※別添、略

私的独占の禁止及び公正取引の確保に関する法律（抄）

（昭和22年法律第54号）

最終改正：令和元年6月26日 法律第45号

（定義）

第2条 （略）

9　この法律において「不公正な取引方法」とは、次の各号のいずれかに該当する行為をいう。

(1)　正当な理由がないのに、競争者と共同して、次のいずれかに該当する行為をすること。

　　イ　ある事業者に対し、供給を拒絶し、又は供給に係る商品若しくは役務の数量若しくは内容を制限すること。

　　ロ　他の事業者に、ある事業者に対する供給を拒絶させ、又は供給に係る商品若しくは役務の数量若しくは内容を制限させること。

(2)　不当に、地域又は相手方により差別的な対価をもつて、商品又は役務を継続して供給することであつて、他の事業者の事業活動を困難にさせるおそれがあるもの

(3)　正当な理由がないのに、商品又は役務をその供給に要する費用を著しく下回る対価で継続して供給することであつて、他の事業者の事業活動を困難にさせるおそれがあるもの

(4)　自己の供給する商品を購入する相手方に、正当な理由がないのに、次のいずれかに掲げる拘束の条件を付けて、当該商品を供給すること。

　　イ　相手方に対しその販売する当該商品の販売価格を定めてこれを維持させることその他相手方の当該商品の販売価格の自由な決定を拘束すること。

　　ロ　相手方の販売する当該商品を購入する事業者の当該商品の販売価格を定めて相手方をして当該事業者にこれを維持させることその他相手方をして当該事業者の当該商品の販売価格の自由な決定を拘束させること。

(5)　自己の取引上の地位が相手方に優越していることを利用して、正常な商慣

習に照らして不当に、次のいずれかに該当する行為をすること。

イ　継続して取引する相手方（新たに継続して取引しようとする相手方を含む。ロにおいて同じ。）に対して、当該取引に係る商品又は役務以外の商品又は役務を購入させること。

ロ　継続して取引する相手方に対して、自己のために金銭、役務その他の経済上の利益を提供させること。

ハ　取引の相手方からの取引に係る商品の受領を拒み、取引の相手方から取引に係る商品を受領した後当該商品を当該取引の相手方に引き取らせ、取引の相手方に対して取引の対価の支払を遅らせ、若しくはその額を減じ、その他取引の相手方に不利益となるように取引の条件を設定し、若しくは変更し、又は取引を実施すること。

(6)　前各号に掲げるもののほか、次のいずれかに該当する行為であつて、公正な競争を阻害するおそれがあるもののうち、公正取引委員会が指定するもの

イ　不当に他の事業者を差別的に取り扱うこと。

ロ　不当な対価をもつて取引すること。

ハ　不当に競争者の顧客を自己と取引するように誘引し、又は強制すること。

ニ　相手方の事業活動を不当に拘束する条件をもつて取引すること。

ホ　自己の取引上の地位を不当に利用して相手方と取引すること。

ヘ　自己又は自己が株主若しくは役員である会社と国内において競争関係にある他の事業者とその取引の相手方との取引を不当に妨害し、又は当該事業者が会社である場合において、その会社の株主若しくは役員をその会社の不利益となる行為をするように、不当に誘引し、唆し、若しくは強制すること。

（不公正な取引方法の禁止）

第19条　事業者は、不公正な取引方法を用いてはならない。

（排除措置）

第20条　前条の規定に違反する行為があるときは、公正取引委員会は、第8章第2節に規定する手続に従い、事業者に対し、当該行為の差止め、契約条項の削除その他当該行為を排除するために必要な措置を命ずることができる。

（以下、略）

不公正な取引方法

（昭和57年6月18日 公正取引委員会告示第15号）
最終変更：平成21年10月28日 公正取引委員会告示第18号

（共同の取引拒絶）

1 正当な理由がないのに、自己と競争関係にある他の事業者（以下「競争者」という。）と共同して、次の各号のいずれかに掲げる行為をすること。

  ⑴ ある事業者から商品若しくは役務の供給を受けることを拒絶し、又は供給を受ける商品若しくは役務の数量若しくは内容を制限すること。

  ⑵ 他の事業者に、ある事業者から商品若しくは役務の供給を受けることを拒絶させ、又は供給を受ける商品若しくは役務の数量若しくは内容を制限させること。

（その他の取引拒絶）

2 不当に、ある事業者に対し取引を拒絶し若しくは取引に係る商品若しくは役務の数量若しくは内容を制限し、又は他の事業者にこれらに該当する行為をさせること。

（差別対価）

3 私的独占の禁止及び公正取引の確保に関する法律（昭和22年法律第54号。以下「法」という。）第2条第9項第2号に該当する行為のほか、不当に、地域又は相手方により差別的な対価をもつて、商品若しくは役務を供給し、又はこれらの供給を受けること。

（取引条件等の差別取扱い）

4 不当に、ある事業者に対し取引の条件又は実施について有利な又は不利な取扱いをすること。

（事業者団体における差別取扱い等）

5 事業者団体若しくは共同行為からある事業者を不当に排斥し、又は事業者団体の内部若しくは共同行為においてある事業者を不当に差別的に取り扱い、その事業者の事業活動を困難にさせること。

（不当廉売）

6　法第2条第9項第3号に該当する行為のほか、不当に商品又は役務を低い対価で供給し、他の事業者の事業活動を困難にさせるおそれがあること。

（不当高価購入）

7　不当に商品又は役務を高い対価で購入し、他の事業者の事業活動を困難にさせるおそれがあること。

（ぎまん的顧客誘引）

8　自己の供給する商品又は役務の内容又は取引条件その他これらの取引に関する事項について、実際のもの又は競争者に係るものよりも著しく優良又は有利であると顧客に誤認させることにより、競争者の顧客を自己と取引するように不当に誘引すること。

（不当な利益による顧客誘引）

9　正常な商慣習に照らして不当な利益をもつて、競争者の顧客を自己と取引するように誘引すること。

（抱き合わせ販売等）

10　相手方に対し、不当に、商品又は役務の供給に併せて他の商品又は役務を自己又は自己の指定する事業者から購入させ、その他自己又は自己の指定する事業者と取引するように強制すること。

（排他条件付取引）

11　不当に、相手方が競争者と取引しないことを条件として当該相手方と取引し、競争者の取引の機会を減少させるおそれがあること。

（拘束条件付取引）

12　法第2条第9項第4号又は前項に該当する行為のほか、相手方とその取引の相手方との取引その他相手方の事業活動を不当に拘束する条件をつけて、当該相手方と取引すること。

（取引の相手方の役員選任への不当干渉）

13　自己の取引上の地位が相手方に優越していることを利用して、正常な商慣習に照らして不当に、取引の相手方である会社に対し、当該会社の役員（法第2条第3項の役員をいう。以下同じ。）の選任についてあらかじめ自己の指示に従わせ、又は自己の承認を受けさせること。

参考資料

（競争者に対する取引妨害）

14　自己又は自己が株主若しくは役員である会社と国内において競争関係にある他の事業者とその取引の相手方との取引について、契約の成立の阻止、契約の不履行の誘引その他いかなる方法をもつてするかを問わず、その取引を不当に妨害すること。

（競争会社に対する内部干渉）

15　自己又は自己が株主若しくは役員である会社と国内において競争関係にある会社の株主又は役員に対し、株主権の行使、株式の譲渡、秘密の漏えいその他いかなる方法をもつてするかを問わず、その会社の不利益となる行為をするように、不当に誘引し、そそのかし、又は強制すること。

宅地建物取引業法（抄）

（昭和27年法律第176号）

（目的）

第1条 この法律は、宅地建物取引業を営む者について免許制度を実施し、その事業に対し必要な規制を行うことにより、その業務の適正な運営と宅地及び建物の取引の公正とを確保するとともに、宅地建物取引業の健全な発達を促進し、もつて購入者等の利益の保護と宅地及び建物の流通の円滑化とを図ることを目的とする。

（用語の定義）

第2条 この法律において次の各号に掲げる用語の意義は、それぞれ当該各号の定めるところによる。

⑴ 宅地 建物の敷地に供せられる土地をいい、都市計画法（昭和43年法律第100号）第8条第1項第1号の用途地域内のその他の土地で、道路、公園、河川その他政令で定める公共の用に供する施設の用に供せられているもの以外のものを含むものとする。

⑵ 宅地建物取引業 宅地若しくは建物（建物の一部を含む。以下同じ。）の売買若しくは交換又は宅地若しくは建物の売買、交換若しくは貸借の代理若しくは媒介をする行為で業として行うものをいう。

⑶ 宅地建物取引業者 第3条第1項の免許を受けて宅地建物取引業を営む者をいう。

⑷ 宅地建物取引士 第22条の2第1項の宅地建物取引士証の交付を受けた者をいう。

（免許）

第3条 宅地建物取引業を営もうとする者は、二以上の都道府県の区域内に事務所（本店、支店その他の政令で定めるものをいう。以下同じ。）を設置してその事業を営もうとする場合にあつては国土交通大臣の、一の都道府県の区域内にのみ事務所を設置してその事業を営もうとする場合にあつては当該

事務所の所在地を管轄する都道府県知事の免許を受けなければならない。

2　前項の免許の有効期間は、5年とする。

3　（以下、略）

（誇大広告等の禁止）

第32条　宅地建物取引業者は、その業務に関して広告をするときは、当該広告に係る宅地又は建物の所在、規模、形質若しくは現在若しくは将来の利用の制限、環境若しくは交通その他の利便又は代金、借賃等の対価の額若しくはその支払方法若しくは代金若しくは交換差金に関する金銭の貸借のあつせんについて、著しく事実に相違する表示をし、又は実際のものよりも著しく優良であり、若しくは有利であると人を誤認させるような表示をしてはならない。

（広告の開始時期の制限）

第33条　宅地建物取引業者は、宅地の造成又は建物の建築に関する工事の完了前においては、当該工事に関し必要とされる都市計画法第29条第1項又は第2項の許可、建築基準法（昭和25年法律第201号）第6条第1項の確認その他法令に基づく許可等の処分で政令で定めるものがあつた後でなければ、当該工事に係る宅地又は建物の売買その他の業務に関する広告をしてはならない。

（自己の所有に属しない宅地又は建物の売買契約締結の制限）

第33条の2　宅地建物取引業者は、自己の所有に属しない宅地又は建物について、自ら売主となる売買契約（予約を含む。）を締結してはならない。ただし、次の各号のいずれかに該当する場合は、この限りでない。

⑴　宅地建物取引業者が当該宅地又は建物を取得する契約（予約を含み、その効力の発生が条件に係るものを除く。）を締結しているときその他宅地建物取引業者が当該宅地又は建物を取得できることが明らかな場合で国土交通省令・内閣府令で定めるとき。

　（以下、略）

（取引態様の明示）

第34条　宅地建物取引業者は、宅地又は建物の売買、交換又は貸借に関する広告をするときは、自己が契約の当事者となつて当該売買若しくは交換を成

立させるか、代理人として当該売買、交換若しくは貸借を成立させるか、又は媒介して当該売買、交換若しくは貸借を成立させるかの別（次項において「取引態様の別」という。）を明示しなければならない。

（以下、略）

（重要事項の説明等）

第35条　宅地建物取引業者は、宅地若しくは建物の売買、交換若しくは貸借の相手方若しくは代理を依頼した者又は宅地建物取引業者が行う媒介に係る売買、交換若しくは貸借の各当事者（以下「宅地建物取引業者の相手方等」という。）に対して、その者が取得し、又は借りようとしている宅地又は建物に関し、その売買、交換又は貸借の契約が成立するまでの間に、宅地建物取引士をして、少なくとも次に掲げる事項について、これらの事項を記載した書面（第５号において図面を必要とするときは、図面）を交付して説明をさせなければならない。

（以下、略）

（契約締結等の時期の制限）

第36条　宅地建物取引業者は、宅地の造成又は建物の建築に関する工事の完了前においては、当該工事に関し必要とされる都市計画法第29条第１項又は第２項の許可、建築基準法第６条第１項の確認その他法令に基づく許可等の処分で政令で定めるものがあつた後でなければ、当該工事に係る宅地又は建物につき、自ら当事者として、若しくは当事者を代理してその売買若しくは交換の契約を締結し、又はその売買若しくは交換の媒介をしてはならない。

（書面の交付）

第37条　宅地建物取引業者は、宅地又は建物の売買又は交換に関し、自ら当事者として契約を締結したときはその相手方に、当事者を代理して契約を締結したときはその相手方及び代理を依頼した者に、その媒介により契約が成立したときは当該契約の各当事者に、遅滞なく、次に掲げる事項を記載した書面を交付しなければならない。

（以下、略）

（業務に関する禁止事項）

第47条　宅地建物取引業者は、その業務に関して、宅地建物取引業者の相手

参考資料

方等に対し、次に掲げる行為をしてはならない。

(1)　宅地若しくは建物の売買、交換若しくは賃借の契約の締結について勧誘を
するに際し、又はその契約の申込みの撤回若しくは解除若しくは宅地建物取
引業に関する取引により生じた債権の行使を妨げるため、次のいずれかに該
当する事項について、故意に事実を告げず、又は不実のことを告げる行為

イ　第35条第1項各号又は第2項各号に掲げる事項

ロ　第35条の2各号に掲げる事項

ハ　第37条第1項各号又は第2項各号（第1号を除く。）に掲げる事項

ニ　イからハまでに掲げるもののほか、宅地若しくは建物の所在、規模、形
質、現在若しくは将来の利用の制限、環境、交通等の利便、代金、借賃等
の対価の額若しくは支払方法その他の取引条件又は当該宅地建物取引業者
若しくは取引の関係者の資力若しくは信用に関する事項であつて、宅地建
物取引業者の相手方等の判断に重要な影響を及ぼすこととなるもの

(2)　不当に高額の報酬を要求する行為

(3)　手付けについて貸付けその他信用の供与をすることにより契約の締結を誘
引する行為

第47条の2　宅地建物取引業者又はその代理人、使用人その他の従業者（以
下この条において「宅地建物取引業者等」という。）は、宅地建物取引業に
係る契約の締結の勧誘をするに際し、宅地建物取引業者の相手方等に対し、
利益を生ずることが確実であると誤解させるべき断定的判断を提供する行為
をしてはならない。

（以下、略）

都市計画法（抄）

（昭和43年法律第100号）

（区域区分）

第7条 都市計画区域について無秩序な市街化を防止し、計画的な市街化を図るため必要があるときは、都市計画に、市街化区域と市街化調整区域との区分（以下「区域区分」という。）を定めることができる。ただし、次に掲げる都市計画区域については、区域区分を定めるものとする。

(1) 次に掲げる土地の区域の全部又は一部を含む都市計画区域

イ 首都圏整備法第2条第3項に規定する既成市街地又は同条第4項に規定する近郊整備地帯

ロ 近畿圏整備法第2条第3項に規定する既成都市区域又は同条第4項に規定する近郊整備区域

ハ 中部圏開発整備法第2条第3項に規定する都市整備区域

(2) 前号に掲げるもののほか、大都市に係る都市計画区域として政令で定めるもの

2 市街化区域は、すでに市街地を形成している区域及びおおむね10年以内に優先的かつ計画的に市街化を図るべき区域とする。

3 市街化調整区域は、市街化を抑制すべき区域とする。

（都市施設）

第11条 都市計画区域については、都市計画に、次に掲げる施設を定めることができる。この場合において、特に必要があるときは、当該都市計画区域外においても、これらの施設を定めることができる。

(1) 道路、都市高速鉄道、駐車場、自動車ターミナルその他の交通施設

(2) 公園、緑地、広場、墓園その他の公共空地

(3) 水道、電気供給施設、ガス供給施設、下水道、汚物処理場、ごみ焼却場その他の供給施設又は処理施設

(4) 河川、運河その他の水路

参考資料

(5) 学校、図書館、研究施設その他の教育文化施設

(6) 病院、保育所その他の医療施設又は社会福祉施設

(7) 市場、と畜場又は火葬場

(8) 一団地の住宅施設（一団地における50戸以上の集団住宅及びこれらに附帯する通路その他の施設をいう。）

(9) 一団地の官公庁施設（一団地の国家機関又は地方公共団体の建築物及びこれらに附帯する通路その他の施設をいう。）

(10) 一団地の都市安全確保拠点施設（溢水、湛水、津波、高潮その他の自然現象による災害が発生した場合における居住者等（居住者、来訪者又は滞在者をいう。以下同じ。）の安全を確保するための拠点となる一団地の特定公益的施設（避難場所の提供、生活関連物資の配布、保健医療サービスの提供その他の当該災害が発生した場合における居住者等の安全を確保するために必要な機能を有する集会施設、購買施設、医療施設その他の施設をいう。第4項第1号において同じ。）及び公共施設をいう。）

(11) 流通業務団地

(12) 一団地の津波防災拠点市街地形成施設（津波防災地域づくりに関する法律（平成23年法律第123号）第2条第15項に規定する一団地の津波防災拠点市街地形成施設をいう。）

(13) 一団地の復興再生拠点市街地形成施設（福島復興再生特別措置法（平成24年法律第25号）第32条第1項に規定する一団地の復興再生拠点市街地形成施設をいう。）

(14) 一団地の復興拠点市街地形成施設（大規模災害からの復興に関する法律（平成25年法律第55号）第2条第8号に規定する一団地の復興拠点市街地形成施設をいう。）

(15) その他政令で定める施設

（以下、略）

（都市計画の告示等）

第20条 都道府県又は市町村は、都市計画を決定したときは、その旨を告示し、かつ、都道府県にあつては関係市町村長に、市町村にあつては都道府県知事に、第14条第1項に規定する図書の写しを送付しなければならない。

2　都道府県知事及び市町村長は、国土交通省令で定めるところにより、前項の図書又はその写しを当該都道府県又は市町村の事務所に備え置いて一般の閲覧に供する方法その他の適切な方法により公衆の縦覧に供しなければならない。

3　都市計画は、第1項の規定による告示があつた日から、その効力を生ずる。

（開発行為の許可）

第29条　都市計画区域又は準都市計画区域内において開発行為をしようとする者は、あらかじめ、国土交通省令で定めるところにより、都道府県知事（地方自治法（昭和22年法律第67号）第252条の19第1項の指定都市又は同法第252条の22第1項の中核市（以下「指定都市等」という。）の区域内にあつては、当該指定都市等の長。以下この節において同じ。）の許可を受けなければならない。ただし、次に掲げる開発行為については、この限りでない。

(1)　市街化区域、区域区分が定められていない都市計画区域又は準都市計画区域内において行う開発行為で、その規模が、それぞれの区域の区分に応じて政令で定める規模未満であるもの

(2)　市街化調整区域、区域区分が定められていない都市計画区域又は準都市計画区域内において行う開発行為で、農業、林業若しくは漁業の用に供する政令で定める建築物又はこれらの業務を営む者の居住の用に供する建築物の建築の用に供する目的で行うもの

(3)　駅舎その他の鉄道の施設、図書館、公民館、変電所その他これらに類する公益上必要な建築物のうち開発区域及びその周辺の地域における適正かつ合理的な土地利用及び環境の保全を図る上で支障がないものとして政令で定める建築物の建築の用に供する目的で行う開発行為

(4)　都市計画事業の施行として行う開発行為

(5)　土地区画整理事業の施行として行う開発行為

(6)　市街地再開発事業の施行として行う開発行為

(7)　住宅街区整備事業の施行として行う開発行為

(8)　防災街区整備事業の施行として行う開発行為

(9)　公有水面埋立法（大正10年法律第57号）第2条第1項の免許を受けた埋

参考資料

立地であつて、まだ同法第22条第2項の告示がないものにおいて行う開発
行為

⑽　非常災害のため必要な応急措置として行う開発行為

⑾　通常の管理行為、軽易な行為その他の行為で政令で定めるもの

2　都市計画区域及び準都市計画区域外の区域内において、それにより一定の
市街地を形成すると見込まれる規模として政令で定める規模以上の開発行為
をしようとする者は、あらかじめ、国土交通省令で定めるところにより、都
道府県知事の許可を受けなければならない。ただし、次に掲げる開発行為に
ついては、この限りでない。

⑴　農業、林業若しくは漁業の用に供する政令で定める建築物又はこれらの業務
を営む者の居住の用に供する建築物の建築の用に供する目的で行う開発行為

⑵　前項第3号、第4号及び第9号から第11号までに掲げる開発行為

3　開発区域が、市街化区域、区域区分が定められていない都市計画区域、準
都市計画区域又は都市計画区域及び準都市計画区域外の区域のうち2以上の
区域にわたる場合における第1項第1号及び前項の規定の適用については、
政令で定める。

（開発許可の基準）

第33条　都道府県知事は、開発許可の申請があつた場合において、当該申請
に係る開発行為が、次に掲げる基準（第4項及び第5項の条例が定められて
いるときは、当該条例で定める制限を含む。）に適合しており、かつ、その
申請の手続がこの法律又はこの法律に基づく命令の規定に違反していないと
認めるときは、開発許可をしなければならない。

（以下、略）

第34条　前条の規定にかかわらず、市街化調整区域に係る開発行為（主とし
て第二種特定工作物の建設の用に供する目的で行う開発行為を除く。）につ
いては、当該申請に係る開発行為及びその申請の手続が同条に定める要件に
該当するほか、当該申請に係る開発行為が次の各号のいずれかに該当すると
認める場合でなければ、都道府県知事は、開発許可をしてはならない。

⑴〜⑽　（略）

⑾　市街化区域に隣接し、又は近接し、かつ、自然的社会的諸条件から市街化

498

区域と一体的な日常生活圏を構成していると認められる地域であつておおむね50以上の建築物（市街化区域内に存するものを含む。）が連たんしている地域のうち、災害の防止その他の事情を考慮して政令で定める基準に従い、都道府県（指定都市等又は事務処理市町村の区域内にあつては、当該指定都市等又は事務処理市町村。以下この号及び次号において同じ。）の条例で指定する土地の区域内において行う開発行為で、予定建築物等の用途が、開発区域及びその周辺の地域における環境の保全上支障があると認められる用途として都道府県の条例で定めるものに該当しないもの

⑿　開発区域の周辺における市街化を促進するおそれがないと認められ、かつ、市街化区域内において行うことが困難又は著しく不適当と認められる開発行為として、災害の防止その他の事情を考慮して政令で定める基準に従い、都道府県の条例で区域、目的又は予定建築物等の用途を限り定められたもの

（以下、略）

（開発許可を受けた土地以外の土地における建築等の制限）

第43条　何人も、市街化調整区域のうち開発許可を受けた開発区域以外の区域内においては、都道府県知事の許可を受けなければ、第29条第１項第２号若しくは第３号に規定する建築物以外の建築物を新築し、又は第一種特定工作物を新設してはならず、また、建築物を改築し、又はその用途を変更して同項第２号若しくは第３号に規定する建築物以外の建築物としてはならない。ただし、次に掲げる建築物の新築、改築若しくは用途の変更又は第一種特定工作物の新設については、この限りでない。

（以下、略）

参考資料

都市計画法施行令（抄）

（昭和44年政令第158号）

（開発許可を受けた土地以外の土地における建築等の許可の基準）

第36条 都道府県知事（指定都市等の区域内にあつては、当該指定都市等の長。以下この項において同じ。）は、次の各号のいずれにも該当すると認めるときでなければ、法第43条第1項の許可をしてはならない。

⑴ 当該許可の申請に係る建築物又は第一種特定工作物の敷地が次に定める基準（用途の変更の場合にあつては、ロを除く。）に適合していること。

イ 排水路その他の排水施設が、次に掲げる事項を勘案して、敷地内の下水を有効に排出するとともに、その排出によつて当該敷地及びその周辺の地域に出水等による被害が生じないような構造及び能力で適当に配置されていること。

① 当該地域における降水量

② 当該敷地の規模、形状及び地盤の性質

③ 敷地の周辺の状況及び放流先の状況

④ 当該建築物又は第一種特定工作物の用途

ロ 地盤の沈下、崖崩れ、出水その他による災害を防止するため、当該土地について、地盤の改良、擁壁又は排水施設の設置その他安全上必要な措置が講ぜられていること。

⑵ 地区計画又は集落地区計画の区域（地区整備計画又は集落地区整備計画が定められている区域に限る。）内においては、当該許可の申請に係る建築物又は第一種特定工作物の用途が当該地区計画又は集落地区計画に定められた内容に適合していること。

⑶ 当該許可の申請に係る建築物又は第一種特定工作物が次のいずれかに該当すること。

イ 法第34条第1号から第10号までに規定する建築物又は第一種特定工作物

ロ 法第34条第11号の条例で指定する土地の区域内において新築し、若し

くは改築する建築物若しくは新設する第一種特定工作物で同号の条例で定
める用途に該当しないもの又は当該区域内において用途を変更する建築物
で変更後の用途が同号の条例で定める用途に該当しないもの

ハ　建築物又は第一種特定工作物の周辺における市街化を促進するおそれが
ないと認められ、かつ、市街化区域内において行うことが困難又は著しく
不適当と認められる建築物の新築、改築若しくは用途の変更又は第一種特
定工作物の新設として、都道府県の条例で区域、目的又は用途を限り定め
られたもの。この場合において、当該条例で定める区域には、原則として、
第29条の９各号に掲げる区域を含まないものとする。

ニ　法第34条第13号に規定する者が同号に規定する土地において同号に規
定する目的で建築し、又は建設する建築物又は第一種特定工作物（第30
条に規定する期間内に建築し、又は建設するものに限る。）

ホ　当該建築物又は第一種特定工作物の周辺における市街化を促進するおそ
れがないと認められ、かつ、市街化区域内において建築し、又は建設する
ことが困難又は著しく不適当と認められる建築物又は第一種特定工作物で、
都道府県知事があらかじめ開発審査会の議を経たもの

2　第26条、第28条及び第29条の規定は、前項第１号に規定する基準の適
用について準用する。

建築基準法（抄）

（昭和25年法律第201号）

（用語の定義）

第2条　この法律において次の各号に掲げる用語の意義は、それぞれ当該各号に定めるところによる。

(1)〜(3)　（略）

(4)　居室　居住、執務、作業、集会、娯楽その他これらに類する目的のために継続的に使用する室をいう。

(5)・(6)　（略）

(7)　耐火構造　壁、柱、床その他の建築物の部分の構造のうち、耐火性能（通常の火災が終了するまでの間当該火災による建築物の倒壊及び延焼を防止するために当該建築物の部分に必要とされる性能をいう。）に関して政令で定める技術的基準に適合する鉄筋コンクリート造、れんが造その他の構造で、国土交通大臣が定めた構造方法を用いるもの又は国土交通大臣の認定を受けたものをいう。

(7)の2　準耐火構造　壁、柱、床その他の建築物の部分の構造のうち、準耐火性能（通常の火災による延焼を抑制するために当該建築物の部分に必要とされる性能をいう。第9号の3ロにおいて同じ。）に関して政令で定める技術的基準に適合するもので、国土交通大臣が定めた構造方法を用いるもの又は国土交通大臣の認定を受けたものをいう。

(8)　防火構造　建築物の外壁又は軒裏の構造のうち、防火性能（建築物の周囲において発生する通常の火災による延焼を抑制するために当該外壁又は軒裏に必要とされる性能をいう。）に関して政令で定める技術的基準に適合する鉄網モルタル塗、しっくい塗その他の構造で、国土交通大臣が定めた構造方法を用いるもの又は国土交通大臣の認定を受けたものをいう。

(9)　不燃材料　建築材料のうち、不燃性能（通常の火災時における火熱により燃焼しないことその他の政令で定める性能をいう。）に関して政令で定める

技術的基準に適合するもので、国土交通大臣が定めたもの又は国土交通大臣の認定を受けたものをいう。

(9)の2　耐火建築物　次に掲げる基準に適合する建築物をいう。

イ　その主要構造部が①又は②のいずれかに該当すること。

① 耐火構造であること。

② 次に掲げる性能（外壁以外の主要構造部にあつては、(i)に掲げる性能に限る。）に関して政令で定める技術的基準に適合するものであること。

(i)　当該建築物の構造、建築設備及び用途に応じて屋内において発生が予測される火災による火熱に当該火災が終了するまで耐えること。

(ii)　当該建築物の周囲において発生する通常の火災による火熱に当該火災が終了するまで耐えること。

ロ　その外壁の開口部で延焼のおそれのある部分に、防火戸その他の政令で定める防火設備（その構造が遮炎性能（通常の火災時における火炎を有効に遮るために防火設備に必要とされる性能をいう。第27条第1項において同じ。）に関して政令で定める技術的基準に適合するもので、国土交通大臣が定めた構造方法を用いるもの又は国土交通大臣の認定を受けたものに限る。）を有すること。

(9)の3　準耐火建築物　耐火建築物以外の建築物で、イ又はロのいずれかに該当し、外壁の開口部で延焼のおそれのある部分に前号ロに規定する防火設備を有するものをいう。

イ　主要構造部を準耐火構造としたもの

ロ　イに掲げる建築物以外の建築物であつて、イに掲げるものと同等の準耐火性能を有するものとして主要構造部の防火の措置その他の事項について政令で定める技術的基準に適合するもの

（以下、略）

（建築物の建築等に関する申請及び確認）

第6条　建築主は、第1号から第3号までに掲げる建築物を建築しようとする場合（増築しようとする場合においては、建築物が増築後において第1号から第3号までに掲げる規模のものとなる場合を含む。）、これらの建築物の大規模の修繕若しくは大規模の模様替をしようとする場合又は第4号に掲げる

参考資料

503

建築物を建築しようとする場合においては、当該工事に着手する前に、その計画が建築基準関係規定（この法律並びにこれに基づく命令及び条例の規定（以下「建築基準法令の規定」という。）その他建築物の敷地、構造又は建築設備に関する法律並びにこれに基づく命令及び条例の規定で政令で定めるものをいう。以下同じ。）に適合するものであることについて、確認の申請書を提出して建築主事の確認を受け、確認済証の交付を受けなければならない。当該確認を受けた建築物の計画の変更（国土交通省令で定める軽微な変更を除く。）をして、第1号から第3号までに掲げる建築物を建築しようとする場合（増築しようとする場合においては、建築物が増築後において第1号から第3号までに掲げる規模のものとなる場合を含む。）、これらの建築物の大規模の修繕若しくは大規模の模様替をしようとする場合又は第4号に掲げる建築物を建築しようとする場合も、同様とする。

(1)　別表第1（い）欄に掲げる用途に供する特殊建築物で、その用途に供する部分の床面積の合計が200平方メートルを超えるもの

(2)　木造の建築物で3以上の階数を有し、又は延べ面積が500平方メートル、高さが13メートル若しくは軒の高さが9メートルを超えるもの

(3)　木造以外の建築物で2以上の階数を有し、又は延べ面積が200平方メートルを超えるもの

(4)　前3号に掲げる建築物を除くほか、都市計画区域若しくは準都市計画区域（いずれも都道府県知事が都道府県都市計画審議会の意見を聴いて指定する区域を除く。）若しくは景観法（平成16年法律第110号）第74条第1項の準景観地区（市町村長が指定する区域を除く。）内又は都道府県知事が関係市町村の意見を聴いてその区域の全部若しくは一部について指定する区域内における建築物

2　前項の規定は、防火地域及び準防火地域外において建築物を増築し、改築し、又は移転しようとする場合で、その増築、改築又は移転に係る部分の床面積の合計が10平方メートル以内であるときについては、適用しない。

3〜7　（略）

8　第1項の確認済証の交付を受けた後でなければ、同項の建築物の建築、大規模の修繕又は大規模の模様替の工事は、することができない。

504

9　（略）

（居室の採光及び換気）

第28条　住宅、学校、病院、診療所、寄宿舎、下宿その他これらに類する建築物で政令で定めるものの居室（居住のための居室、学校の教室、病院の病室その他これらに類するものとして政令で定めるものに限る。）には、採光のための窓その他の開口部を設け、その採光に有効な部分の面積は、その居室の床面積に対して、住宅にあっては7分の1以上、その他の建築物にあっては5分の1から10分の1までの間において政令で定める割合以上としなければならない。ただし、地階若しくは地下工作物内に設ける居室その他これらに類する居室又は温湿度調整を必要とする作業を行う作業室その他用途上やむを得ない居室については、この限りでない。

2　居室には換気のための窓その他の開口部を設け、その換気に有効な部分の面積は、その居室の床面積に対して、20分の1以上としなければならない。ただし、政令で定める技術的基準に従って換気設備を設けた場合においては、この限りでない。

3　（略）

4　ふすま、障子その他随時開放することができるもので仕切られた2室は、前3項の規定の適用については、1室とみなす。

（地方公共団体の条例による制限の附加）

第40条　地方公共団体は、その地方の気候若しくは風土の特殊性又は特殊建築物の用途若しくは規模に因り、この章の規定又はこれに基く命令の規定のみによっては建築物の安全、防火又は衛生の目的を充分に達し難いと認める場合においては、条例で、建築物の敷地、構造又は建築設備に関して安全上、防火上又は衛生上必要な制限を附加することができる。

（道路の定義）

第42条　この章の規定において「道路」とは、次の各号のいずれかに該当する幅員4メートル（特定行政庁がその地方の気候若しくは風土の特殊性又は土地の状況により必要と認めて都道府県都市計画審議会の議を経て指定する区域内においては、6メートル。次項及び第3項において同じ。）以上のもの（地下におけるものを除く。）をいう。

参考資料

(1)　道路法（昭和27年法律第180号）による道路

(2)　都市計画法、土地区画整理法（昭和29年法律第119号）、旧住宅地造成事業に関する法律（昭和39年法律第160号）、都市再開発法（昭和44年法律第38号）、新都市基盤整備法（昭和47年法律第86号）、大都市地域における住宅及び住宅地の供給の促進に関する特別措置法（昭和50年法律第67号）又は密集市街地整備法（第6章に限る。以下この項において同じ。）による道路

(3)　都市計画区域若しくは準都市計画区域の指定若しくは変更又は第68条の9第1項の規定に基づく条例の制定若しくは改正によりこの章の規定が適用されるに至つた際現に存在する道

(4)　道路法、都市計画法、土地区画整理法、都市再開発法、新都市基盤整備法、大都市地域における住宅及び住宅地の供給の促進に関する特別措置法又は密集市街地整備法による新設又は変更の事業計画のある道路で、2年以内にその事業が執行される予定のものとして特定行政庁が指定したもの

(5)　土地を建築物の敷地として利用するため、道路法、都市計画法、土地区画整理法、都市再開発法、新都市基盤整備法、大都市地域における住宅及び住宅地の供給の促進に関する特別措置法又は密集市街地整備法によらないで築造する政令で定める基準に適合する道で、これを築造しようとする者が特定行政庁からその位置の指定を受けたもの

2　都市計画区域若しくは準都市計画区域の指定若しくは変更又は第68条の9第1項の規定に基づく条例の制定若しくは改正によりこの章の規定が適用されるに至った際現に建築物が立ち並んでいる幅員4メートル未満の道で、特定行政庁の指定したものは、前項の規定にかかわらず、同項の道路とみなし、その中心線からの水平距離2メートル（同項の規定により指定された区域内においては、3メートル（特定行政庁が周囲の状況により避難及び通行の安全上支障がないと認める場合は、2メートル）。以下この項及び次項において同じ。）の線をその道路の境界線とみなす。ただし、当該道がその中心線からの水平距離2メートル未満で崖地、川、線路敷地その他これらに類するものに沿う場合においては、当該崖地等の道の側の境界線及びその境界線から道の側に水平距離4メートルの線をその道路の境界線とみなす。

3　特定行政庁は、土地の状況に因りやむを得ない場合においては、前項の規定にかかわらず、同項に規定する中心線からの水平距離については2メートル未満1.35メートル以上の範囲内において、同項に規定するがけ地等の境界線からの水平距離については4メートル未満2.7メートル以上の範囲内において、別にその水平距離を指定することができる。

4　第1項の区域内の幅員6メートル未満の道（第1号又は第2号に該当する道にあつては、幅員4メートル以上のものに限る。）で、特定行政庁が次の各号の一に該当すると認めて指定したものは、同項の規定にかかわらず、同項の道路とみなす。

⑴　周囲の状況により避難及び通行の安全上支障がないと認められる道

⑵　地区計画等に定められた道の配置及び規模又はその区域に即して築造される道

⑶　第1項の区域が指定された際現に道路とされていた道

5　前項第3号に該当すると認めて特定行政庁が指定した幅員4メートル未満の道については、第2項の規定にかかわらず、第1項の区域が指定された際道路の境界線とみなされていた線をその道路の境界線とみなす。

6　特定行政庁は、第2項の規定により幅員1.8メートル未満の道を指定する場合又は第3項の規定により別に水平距離を指定する場合においては、あらかじめ、建築審査会の同意を得なければならない。

（敷地等と道路との関係）

第43条　建築物の敷地は、道路（次に掲げるものを除く。第44条第1項を除き、以下同じ。）に2メートル以上接しなければならない。

⑴　自動車のみの交通の用に供する道路

⑵　地区計画の区域（地区整備計画が定められている区域のうち都市計画法第12条の11の規定により建築物その他の工作物の敷地として併せて利用すべき区域として定められている区域に限る。）内の道路

2　前項の規定は、次の各号のいずれかに該当する建築物については、適用しない。

⑴　その敷地が幅員4メートル以上の道（道路に該当するものを除き、避難及び通行の安全上必要な国土交通省令で定める基準に適合するものに限る。）

に２メートル以上接する建築物のうち、利用者が少数であるものとしてその用途及び規模に関し国土交通省令で定める基準に適合するもので、特定行政庁が交通上、安全上、防火上及び衛生上支障がないと認めるもの

(2)　その敷地の周囲に広い空地を有する建築物その他の国土交通省令で定める基準に適合する建築物で、特定行政庁が交通上、安全上、防火上及び衛生上支障がないと認めて建築審査会の同意を得て許可したもの

3　地方公共団体は、次の各号のいずれかに該当する建築物について、その用途、規模又は位置の特殊性により、第１項の規定によつては避難又は通行の安全の目的を十分に達成することが困難であると認めるときは、条例で、その敷地が接しなければならない道路の幅員、その敷地が道路に接する部分の長さその他その敷地又は建築物と道路との関係に関して必要な制限を付加することができる。

(1)　特殊建築物

(2)　階数が３以上である建築物

(3)　政令で定める窓その他の開口部を有しない居室を有する建築物

(4)　延べ面積（同一敷地内に２以上の建築物がある場合にあつては、その延べ面積の合計。次号、第４節、第７節及び別表第３において同じ。）が1,000平方メートルを超える建築物

(5)　その敷地が袋路状道路（その一端のみが他の道路に接続したものをいう。）にのみ接する建築物で、延べ面積が150平方メートルを超えるもの（一戸建ての住宅を除く。）

（その敷地が４メートル未満の道路にのみ接する建築物に対する制限の付加）

第43条の２　地方公共団体は、交通上、安全上、防火上又は衛生上必要があると認めるときは、その敷地が第42条第３項の規定により水平距離が指定された道路にのみ２メートル（前条第３項各号のいずれかに該当する建築物で同項の条例によりその敷地が道路に接する部分の長さの制限が付加されているものにあつては、当該長さ）以上接する建築物について、条例で、その敷地、構造、建築設備又は用途に関して必要な制限を付加することができる。

（容積率）

第52条　建築物の延べ面積の敷地面積に対する割合（以下「容積率」という。）

は、次の各号に掲げる区分に従い、当該各号に定める数値以下でなければならない。（以下、略）

⑴　第1種低層住居専用地域、第2種低層住居専用地域又は田園住居地域内の建築物（第6号及び第7号に掲げる建築物を除く。）　10分の5、10分の6、10分の8、10分の10、10分の15又は10分の20のうち当該地域に関する都市計画において定められたもの

⑵　第1種中高層住居専用地域若しくは第2種中高層住居専用地域内の建築物（第6号及び第7号に掲げる建築物を除く。）又は第1種住居地域、第2種住居地域、準住居地域、近隣商業地域若しくは準工業地域内の建築物（第5号から第7号までに掲げる建築物を除く。）　10分の10、10分の15、10分の20、10分の30、10分の40又は10分の50のうち当該地域に関する都市計画において定められたもの

⑶　商業地域内の建築物（第6号及び第7号に掲げる建築物を除く。）　10分の20、10分の30、10分の40、10分の50、10分の60、10分の70、10分の80、10分の90、10分の100、10分の110、10分の120又は10分の130のうち当該地域に関する都市計画において定められたもの

⑷　工業地域内の建築物（第6号及び第7号に掲げる建築物を除く。）又は工業専用地域内の建築物　10分の10、10分の15、10分の20、10分の30又は10分の40のうち当該地域に関する都市計画において定められたもの

⑸～⑺　（略）

⑻　用途地域の指定のない区域内の建築物　10分の5、10分の8、10分の10、10分の20、10分の30又は10分の40のうち、特定行政庁が土地利用の状況等を考慮し当該区域を区分して都道府県都市計画審議会の議を経て定めるもの

2　前項に定めるもののほか、前面道路（前面道路が2以上あるときは、その幅員の最大のもの。以下この項及び第12項において同じ。）の幅員が12メートル未満である建築物の容積率は、当該前面道路の幅員のメートルの数値に、次の各号に掲げる区分に従い、当該各号に定める数値を乗じたもの以下でなければならない。

⑴　第1種低層住居専用地域、第2種低層住居専用地域又は田園住居地域内の

参考資料

509

建築物　10分の4

⑵　第1種中高層住居専用地域若しくは第2種中高層住居専用地域内の建築物
又は第1種住居地域、第2種住居地域若しくは準住居地域内の建築物（高層
住居誘導地区内の建築物であつて、その住宅の用途に供する部分の床面積の
合計がその延べ面積の3分の2以上であるもの（当該高層住居誘導地区に関
する都市計画において建築物の敷地面積の最低限度が定められたときは、そ
の敷地面積が当該最低限度以上のものに限る。第56条第1項第2号ハ及び
別表第3の4の項において同じ。）を除く。）　10分の4（特定行政庁が都道
府県都市計画審議会の議を経て指定する区域内の建築物にあつては、10分
の6）

⑶　その他の建築物　10分の6（特定行政庁が都道府県都市計画審議会の議
を経て指定する区域内の建築物にあつては、10分の4又は10分の8のうち
特定行政庁が都道府県都市計画審議会の議を経て定めるもの）

（以下、略）

（建蔽率）

第53条　建築物の建築面積（同一敷地内に2以上の建築物がある場合におい
ては、その建築面積の合計）の敷地面積に対する割合（以下「建蔽率」とい
う。）は、次の各号に掲げる区分に従い、当該各号に定める数値を超えては
ならない。

⑴　第1種低層住居専用地域、第2種低層住居専用地域、第1種中高層住居専
用地域、第2種中高層住居専用地域、田園住居地域又は工業専用地域内の建
築物　10分の3、10分の4、10分の5又は10分の6のうち当該地域に関
する都市計画において定められたもの

⑵　第1種住居地域、第2種住居地域、準住居地域又は準工業地域内の建築物
10分の5、10分の6又は10分の8のうち当該地域に関する都市計画にお
いて定められたもの

⑶　近隣商業地域内の建築物　10分の6又は10分の8のうち当該地域に関す
る都市計画において定められたもの

⑷　商業地域内の建築物　10分の8

⑸　工業地域内の建築物　10分の5又は10分の6のうち当該地域に関する都

市計画において定められたもの

(6)　用途地域の指定のない区域内の建築物　10分の3、10分の4、10分の5、10分の6又は10分の7のうち、特定行政庁が土地利用の状況等を考慮し当該区域を区分して都道府県都市計画審議会の議を経て定めるもの

2　建築物の敷地が前項の規定による建築物の建蔽率に関する制限を受ける地域又は区域の2以上にわたる場合においては、当該建築物の建蔽率は、同項の規定による当該各地域又は区域内の建築物の建蔽率の限度にその敷地の当該地域又は区域内にある各部分の面積の敷地面積に対する割合を乗じて得たものの合計以下でなければならない。

3　前2項の規定の適用については、第1号又は第2号のいずれかに該当する建築物にあつては第1項各号に定める数値に10分の1を加えたものをもつて当該各号に定める数値とし、第1号及び第2号に該当する建築物にあつては同項各号に定める数値に10分の2を加えたものをもつて当該各号に定める数値とする。

(1)　防火地域（第1項第2号から第4号までの規定により建蔽率の限度が10分の8とされている地域を除く。）内にあるイに該当する建築物又は準防火地域内にあるイ若しくはロのいずれかに該当する建築物

　　イ・ロ　（略）

(2)　街区の角にある敷地又はこれに準ずる敷地で特定行政庁が指定するものの内にある建築物

　　（以下、略）

参考資料

土地区画整理法（抄）

（昭和29年法律第119号）

（建築行為等の制限）

第76条 次に掲げる公告があった日後、第103条第４項の公告がある日までは、施行地区内において、土地区画整理事業の施行の障害となるおそれがある土地の形質の変更若しくは建築物その他の工作物の新築、改築若しくは増築を行い、又は政令で定める移動の容易でない物件の設置若しくは堆積を行おうとする者は、国土交通大臣が施行する土地区画整理事業にあつては国土交通大臣の、その他の者が施行する土地区画整理事業にあつては都道府県知事（市の区域内において個人施行者、組合若しくは区画整理会社が施行し、又は市が第３条第４項の規定により施行する土地区画整理事業にあつては、当該市の長。以下この条において「都道府県知事等」という。）の許可を受けなければならない。

(1) 個人施行者が施行する土地区画整理事業にあつては、その施行についての認可の公告又は施行地区の変更を含む事業計画の変更（以下この項において「事業計画の変更」という。）についての認可の公告

(2) 組合が施行する土地区画整理事業にあつては、第21条第３項の公告又は事業計画の変更についての認可の公告

(3) 区画整理会社が施行する土地区画整理事業にあつては、その施行についての認可の公告又は事業計画の変更についての認可の公告

(4) 市町村、都道府県又は国土交通大臣が第３条第４項又は第５項の規定により施行する土地区画整理事業にあつては、事業計画の決定の公告又は事業計画の変更の公告

(5) 機構等が第３条の２又は第３条の３の規定により施行する土地区画整理事業にあつては、施行規程及び事業計画の認可の公告又は事業計画の変更の認可の公告

（以下、略）

農地法（抄）

（昭和27年法律第229号）

（農地の転用の制限）

第４条　農地を農地以外のものにする者は、都道府県知事（農地又は採草放牧地の農業上の効率的かつ総合的な利用の確保に関する施策の実施状況を考慮して農林水産大臣が指定する市町村（以下「指定市町村」という。）の区域内にあつては、指定市町村の長。以下「都道府県知事等」という。）の許可を受けなければならない。ただし、次の各号のいずれかに該当する場合は、この限りでない。

⑴　次条第１項の許可に係る農地をその許可に係る目的に供する場合

⑵　国又は都道府県等（都道府県又は指定市町村をいう。以下同じ。）が、道路、農業用用排水施設その他の地域振興上又は農業振興上の必要性が高いと認められる施設であつて農林水産省令で定めるものの用に供するため、農地を農地以外のものにする場合

⑶　農地中間管理事業の推進に関する法律第18条第７項の規定による公告があつた農用地利用集積等促進計画の定めるところによつて設定され、又は移転された同条第１項の権利に係る農地を当該農用地利用集積等促進計画に定める利用目的に供する場合

⑷　特定農山村地域における農林業等の活性化のための基盤整備の促進に関する法律第９条第１項の規定による公告があつた所有権移転等促進計画の定めるところによって設定され、又は移転された同法第２条第３項第３号の権利に係る農地を当該所有権移転等促進計画に定める利用目的に供する場合

⑸　農山漁村の活性化のための定住等及び地域間交流の促進に関する法律第５条第１項の規定により作成された活性化計画（同条第４項各号に掲げる事項が記載されたものに限る。）に従つて農地を同条第２項第２号に規定する活性化事業の用に供する場合又は同法第９条第１項の規定による公告があつた所有権移転等促進計画の定めるところによつて設定され、若しくは移転され

参考資料

た同法第5条第10項の権利に係る農地を当該所有権移転等促進計画に定める利用目的に供する場合

(6)　土地収用法その他の法律によつて収用し、又は使用した農地をその収用又は使用に係る目的に供する場合

(7)　市街化区域（都市計画法（昭和43年法律第100号）第7条第1項の市街化区域と定められた区域（同法第23条第1項の規定による協議を要する場合にあつては、当該協議が調つたものに限る。）をいう。）内にある農地を、政令で定めるところによりあらかじめ農業委員会に届け出て、農地以外のものにする場合

(8)　その他農林水産省令で定める場合

（以下、略）

（農地又は採草放牧地の転用のための権利移動の制限）

第5条　農地を農地以外のものにするため又は採草放牧地を採草放牧地以外のもの（農地を除く。次項及び第4項において同じ。）にするため、これらの土地について第3条第1項本文に掲げる権利を設定し、又は移転する場合には、当事者が都道府県知事等の許可を受けなければならない。ただし、次の各号のいずれかに該当する場合は、この限りでない。

(1)　国又は都道府県等が、前条第1項第2号の農林水産省令で定める施設の用に供するため、これらの権利を取得する場合

(2)　農地又は採草放牧地を農地中間管理事業の推進に関する法律第18条第7項の規定による公告があつた農用地利用集積等促進計画に定める利用目的に供するため当該農用地利用集積等促進計画の定めるところによつて同条第1項による権利が設定され、又は移転される場合

(3)　農地又は採草放牧地を特定農山村地域における農林業等の活性化のための基盤整備の促進に関する法律第9条第1項の規定による公告があつた所有権移転等促進計画に定める利用目的に供するため当該所有権移転等促進計画の定めるところによつて同法第2条第3項第3号の権利が設定され、又は移転される場合

(4)　農地又は採草放牧地を農山漁村の活性化のための定住等及び地域間交流の促進に関する法律第9条第1項の規定による公告があつた所有権移転等促進

計画に定める利用目的に供するため当該所有権移転等促進計画の定めるところによつて同法第5条第10項の権利が設定され、又は移転される場合

(5) 土地収用法その他の法律によつて農地若しくは採草放牧地又はこれらに関する権利が収用され、又は使用される場合

(6) 前条第1項第7号に規定する市街化区域内にある農地又は採草放牧地につき、政令で定めるところによりあらかじめ農業委員会に届け出て、農地及び採草放牧地以外のものにするためこれらの権利を取得する場合

(7) その他農林水産省令で定める場合

（以下、略）

道路法（抄）

（昭和27年法律第180号）

（道路の区域の決定及び供用の開始等）

第18条　第12条、第13条第1項若しくは第3項、第15条、第16条又は前条第1項から第3項までの規定によつて道路を管理する者（指定区間内の国道にあつては国土交通大臣、指定区間外の国道にあつては都道府県。以下「道路管理者」という。）は、路線が指定され、又は路線の認定若しくは変更が公示された場合においては、遅滞なく、道路の区域を決定して、国土交通省令で定めるところにより、これを公示し、かつ、これを表示した図面を関係地方整備局若しくは北海道開発局又は関係都道府県若しくは市町村の事務所（以下「道路管理者の事務所」という。）において一般の縦覧に供しなければならない。道路の区域を変更した場合においても、同様とする。

（以下、略）

参考資料

温泉法（抄）

（昭和23年法律第125号）

（定義）

第2条　この法律で「温泉」とは、地中からゆう出する温水、鉱水及び水蒸気その他のガス（炭化水素を主成分とする天然ガスを除く。）で、別表に掲げる温度又は物質を有するものをいう。

（以下、略）

【別表】

1　温度（温泉源から採取されるときの温度）　摂氏25度以上	
2　物質（以下に掲げるもののうち、いずれか一つ）	
物　質　名	**含有量（1kg中）**
溶存物質（ガス性のものを除く。）	総量1,000mg以上
遊離炭酸（CO_2）（遊離二酸化炭素）	250mg以上
リチウムイオン（Li^+）	1mg以上
ストロンチウムイオン（Sr^{2+}）	10mg以上
バリウムイオン（Ba^{2+}）	5mg以上
フェロ又はフェリイオン（Fe^{2+},Fe^{3+}）（総鉄イオン）	10mg以上
第一マンガンイオン（Mn^{2+}）（マンガン（Ⅱ）イオン）	10mg以上
水素イオン（H^+）	1mg以上
臭素イオン（Br^-）（臭化物イオン）	5mg以上
沃素イオン（I^-）（ヨウ化物イオン）	1mg以上
ふっ素イオン（F^-）（フッ化物イオン）	2mg以上
ヒドロひ酸イオン（$HA_sO_4^{2-}$）（ヒ酸水素イオン）	1.3mg以上
メタ亜ひ酸（HA_sO_2）	1mg以上
総硫黄（S）[HS^-＋$S_2O_3^{2-}$＋H_2Sに対応するもの]	1mg以上
メタほう酸（HBO_2）	5mg以上
メタけい酸（H_2SiO_3）	50mg以上
重炭酸そうだ（$NaHCO_3$）（炭酸水素ナトリウム）	340mg以上
ラドン（Rn）	20（百億分の1キュリー単位）以上
ラヂウム塩（Raとして）	1億分の1mg以上

国土利用計画法（抄）

（昭和49年法律第92号）

（土地に関する権利の移転等の許可）

第14条　規制区域に所在する土地について、土地に関する所有権若しくは地上権その他の政令で定める使用及び収益を目的とする権利又はこれらの権利の取得を目的とする権利（以下「土地に関する権利」という。）の移転又は設定（対価を得て行われる移転又は設定に限る。以下同じ。）をする契約（予約を含む。以下「土地売買等の契約」という。）を締結しようとする場合には、当事者は、都道府県知事の許可を受けなければならない。その許可に係る事項のうち、土地に関する権利の移転若しくは設定の予定対価の額（予定対価が金銭以外のものであるときは、これを時価を基準として金銭に見積つた額。以下同じ。）の変更（その額を減額する場合を除く。）をして、又は土地に関する権利の移転若しくは設定後における土地の利用目的の変更をして、当該契約を締結しようとするときも、同様とする。

2　（略）

3　第1項の許可を受けないで締結した土地売買等の契約は、その効力を生じない。

（注視区域における土地に関する権利の移転等の届出）

第27条の4　注視区域に所在する土地について土地売買等の契約を締結しようとする場合には、当事者は、第15条第1項各号に掲げる事項を、国土交通省令で定めるところにより、当該土地が所在する市町村の長を経由して、あらかじめ、都道府県知事に届け出なければならない。その届出に係る事項のうち、土地に関する権利の移転若しくは設定の予定対価の額の変更（その額を減額する場合を除く。）をして、又は土地に関する権利の移転若しくは設定後における土地の利用目的の変更をして、当該契約を締結しようとするときも、同様とする。

（以下、略）

【組合方式による住宅の建築に組合員以外の者が関与する場合の
宅地建物取引業法上の取扱について】

（昭和52年３月15日計動発第10号建設省計画局不動産業課長から
都道府県不動産業担当部長、不動産業関係団体あて通知）

　最近、組合方式による住宅の建築という名目で、組合員以外の者が、業として、住宅取得者となるべき組合員を募集し、当該組合員による宅地の購入及び住宅の建築に関して指導、助言等を行う例が見受けられる。

　組合員以外の者のこうした行為については、組合員による宅地又は建物の取得が当該宅地又は建物の売買として行われ、かつ、当該売買について当該組合員以外の者が関与する場合には、通常当該宅地又は建物の売買又はその媒介に該当するものと認められ、この場合においては、当該組合員以外の者について宅地建物取引業者としての資格要件を具備することを要するほか、当該組合員以外の者の行為について広告方法、契約方式、前金保全等に関する宅地建物取引業法上の規制が適用されるので、宅地建物取引の公正の確保と購入者利益の保護の観点から今後の指導にいかんなきを期されたい。

　なお、組合員の募集が宅地又は建物の不特定のまま行われる場合にあっても、宅地又は建物が特定された段階から宅地建物取引業法が適用されることとなると認められるので、留意されたい。

コーポラティブ方式による住宅建設に関する研究

（昭和53年３月 建設省住宅局コーポラティブ方式研究委員会）

報告にあたって（略）

Ⅰ　コーポラティブ方式とは

１　歴史的経緯（略）

２　コーポラティブ・ハウスの建設状況（略）

３　日本的コーポラティブ方式の特徴

　このような最近におけるコーポラティブ方式は、日本的ともいうべきいくつかの次のような特徴をもっている。コーポラティブ方式が自然発生的なものであり、現実社会に適合した生命力の強いものともいい得るが、反面弱点というべき事項も存在している。

⑴　諸外国の場合に比べて、消費者の相互扶助、コミュニティと住宅を持つ権利の積極的擁護といった意識が極めて薄い。

⑵　完成後の住宅及び敷地は、一般の分譲（共同）住宅と同様、組合員が所有（又は区分所有）する形態をとっており、西欧諸国にみられるように、土地、建物、コミュニティ施設を組合が所有し、組合員に賃借権や居住権を与える方式ではない。

⑶　旧住宅組合や住宅生活協同組合等の特別法上の組合とは異なり、コーポラティブ組合は民法上の組合の構成をとっているため、法人格がなく、かつ個人の集合といった色彩が濃い。（下表参照。略）

⑷　住宅生活協同組合とは異なり、住宅取得のために組合を結成し、組合員全員が同時に住宅を取得するという方式をとっている（旧住宅組合と同様）。

⑸　事業の企画、集団の編成（組合結成）、事業遂行の指導等を行う者（注）の役割が極めて大きい。

（注）　企画者、コーディネーター、コンサルタント、マネージャー等種々に呼ばれ、その業務範囲も多様である。以下、原則として、「コーディネーター」と総称する。

参考資料

519

(6)　企業による指導誘導の色彩が濃いものも多く、(5)と同様に個人が共同して建設する方式が免れない事業執行能力の弱さをカバーしている。

4　コーポラティブ方式の定義

　以上述べたようなコーポラティブ方式による住宅建設の歴史的な経緯及び最近の実例をもとに、現時点においてコーポラティブ方式を定義づけると、次のようになる。

　コーポラティブ方式とは、「自ら居住するための住宅を建設しようとする者が、組合を結成し、共同して、事業計画を定め、土地の取得、建物の設計、工事発注その他の業務を行い、住宅を取得し、管理していく方式」をいう。

II　コーポラティブ方式の評価

　1　コーポラティブ方式による住宅の建設には、一般的に、次のようなメリットがあるといわれている。

(1)　共同住宅の場合においても、業者が分譲したマンションを購入する場合と比較して、自己の好みに合った住宅を取得することが期待できる。

(2)　住宅需要者が自ら住宅づくりに参加できるという喜びが存在し、さらに、良好な環境づくりや居住者間のコミュニティの基盤の形成が期待できる。

(3)　組合員が自らの手で計画作成、請負契約等を行うことにより、住宅取得価格を引下げることが期待できる。

　2　しかし、この方式には、次のようなデメリットないしは疑問点も存在している。

(1)　自己の好みの反映について

　　イ　この方式によっても、規模、構造等基本的部分については、おのずから選択の限界が存在する。

　　ロ　公団、公社、民間等の分譲住宅において、多種多様なものが供給されているほか、メニュー方式や間取選択方式も存在し、選択の範囲はかなり広い。

(2)　コミュニティの形成について

　　イ　コミュニティ施設の設置等大規模な街づくりは期待できない。

　　ロ　住宅需要者が、当初から良好なコミュニティ造りを目的として参加しているとはいい難い。

ハ　良好なコミュニティ造りの手段として、他の方法と比べて特に効果的
　　であるかについては必ずしも明確でない。

(3)　取得価格の引下げについて

イ　公団、民間等の大量供給方式と比較すると必ずしも安価に取得できる
　　とはいい難い。

ロ　素人が事前協議、近隣交渉、施行状況注視等を行った場合は、かえっ
　　て経費がかかるおそれもある。

(4)　その他

　住宅完成に至るまで長期間を要し、その間各組合員に多大の労力負担がか
かる。

Ⅲ　コーポラティブ方式の現状における問題点

　協同組合による住宅建設の流れは、一般的には、戦前からの住宅組合、戦後
の住宅生活協同組合等古くから存在しているが、最近のコーポラティブ方式は、
従来とは異なる方式であるため、現行法制度において、また、そのしくみにお
いて次のような多くの問題点が存在している。

1　組合結成以前における問題点

(1)　一般消費者に対する的確な啓蒙が必要である。

(2)　組合員の募集に関し、宅地建物取引業法に違反しないよう注意する必要
　　がある。

(3)　特定土地の仲介、販売に関し、同様の必要がある。

2　住宅建設組合に関する問題点

(1)　組合に法人格がない。

(2)　組合に資金調達能力がない。

(3)　事故が発生した場合の責任、補償について明確でない。

(4)　組合に対する規制、育成、指導をどのように考えるか。

3　コーディネーターに関する問題点

(1)　ボランタリー活動と業としての活動が混在している。

(2)　業務、責任の範囲に関し、不明確な点がある。

(3)　規制、指導をどのように考えるか。

Ⅳ　今後の指導の方向（略）

参考資料

V　コーディネーターのあり方

　1　コーポラティブ方式の現状をみると、コーディネーターについて、次のようなタイプが存在する。

⑴　宅地建物取引業者が中心になるタイプ

⑵　建設業者が中心になるタイプ…通常宅地建物取引業免許あり

⑶　建築事務所が中心になるタイプ…通常宅地建物取引業免許なし

⑷　土地所有者が中心になるタイプ…通常宅地建物取引業免許なし

　2　従来、宅地建物取引業の免許を受けていない建築事務所等が企画し、直接特定の土地をあっせんしてこの方式を進めることが多くみられたが、宅地建物取引業法により、宅地建物取引業の免許なしにはこのようなあっせん行為を行うことはできない（前述の不動産業課長通達参照）。

　3　このため、コーディネーターが現在宅地建物取引業の免許を持っていない場合は、次のいずれかの措置を講ずる必要がある。

⑴　宅地建物取引業者と提携し、土地に関する広告、説明、仲介は、宅地建物取引業者が行う。

⑵　コーディネーターが宅地建物取引業の免許を受け、総合企業化する。

VI　事業の方式と手順

　1　**事業の方式**

　事業の企画・推進の中心となる者の態様により、次の3方式に大別される。

⑴　方式Ⅰ…自己の住宅を建設しようとする者の集団が自ら企画し、推進する場合。

⑵　方式Ⅱ…宅地建物取引業の免許を有する者が、いわば総合企画者として、企画・推進する場合。

⑶　方式Ⅲ…宅地建物取引業の免許を有しない者が企画し、その免許を有する者と提携して事業を推進する場合。

　2　**事業の手順**

　以下の手順により事業を遂行することが妥当と思われる。（別図2参照。略）

①　企画検討

　土地が特定されていない段階において通勤等の立地条件、地価、敷地面積、建物の構造、階数、戸数等の構想を作成する。方式Ⅰでは需要者集団、方式

522

Ⅱ及びⅢでは企画者ないしはコーディネーターが行う。

② 土地の選定

　方式Ⅲでは宅地建物取引業者のあっせんにより行う。

③ 基本的プロジェクトの作成

　(イ)　特定の土地について、敷地面積、建物、駐車場、道路等の土地利用
　　　　の構想を作成する。

　(ロ)　建物については、構造、階数、戸数、1戸当たり専有面積の最低・
　　　　最高限度、延床面積等の構想を作成する。

　(ハ)　事業費について、土地の買収価格、建築工事費等の見通しを立てる。

④ 予備協議

　開発許可、建築確認等の許認可に関する行政庁への相談、近隣との交渉、
住宅金融公庫への事前協議等を予備的に行う。

⑤ 基本的プロジェクト説明、組合員募集

　(イ)　組合員の募集広告は、次の方法によること。

　　a．コーポラティブ方式により建設する旨を明示する。

　　b．建物の設計及び建築は、組合員が自ら選んだ業者に委託し、請負わ
　　　　せて行う旨を明示する。

　　c．方式Ⅲでは、広告は、当該土地を仲介する宅地建物取引業者が連名
　　　　により行う（コーディネーターが事実上すでに基本的プロジェクト
　　　　を作成している等事実上土地が特定している場合は、募集広告に基
　　　　本的プロジェクトの内容を掲載しない場合においても、宅地建物取
　　　　引業者が連名で広告を行い、土地の仲介は当該宅地建物取引業者が
　　　　行う旨を明示する）。

　　d．基本的プロジェクトの内容を表示するときは、建物についてそれが
　　　　一例のものである旨を明示する。

　　e．事実上基本的プロジェクトに至るまでの企画がない段階での募集広
　　　　告についても、上記a～cによる。土地が具体化していないときは、
　　　　〇〇線沿線、〇〇方面等の表示をしてもよい。

　(ロ)　広告以外の基本的プロジェクト説明の方法も上記(イ)a～dに準ず
　　　　るほか、次の方法によること。

参考資料

523

ａ．組合の結成時及び結成後におけるコーディネーターの役割を説明する。

　　ｂ．方式Ⅲでは、基本的プロジェクトの説明はコーディネーターが行い、土地については、宅地建物取引業者が独自に自己の責任において仲介する旨を示して説明する。

　　ｃ．予備協議の進捗状況を説明する。

　　ｄ．用地取得、設計、建築工事等の事業毎の経費、組合員の費用の分担と支払いの時期についてその見通しを説明する。

　　ｅ．組合員の土地購入費、建築工事費等の事業費の支払いは、建築確認がなされた後に行う旨を明示する。

　　ｆ．企画手数料、仲介手数料等について説明する。

　　ｇ．組合規約案を作成し、組合結成の際の参考とする。

⑥　入居者決定

　入居希望者の資金負担能力等について十分チェックしたうえで決定する必要がある。

⑦　住宅建設組合結成

　組合規約を締結し、役員を選任する。

⑧　組合運営費支払

　組合運営費は組合自体の活動のために必要な会議費、役員活動費等を内容とするもので、事業費を含まない。

⑨　組合業務委託契約の締結

　組合事務局の業務をコーディネーター（必ずしも当初の企画者に限らない。）に委託するか否かは、組合が自主的に判断、決定すべきである。また、コーディネーターから指導助言を受けるか否かについても同様である。

⑩〜㉕　略

各地区不動産公正取引協議会・関係官庁

各地区不動産公正取引協議会　　　　　　　　　　（2023年7月1日現在）

一般社団法人北海道不動産公正取引協議会 〒060-0001　札幌市中央区北１条西17-1　北海道不動産会館　　電話（011）621-0747	
公益社団法人 　北海道宅地建物取引業協会	札幌市中央区北１条西17-1 北海道不動産会館 　電話（011）642-4422
公益社団法人 　全日本不動産協会北海道本部	札幌市中央区南４条西6-11-2 全日ビル 　電話（011）232-0550
一般社団法人 　北海道住宅都市開発協会	札幌市中央区南１条西10-3-2 南一条道銀ビル 　電話（011）251-3012
一般社団法人 　不動産流通経営協会北海道支部	札幌市中央区北２条西4-1 札幌三井ＪＰビルディング 　電話（011）231-6890

東北地区不動産公正取引協議会 〒980-0803　仙台市青葉区国分町3-4-18　宮城県不動産会館　　電話（022）395-6270	
公益社団法人 　青森県宅地建物取引業協会	青森市長島3-11-12 青森県不動産会館 　電話（017）722-4086
公益社団法人 　秋田県宅地建物取引業協会	秋田市川尻大川町1-33 秋田県不動産会館 　電話（018）865-1671
一般社団法人 　岩手県宅地建物取引業協会	盛岡市前九年1-9-30 岩手県不動産会館 　電話（019）646-1111
公益社団法人 　山形県宅地建物取引業協会	山形市松波1-10-1 山形県宅建会館 　電話（023）623-7502
公益社団法人 　宮城県宅地建物取引業協会	仙台市青葉区国分町3-4-18 宮城県不動産会館 　電話（022）266-0011
公益社団法人 　福島県宅地建物取引業協会	福島市野田町6-3-3 福島県不動産会館 　電話（024）531-3445
一般社団法人 　東北・北海道住宅産業協会	仙台市宮城野区岩切字三所南121-1 大東住宅株式会社内 　電話（022）352-7477
公益社団法人 　全日本不動産協会青森県本部	青森市長島2-5-6 全日青森会館 　電話（017）775-3891
公益社団法人 　全日本不動産協会秋田県本部	秋田市山王5-9-11 山王ガーデンビル 　電話（018）827-7075
公益社団法人 　全日本不動産協会岩手県本部	盛岡市八幡町1-9　セイフティック表参道101 　電話（019）625-5900

参考資料

公益社団法人 　全日本不動産協会山形県本部	山形市松波4-1-15 山形県自治会館 　電話（023）642-6658
公益社団法人 　全日本不動産協会宮城県本部	仙台市青葉区上杉1-4-1 全日本不動産宮城会館 　電話（022）266-3358
公益社団法人 　全日本不動産協会福島県本部	郡山市南1-45 　電話（024）939-7715
一般社団法人 　不動産流通経営協会東北支部	仙台市青葉区中央2-2-6 三井住友銀行仙台ビル 　電話（022）267-4531

公益社団法人首都圏不動産公正取引協議会 　〒102-0083　東京都千代田区麹町1-3　ニッセイ半蔵門ビル3階　　電話（03）3261-3811	
一般社団法人 　不動産協会	千代田区霞が関3-2-5 霞が関ビル 　電話（03）3581-9421
一般社団法人 　全国住宅産業協会	千代田区麹町5-3 麹町中田ビル 　電話（03）3511-0611
公益社団法人 　東京都宅地建物取引業協会	千代田区富士見2-2-4 東京不動産会館 　電話（03）3264-7041
一般社団法人 　不動産流通経営協会	港区虎ノ門3-25-2 虎ノ門ESビル 　電話（03）5733-2271
公益社団法人 　全日本不動産協会	千代田区紀尾井町3-30 全日会館 　電話（03）3263-7030
公益社団法人 　全日本不動産協会東京都本部	千代田区平河町1-8-13 全日東京会館 　電話（03）3261-1010
公益社団法人 　神奈川県宅地建物取引業協会	横浜市中区住吉町6-76-3 神奈川県不動産会館 　電話（045）633-3030
公益社団法人 　埼玉県宅地建物取引業協会	さいたま市浦和区東高砂町6-15 埼玉県宅建会館 　電話（048）811-1820
一般社団法人 　千葉県宅地建物取引業協会	千葉市中央区中央港1-17-3 千葉県宅建会館 　電話（043）241-6671
公益社団法人 　茨城県宅地建物取引業協会	水戸市金町3-1-3 茨城県不動産会館 　電話（029）225-5300
公益社団法人 　栃木県宅地建物取引業協会	宇都宮市西一の沢町6-27 栃木県不動産会館 　電話（028）634-5611
一般社団法人 　群馬県宅地建物取引業協会	前橋市天川大島町1-4-37 群馬県不動産会館 　電話（027）243-3388
公益社団法人 　新潟県宅地建物取引業協会	新潟市中央区明石1-3-10 新潟県宅建会館 　電話（025）247-1177

公益社団法人 　長野県宅地建物取引業協会	長野市南県町999-10 長野県不動産会館 　電話（026）226-5454
公益社団法人 　山梨県宅地建物取引業協会	甲府市下小河原町237-5 山梨県不動産会館 　電話（055）243-4300
公益社団法人 　全日本不動産協会埼玉県本部	さいたま市浦和区高砂3-10-4 全日埼玉会館 　電話（048）866-5225
公益社団法人 　全日本不動産協会千葉県本部	千葉市中央区市場町4-6 全日千葉会館 　電話（043）202-7511
公益社団法人 　全日本不動産協会神奈川県本部	横浜市西区北幸1-11-15 横浜ＳＴビル 　電話（045）324-2001
公益社団法人 　全日本不動産協会茨城県本部	水戸市笠原町978-25 茨城県開発公社ビル 　電話（029）244-2417
公益社団法人 　全日本不動産協会栃木県本部	宇都宮市中央1-9-11 大銀杏ビル 　電話（028）666-4554
公益社団法人 　全日本不動産協会群馬県本部	前橋市新前橋町19-2 全日群馬会館 　電話（027）255-6280
公益社団法人 　全日本不動産協会山梨県本部	甲府市徳行3-13-25 岩下ビル 　電話（055）223-2103
公益社団法人 　全日本不動産協会新潟県本部	新潟市中央区東出来島7-15 全日新潟会館 　電話（025）385-7719
公益財団法人 　日本賃貸住宅管理協会	千代田区丸の内1-7-12 サピアタワー 　電話（03）6265-1555
全国賃貸管理ビジネス協会	中央区八重洲1-3-7 八重洲ファーストフィナンシャルビル 　電話（03）3272-7755

東海不動産公正取引協議会
〒451-0031　名古屋市西区城西5-1-14（愛知県不動産会館）　　電話（052）529-3300

公益社団法人 　愛知県宅地建物取引業協会	名古屋市西区城西5-1-14 愛知県不動産会館 　電話（052）522-2575
公益社団法人 　岐阜県宅地建物取引業協会	岐阜市六条南2-5-3 岐阜県不動産会館 　電話（058）275-1551
公益社団法人 　静岡県宅地建物取引業協会	静岡市葵区鷹匠3-18-16 静岡県不動産会館 　電話（054）246-1511
公益社団法人 　三重県宅地建物取引業協会	津市上浜町1-6-1 三重県不動産会館 　電話（059）227-5018
一般社団法人 　静岡県都市開発協会	静岡市葵区紺屋町11-6 チサンマンション紺屋町 　電話（054）272-8446

参考資料

公益社団法人 全日本不動産協会愛知県本部	名古屋市中区栄5-27-14 朝日生命名古屋栄ビル 電話 (052) 241-0468
公益社団法人 全日本不動産協会岐阜県本部	岐阜市加納上本町3-23 全日岐阜会館 電話 (058) 272-5968
公益社団法人 全日本不動産協会静岡県本部	静岡市駿河区南町14-1 水の森ビル 電話 (054) 285-1208
公益社団法人 全日本不動産協会三重県本部	四日市市西新地12番6-2号 電話 (059) 351-1822
一般社団法人 中部不動産協会	名古屋市中区栄2-10-19 名古屋商工会議所 電話 (052) 221-6828
一般社団法人 東海住宅産業協会	名古屋市中区栄4-3-26 昭和ビル 電話 (052) 251-8920
一般社団法人 ナゴヤハウジングセンター	名古屋市中区大須4-11-50 カミヤビル 電話 (052) 269-2571

北陸不動産公正取引協議会
〒921-8047　金沢市大豆田本町ロ46-8（石川県不動産会館）　　電話（076）291-2255

公益社団法人 石川県宅地建物取引業協会	金沢市大豆田本町ロ46-8 石川県不動産会館 電話 (076) 291-2255
公益社団法人 富山県宅地建物取引業協会	富山市元町2-3-11 富山県不動産会館 電話 (076) 425-5514
公益社団法人 福井県宅地建物取引業協会	福井市宝永4-4-3 福井県宅建会館 電話 (0776) 24-0680
公益社団法人 全日本不動産協会富山県本部	富山市堤町通り2-1-25 全日富山会館 電話 (076) 421-1633
公益社団法人 全日本不動産協会石川県本部	金沢市増泉1-19-34 サンプラザノアビル 電話 (076) 280-6223
公益社団法人 全日本不動産協会福井県本部	福井市下馬3-429 フジモト福井ビル 電話 (0776) 89-1973

公益社団法人近畿地区不動産公正取引協議会
〒540-0012　大阪市中央区谷町2-2-20（大手前類第一ビル）　　電話（06）6941-9561

公益社団法人 滋賀県宅地建物取引業協会	大津市京町3-1-3 逢坂ビル 電話 (077) 524-5456
公益社団法人 京都府宅地建物取引業協会	京都市上京区中立売通新町西入三丁町453-3 京都府宅建会館 電話 (075) 415-2121
一般社団法人 大阪府宅地建物取引業協会	大阪市中央区船越町2-2-1 大阪府宅建会館 電話 (06) 6943-0621

一般社団法人 　兵庫県宅地建物取引業協会	神戸市中央区北長狭通5-5-26 兵庫県宅建会館 　電話 (078) 382-0141
公益社団法人 　奈良県宅地建物取引業協会	奈良市大安寺6-20-3 奈良県宅建会館 　電話 (0742) 61-4528
公益社団法人 　和歌山県宅地建物取引業協会	和歌山市太田143-3 和歌山県宅建会館 　電話 (073) 471-6000
公益社団法人 　全日本不動産協会	千代田区紀尾井町3-30 全日会館 　電話 (03) 3263-7030
公益社団法人 　全日本不動産協会滋賀県本部	大津市中央3-4-20 　電話 (077) 523-5151
公益社団法人 　全日本不動産協会京都府本部	京都市中京区柳馬場通三条下ル槌屋町98-2 全日京都会館 　電話 (075) 251-1177
公益社団法人 　全日本不動産協会大阪府本部	大阪市中央区谷町1-3-26 全日大阪会館 　電話 (06) 6947-0341
公益社団法人 　全日本不動産協会兵庫県本部	神戸市中央区中山手通4-22-4 全日兵庫会館 　電話 (078) 261-0901
公益社団法人 　全日本不動産協会奈良県本部	奈良市杉ヶ町32-2 大谷第5ビル 　電話 (0742) 20-7788
公益社団法人 　全日本不動産協会和歌山県本部	和歌山市太田2-6-12-102 　電話 (073) 473-6679
一般社団法人 　関西住宅産業協会	大阪市中央区瓦町4-4-8 瓦町4丁目ビル 　電話 (06) 4963-3669
一般社団法人 　近畿住宅産業協会	大阪市中央区北久宝寺1-2-1 オーセンティック東船場 　電話 (06) 6263-5503

中国地区不動産公正取引協議会 〒730-0046　広島市中区昭和町11-5（広島県不動産会館）　　電話（082）243-9906	
公益社団法人 　広島県宅地建物取引業協会	広島市中区昭和町11-5 広島県不動産会館 　電話 (082) 243-0011
公益社団法人 　岡山県宅地建物取引業協会	岡山市北区駅前町2-5-28 岡山県宅建会館 　電話 (086) 222-2131
公益社団法人 　山口県宅地建物取引業協会	山口市小郡黄金町5-16 山口県不動産会館 　電話 (083) 973-7111
公益社団法人 　鳥取県宅地建物取引業協会	鳥取市川端2-125 鳥取県不動産会館 　電話 (0857) 23-3569
公益社団法人 　島根県宅地建物取引業協会	松江市寺町210-1 島根県不動産会館 　電話 (0852) 23-6728

参考資料

529

公益社団法人 　全日本不動産協会広島県本部	広島市中区富士見町11-4 全日広島会館 　電話 (082) 241-7696
一般社団法人 　岡山県不動産協会	岡山市北区本町4-18 コア本町 　電話 (086) 231-3208
公益社団法人 　全日本不動産協会山口県本部	山口市小郡黄金町11-31 　電話 (083) 974-2103
公益社団法人 　全日本不動産協会鳥取県本部	鳥取市富安1-113 エスエスビル 　電話 (0857) 29-5411
公益社団法人 　全日本不動産協会島根県本部	松江市東朝日町218-1 ラヴィナスアテンコート 　電話 (0852) 26-4863

四国地区不動産公正取引協議会
　〒790-0807　松山市平和通6-5-1（愛媛不動産会館）　　電話 (089) 943-2184

公益社団法人 　徳島県宅地建物取引業協会	徳島市万代町5-1-5 徳島県不動産会館 　電話 (088) 625-0318
公益社団法人 　香川県宅地建物取引業協会	高松市松福町1-10-5 香川県不動産会館 　電話 (087) 823-2300
公益社団法人 　愛媛県宅地建物取引業協会	松山市平和通6-5-1 愛媛不動産会館 　電話 (089) 943-2184
公益社団法人 　高知県宅地建物取引業協会	高知市上町1-9-1 高知県不動産会館 　電話 (088) 823-2001
公益社団法人 　全日本不動産協会徳島県本部	徳島市中昭和町2-75 間ビル 　電話 (088) 655-4633
公益社団法人 　全日本不動産協会香川県本部	高松市木太町802 　電話 (087) 868-6701
公益社団法人 　全日本不動産協会愛媛県本部	松山市小坂2-6-34 全日愛媛会館 　電話 (089) 933-9789
公益社団法人 　全日本不動産協会高知県本部	高知市本町1-2-14 　電話 (088) 822-4669

一般社団法人九州不動産公正取引協議会
　〒812-0054　福岡市東区馬出1-13-10（福岡県不動産会館）　　電話 (092) 631-5500

公益社団法人 　福岡県宅地建物取引業協会	福岡市東区馬出1-13-10 福岡県不動産会館 　電話 (092) 631-1717
公益社団法人 　佐賀県宅地建物取引業協会	佐賀市神野東4-1-10 佐賀県不動産会館 　電話 (0952) 32-7120
公益社団法人 　長崎県宅地建物取引業協会	長崎市目覚町3-19 長崎県不動産会館 　電話 (095) 848-3888

公益社団法人 熊本県宅地建物取引業協会	熊本市中央区水前寺6-1-31 熊本県不動産会館 電話 (096) 213-1355
一般社団法人 大分県宅地建物取引業協会	大分市顕徳町2-4-15 大分県不動産会館 電話 (097) 536-3758
一般社団法人 宮崎県宅地建物取引業協会	宮崎市潮見町20-1 宮崎県不動産会館 電話 (0985) 26-4522
公益社団法人 鹿児島県宅地建物取引業協会	鹿児島市上之園町24-4 鹿児島県不動産会館 電話 (099) 252-7111
公益社団法人 沖縄県宅地建物取引業協会	那覇市泉崎1-12-7 沖縄県不動産会館 電話 (098) 861-3402
一般社団法人 九州住宅産業協会	福岡市博多区博多駅前2-11-16 第2大西ビル 電話 (092) 472-7419
一般社団法人 プレハブ建築協会九州支部	福岡市中央区西中州12-25 岩崎ビル 電話 (092) 716-3930
一般社団法人 不動産流通経営協会九州支部	福岡市博多区博多駅前2-1-1 電話 (092) 289-0109
公益社団法人 全日本不動産協会福岡県本部	福岡市博多区中呉服町1-25-1 電話 (092) 409-1161
公益社団法人 全日本不動産協会佐賀県本部	佐賀市神野東4-7-24 江頭ビル 電話 (0952) 32-3270
公益社団法人 全日本不動産協会長崎県本部	長崎市元船町7-4 電話 (095) 823-8231
公益社団法人 全日本不動産協会熊本県本部	熊本市中央区水前寺6-43-13 全日熊本県本部会館 電話 (096) 383-9040
公益社団法人 全日本不動産協会大分県本部	大分市新町19-1 全日会館 電話 (097) 534-3839
公益社団法人 全日本不動産協会宮崎県本部	宮崎市宮田町11-24 黒木ビル 電話 (0985) 24-2527
公益社団法人 全日本不動産協会鹿児島県本部	鹿児島市真砂町34-8 電話 (099) 813-0511
公益社団法人 全日本不動産協会沖縄県本部	那覇市久茂地3-1-1 日本生命那覇ビル 電話 (098) 867-6644

参考資料

不動産公正取引協議会連合会　　　　　　　　　　（2023年7月1日現在）

不動産公正取引協議会連合会
　〒102-0083　東京都千代田区麹町1-3　ニッセイ半蔵門ビル　電話 (03) 3261-3811
　（公益社団法人首都圏不動産公正取引協議会内）

関係官庁

消費者庁　表示対策課	〒100-8958	千代田区霞が関3-1-1 中央合同庁舎4号館 電話（03）3507-8800
公正取引委員会　本局	〒100-8987	千代田区霞が関1-1-1 中央合同庁舎6号館B棟 電話（03）3581-5471
〃　　　　　北海道事務所	〒060-0042	札幌市中央区大通西12 札幌第3合同庁舎 電話（011）231-6300
〃　　　　　東北事務所	〒980-0014	仙台市青葉区本町3-2-23 仙台第2合同庁舎 電話（022）225-7095
〃　　　　　中部事務所	〒460-0001	名古屋市中区三の丸2-5-1 名古屋合同庁舎第2号館 電話（052）961-9421
〃　　　　　近畿中国四国事務所	〒540-0008	大阪市中央区大手前4-1-76 大阪合同庁舎第4号館 電話（06）6941-2173
〃　　　　　同・中国支所	〒730-0012	広島市中区上八丁堀6-30 広島合同庁舎第4号館 電話（082）228-1501
〃　　　　　同・四国支所	〒760-0019	高松市サンポート3-33 高松サンポート合同庁舎南館 電話（087）811-1750
〃　　　　　九州事務所	〒812-0013	福岡市博多区博多駅東2-10-7 福岡第2合同庁舎別館 電話（092）431-5881
内閣府 　沖縄総合事務局総務部公正取引課	〒900-0006	那覇市おもろまち2-1-1 那覇第2地方合同庁舎2号館 電話（098）866-0031
国土交通省 　不動産・建設経済局不動産業課	〒100-8918	千代田区霞が関2-1-3 中央合同庁舎3号館 電話（03）5253-8111
北海道開発局 　事業振興部建設産業課	〒060-8511	札幌市北区北8条西2丁目 札幌第1合同庁舎 電話（011）709-2311

東北地方整備局 　建政部建設産業課	〒980-8602	仙台市青葉区本町3-3-1 　　仙台合同庁舎B棟 　電話（022）225-2171
関東地方整備局 　建政部建設産業第二課	〒330-9724	さいたま市中央区新都心2-1 　　さいたま新都心合同庁舎2号館 　電話（048）601-3151
北陸地方整備局 　建政部計画・建設産業課	〒950-8801	新潟市中央区美咲町1-1-1 　　新潟美咲合同庁舎1号館 　電話（025）280-8880
中部地方整備局 　建政部建設産業課	〒460-8514	名古屋市中区三の丸2-5-1 　　名古屋合同庁舎第2号館内 　電話（052）953-8572
近畿地方整備局 　建政部建設産業第二課	〒540-8586	大阪市中央区大手前3-1-41 　　大手前合同庁舎 　電話（06）6942-1141
中国地方整備局 　建政部計画・建設産業課	〒730-0013	広島市中区八丁堀2-15 　電話（082）221-9231
四国地方整備局 　建政部計画・建設産業課	〒760-8554	高松市サンポート3-33 　電話（087）851-8061
九州地方整備局 　建政部建設産業課	〒812-0013	福岡市博多区博多駅東2-10-7 　　福岡第2合同庁舎 　電話（092）471-6331
内閣府沖縄総合事務局 　開発建設部建設産業・地方整備課	〒900-0006	那覇市おもろまち2-1-1 　　那覇第2地方合同庁舎2号館 　電話（098）866-1910

参考資料

この「公正表示ステッカー」は、不動産の適正な広告表示を行うことを
約束して公正競争規約に参加している不動産会社の証です。

（一社）北海道不動産公正取引協議会

（公社）近畿地区不動産公正取引協議会

東北地区不動産公正取引協議会

中国地区不動産公正取引協議会

（公社）首都圏不動産公正取引協議会

四国地区不動産公正取引協議会

北陸不動産公正取引協議会

（一社）九州不動産公正取引協議会

東海不動産公正取引協議会

索 引

不動産広告の実務と規制 〔13訂版〕

1988年 9 月26日　初版発行
2023年 8 月10日　13訂版発行

編　著　不動産公正取引協議会連合会　公正競争規約研究会
発行者　馬　場　栄　一
発行所　㈱住宅新報出版

〒171-0014　東京都豊島区池袋2-38-1
☎ (03)6388-0052

印刷／㈱ワコー
落丁本・乱丁本はお取り替えいたします。

Printed in Japan
IBSN978-4-910499-42-0　C2030